JN083337

マーク式基礎問題集 現代文

九訂版

河合塾国語科…[編]

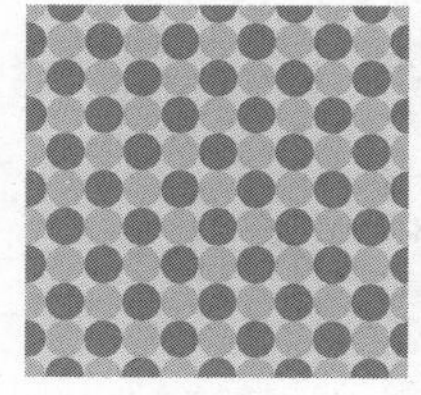

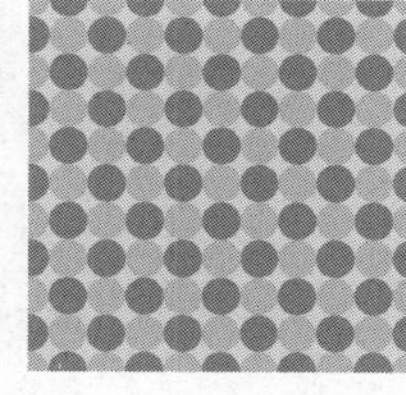

河合出版

はしがき

本書は「大学入学共通テスト」を主とする客観式問題対策用の問題集として編集されたものである。

大学入学共通テスト（以下、共通テスト）は、センター試験の後継として実施されているが、現代文においては、センター試験を踏襲しつつ、新たな傾向として、複数の題材を関連づけて理解・解答する問いが出題されている。つまり、一つの文章の理解を前提にして解答させる問題と、複数の題材を関連づけて解答させる問題が出題されている。題材の種類としては、文章のほかに統計資料や図表、また、それらの内容を理解するために生徒が作成したとされるノート・メモや、生徒同士が話し合ったとされる会話文などもある。

したがって、単一の文書を読み解く力と、それを前提に「複数の題材」を関連づけて理解する力をあわせて養成していく必要があるだろう。

【本書の構成】

共通テストでも他の入試においても一つの文章の正確な読解が前提となるので、一つの文章からすべての問いが出題されている問題と、共通テストの出題傾向を踏まえて、複数の素材を関連づけて解答する問いを含む問題を収録している。

第一部は、共通テスト第1問などの対策として論理的な文章（評論文）を中心とした問題6題を収録している。

第二部は、共通テスト第2問などの対策として文学的な文章（小説）を中心とした問題6題を収録している。

第三部は、共通テスト第3問などの対策の導入として実用的な文章（図表等を含む文章）を中心とした問題4題を収録している。

【学習対策】

共通テストのような客観式問題に対処するために大切なのは、以下の三点である。

① 問題文を正確に理解すること。

② 根拠となる箇所を的確に踏まえること。

③ 各選択肢の正否の判断をすること。

①について。問題文が正確に理解できたか否かは、根拠となる箇所が的確に踏まえられたか否か（②）、各選択肢の正否が的確に判断できたか（③）によって測ることができる。本書の〔解答・解説編〕の本文解説には、ここまで理解できればよいという内容が示してある。とくに第一部・第三部の論理的（あるいは実用的）な文章の解説では、理解してほしい内容を図にまとめた。これらを参照して、自分がどの程度文書を理解できたのかを確認してほしい。

②について。根拠とは出題者が正解の選択肢を作成するときに踏まえるにちがいない箇所のことである。一つの文章の範囲で出題された問いなら、その文章の中だけに根拠を探ればよいが、共通テストでは二つの文章（題材）の中に根拠を探る問題も出題されている。本書の〔解答・解説編〕の設問解説には、設問ごとにどこが根拠であるかということが示してある。そこを参照して、自分が根拠を正確に踏まえられたか否かを確認してほしい。

③について。根拠の箇所が的確に踏まえられたからといって、直ちに正解に到達できるわけではない。判断に迷う紛らわしい選択肢が用意されている場合もあるからである。選択肢の正否を判断する場合に決め手になるのは、やはり問題文の理解である。本書の〔解答・解説編〕の**設問解説**には、選択肢ごとにどこが不適当かということが示してある。そこを参照して自分の判断が的確であったか否かを確認してほしい。

共通テストをはじめとする現代文の問題では、読解力を問う問題以外に、漢字などの知識問題が出題されることもある。また、語句の意味などの知識を身につけることは、本文を読解するうえでも重要である。日頃から漢字や語句の意味を覚えるように努力してほしい。

また、文芸用語や表現技法などの知識が問われる可能性もある。〔解答・解説編〕の巻末に**【文芸用語・表現技法の一覧】**を掲載しておいたので、折を見て参照し、ぜひ覚えるように努めてほしい。

目次

第　一　部

第1問　次の文章を読んで、後の問い（問1～6）に答えよ。（配点　50）

人はスポーツを好むだけではない。それを見ることをも好む。なぜ好むのか。他人の身体と同調したいからである。同調することによって、自身の身体の限界を試したいからだ。スポーツだけではない。人間がダンスのような身体芸術を生み出したのはまさにそのためである。逆に、ダンスやスポーツといった身体芸術があったからこそ、人間という特殊な動物が生まれたのだといっていいほどである。人間はおそらく、ダンスやスポーツのなかで独自な共同性を培ってきたのだ。

古代オリンピックもまたそのような身体の共同性に基づいて成立したとすれば、近代オリンピックはその様相を大きく変えたといわなければならない。マス・メディアは、その場にいない人間をも観客に変えてしまったのである。そしてその場にいない人間にとっては、オリンピックは、身体の問題である以上に、意識の問題、頭脳の問題であるほかなかった。すなわち、$\overset{\text{A}}{\text{テクノロジーの発達は、オリンピックを身体の祭典から頭脳の祭典に変えてしまったのである。}}$

もちろん、スポーツの祭典から身体の要素がまったく払拭されるなどということはありえない。オリンピックはこれからも身体の豊かさを見直す契機としてありつづけるだろう。だが、マス・メディアによって報道されるのは、基本的に勝敗であり記録である。また、あくまでもそれにまつわるエピソードであり、物語である。映像もまた、その物語を補完すべく編集されるといっていい。それは、見ることによって同調できるような身体の豊かさではない。観客は身体によって感じる以上に、頭脳によって考えるようになってしまったのである。

○・○一秒が争われる世界は、実際、身体というよりはむしろ頭脳に属すというべきだろう。むしろ、オリンピックを変えたテクノロジーということでは、とりわけ陸上競技や水泳といった競争種目において、計測手段の発達を挙げるべきかもしれない。たとえば時計は時と場所の重要性を大きく減じた。時と場所は選手にとっても観客にとっても決定的に重要なはずだが、記録の世界では二義的なものになってしまう。正確な計測は、時と場所を超えた抽象的な競技空間を作ってしまうからだ。いまや、いつどこで走ろうとも、選手は、歴史上のあらゆる人間が走ったのと同じ場所を走っているに等しいのである。

むろん、それは(ア)サッカクにすぎない。そのことはおそらく競技するものがもっともよく知っているだろう。だが、オリンピックの全体がひたすら抽象的な競技空間を目指していることは疑いない。競技場の建設ひとつにそれは明らかである。B理想的な競技場とはすなわち抽象的な競技空間にほかならない。そしてそれは、身体的というよりは頭脳的といったほうがいいような空間なのである。そこには現実の観客など存在しないほうがいいのだ。

だが、マス・メディアの発達は、オリンピックの異なった面をも引き出した。精密になったテレビ画像は、観客が存在したほうがいい競技、いや、観客の身体の反応を必要とさえする競技の重要性を示唆しはじめたのである。球技や格闘技もそうだが、とりわけ、ある意味では計測不可能な芸術点なるものを含む一群の競技、すなわち、新体操、フィギュア・スケート、(注)シンクロナイズド・スイミングなど、一般に芸術スポーツと呼ばれる種目がそれである。いまや、オリンピックの未来は、この芸術スポーツの行方にかかっているように思われるほどだ。まさにそこにおいて、観客がかつての身体性を取り戻しうるかもしれないからである。

芸術スポーツといっても、何のことか分からない人のほうが多いに違いない。体操、新体操、シンクロナイズド・スイミング、フィギュア・スケートなど、美しさを競うスポーツの総称である。耳慣れないのは当然で、二十世紀も九〇年代になってようやく用いられるようになってきた言葉なのだ。だが、Cこの芸術スポーツにこそ、オリンピックの、いやスポーツの未来がかかっていると言っていいほどである。このコ(イ)ショウが登場したということ自体、人間の身体に関する考え方の大きな変化を象徴しているからである。

むろん、ほんとうは美しくないスポーツなど存在しない。全力で戦っている人間はみな美しい。野球選手もサッカー選手もテニス選手も、みな美しい。少なくとも、美しさに輝く一瞬を持っている。とすれば何をいまさら芸術スポーツかといわれそうだが、この言葉は、その美しく見える一瞬こそがスポーツのもっとも大切な要素ではないかと問いかけているのだ。学問的な定義はおいて、スポーツはすべて芸術ではないかと密かに問いかけているのである。

スポーツ、さらに総合的な言葉でいえば体育は、じつは必ずしも美しさを追求するものではなかった。近代体育はまず何よりも軍事教練として始まった。ヨーロッパの後を追うように近代化に励んだ日本においてはさらに著しいが、それはまず国民の体力の向上を目指すものだったのである。その最大の視覚化が軍隊だが、軍隊の予備軍としての学校、それを補完するものとしての工場においても、体育はもっとも重要なものと見なされていた。

身体の近代化を推し進めたのはじつは愛国主義であり軍国主義だったということになるが、しかしその背後にはさらに重要な動機が隠されていた。生産第一主義である。いかに効率よく生産力を上げるかということこそ、近代体育の、また近代スポーツの隠された主題だった。二十世紀の過半を占めるのは米ソの冷戦だが、社会体制の違うこの両陣営が争っていたのは軍事力では必ずしもなかった。むしろ生産力だったのである。オリンピックは長いあいだ冷戦を反映したが、その間の最大の話題は記録の更新とメダルの数にほかならなかったのである。D<u>身体の祝祭を測る物差しが、国家の生産力を測る物差しと寸分も違っていなかったのだ。</u>

米ソ二大国の没落と、生産第一主義への疑いの高まりが、ほぼ軌を一にしていたことに注意すべきだろう。芸術スポーツはこの変化を象徴するように登場してきたのである。新体操もシンクロナイズド・スイミングも一九八四年のロスアンゼルス・オリンピックから正式種目になった。むろん、記録の更新とメダルの数が話題にならなくなったわけではないが、それ以上に、美しさと感動が話題になるようになったのである。体育やスポーツを見る視線のこのような変化は、選手たちの表情や態度の変化にもはっきりと見て取れる。選手たちはもはや、国家の威信をかけるようなヒ(ウ)<u>ソウ</u>な表情をしなくなった。競技を楽しむようになってきたのである。

人は何のために生産するのか。消費するためにである。より豊かに、より楽しく、より美しく生きるためにである。多くの人がそう考えるようになってきた。生産第一主義から消費第一主義への移行である。かつて生産は美徳で消費は悪徳だったが、いまでは逆に消費は豊かさの別名になっている。物質的な、では必ずしもない。生の時間をいかに豊かに過ごすかが、消費の内実であると誰もが考えるようになってきたのだ。

芸術スポーツという言葉は、まさにこのような(エ)チョウリュウのなかに生まれてきたのである。

芸術スポーツのコーチたちは、審査員のみならず観客を感動させることがいかに重要かよく知っている。見るものの印象によって決定されるのが芸術点であるとするならば、その採点は観客の反応をも考慮せざるをえなくなる。とりわけ新体操のグループ演技やシンクロナイズド・スイミングなどの場合、コーチの指導はほとんど演出に近いものになってくる。つまり、スポーツが舞台芸術化するのである。人によっては、勝敗が曖昧になるようで、これを嫌うかもしれない。だが、ひたすら記録の更新に(オ)マイシンするよりは、はるかに健康的だろう。

（三浦雅士『考える身体』による）

（注）シンクロナイズド・スイミング——現在の名称は、アーティスティック・スイミング。

問1 傍線部(ア)〜(オ)に相当する漢字を含むものを、次の各群の①〜⑤のうちから、それぞれ一つずつ選べ。

(ア) サッカク
① 図形のカクドを測る
② 哲学にカクセイする
③ 制度をヘンカクする
④ 道路をカクチョウする
⑤ カクシキを重んじる

(イ) コショウ
① 辞書をサンショウする
② ショウドウにかられる
③ 時期ショウソウである
④ 内政にカンショウする
⑤ 左右をタイショウにする

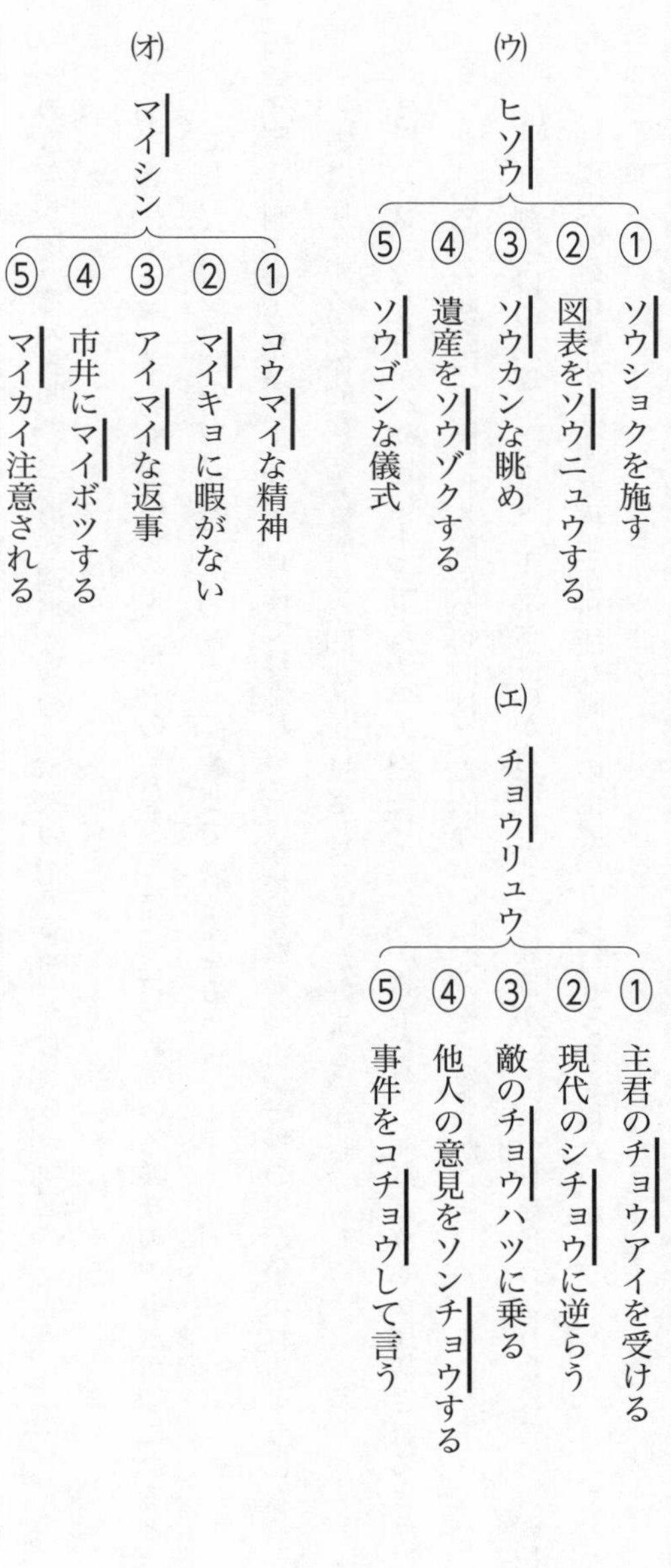

(ウ) ヒソウ
① ソウショクを施す
② 図表をソウニュウする
③ ソウカンな眺め
④ 遺産をソウゾクする
⑤ ソウゴンな儀式

(エ) チョウリュウ
① 主君のチョウアイを受ける
② 現代のシチョウに逆らう
③ 敵のチョウハツに乗る
④ 他人の意見をソンチョウする
⑤ 事件をコチョウして言う

(オ) マイシン
① コウマイな精神
② マイキョに暇がない
③ アイマイな返事
④ 市井にマイボツする
⑤ マイカイ注意される

問2 傍線部A「テクノロジーの発達は、オリンピックを身体の祭典から頭脳の祭典に変えてしまったのである」とあるが、それはどういうことか。その説明として最も適当なものを、次の①～⑤のうちから一つ選べ。

① マス・メディアや計測手段の発達によって、オリンピックは観客が選手たちの身体の豊かさを感じとるものから、放送される競技を通して身体の豊かさを見直すきっかけとなるものに変わってしまったということ。

② マス・メディアや計測手段の発達によって、オリンピックは観客が選手たちの身体に同調して楽しむものから、報道される勝敗や記録やそれらにまつわるエピソードを享受するものに変わってしまったということ。

③ マス・メディアや計測手段の発達によって、オリンピックは観客が選手たちの身体の豊かさにじかに同調するものから、放送される競技を通して間接的に同調するものに変わってしまったということ。

④ マス・メディアや計測手段の発達によって、オリンピックは観客が競技を直接見て身体で反応するものから、報道される情報から勝敗や記録という結果を予測して楽しむものに変わってしまったということ。

⑤ マス・メディアや計測手段の発達によって、オリンピックは観客が競技場で直接競技を見て身体の共同性を楽しむものから、放送される競技を個室で孤独に見て楽しむものに変わってしまったということ。

問３ 傍線部**B**「理想的な競技場とはすなわち抽象的な競技空間にほかならない。」とあるが、このように言えるのはなぜか。その説明として最も適当なものを、次の①〜⑤のうちから一つ選べ。

① マス・メディアの発達によって、世界のいたるところで行われている競技の中継が可能になると、観客にとって競技空間の場所や時といったことは重要ではなくなるから。

② 計測手段の発達によって、身体では感じることができない〇・〇一秒の差が争われるようになると、現実に存在する身体的な要素は競技空間から払拭されることが好ましいから。

③ マス・メディアの発達によって、すべての競技の記録が報道され、記録どうしが比較されるようになると、現実の競技場で行われる競技の勝敗は二義的なものになってしまうから。

④ 計測手段の発達によって、正確な計測が可能になり、競技が〇・〇一秒を争うようになると、競技空間は現実の競技場から低速度再生が可能な画像の世界へと移行せざるを得ないから。

⑤　計測手段の発達によって、たんに一つの競技の勝ち負けだけではなく、記録が争われるようになると、競技場は時や場所の違いを超えて均質であることが望ましくなるから。

問4　傍線部C「この芸術スポーツにこそ、オリンピックの、いやスポーツの未来がかかっていると言っていいほどである」とあるが、筆者がこのように言うのはなぜか。その説明として最も適当なものを、次の①～⑤のうちから一つ選べ。

①　芸術スポーツは美しさを競うスポーツであるため、この種のスポーツがさかんになると、美しさこそがスポーツの本質であることを人びとが理解してくれるようになるかもしれないから。

②　芸術スポーツは精密になったテレビ画像を通して身体の美しさをより効果的に表現することができるようになったため、観客がテレビを見ながら身体性を回復する可能性が出てきたから。

③　芸術スポーツは身体の美しさを表現するスポーツであるため、この種のスポーツが主流になると、記録と勝敗だけを競ってきたスポーツが芸術とみなされるようになるかもしれないから。

④　芸術スポーツにおいては身体の美しさによって観客を感動させることが重視されるため、芸術スポーツは観客が近代になって失ってきた身体性を取り戻す契機になりうるから。

⑤　芸術スポーツは身体の力強さではなく美しさを追求するスポーツであるため、この種のスポーツが浸透することで、人々の身体観が力から美へと大きく変化する可能性が出てきたから。

問5　傍線部D「身体の祝祭を測る物差しが、国家の生産力を測る物差しと寸分も違っていなかったのだ。」とあるが、これはどういうことか。その説明として最も適当なものを、次の①～⑤のうちから一つ選べ。

①　オリンピックが冷戦下における米ソ両陣営の生産力争いの延長として捉えられ、記録の更新とメダルの数が争われたということ。

②　オリンピックにおけるメダル獲得数は各国の生産力に対応するとみなされ、記録の更新とメダルの数だけに関心が集中したということ。

③　オリンピックにおける各国のメダル獲得数は身体の近代化の指標とみなされ、記録の更新とメダルの数が最大の話題になったということ。

④　オリンピックが冷戦を反映し米ソ両陣営の国家の威信をかけた争いの場と捉えられ、記録の更新とメダルの数が争われたということ。

⑤　オリンピックにおける各国のメダル数の増大は生産力向上の証(あかし)とみなされ、記録の更新とメダルの数が最大の関心事になったということ。

問6　本文の内容に合致するものを、次の①～⑥のうちから二つ選べ。ただし、解答の順序は問わない。

①　芸術スポーツはテレビ画像を通して見ることに最も適しているため、陸上競技や水泳に代わってこれからのオリンピックの中心種目になっていくだろう。

②　日本の近代体育は身体の美しさを追求することよりも国民の体力の向上を目指すことを優先させたため、愛国主義や軍国主義と結びつくことになった。

③　人々の考え方が生産よりも消費を重視するように変わったことは、スポーツを見る観客たちの視線の変化や選手たちの表情の変化にも明白に現れている。

④　芸術スポーツはスポーツの本質が美しさにあることを思い出させてくれたが、計測不可能な芸術点を競うために勝敗を恣意的なものにしてしまった。

⑤　記録の更新を目指して走っている競技者は、いつどこの競技場で走るかということは一切問題でなくなるということをもっともよく知っている。

⑥　芸術スポーツがオリンピックの正式種目になったことは、生産第一主義への疑いが高まり、人々が生活の内実を問うようになったことと対応している。

《解答解説2ページ》

第2問　次の文章を読んで、後の問い（問1～6）に答えよ。（配点　50）

映画館における「笑い」という体験の魅惑について考えてみたい。なぜ「笑い」なのか。それは「笑い」が、映画観客たちの「集合性」が最もあらわになる不思議な瞬間だからである。映画館で笑うときのことを思い出してほしい。それまで暗闇のなか個々の心理のなかに閉じこもって、ばらばらに物語や映像を追いかけていたはずの観客たちは、なぜか「笑い」の場面になると一斉かつ共同で笑いだすだろう。誰が音頭を取ったわけでもないのに、トツ(ア)ジョとして彼らは不思議な連帯を一挙にかたち作ってしまう。この笑いにおける集団的連帯ほど魅惑的な経験があるだろうか。

ただしここでは、映画館における「笑い」についてコウ(イ)サツするために、人間の「笑い」について哲学的コウサツを行った、ある優れた書物の力を借りようと思う。それは、ベルグソン(注1)の『笑い』である。彼の「笑い」についての分析は実に明解である。彼はそこで以下のように言っている。

我々を笑わせるものは、一種の自動現象(オートマチスム)である。

人間のからだの態度、身振り、そして運動は、単なる機械を思わせる程度に比例して笑いを誘う。

たとえば、落ちていたバナナの皮に滑って転ぶというコメディの場面を思い浮かべればよい。ベルグソンの説明によれば、それが可笑（おか）しいのは、転ぶ人間の身振りがいつもの有機的な柔らかさを失って、まるで「機械」（ロボット）のように硬直した「自動現象」に陥ってしまっているからなのである。この「笑い」の原理から、私たちはすぐにチャップリン(注2)やキートン(注3)に代表されるスラップスティック(注4)・コメディを思い出すことができるだろう。チャップリンは、まるで操り人形のような奇妙な歩き方（アヒル歩きと呼ばれた）によって、キートンもまた無表情でアクロバティックな走りや跳躍によって私たちを笑わせたのだった。だからまさにスラップスティック・コメディ（そして現代ならばジャッキー・チェン(注5)）を見る映画観客は、コメディアンたちの動きが「単なる機械を思わせる程度に比例して」笑ってきたと言えるだろう。

つまりAベルグソンの笑いの分析は、映画作品に対する観客の「笑い」にきわめて的確に適合していると言えよう。映画観客は、映画作品のなかで、人間の身体が機械的にオートマチックに作動するときに笑うのである。しかし、ここからが問題なのだ。ベルグソンの主張では、「笑い」は、そうした人間の機械性を「矯正」するために存在していることになるからだ。彼によれば、人間の「生命」は本来は刻々と変化していく優美でしなやかな運動の世界のはずである。私たちは刻々と新しい出来事を経験し、新しい事を考え、つねに成長を遂げて変化して行く。しかし時々、機械的な一本調子の振る舞いが紛れ込んで「生」のしなやかな運動を停滞かつ硬直させてしまう。こうした自動現象への一時的退化を攻撃し、もともとの千変万化する「生」の豊かな運動を再び取り戻すのが「笑い」の社会的役割だというのである。つまり映画観客は、チャップリンの単調な機械的身振りを笑うことで、逆に自分たちの振る舞いの豊かな可能性を再認識するというわけだ。

しかしB私はこの点に関しては、ベルグソンにどうしても賛成できない。そもそも私たち人間の「生」は絶え間なく変化し、成長するものだと簡単に言えるだろうか。私はそうは思わない。たとえば私たちの「生」の根源にある心臓の(ウ)コドウや呼吸のことを考えてみよう。それらは機械的に反復される単調なリズムによってできているのではないか。あるいは私たちの身体的活動の基本にある「歩行」はどうだろう。それもまた左右の足を交互に前に進めるという実に機械的な振る舞いだと言えるだろう。それは社会生活に関しても言える。私たちの生活のほとんどは、眠る、歯を磨く、めしを食う、便をする、風呂に入るといった日常的習慣の反復によって成立しているだろう。私たちは飽きることもなくそれらを「自動的」に繰り返す。こうして私たちはベルグソンに逆らって、生命活動においても社会生活においても人間は基本的な部分で「機械的」で「自動的」な存在だと言うことができる。もちろん人間は毎日違う物を食べ、違う場所を歩き、違うことを考えるという意味では、ベルグソンの言うとおり、刻々と生成変化する存在でもある。それは間違いない。しかしそうした絶え間なく変化する豊かな活動が可能になるのも、それを「生」の単調な機械的リズムが基底的に支えているからこそなのだ。

ではそう考えたとき、C「笑い」のもつ意味はどう変わってくるのだろうか。「笑い」は実際にはどんな役割を社会的に果しているのだろうか。それはおそらくこうだ。ベルグソンの主張とは反対に、「笑う」ことによって人間は、自分自身の「生」の「機械性」や「自動性」を肯定しているのである。普段の私たちは、ベルグソンと同様、自分はつねに新しい活動を行い、新しいことを絶えず考えつく創造的で豊かな「生」を生きていると思い込もうとする。そして、自分が機械的でオートマチックに活動する存在でもあることを否認してしまう。ある意味では、私たちはそう思い込まなければ前向きに生きていけないところがあるからだ。だから喜劇映画においてチャップリンが機械的に歩いている姿や、社会関係が機械的に進行してしまったりするのを見ることは、観客にとって、日常的に否認せざるをえない自分のもう一つの姿に向き合うよい機会なのだ。つまり私たちはそこで、人間が心臓の単調なコドウや、あるいはオートマチックな習慣行動に支えられなければ生きられないことを思い出す。だから「笑い」はけっして機械的存在への攻撃ではない。それは逆に、ベルグソン的な「生」の豊かさへの(エ)キョウハク観念から自分自身を一瞬だけ解放し、人間の単調で機械的な「生」を一時的にでも肯定するための手段なのである。

　以上のような「笑い」の分析を踏まえたうえで、映画館における「集合的経験」としての「笑い」の問題に再び戻ることにしよう。チャップリンを笑うことによって自分の「生」の機械的反復性を容認し直すというだけのことならば、ビデオで一人で見ていても不可能ではないはずだ。それを映画館で見て集合的に笑う場合には、何かそれ以上の意味や快楽があるのだろうか。私はあると思う。つまり映画館の「笑い」は、D観客という匿名集団自体に潜在的に孕まれている「機械性」を露わにしてくれるからだ。「笑い」という集団的行為は、観客それぞれの個性や感性の違いなど喪失させて、彼らを単純で画一的な存在に変貌させてしまうだろう。何しろ笑いだしたときの彼らときたら、同じように楽しげな表情で、同じ「アハハハ」という声を挙げ、同じように腹をよじらせて笑っているばかりなのだから。つまり、彼らは笑いの相互反射的な影響によって互いに相似化してしまったロボット集団なのだ。いや、よく考えれば映画観客はもともと、そうした「機械的集団」だったのではないか。彼らは幾何学的な正確さで並べられた座席に座り、全員一致で視線をスクリーンのほうに向け、映写機から機械的リズムで紡ぎ出される映像を受容していただけなのだから。ただ個々の観客がスクリーン上に生成変化する「生」の幻想的イメージに没入している限りにおいてなら、彼らはそれを忘れることができた。しかし観客たちが笑いだす瞬間、そうした幻想的世界は打ち壊され、貧しく(オ)ヒショウな機械的集団としての自分たちが露わになってしまう。そしてその集団的なヒショウさをもった自分たちを、笑いあうなかで肯定することができる。それこそ、個室のビデオ経験などでは絶対に味わえない集団的経験の醍醐味だろう。

(長谷正人『映画観客の「笑い」と機械的反復』による)

(注) 1 ベルグソン――フランスの哲学者(一八五九〜一九四一)。

2 チャップリン――英国国籍の映画俳優・監督(一八八九〜一九七七)。

3 キートン――アメリカの映画俳優(一八九五〜一九六六)。

4 スラップスティック・コメディ――どたばた喜劇。

5 ジャッキー・チェン――香港の俳優(一九五四〜)。

問１　傍線部(ア)～(オ)に相当する漢字を含むものを、次の各群の①～⑤のうちから、それぞれ一つずつ選べ。

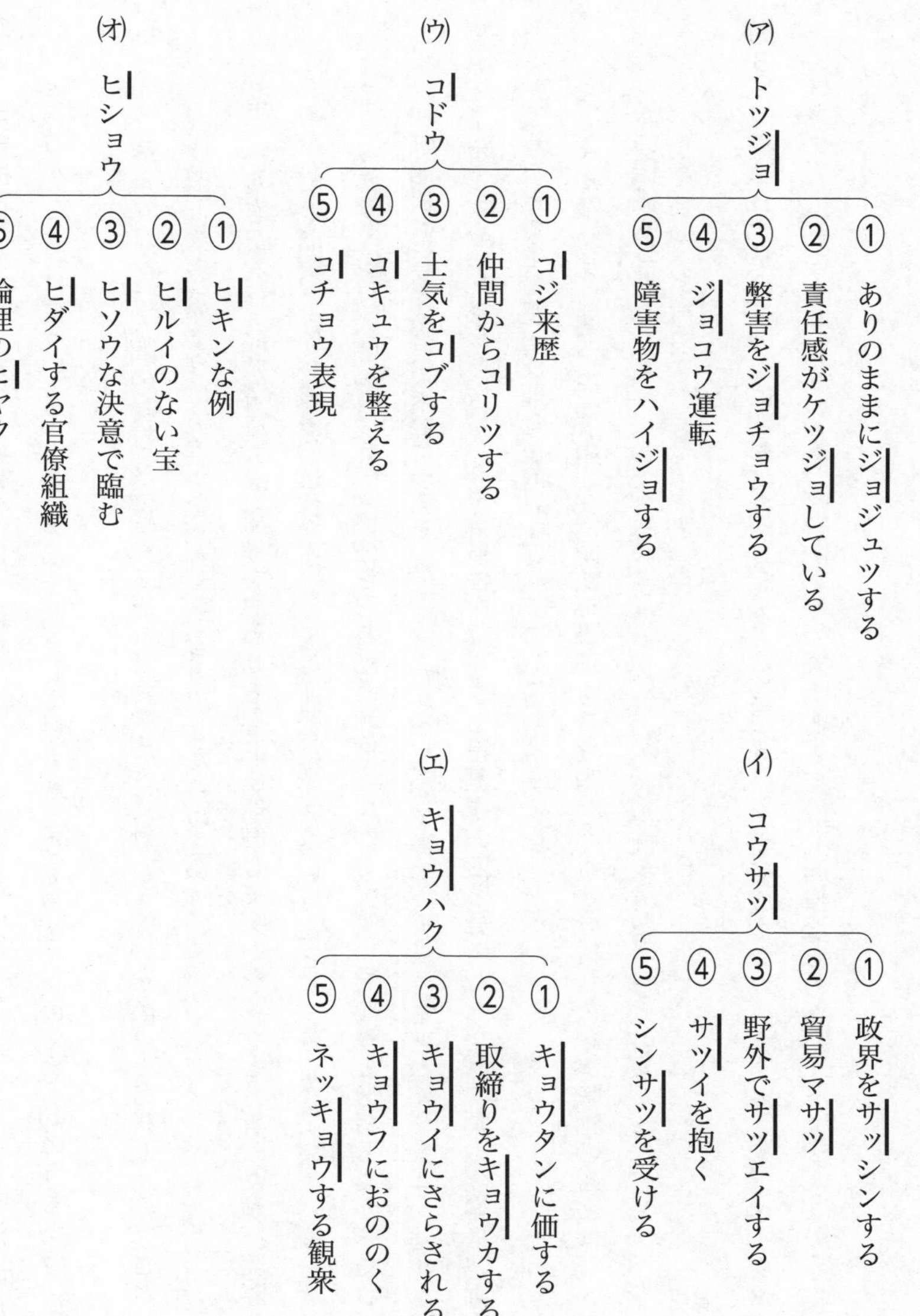

(ア)　トツジョ
① ありのままにジョジュツする
② 責任感がケツジョしている
③ 弊害をジョチョウする
④ ジョコウ運転
⑤ 障害物をハイジョする

(イ)　コウサツ
① 政界をサッシンする
② 貿易マサツ
③ 野外でサツエイする
④ サツイを抱く
⑤ シンサツを受ける

(ウ)　コドウ
① コジ来歴
② 仲間からコリツする
③ 士気をコブする
④ コキュウを整える
⑤ コチョウ表現

(エ)　キョウハク
① キョウタンに価する
② 取締りをキョウカする
③ キョウイにさらされる
④ キョウフにおののく
⑤ ネッキョウする観衆

(オ)　ヒショウ
① ヒキンな例
② ヒルイのない宝
③ ヒソウな決意で臨む
④ ヒダイする官僚組織
⑤ 論理のヒヤク

問2　傍線部A「ベルグソンの笑いの分析は、映画作品に対する観客の『笑い』にきわめて的確に適合している」とあるが、これはどういうことか。その説明として最も適当なものを、次の①～⑤のうちから一つ選べ。

①　ベルグソンは人間の身振りが機械を思わせる程度に比例して笑いを誘うと分析したが、これは観客が映画作品を見てどのように笑うかを調査して導き出したものということ。

②　ベルグソンは人間の身振りが機械を思わせる程度に比例して笑いを誘うと分析したが、実際に映画作品のなかで人間の身体が機械的に作動するときに観客は笑うということ。

③　ベルグソンは人間の身振りが機械を思わせる程度に比例して笑いを誘うと分析したが、それはもともと映画館における観客の笑いについて究明するためのものであったということ。

④　ベルグソンは笑いには人間の機械性を矯正する役割があると分析したが、映画の観客は映画作品を見て笑うことで生の豊かな運動を取り戻すことができているということ。

⑤　ベルグソンは笑いには人間の機械性を矯正する役割があると分析したが、映画の観客はコメディアンたちの機械的身振りを笑うことで自分たちの振る舞いの豊かさを再認識しているということ。

問3　傍線部B「私はこの点に関しては、ベルグソンにどうしても賛成できない」とあるが、ベルグソンと筆者では考え方にどのような違いがあるのか。その説明として最も適当なものを、次の①～⑤のうちから一つ選べ。

①　ベルグソンは生のしなやかな運動がその機械性を支えていると考えているのに対して、筆者は生の機械

性がそのしなやかな運動を支えていると考えている。

② ベルグソンは人間の身振りが自動現象に陥ったときに笑いを誘うと考えているのに対して、筆者はそれがしなやかな運動を回復したときに笑いを誘うと考えている。

③ ベルグソンは人間を絶え間なく生成変化する存在だと考えているのに対して、筆者はそれを機械的、自動的に振る舞うだけの存在だと考えている。

④ ベルグソンは人間の機械的な振る舞いを笑うべきものと考えているのに対して、筆者はそれを笑うべきものではなく「生」の根本と考えている。

⑤ ベルグソンは人間の「生」をしなやかに運動するものと考えているのに対して、筆者は人間の「生」の本質を機械的で自動的なものと考えている。

問4　傍線部C「『笑い』のもつ意味」とあるが、筆者はこれをどのようなものだと考えているか。その説明として最も適当なものを、次の①～⑤のうちから一つ選べ。

① 自分が認めたくない自分のもう一つの姿に向き合うための手段。

② 創造的で豊かな「生」を生きていると思い込むための手段。

③ 人間の単調で機械的な「生」を肯定するための手段。

④ 人間の振る舞いの豊かな可能性を再認識するための手段。

⑤ 人間の「生」の機械性を矯正するための手段。

問5　傍線部D「観客という匿名集団自体に潜在的に孕まれている『機械性』」とあるが、これはどういうことか。その説明として最も適当なものを、次の①～⑤のうちから一つ選べ。

①　観客は映画を見て全員がいっせいに笑うことで、単純で画一的な存在に変貌してしまうこと。
②　観客は幾何学的な正確さで並べられた座席に座り、全員一致で視線をスクリーンに向けて映像を受容していること。
③　観客は映画を見て集団的に笑うことで、笑いの相互反射的な影響により互いに相似化してしまうこと。
④　観客の生活のほとんどは、映画を見ることも含めて日常的習慣の反復によって成立しているということ。
⑤　観客という集団は、その集団を構成している各人の「生」の機械的反復性の集合として成立しているということ。

問6　本文の論の進め方の説明として最も適当なものを、次の①～⑤のうちから一つ選べ。

①　映画館における「笑い」が人々に不思議な連帯をもたらすことを述べ、それについて卓越した見解を示したベルグソンの考え方に賛同する。その一方で、彼の見解の不十分な点についても指摘し、人間の「生」のあり方や振る舞いの性質について分析を行なうことで、映画館における「笑い」の意味を多角的に検証している。
②　映画館における「笑い」の体験が特別なものであることを述べ、それについて論じるためにベルグソン

の「笑い」についての分析を引用する。そして、ベルグソンが機械的な動作を重視するゆえに人間の「生」の豊かさを捉え損なっていることに触れ、映画館での「笑い」こそが豊かな「生」に結びつくということを強調している。

③ 映画館における「笑い」が魅惑的である理由を説明した後、ベルグソンの「笑い」についての分析を紹介する。その後、それとは異なる筆者自身の「笑い」についての考えに基づいて、日常の中で「笑い」がどのように位置づけられているかを説明することで、映画館という非日常的な場所での「笑い」の意味を浮き彫りにしている。

④ 映画館における「笑い」の体験が魅力的であることを指摘し、それについて分析するため、人間の機械的な身振りと「笑い」を結びつけたベルグソンの説を取り上げる。次にその説の是非について論じたうえで、人間の「生」と「笑い」の関係について述べ、集団的連帯の下で体験される映画館の「笑い」の魅力を説明している。

⑤ 映画館における「笑い」が集団としての人間の姿を象徴していることに注目し、それを論証するためベルグソンの「笑い」についての分析を援用する。さらに集団としての人間の動作と個人のそれとの違いを明らかにすることで、ベルグソンの分析に修正を加えつつ、映画館における集団的な「笑い」のありようを肯定している。

《解答解説11ページ》

第3問 次の【文章Ⅰ】は、佐々木健一『日本的感性』の一節であり、【文章Ⅱ】は、九鬼周造『祇園の枝垂桜』の一節である。これらを読んで、後の問い（問1〜6）に答えよ。なお、設問の都合で【文章Ⅰ】・【文章Ⅱ】の本文の段落に番号を付してある。（配点 50）

【文章Ⅰ】

1 わたし自身が、西洋人との感じ方の違いを痛感し、民族によって感じ方には微妙な違いのあることを直観し、日本人の感じ方を解明したい、と考えるようになったタン(ア)ショは、花の好みの違いであった。

2 かつて三年間、毎年ひと月ほど、集中講義のため、マストリヒト（オランダ）の美術大学に(イ)タイザイしたことがある。先方の学年暦と、日本の大学教師の日程表が、最もよく折り合えるのは、二月末から三月だった。最初の年、今年は花見はできないな、と思いつつ出かけた。

3 小さな大学だが、その構内には一本のかなりな大木があり、木肌は桜に似ていた。そう思って見ているうちに、蕾が色づき、ほころんで、やがて日本の時期よりは早く、満開の桜となった。同行の妻もわたしも、これに見とれて幸せだった。ところが、大学のスタッフも学生たちも、A満開の桜に対して無関心のようであった。この中庭に面して図書室があり、そこは全面ガラスで、陽光がいっぱいに差し込むようになっていた。驚いたのは、そこで働いている司書の女性が、それを桜と知らないのはもとより、いま満開に咲き誇っている、という事実にさえ気づいていなかったことである。花壇に植えられたバラやチューリップならば、無関心ではいないはずである。関心があればこそ、そこかしこに花壇をつくり、これらの花を植える。

4 バラやチューリップは、一輪であっても、それとして観賞する対象になる。美貌の女優やモデルに捧げられるありふれた形容として、「大輪のバラのような」という言い方がある。日本の伝統のなかでは、芍薬や牡丹、百合などがそれに相当する。これに対して、「あなたは桜の花のようだ」と言われたなら、女性はさぞかし戸惑うことであろう。美しいと言われているのかどうかさえ、定かではない。もちろん、桜の花は美しい。しかし、女性の美貌を形容するものではない。なぜなのか。桜の花は見つめるべき対象となるには小さく、その美しさは群生の美だからである。花のトンネルは、この特質を見事に表現している。大輪のバラは見つめる対象だが、群生する桜はわれわれを包み込む。

5 この違いに注目するならば、バラと桜の対立は、実は見かけ以上に根の深い問題で、身体感覚や感性の違いに及ぶことが見えてくる。西洋の近代思想は、認識する「我」を中心におき（主観）、この我が対象（客観）を捉える、という主観―客観の軸に添って構成された。この機軸の意味は、主観が対象を支配することであって、その逆ではない。「我」が対象を受容するのではない。「我」がその対象を対象として成り立たせている、という考えである。主観が対象を構成するとともに、「対象」というあり方が、主観の存在を聖化する。そこで、主観＝人間は、対象＝世界の支配者となる。

6 本書の主題は美ではなく感性だが、焦点を変えつつ、うたを糸口として、議論を始めよう。それは、よく知られた与謝野晶子（一八七八～一九四二）の次のうたである。もちろん、ここでの注目点は、対象として立ち現れる花に対する、われを包むような花のあり方であり、それに応ずる感性である。対象に向かう意識が視覚的であり、知性に(ウ)ケイシャするのに対して、花に包まれるとき、意識は拡散し、その美は触覚的に、全身で感じ取られる。

清水へ祇園をよぎる桜月夜こよひ逢ふ人みなうつくしき　（『みだれ髪』）

7　技法的には二つの特徴が目につく。一つは［　　　　　　］。晶子はこのかたちを好んだ。もう一つは「桜月夜」という用語である。この名詞句に違和感を覚えるひとは多くはなかろうが、これは晶子の造語らしい。語彙として認知された「〜月夜」という言い回しはたくさんあり（朧月夜、夕月夜、星月夜など）、「木の下月夜」や「卯の花月夜」のような語彙と較べて、「桜月夜」はよほどつくりものの感じが薄い。「〜月夜」という表現は晶子の好みで、ほかにもうたに詠み込んでいる（「はてもなく菜の花つづく宵月夜母が生まれし国うつくしき」）。

8　ではこの作が結晶させている感性はいかなるものか。「うつくし」という形容詞に注目しよう。右に参照した「宵月夜」のうたの結びにも見られるように、少なくとも『みだれ髪』の時期の晶子は、この語を好み多用している。そもそも「〜が美しい」というようなストレートな表現は、教科書的な作文術では禁じ手に相違ない。それがどのように美しいかを読者に実感させてこその表現であり、解答だけ記すのは、最も藝のない表現である。しかし、そのためか、このためらいのない表現には、却って大胆さが感じられる。しかも(エ)チセツな感じを与えないのは、なぜであろうか。それは、この直截な言い方が、美しさの独特の感じ方を伝えているからだ、と思われる。

9 このうたを(オ)キョシンに読めば、「こよひ逢ふ人」を「みなうつくし」くしているのは、桜月夜である。このとき、晶子が桜の花を見ていない、ということも重要である。その桜が名所である円山(まるやま)公園の桜であることは、明らかである。彼女の歩いている祇園に桜はない。桜の美は、桜の花にとどまることなく、周囲へと拡散し、人びとを包み込む。そのことを、歌人は「桜月夜」という造語によって掬(すく)い取ったのである。美は、存在の充実によるものである以上、世界を美しくする。

10 このような美の捉え方は、おそらく西洋思想にはない。幸福が世界を美しく見せる、という思想ならば見つけられる。『生理学要綱』という著作のなかでディドロ(注)は、《対象に対する感覚と、感覚に対する対象との相互作用》を語って、次のように言っている（ただし、表題とは異なり、かれの語っているのは、もっぱら「対象に対する感覚の影響」である）。「わたしが幸せだと、わたしを取りまくすべてのものは美しくなる。わたしが苦しんでいると、わたしを取りまくすべてのものは暗くなる。」ここでディドロは、おそらく《わたしの心理状態》が対象の美の判断を左右する、という不安定さを覚えている。真の主題は自我の不安だ、と言えよう。ところが、晶子の自我は、彼女がそのなかにある世界の充実に、言い換えればその世界の美に包み込まれている。Bバラが不安を誘うのに対して、桜は身体的にわたしを包む。

（注）ディドロ――ドゥニ・ディドロ。フランスの哲学者（一七一三～一七八四）。

【文章Ⅱ】

1 私は樹木が好きであるから旅に出たときはその土地土地の名木は見落とさないようにしている。日本ではもとより、西洋にいた頃もそうであった。しかしいまだかつて京都祇園の名桜「枝垂桜」(注)にも増して美しいものを見た覚えはない。数年来は春になれば必ず見ているが、見れば見るほど限りもなく美しい。

2 位置や背景も深くあずかっている。蒼(あお)く霞(かす)んだ春の空と緑のしたたるような東山とを背負って名桜は小高いところに静かに落ちついて壮麗な姿を見せている。夜には更に美しい。空は紺碧(こんぺき)に深まり、山は紫緑に黒ずんでいる。枝垂桜は夢のように浮かびでて現代的な照明を妖艶な全身に浴びている。美の神をまのあたり見るとでもいいたい。私は桜の周囲を歩いては佇(たたず)む。あっちから見たりこっちから見たり、眼(め)を離すのがただ惜しくてならない。ローマやナポリでアフロディテの大理石像の観照に耽(ふけ)った時とまるで同じような気持(きもち)である。炎々と燃えているかがり火も美の神を祭っているとしか思えない。

3 あたりの料亭や茶店を醜悪と見る人があるかも知れないが、私はそうは感じない。この美の神のまわりのものは私にはすべてが美で、すべてが善である。酔漢が一升徳利を抱えて暴れているのもいい。どんな狂態を演じても、どんな無軌道に振舞(ふるま)っても、この桜の前ならばあながち悪くはない。

（注）京都祇園の名桜「枝垂桜」――伊藤氏貴『美の日本』によると、この「枝垂桜」は円山公園にあるが、これも「祇園の桜」と呼ぶそうである。そして与謝野晶子が円山公園で見たのも同じ桜であるらしい。

問1　傍線部(ア)〜(オ)に相当する漢字を含むものを、次の各群の①〜④のうちから、それぞれ一つずつ選べ。

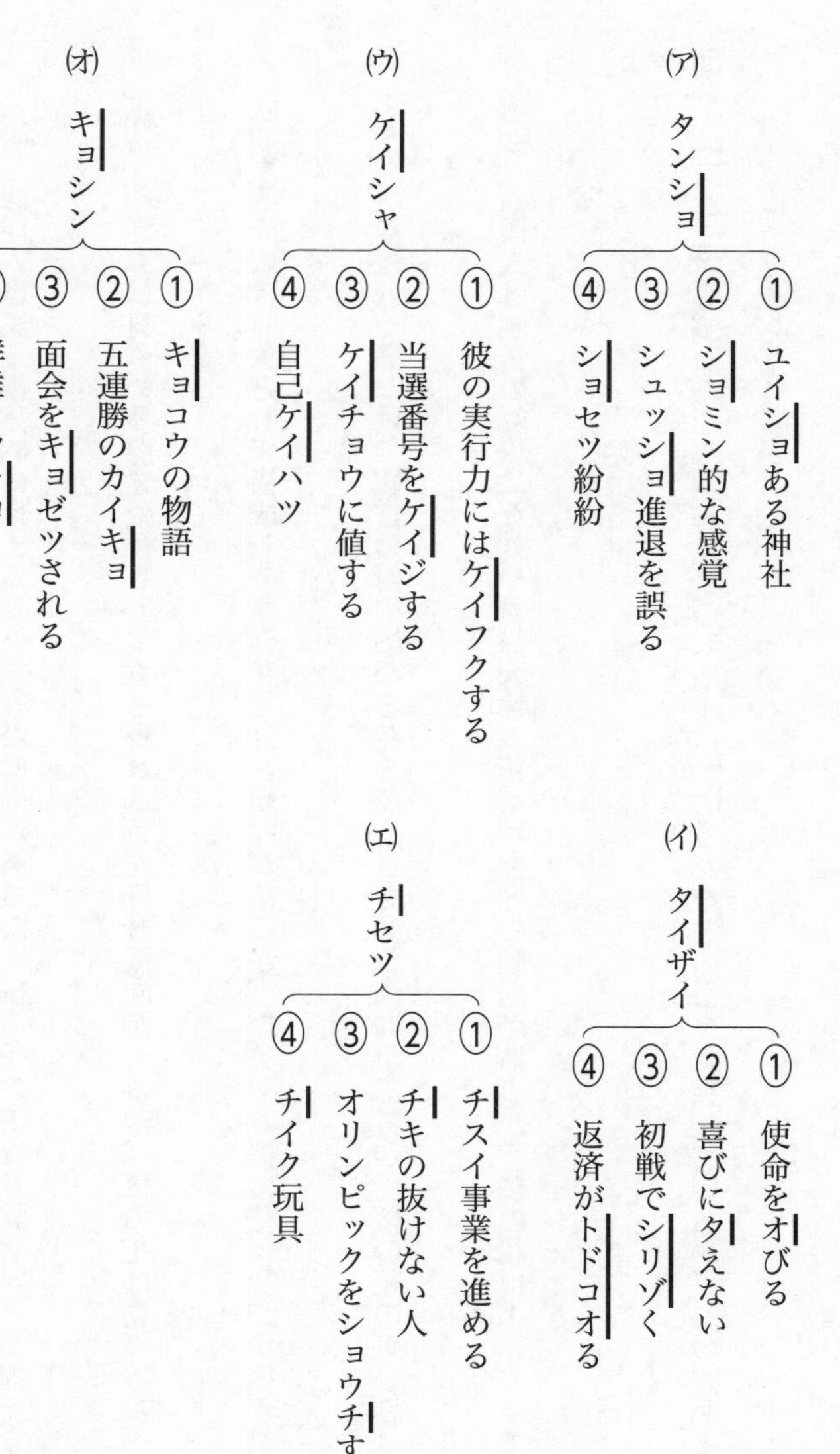

(ア)　タンショ
① ユイショある神社
② ショミン的な感覚
③ シュッショ進退を誤る
④ ショセツ紛紛

(イ)　タイザイ
① 使命をオびる
② 喜びにタえない
③ 初戦でシリゾく
④ 返済がトドコオる

(ウ)　ケイシャ
① 彼の実行力にはケイフクする
② 当選番号をケイジする
③ ケイチョウに値する
④ 自己ケイハツ

(エ)　チセツ
① チスイ事業を進める
② チキの抜けない人
③ オリンピックをショウチする
④ チイク玩具

(オ)　キョシン
① キョコウの物語
② 五連勝のカイキョ
③ 面会をキョゼツされる
④ 群雄カッキョ

問2　傍線部A「満開の桜に対して無関心のようであった」とあるが、「マストリヒト（オランダ）の美術大学」の「スタッフも学生たちも」、「満開の桜に対して無関心のようであった」のはなぜか。その説明として最も適当なものを、次の①～⑤のうちから一つ選べ。

①　西洋人は美を視覚的に捉えることを好む傾向があるが、桜の花の美は触覚的にしか捉えることができないから。

②　西洋人は見つめるべき対象として立ち現れる花を好む傾向があるが、桜の花は見つめるべき対象とはなりにくいから。

③　西洋人は対象として構成しやすい花を好む傾向があるが、群生する桜の花は認識すべき対象にはなりえないから。

④　西洋人は一輪だけで観賞の対象になる花の美しさを好む傾向があるが、桜の花の美しさは群生の美であるから。

⑤　西洋人は観賞の対象になりやすい大輪の花だけを好む傾向があるが、桜の花は小さすぎて観賞の対象にはなりにくいから。

問3　【文章Ⅰ】の筆者は、与謝野晶子の「清水へ」のうたをどのように捉えているか。その説明として最も適当なものを、次の①～⑤のうちから一つ選べ。

①　「桜月夜」という言葉を造語することで、この言葉でしか表現することができない、日本人に独特の美の

感じ方を表現している。

② 「桜月夜」という造語を通して、自我の充実が世界を美しくするという、日本人に特有の感性を表現することに成功している。

③ 「こよひ逢ふ人みなうつくしき」という下の句によって、桜の花に包まれた幸福が世界を美しく見せるという思想を表現している。

④ 「うつくし」という形容詞を大胆に用いることで、全身で感じ取られる、桜の花の人びとを包み込む美しさを巧妙に表現している。

⑤ 「うつくし」というストレートな表現を駆使することで、桜の花の美しさを対象として構成し、表現することに成功している。

問4 傍線部**B**「バラが不安を誘う」とあるが、それはどうしてだと考えられるか。その説明として最も適当なものを、次の①〜⑤のうちから一つ選べ。

① バラは見つめるべき対象として自我が支配しているはずなのに、自我によるバラの美の判断が心理状態に左右されると、その支配が危うくなるから。

② バラは見つめるべき対象であるが、自我自体が不安定であると、それに心理状態が影響されてバラの美の判断も不安定にならざるを得ないから。

③ バラの花の美しさは視覚によって知性的に捉えられるものであり、桜の花の美しさのように全身で感じ

取られるものと比べて、安定性に欠けるから。

④ 感覚が対象によって影響を受けているとすると、バラという対象を自我がその感覚によって支配しているという信念が揺らぐことになるから。

⑤ 見つめるべき対象であるバラの美は意識を集中させないかぎり感じ取ることができないものであり、自我に過剰な緊張を強いることになるから。

問5 **【文章Ⅰ】**で取り上げられている与謝野晶子の「清水へ」のうたと、**【文章Ⅱ】**のエッセイとはどのような関係にあるか。その説明として最も適当なものを、次の①～⑤のうちから一つ選べ。

① うたの作者は桜の美に包み込まれ、それを全身で感じ取っているのに対して、エッセイの作者は桜の美を対象として視覚的、知性的に捉えている。

② 作者が桜の花を見ているかいないかの違いはあるものの、桜の美を周囲へと拡散し、人びとを包み込むものとして捉えている点では共通している。

③ うたが桜の美しさを月夜を背景として表現しているのと同様に、エッセイも桜の美しさを夜の紺碧に深まった空を背景として表現している。

④ 両者とも桜の美を周囲へと波及するものとして表現しているが、うたがそれを存在論的に捉えているのに対して、エッセイはもっぱら倫理的に捉えている。

⑤ うたが桜の美を桜に固有のものと捉えているのに対して、エッセイはそれを「美の神」と表現し、桜を

越えてすべてのものに遍在するものと捉えている。

問6　与謝野晶子の「清水へ」のうたの技法的な特徴と、【文章Ⅰ】および【文章Ⅱ】の表現について、次の(i)・(ii)の問いに答えよ。

(i)　【文章Ⅰ】の空欄［　　］を補うのに最も適当なものを、次の①～④のうちから一つ選べ。

①　「桜月夜」という体言止めである。上の句を体言で止めると、下の句において話題が転換しやすくなる

②　「桜月夜」という体言止めである。六音の句を用いて定型を崩すことで、不安な心理を表現しえている

③　「うつくしき」という連体止めである。連体形で止めると、体言を言わずに置くことによる余情を残す

④　「うつくしき」という連体止めである。連体形で止めると、「よぎる」と呼応してうたに躍動感が生じる

(ii)　【文章Ⅰ】および【文章Ⅱ】の表現に関する説明として**不適当なもの**を、次の①～④のうちから一つ選べ。

①　【文章Ⅰ】の④段落で筆者が「芍薬や牡丹、百合など」の花を例として挙げているのは、西洋と同様に日本にも、女性の美貌を花によって形容する伝統があることを示すためである。

②　【文章Ⅰ】の⑤段落で「バラと桜の対立は、実は見かけ以上に根の深い問題で」と筆者が言うのは、どちらの花を好むかの違いに民族による感性の違いを見出（みいだ）すことができるからである。

③　【文章Ⅱ】の②段落で筆者が「枝垂桜」の美しさを「アフロディテの大理石像」の美しさと同一視しているのは、美を普遍的なものとして捉えようとする意思があるからである。

④　【文章Ⅱ】の3段落で筆者が「料亭や茶店」や「酔漢」といった世俗的なものに言及しているのは、「枝垂桜」にはそれらを包み込み浄化してしまうほどの聖性があることを示すためである。

《解答解説21ページ》

第4問　次の文章を読んで、後の問い（問1～6）に答えよ。なお、設問の都合で本文の段落に1～24の番号を付してある。（配点　50）

1　科学性の定義をカール・ポパー(注1)は「反証可能性」(falsifiability)に求めた。誤解されやすい言葉だけれど、ポパーは(ア)コウミョウな喩(たと)えを駆使して、これを説明している。

2　ロビンソン・クルーソーがその孤島で、ありあまる時間をもてあまして、物理化学の実験室や天文設備を作り出し、それらを使って、100%観察と実験だけに基づいて「世界の成り立ち」についての論文を書き上げたと仮定する。その中でロビンソンが示した成果が、現在の諸科学において一般的に受け容(い)れられている諸命題と完全に一致したとする。さて、この「クルーソー的科学」は「科学的」と言いうるであろうか。

3　ポパーは「否」と答える。

4　というのは、「彼の成果をチェックする者が彼以外にいない」からである。「それは君の思い込みだよ」とか「そこの計算間違ってないか」とか「君がやった実験の結果と、僕のラボでの追試験の結果、一致しないんだけど」とか言う人間がいないからである。

5　そういう反証をする人間の言い分が正しいということを言っているのではない。「それは君の思い込みだよ」と言っている人間自身が固有の臆断の虜囚であるというのはよくあることであり、「おまえの計算は違う」と言い張っている本人が計算間違いをしていることもよくある話である。だから、ポパーは「反証が正しい場合には反証された命題は科学的たりうる」というようなことを言っているわけではない（反証が正しいなら、もとの命題は(イ)タンテキに「間違っている」というだけのことである）。たいせつなのは「反証の機会が確保されている」ということである。

⑥ A ロビンソン・クルーソーの命題が科学的でないとされるのは、孤島の住人が「自らの仕事を、それを行わなかった誰れか他の者に説明しようとする試み」をなし得ないからである（『開かれた社会とその敵　第二部』）。

⑦ ポパーはこう書く。

「『科学的客観性』と呼ばれるものは、科学者個人の不党派性の産物ではなく、科学的方法の社会的もしくは公共的性格の産物であり、科学者個人の不党派性は、それが存在する限りで、この社会的に或いは制度的に組織された科学の客観性の源泉ではなく、むしろ結果である」（同書）。

⑧ ポパーが「科学的方法の社会的・公共的性格」と呼ぶものを、私は別の論件について書いたときに「場に対する信認」と言い換えたことがある。「言論の自由」について書いたときの話である。話の筋目を通すために、少し寄り道する。

⑨ 「言論の自由」というのは、「誰でも自分の思っていることを声高に主張する権利があり、そこには異論を遮ったり、恫喝によって黙らせたりすることも含まれる」という意味ではない（そう理解している人がたいへん多いが）。言論の自由とは、複数の理説が自由にゆきかう公共的な言論空間がいずれそれぞれの所論の理非について判定を下してくれるであろうという場の判定力に対する信認のことである。

⑩ 言論の自由は制度的にそこに「存在するもの」ではない。私たちがそのつど「作り出すもの」である。主

張を異にするそれぞれの論者が「私は自説の理非の判定をこの場に託す」と誓言することによって、言論の理非正否を判定する公共的な場は立ち上がる。優先するのは「理非正否を判定する場への信認」であり、ある命題の真理性ではない。

11 この理路をすぐに呑み込んでくれる人は少ない。

12 ほとんどの人はある命題が真理であることがあらかじめわかっているなら、それに反対する異論は封殺して構わないと考える（だって、異論の方が間違っているんだから）。

13 自分の語る命題が真理であるとあらかじめわかっている人は「言論の自由」を望まない。彼がそう言っているとしたら、彼は嘘を言っているのである。彼が望むのは「教化する自由、自説を宣布する自由、自説に反対するものを黙らせる自由」だけである。

14 それでいいじゃないか、と多くの人は思うだろう。だって、「正しいこと」を述べているんだから、邪魔することないよ、と。そのレベルで議論している限りはその通りである。けれども、歴史的経験から私たちが学んだのはBその逆のことである。

15 「正しいこと」を述べているものには自由に語らせ、「間違ったこと」を述べているものの発言は抑制してよいというルールを適用すると、当然ながら、全員が「私だけが正しいことを述べており、他の人間は全員間違ったことを述べている。だから私だけに言論の自由はあり、他の人間にはない」と主張するようになる。そう主張する人の中には「ほんとうに正しいこと」を述べている人も含まれていたかも知れない。でも、彼が「私が正しいことを述べていることは自明であるので、その真偽を検証するのは時間のムダである。いいから、こいつらを黙らせろ」と主張したことによって、彼の正しさが公的承認を得る道筋は塞がれてしまった。自分の正しさを述べるのに急な余り、C正否の判定の場が存在することの誓言を言い落としてしまったものは「反証可能性」を(ウ)キキャクし、「ロビンソン・クルーソーのポジション」に身を落とすのである。

16 みんなが「私ひとりが正しいことを述べている」と主張しているところでは、「はい、ちょっと待って。みんな静かに！」という以外に事態を解決する道筋はない。ねえ、とりあえずみんなの話を順番に聞こうじゃないか。この場の合意を以(もっ)て理非の判定に代えるということでどうだろう。その代わり、「場の合意」はテンポラリーなものにすぎないということにも合意する。場が認定したのは「暫定真理」にすぎない。だから、新たな反証事例や未見のデータが示されたら、「暫定王位」がペンディングされ、再び真理をめぐる議論が始まり、再び場の判定が下る。

17 そういうルールでゆくことに近代社会は合意した。いろいろやってみた結果、「言論のゆきかう場の理非判定力を信認する」ことの方が「ほんとうに正しいことを言う人にのみ選択的に言論の自由を許す」ことよりも、世の中が住みよくなるということがわかったからである。

18 「世の中が住みよくなる」というのは、真理のことを忘れて、ぼんやりと鼓腹撃壌(こふくげきじょう)できるということではない。そうではなくて、誰かに真理をまとめて仮託するということが許されず、全員が真偽の判定にかかわらないといけなくなったので、みんなわりとまじめにものを考えるようになった、ということである。その分だけ人類の知的パフォーマンスが全体としては活性化したということである。

19 「真理だけを語る少数の人間たち」だけを例外的にユウ(エ)グウするよりも、圧倒的多数の「間違ったことを語る人間たち」に「自分が間違っていることを自覚する」チャンスを保証する方が、「人類という種」のトータル差し引き(オ)カンジョウではプラスになる。理非判定の公共的な場が立ち上がると、人々の語り方が変わる。「自説の正しさをうるさく言い立てる」ことを控えて、「自らの仕事を、それを行わなかった誰れか他の者に説明しようと」試みるようになる。

20 「木で鼻を括（くく）ったような説明」が私たちを不快にさせるのは、そこで述べられていることが間違っているからではない（必ずしも間違ってはいない）。そうではなくて、そこに聴き手の知性や判断力に対する信頼と敬意の痕跡を見て取ることができないからである。「おまえが私の意見に同意しようとしまいと、私の意見の真理性は揺るがない」と耳元で怒鳴りつけられ続けていると、私たちは深い疲労感にとらわれる。それはその言い分が実践的には「おまえは存在する必要がない」という宣言と同義だからである。「おまえなんかいなくてもいいんだ」と言われ続けていると、その呪詛（じゅそ）は私たちの生命力を酸のように侵してゆく。

21 話がだんだん横に逸（そ）れてしまった。もとに戻そう。

22 「科学性」は、ある命題の正否のレベルにではなく、その正否が検証される公共的な場にそれが負託されているかどうかという事実のレベルにある。カール・ポパーが「反証可能性」という言葉で言おうとしたのはそのことである。

23 カール・ポパーはユダヤ系オーストリア人である。彼が『開かれた社会とその敵』という本を書いたのは、「閉ざされた社会」（ヒトラーの第三帝国やスターリンのソ連）で彼の同胞たちが組織的に殺された後のことである。彼が「敵」というつよい言葉に込めたのは「正しい理説の名において大量殺人を犯すもの」のことである。それを知れば、ポパーの「反証可能性」論には「あなたがたとは違う理法で思考するものを許容せよ。彼らに情理を尽くして語る機会を与えよ」という実存的なうめきに近いものが伏流していることがわかるはずである。

24 敗戦の後、少年たちが「科学」に魅了されたのは、それまで日本を支配していたどろどろした「イデオロギー」に対抗して、汎世界的でピュアで透明な科学に惹きつけられたからだという説明をする人がいる。それもそれなりに筋は通っている。けれども、私はそれだけではないと思う。ポパーの科学性についての定義を教科書に墨を塗った少年少女たちが知っていたはずはない。だが、感じていたことは非常に近かったのではないか。ポパーの科学性についての定義は、敗戦の夏に彼らが誓った「『もう何も信じない』を信じる」という新しいクレド(注2)とつよい共振音を発するものだからである。

(内田樹『呪いの時代』による)

(注) 1 カール・ポパー――オーストリア生まれのイギリスの哲学者(一九〇二〜一九九四)。
2 クレド――信条。

問1　傍線部(ア)〜(オ)に相当する漢字を含むものを、次の各群の①〜⑤のうちから、それぞれ一つずつ選べ。

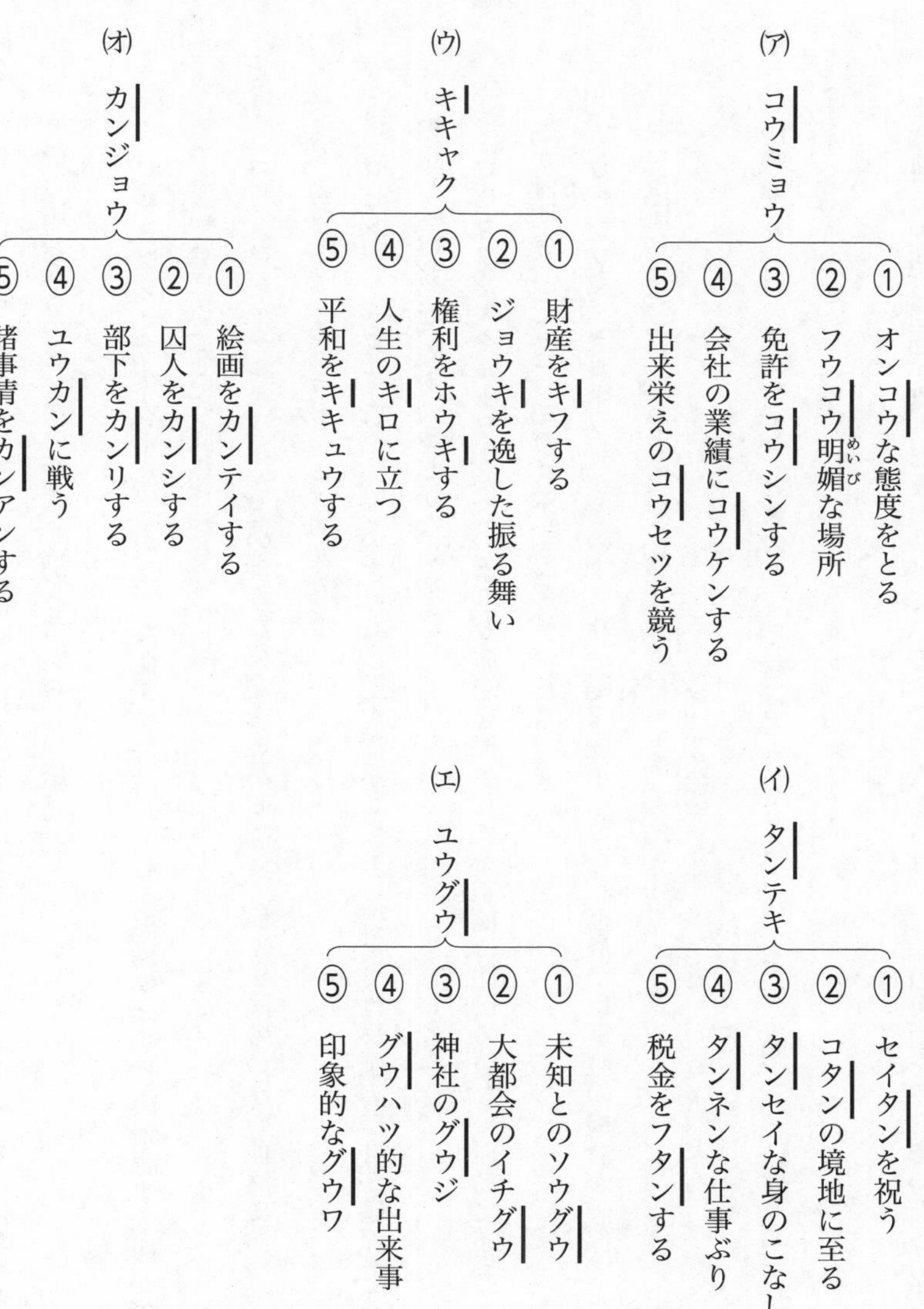

(ア) コウミョウ
① オンコウな態度をとる
② フウコウ明媚(めいび)な場所
③ 免許をコウシンする
④ 会社の業績にコウケンする
⑤ 出来栄えのコウセツを競う

(イ) タンテキ
① セイタンを祝う
② コタンの境地に至る
③ タンセイな身のこなし
④ タンネンな仕事ぶり
⑤ 税金をフタンする

(ウ) キキャク
① 財産をキフする
② ジョウキを逸した振る舞い
③ 権利をホウキする
④ 人生のキロに立つ
⑤ 平和をキキュウする

(エ) ユウグウ
① 未知とのソウグウ
② 大都会のイチグウ
③ 神社のグウジ
④ グウハツ的な出来事
⑤ 印象的なグウワ

(オ) カンジョウ
① 絵画をカンテイする
② 囚人をカンシする
③ 部下をカンリする
④ ユウカンに戦う
⑤ 諸事情をカンアンする

問2　傍線部A「ロビンソン・クルーソーの命題が科学的でないとされる」とあるが、それはなぜか。その説明として最も適当なものを、次の①〜⑤のうちから一つ選べ。

① ロビンソン・クルーソーがどのような命題を提示しても、孤島ではそれを確認する他者がいない以上、その命題は存在しないも同然だから。

② ロビンソン・クルーソーがどのような命題を提示しても、他に住民のいない孤島にあっては、その正否を検証する公的な場が成立しえないから。

③ ロビンソン・クルーソーがどのような命題を提示しても、孤島では反証の機会が確保できないため、その正しさは暫定的なものでしかないから。

④ ロビンソン・クルーソーがどのような命題を提示しても、他に住民のいない孤島にあっては、その正しさが証明されることはありえないから。

⑤ ロビンソン・クルーソーがどのような命題を提示しても、孤島では反証の機会が確保できないため、正しい反証によって反証されることがないから。

問3　傍線部B「その逆のこと」とあるが、それはどういうことか。その説明として最も適当なものを、次の①〜⑤のうちから一つ選べ。

① 自分の語る命題が真理だとわかっている少数の人たちは、言論の自由を望んでいないのではなく、反対に、自由な言論を通して、多数の人たちに自分が間違っていることを自覚させ、彼らを教化することを望ん

でいるのだ、ということ。

② 正しいと思われていることを述べている人に対して、あえて異論や反論をさしはさんで邪魔するのではなく、反対に、正しいと思われていることの真偽をじっくりと時間をかけて検証し、どちらであるかを判定すべきだ、ということ。

③ ある命題の真理性を自明のものとし、それに反対する異論や反論は封殺してもよいと考えるのではなく、反対に、異論や反論を認める公共的な場の承認を得てこそ命題の真理の不変性は確立されると考えるべきだ、ということ。

④ ある命題の真理性とは、少数の優れた人たちだけがあらかじめ理解しているものではなく、反対に、その命題の真偽について多くの人々が議論を尽くして公的な場の合意が得られたときに、最終的に決定されるものだ、ということ。

⑤ 言論の自由とは、正しいことを語る少数の人たちだけに自由な発言を認めることではなく、反対に、間違ったことを語る多数の人たちをも含んだ、言論を自由に戦わせ、その正否を判定する場の力を信認することだ、ということ。

問4 傍線部C「正否の判定の場が存在する」とあるが、筆者はそのことにどのような意義を見いだしているか。その説明として最も適当なものを、次の①～⑤のうちから一つ選べ。

① 社会の全員が、他者の知性や判断力に対して信頼と敬意を抱き、互いの意見を尊重し合うようになるた

め、社会に意見が対立することのない友好的な関係が実現するという意義。

② 社会の全員が、合意を形成し、理説の真偽を判定するという作業にかかわらねばならず、各人が他人を説得するために、自らの思考力や表現力を鍛錬するようになるという意義。

③ 社会の全員が、合意を形成し、理説の真偽を判定するという作業にかかわらねばならず、各人が主体的にものを考えるようになるため、社会全体が知的に活気づくという意義。

④ 社会の多くの人たちが自分の誤りに気づく機会が与えられるので、各人が独力で真理に到達するために自らものを考えるようになり、社会全体の知的レベルが向上するという意義。

⑤ 社会の多くの人たちが自分の誤りに気づく機会が与えられるので、各人が自説の主張を控えて他者の意見に耳を傾けるようになり、知的にバランスのとれた社会が実現するという意義。

問5 本文を授業で読んだKさんは、本文の論理の展開について、次の【ノート】のように整理した。空欄 **X** ・ **Y** に入るものの組み合わせとして最も適当なものを、後の①〜⑤のうちから一つ選べ。

【ノート】

> 1〜7段落
> まず、ポパーの「反証可能性」という考え方を取り上げて、「科学的」とはどういうことかを明らかにする。

8〜20段落 次に、 X

21〜24段落 最後に、 Y

① X ポパーの考え方と関連づけながら、「言論の自由」についての筆者の考えを説明する。
Y 「反証可能性」を説いたポパーと「科学」に魅了された日本の敗戦後の子供たちには通底するものがあることを指摘する。

② X ポパーの考え方を「言論の自由」に当てはめ、「言論の自由」についての筆者の考えを一般的な誤解と対比しながら説明する。
Y 戦時中の日独のあり方を比較しながら、社会における「科学」の役割について論じる。

③ X ポパーの考え方と同様に曲解されることの多い「言論の自由」について、正しい考え方を説明する。
Y さまざまな理説が競合する「科学」の世界は、戦後の社会において価値あるものに見えたことを強調する。

④ X ポパーの考え方が「言論の自由」として捉え直され、近代社会で有効に機能していたことを説明する。
Y 「言論の自由」が有効に機能しなかった戦時中の社会について内省的に回顧する。

⑤ X ポパーの考え方に対して誤解が生じる理由を、「言論の自由」との関連において説明する。

Y　社会に「言論の自由」が成立するうえで「反証可能性」という考え方が重要な役割を果たしたことを主張する。

問6　本文に興味を持ったKさんは、次の【資料】を見つけた。これを読んで、後の(i)・(ii)の問いに答えよ。

【資料】

多くの人は、科学は正しい事実だけを積み上げてできていると思うかもしれないが、それは真実ではない。実際の科学は、事実の足りないところを「科学的仮説」で補いながら作り上げた構造物である。科学が未熟なために、本来必要となるべき鉄骨が欠けているかもしれないのだ。新しい発見による革命的な一揺れ（ひとゆ）が来たら、いつ倒壊してもおかしくない位である。

だから、「科学が何であるか」を知るには、逆に「何が科学でないか」を理解することも大切だ。科学は確かに合理的だから、理屈に合わない迷信は科学ではない。それでは、占いや心霊現象についてはどうだろうか。

占いは、当たらないことがあるから非科学的なのではない。天気予報は、いつも正確に予測できるとは限らないが、科学的な方法に基づいている。

哲学者のK・R・ポパーは、科学と非科学を分けるために、次のような方法を提案した。反証（間違っていることを証明すること）が可能な理論は科学的であり、反証が不可能な説は非科学的だと考える。

検証ができるかどうかは問わない。

そもそも、ある理論を裏づける事実があったとしても、たまたまそのような都合の良い事例があっただけかもしれないので、その理論を「証明」したことにはならない。しかも、ある法則が成り立つ条件を調べるといっても、すべての条件をテストすることは難しい。むしろ、科学の進歩によって間違っていると修正を受けうるものの方が、はるかに「科学的」であると言える。

一方、非科学的な説は、検証も反証もできないので、それを受け入れるためには、無条件に信じるしかない。科学と非科学の境を決めるこの基準は、「反証可能性」と呼ばれている。反証できるかどうかで科学的な根拠となるというのは、逆説めいていて面白い。

（酒井邦嘉『科学者という仕事』）

(i) 【資料】の二重傍線部に「逆説めいていて面白い」とあるが、これはどういうことか。その説明として最も適当なものを、次の①～④のうちから一つ選べ。

① 通常は間違いのない事実を積み重ねたものが科学だと考えられているが、科学の進歩によって間違いを指摘されたときにはじめて科学になるという説は愉快であるということ。

② 検証も反証もできない非科学的な説とは違って、検証も反証もできるのが科学的な説だという考え方は、道理にかなっているという点でまさしく科学的だということ。

③ 科学と非科学の区別は本来明確であるべきなのに、両者の区別が不明確だというところに一筋縄ではい

かない科学の性質が如実にあらわれているということ。

④ 理論が検証されれば、それは科学的であるという一般的な考えとは異なり、反証に対して開かれているものこそが科学的であるという考えは興味深いということ。

(ii) Kさんは「占い」や「天気予報」について、本文と【資料】を踏まえて考察した。そうした考察として最も適当なものを、次の①〜⑤のうちから一つ選べ。

① 「占い」は占う人によって異なる結果が導かれるため、その正否を検証する公共的な場を設定することが難しい。それに対して「天気予報」は、その理論を検証し反証する公共的な場を有し、その場は時代の変化に左右されないという点で科学的なものである。

② 「占い」はその正しさを検証することができないばかりか反証することも不可能である。それに対して「天気予報」は、単に反証ができるだけでなく正しい反証がなされるという点で科学的なものであり、天気を正確に予測できるか否かは問題にならない。

③ 「占い」は孤島で天体観測をするのと同様に、その結果について検証したり反証したりする人間が存在しない。それに対して「天気予報」は、予報の結果が日々社会の人々によって検証される点で科学的であり、日々の検証によって予報の精度も高まっていく。

④ 「占い」はそれを絶対的なものとして信じることでしか受け入れることのできないものである。それに対して「天気予報」は、その社会で制度的に認められた方法に則った客観性を有するものであり、反証が可能となるため科学的だとされている。

⑤ 「占い」はその正しさを裏づける事実があったとしても、その事実が偶然生じたものであることを否定で

きない。それに対して「天気予報」は、たとえ反証されたとしても、そうした予報をする必然性を有しており、「占い」よりも科学的なものである。

《解答解説32ページ》

第5問　次の【文章Ⅰ】【文章Ⅱ】を読んで、後の問い（問1～6）に答えよ。（配点　50）

【文章Ⅰ】　次の文章は、歴史記述の成立条件について考察した文章である。なお、設問の都合で本文の段落に1～8の番号を付してある。

1　私が主張する「歴史の物語り論（ナラトロジー）」の出発点は、ごく単純なところにあります。つまり、歴史は過ぎ去った過去の出来事の記述である以上、その出来事を直接に知覚することはできず、言葉による「語り（narrative）」を媒介にせざるをえない、ということです。

2　過去の出来事の特徴は、過ぎ去ってもはや知覚的に現前してはいないこと、すなわち「不在」にあります。そして不在の物事を自在に指示し、表現できることは、言葉の最も重要な機能にほかなりません。

3　Aこのような特徴は、夢の場合と似ています。夢はまぎれもなく実体験ですが、夢について「語る」という行為が伴わなければ、夢は私秘的な体験にとどまり、公共的な事実として認知されることはありません。正夢や悪夢が話題となりうるのも、それを語ったり書き留めたりした人がいるからです。その意味で、夢の存在と夢の語りとの間には、単なる偶然的繫（つな）がり以上の密接不可分の関係があります。

4　歴史とは、何よりも公共的に認知された過去の事実にほかなりません。その点で、過去の存在と過去の「語り」との間には、夢の場合と同様に密接な内的繫がりがあります。さりとて、夢と過去を同一視するわけにもいきません。過去は不在の出来事ではあっても、夢や虚構とは異なり、「かつてあった」という強烈な実在意識が伴っているからです。この実在意識は、実際に自分が体験した想起的過去にとどまらず、体験しようにもできない歴史的過去全体に浸透しています。それを支えているのは、実在との絆を形作っている広義の史料の存在にほかなりません。もし証拠（エビデンス）としての史料が消滅してしまえば（たとえば空襲で焼失した明石原人の化石のように）、過去の事実は拠って立つ足場を失い、その身分は夢と選ぶところがなくなることでしょう。それゆえにこそ、歴史家は史料の発見、収集、保存にシン(ア)ケツを注ぎ、その解読と分析に学問的生命を賭けるのです。

5 しかし、証拠としての史料が残されているのは、膨大な過去の事実のごくごく一部にすぎません。たとえば、発掘された縄文人の人骨について、われわれは彼／彼女の名前や生年月日を知りようがありません。過去の事実のほとんどは、忘却の海の中にただ沈むにまかされています。また、証拠としての史料そのものも「語られた」あるいは「書かれた」ものである以上、過去の事実のありのままを忠実に写し取っているわけではありません。そこには語り手や書き手の先入見やイデオロギーが影響を及ぼしているでしょうし、また個人的好みに由来する表現上のレトリックが反映しているかもしれません。それゆえ歴史家は史料の真偽を確かめ、その信頼性を計測する史料批判の手続きを怠らないのです。イタリアの歴史家カルロ・ギンズブルグ(注1)は歴史的証拠を「ゆがんだガラス」にたとえています。

6 付け加えておかねばならないのは、歴史的証拠のみならず、歴史家それ自身がやはり一枚のゆがんだ鏡であるほかはない、ということです。まず第一に、歴史家は過去の一部をなす膨大な歴史的証拠の中から、自分が有意味と認め、価値があるものと判断した史料を選択し、そうでないものを排除せねばなりません。その選択と排除は、すでに一つの解釈です。次いで歴史家は、それらの有意味な史料を(イ)セイゴウ的に理解し、因果的に関係づける独自のプロット[注2]を構想することでしょう。そこには、個々の歴史家固有の視点や史観が否応なく浸透しているはずです。

7 したがって、歴史記述は幾重にもフィルターを掛けて撮影された写真のようなものだと言えます。それは少なくとも、素朴実在論が想定するような、過去の事実を神の眼(め)のような客観的視点からありのままに映し出したような写真ではありえません。私が主張してきた歴史の物語り論（ナラトロジー）は、このような歴史記述のパースペクティブ性[注3]（視点拘束性）を承認し、前提するところから出発します。

8 通常の歴史記述においては、そうしたフィルターの存在は覆い隠されており、パースペクティブ性もとりたてて自覚されることはありません。むろん、そのようなことを意識すれば金縛りにあい、歴史記述は一歩も先へ進まないことでしょう。物語り論は、B歴史記述を背後で支えているそうした制約を明るみに出し、それを自覚化するための分析装置だと言えます。ただし、フィルターを取り外し、パースペクティブ性を解除しようというのではありません。そのようなことはもとより不可能ですし、たとえできたとしても、そこに現れるのは歴史記述とは似ても似つかない無味乾燥な「客観的記述」であるほかはありません。したがって、歴史記述の有限性と視点拘束性とは、歴史記述の限界を示しているのではなく、むしろその成立条件にほかならないのです。

（野家啓一(のえけいいち)『歴史を哲学する――七日間の集中講義』による）

（注）1　カルロ・ギンズブルグ――イタリアの歴史家（一九三九～）。
2　プロット――筋書。構想。
3　パースペクティブ――遠近法。展望。見通し。

【文章Ⅱ】次の文章は、歴史が書き替えられる理由について考察した文章である。なお、設問の都合で、表記を一部改め、本文の段落に1～6の番号を付してある。

1　一定の史料を解読し、批判し、解釈することによって、或（あ）る事実について何らかのイメージを得る。史料によって得られる事実とは実に限られた範囲のものであり、いわば歴史の断片である。この断片を集め、何らかの連関を見出（みいだ）し、より大きい歴史事実を発見する。このような手順が、一般に歴史研究法と題される書物において説明される史料から歴史への接近の方法である。確かに、歴史家は史料を離れることはできず、フィクションを(ウ)アンシュツすることはできない。

2　かつてランケ(注1)は、歴史は絶対的な過去自体が歴史家の虚心坦懐（たんかい）な実証研究を媒介として自ら再現するものと考えた。もとより、新しい史料の発見によって過去の像が大きく変わるという事情はランケの時代でも今日でも同様である。しかし、与えられた史料が量的に変わらないとしても、歴史の解釈は変化する。歴史は書き替えられるのである。

3　歴史が書き替えられるとは、どのような意味であろうか。極（ご）く常識的に通俗的歴史叙述をとって考えるだけでも、昨日までの英雄が悪人とされる類の評価の転換がある。或いは、これまで歴史書に登場しなかったり、登場しても簡略に扱われてきた人物や事件についての記述が詳細になるという態の歴史叙述における比重の変化がある。或いは、或る事件の原因についての説明の変化――例えば或る革命が王の失政によるというよりも、さらに深い社会経済史的基底に由来するものであるという式の――がある。これらはイッ(エ)カツして、事実が変化したのではなく、それぞれの事実の意味が変化したということができる。或る事実が歴史的事実として重視されれば、その事実と関連あると考えられる他の事実が浮かび上がり、事実の連鎖が従来の連鎖と異なったものとして歴史叙述に現われることになる。C事実がそのまま歴史であるのではなく、事実の意味付けが歴史であるから、歴史が書き替えられるのである。過去の事実がそれぞれ絶対的な意味を持っていると考えるならば、このような仕方での歴史の書き替えは不可能になる。

4 歴史が見直され、書き替えられる理由は、歴史が常に現在の眼からする過去の把握であることにある。マンハイム(注2)のいうように、歴史は現在生活の行為的関心を中心として把握され、そしてその関心もまた彼の立場によって拘束されているのである。自然が実測の量的関係としてではなく遠近法（パースペクティブ）をもって人間の眼に映り、或る方向から見れば一面が影となって見えるように、歴史は或る立場から或る視野において、いわば展望的に眺められる。歴史を把えるもの自身が歴史の変動の中に置かれているのであって、歴史認識はそのようなものとしてしか可能ではなく、歴史が書き替えられることは歴史認識にとって本来的なものである。歴史家はその現在の関心から、過去に問いかけ、過去を手繰り寄せ、歴史を構成するのである。歴史は過去から現在へ、としてではなく、現在から過去へのショウ(オ)シャとして成立する。結果としての歴史叙述は時の流れに従ってクロノロジカル(注3)に語るけれども、方法としての歴史の探究はそれに逆行するところから出発し遡行しているのである。

5 このような意味で歴史の根拠が現在であること自体は今日では争うことができない。単に研究の技術的精度が高まり、新資料が発見されるという意味ではない。歴史を叙述するために必要な一般化の原理そのものが、その歴史が書かれる現在の存在構造を基礎にして成り立っているのである。言い換えれば、ナポレオン(注4)は何々であるという命題において、主語ナポレオンの存在は過去の事実であるが、それに付せられるべき述語は現在の産物なのである。こうして、歴史が書き替えられることの根拠は現在そのものの変動であった。

6 歴史の現在的把握は、しばしば多くの歴史家によって歴史を現在に奉仕させることとして理解されている。有効性を真理性の基準とするプラグマティックな機能論的歴史学は、現実の政治的目的に働く機能を歴史に求める。しかも、イデオロギーとしてのプラグマティズム(注5)を「ブルジョア的」として敵視するマルクス(注6)主義歴史家でも事情は類似している。政治の優位の名の下に、当面する闘争のための有効性の観点から歴史叙述に従う場合が多いのであった。しかし、当面の有効性が学問的真理性の測定の基準となるであろうか。歴史の研究の視座が現在的であることと、研究成果が現在的有効性を持つか否かとは明らかに区別されなければならない。

(斉藤(さいとう)孝(たかし)『歴史と歴史学』による)

(注) 1 ランケ――ドイツの近代歴史学の祖(一七九五〜一八八六)。

2　マンハイム――ハンガリー生まれの社会学者（一八九三～一九四七）。

3　クロノロジカル――年代順であるさま。

4　ナポレオン――フランスの皇帝（一七六九～一八二一）。

5　プラグマティズム――実用主義。

6　マルクス――ドイツの経済学者。哲学者。革命家（一八一八～一八八三）。

問1　傍線部(ア)～(オ)に相当する漢字を含むものを、次の各群の①～④のうちから、それぞれ一つずつ選べ。

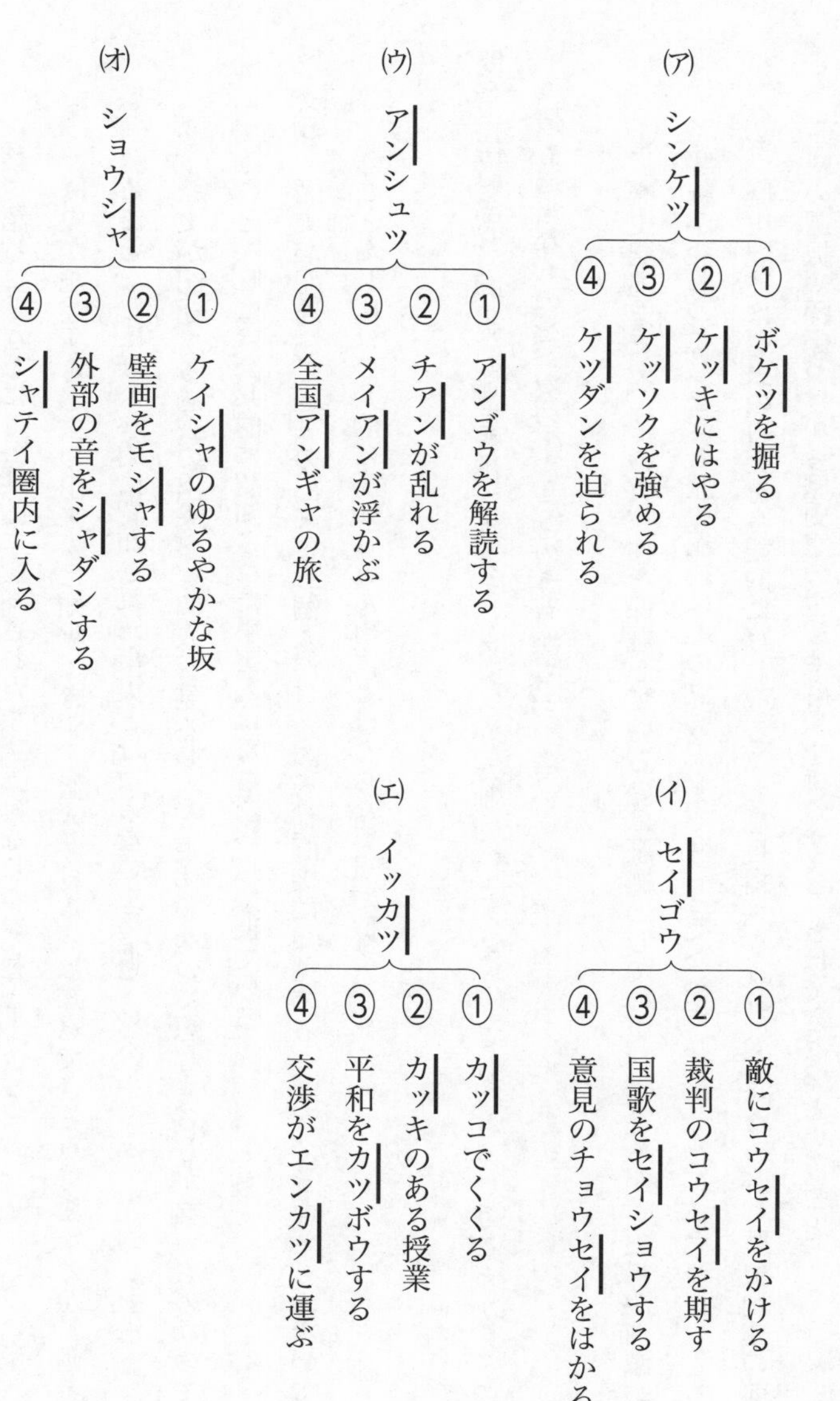

(ア)　シンケツ
①　ボケツを掘る
②　ケッキにはやる
③　ケッソクを強める
④　ケツダンを迫られる

(イ)　セイゴウ
①　敵にコウセイをかける
②　裁判のコウセイを期す
③　国歌をセイショウする
④　意見のチョウセイをはかる

(ウ)　アンシュツ
①　アンゴウを解読する
②　チアンが乱れる
③　メイアンが浮かぶ
④　全国アンギャの旅

(エ)　イッカツ
①　カッコでくくる
②　カッキのある授業
③　平和をカツボウする
④　交渉がエンカツに運ぶ

(オ)　ショウシャ
①　ケイシャのゆるやかな坂
②　壁画をモシャする
③　外部の音をシャダンする
④　シャテイ圏内に入る

問2　傍線部A「このような特徴は、夢の場合と似ています。」とあるが、歴史が記述する「過去の出来事」と個人が見る「夢」についての説明として最も適当なものを、次の①～⑤のうちから一つ選べ。

① 歴史が記述する過去の出来事も個人が見る夢も不在のものでしかないため、客観的な証拠を示しつつ言葉で語ることなしには、公共的に認知された事実とはならない点で似ている。

② 歴史が記述する過去の出来事は共同的であり、個人が見る夢は私秘的である点で異なるが、両者とも言葉で語ることなしには公共的に認知された事実とはならない点で似ている。

③ 歴史が記述する過去の出来事は知覚できず、個人が見る夢は知覚できる点で異なるが、両者とも言葉で語ることなしには公共的に認知された事実とはならない点で似ている。

④ 歴史が記述する過去の出来事も個人が見る夢も、実体験なのに想起するしかないものなので、言葉で語ることなしには公共的に認知された事実とはならない点で似ている。

⑤ 歴史が記述する過去の出来事も個人が見る夢も、直接に知覚することができないものなので、言葉で語ることなしには公共的に認知された事実とはならない点で似ている。

問3 傍線部**B**「歴史記述を背後で支えているそうした制約」とあるが、これはどういうことか。その説明として最も適当なものを、次の①～⑤のうちから一つ選べ。

① 歴史記述を支え、その実在性を保証しているのは証拠としての史料であるが、史料が消滅したり、その解釈が変わってしまうと歴史記述はその立脚点を失うことになってしまうということ。

② 歴史記述は過去の事実を客観的に写し取ることを目指さなければならないが、歴史記述の前提である史料の選択や関係づけから歴史家の主観や解釈を排除することはできないということ。

③　歴史は膨大な史料の中から選別された史料を関係づけることで一つの物語りとして記述されるが、その歴史記述は歴史家固有の視点、史観、解釈などの介入なしには成立しないということ。

④　歴史記述には書き手である歴史家の先入見やイデオロギーが無意識のうちに影響を及ぼしているが、歴史家がそのことを意識してしまうと歴史記述は立ち行かなくなってしまうということ。

⑤　証拠としての史料にも物語りとしての歴史記述にも書き手の先入見や歴史観が影響を及ぼしているので、歴史記述が成立するためには史料批判や物語り批判が欠かせないということ。

問4　傍線部**C**「事実の意味付けが歴史である」とあるが、これはどういうことか。その説明として最も適当なものを、次の①～⑤のうちから一つ選べ。

①　歴史の変動の中にある歴史家が、その変動を超越した視点から過去を把握し、それを再現したのが歴史であるということ。

②　変動する現在を生きている歴史家が、現在の関心から過去の事実を解釈することで構成されるのが歴史であるということ。

③　歴史家が現在に役立てるために把握した過去を、過去そのものだと意味付けて叙述したのが歴史であるということ。

④　歴史家は現在の関心から未来を展望するが、その展望を逆に過去に投影して叙述されるのが歴史であるということ。

⑤　歴史家は現在の関心から過去を把握しているのに、それを逆転させて過去から現在へと叙述したのが歴史であるということ。

問5　【文章Ⅰ】と【文章Ⅱ】の内容や表現に関する説明として最も適当なものを、次の①～⑤のうちから一つ選べ。

①　【文章Ⅱ】の2段落で「歴史は絶対的な過去自体が歴史家の虚心坦懐な実証研究を媒介として自ら再現するもの」というランケの考えが紹介されているが、この考えは【文章Ⅰ】の7段落にある「素朴実在論」の考えに近い。

②　1段落で「史料によって得られる事実」は「歴史の断片」でしかないと述べている【文章Ⅱ】よりも、4段落で「史料」が「過去の事実」の「拠って立つ足場」だと述べている【文章Ⅰ】のほうが、「史料」を重視している。

③　【文章Ⅰ】の6段落では「歴史家それ自身」を「一枚のゆがんだ鏡」にたとえているが、このたとえには、歴史家は本来、過去の事実をあるがままに写し取るべきだという【文章Ⅰ】の筆者の考えを見て取ることができる。

④　【文章Ⅱ】の4段落では「歴史叙述」のあり方が「方法としての歴史の探究」のあり方に「逆行」していると述べているが、【文章Ⅱ】の筆者はそう述べることで「歴史叙述」の欺瞞（ぎまん）性を批判していると理解することができる。

⑤　【文章Ⅰ】の7段落と【文章Ⅱ】の4段落では同じパースペクティブという言葉を使って歴史記述の方法や歴史把握の方法を表現しているが、この言葉は【文章Ⅰ】と【文章Ⅱ】では同じ意味で使われていないと言える。

問6　【文章Ⅰ】と【文章Ⅱ】を読んだMさんは、内容を確認し、歴史記述がはらんでいる問題について考察するために、【ノート1】と【ノート2】を作成した。これについて後の(i)・(ii)の問いに答えよ。

(i)　次の【ノート1】の空欄 X に入る最も適当なものを、後の①～④のうちから一つ選べ。

【ノート1】

> 【文章Ⅰ】の主旨……歴史記述の成立条件はパースペクティブ性＝視点拘束性にある。
> 【文章Ⅱ】の主旨……歴史が書き替えられる理由には、新しい史料が発見されること以外に、過去の事実の意味付けが時代によって変化するということがある。
>
> 考察
> 以上のような【文章Ⅰ】と【文章Ⅱ】の主旨を確認してみると、【文章Ⅰ】では歴史の書き替えということを直接問題にしていないが、【文章Ⅱ】に書かれていることからも、以下のように歴史が書き替えられる理由が説明できるのではないかと考えた。
>
> X

① 歴史記述にはそれを記述した歴史家の先入見、イデオロギーなどが入り込んでいるため、それらを取り除く作業を断続的に続けていかなければならないから。

② 歴史は選別された史料を関係づけることによって構成されるが、史料をどのように選別し、それらをどのように関係づけるかは歴史家によって異なるから。

③ 歴史が記述する過去の事実の実在性の根拠となるのは史料の存在であるが、その史料の歴史家ごとに異なる解読と分析が歴史記述のすべてを決定するから。

④ 歴史記述はそれを記述する歴史家固有の視点の制約を受けざるを得ないが、歴史家がその制約をどれだけ自覚できるかで歴史記述の内容は異なってくるから。

(ii) 次の【ノート2】の空欄 **Y** に入る最も適当なものを、後の①〜④のうちから一つ選べ。

【ノート2】

> 武井彩佳著『歴史修正主義』には、「歴史を特定の意図で都合のよいように『書き替える』」のが歴史修正主義であるが、それと、「過去の出来事に違った角度から光を当てて歴史を『書き直す』」ことの区別は、容易ではない」と書かれている。

考察

この文章を読み、【文章Ⅰ】と【文章Ⅱ】を踏まえて、「歴史修正主義」に陥らない歴史記述のあり方について考えてみた。その結果、以下のような考えに達した。

Y

① 歴史は取捨選択された史料に基づき、過去の事実のありのままの再現を目指すものなので、歴史家は歴史を記述する際に、客観的な視点からではなく、自らの主観的な視点から過去を解釈し、過去の事実を歪めたりしないように注意すべきである。

② 歴史が現在の関心からする過去の把握である以上、歴史家は、現在の関心にとって有効性を持つか否かという観点から歴史を記述するように心がけ、自分の立場に役立てるために過去を勝手に書き替えたりすることのないように注意すべきである。

③ 歴史は取捨選択された史料を関連づけて記述するものであるが、そこに無意識のうちに歴史家の主観が介入することは避けられないため、それを少しでも自覚化することで、過去が歴史家の主観によって歪められないように注意すべきである。

④ 歴史は現在の視点からの過去の解釈であるが、そこには歴史家の立場が影響を与えていることを自覚したうえで、史料に基づいた実証的な記述を心がけ、過去を自分の立場に合わせて恣意的に書き替えたりすることのないように注意すべきである。

《解答解説44ページ》

第6問　次の文章（図1〜3を含む）は、三浦佳世（みうらかよ）『視線の構造』の一節である。これを読んで、後の問い（問1〜6）に答えよ。（配点　50）

仙厓（せんがい）は寛延（かんえん）から天保（てんぽう）にかけて活躍した臨済宗の僧侶である。彼の描いた絵に、老人と子どもが共に天を仰いで笑っている絵が何枚かある。いずれもA老人のさしている指先の何かを、共に見て喜んでいるようである。しかしそれが何なのかは描かれていない。ここにあげた絵（図1）では、画中の賛を読むと「お月様いくつ、十三七つ」(注1)とあって、どうやらふたりは月を見ているらしい。そう思ってみると、左上の余白に「主観的輪郭」に類した円形、つまりは満月に近い月が認められなくもない。主観的輪郭というのはそこに輪郭線がないにもかかわらず、線で描くよりも明瞭な形が見えるという現象である。

たとえばカニッツァ(注2)の三角形（図2）では背景よりも白く明るい三角形が手前にありありと浮き出て見える。面白いことに、輪郭が知覚される部分に実際に輪郭線を書き込んでしまうと、三角形は背景と同じ明るさになってしまい、さらには、同じ面に落ちてしまって、迫力がなくなってしまう。つまり、輪郭線が描かれていない方が、よりはっきりとした力強い輪郭を認めることができるのである。仙厓の絵では、必ずしもそうした効果は明瞭ではないが、しかし、輪郭線を用いず、主観的にそれを認めさせるということは、この絵の主題には特に合っているように思われる。

というのも、この絵は「指月布袋（しげつほてい）」と呼ばれていて、描かれている老人は布袋、つまりは弥勒菩薩（みろくぼさつ）の化身であり、指さしている先にある月は仏の教え、月を指している指は仏の教えを説いた教典を象徴するものだ

（上）図１　仙厓「指月布袋」
（下）図２　カニツァの三角形（主観的輪郭の一例）

とされているからである。つまり、指先ばかり見ても（教典ばかり熟読しても）月は見えない（悟りには至らない）、大事なのは指先に気をとられることではなく月に気づくことだ、ということを教える絵だとされている。仏の教えあるいは悟りは目に見える形で描くことはできず、心で気づくしかない。となると、月を輪郭線で描くより、主観的輪郭線によって見る者が月をそこに見つけることの方が絵の意図に合う。知覚心理学的な意味での主観的輪郭という点ではこの絵は成功していないが、形が明瞭に浮かび上がってこない分、それに気づくことが難しく、一層、絵の意図に合っているともいえる。月（真実）を見つけたとき、私たちは画中の子どもとともに、笑って喜ぶことができるのではないか。

じつは、指している指ではなく、指している先の対象に気づくということは、進化論的には容易なことではないようである。たとえば、犬に向かって「ほら、そこ！」と指さしても、犬は指先を見るばかりで、指している先に注意を向けることはできない。まして、「まなざし」、つまりは目で指し示して、対象に気づかせようとすることは(ア)シナンの業である。「指しているもの」と「指されているもの」の関係性を理解することが難しいのであろう。発達心理学の領域では、「共同注視」つまり相手の注意している対象に気づき、それに目をやって共に見ることができるには、相手が「心」をもった存在であることに気づく必要があるとされている。相手にも感じたり考えたりする「心」のあることに気づき、その相手の意図や感情を読みとれてこそ、視線や指さしによって「指示されているもの」に注意を向けることができるというのである。同じものを見、同じものに注意を向けることは、相手と心を通わせることにおいて大きな意味をもつ。

ないものを共に眺めるという点に関しては、喜多川歌麿（きたがわうたまろ）の「風流七小町（ふうりゅうななこまち）　雨乞（あまごい）」（図３）も同様である。この絵では、母に抱かれた男児が母とともに傘にあいた穴を見ている。たしかに、「指月布袋」とちがって、二人に見えている対象は描かれているのだが、しかし、それが「穴」だとすれば、本来、「ないもの」を見ているということになる。

意識の対象にのぼらないものを「地」と考えるなら、穴は本来、「地」としての存在である。しかし、その存在に気づき、それに意識を向けたとたん、穴は「図」に変わる。画中の母子は穴に気づいて、その穴自

図３　喜多川歌麿「風流七小町　雨乞」

体、あるいは穴があいて役目をなさない傘を見て楽しんでいるのだろう。しかし、つぎの瞬間、二人は穴を通して見える向こう側の世界に気づくことになる。穴の向こうに広がる世界に関心が移ったとたん、穴は、あるいは穴を含めた傘は、ふたたび「地」に落ちる。見る者の意識の移動に伴い、二人の見ているものはつぎつぎと意味を変え、時間軸の上で紡ぎだされる「物語」へと見る者を誘う。

いや、二人の見ているものはすでに穴ではなく、穴の向こうの「現れては消える」もうひとつの現実なのかもしれない。母は子のたしかな重さを実感しながら、子は母のぬくもりに安心感を抱きながら、傘にあいた穴を通して、小窓の向こうに広がる外の世界を見るように、あるいはスクリーンに映し出されるように、もうひとつの世界を見るように、母と子の閉じられた関係の外側で展開される第三者の世界、この絵に不在である父親の象徴している現実世界を共に眺め、楽しんでいるのかもしれない。母と子による不在の共有。

精神分析学者の北山(注3)は、浮世絵に描かれた母子の多くが「はかなく消えゆく」もの、あるいは、つぎの瞬間、「立ち去りゆく」ものを共に見ていることが多いことに注目している。

消え去りゆくものをチュウ(イ)カイにつながっている母子関係は、対象が消え去り、立ち去ったとき、その絆(きずな)を失う。自分を守ってくれる母の「傘」のなかで、「破れ目」の向こうに展開されている光景に気づき、それに目を奪われた幼児は、いつしか母のもとを離れ、あちら側の世界へと踏み出すことになるのだろう。

北山が指摘するように、母と子の見ているはかない共視対象は彼らの関係を「切り結ぶ」ものであり、共視の構図は子どもの巣立ちとそれに対する母の(ウ)ゲンメツを象徴しているのだとすれば、歌麿の母子が傘の穴を通して見た「現れては消える」光景もまた、二人をひとときつなぐ物語であり、図と地の反転のなかでその物語をときに見せ、ときに隠す傘の破れ目は、二人を切り結ぶ装置なのであろう。母は腕のなかの子どもにいずれは訪れる旅立ちを予感し、幼児をつなぎ止めようと腕に少し力を入れるかもしれない。

B情報の欠落が、見る者の想像力を借りて、より豊かな世界を創出することは少なくない。歌麿のこの絵でも、欠落しているのは傘にあいた穴だけではない。幼児の視線や表情も後ろ姿で描かれていて見ることはできない。母は顔をこちらに向けてはいるが、引目鉤鼻(ひきめかぎばな)で描かれていて、視線方向や感情が曖昧である。しかも、これだけこちらに顔を向けていては、画面左にある傘の穴を見ていると解釈するのも難しい。引目で描かれた曖昧な視線が、穴を見ているとする解釈をかろうじて可能にしているといえる。したがって、母と子が共に傘にあいた穴を見、あるいは穴の向こうで展開される景色を楽しんでいると思うのは、この絵を見る側の期待だということになる。

さらに、画中の女性と幼児が、母とその子であると判断するコン(エ)キョもない。女性の髪型が既婚女性のそれであったとしても、際だって美しいこの女性が腕のなかの子どもを育てている実の母親かどうかはわからない。むしろ、美しい母に抱かれ、現実世界を遠くから眺めていたいとする鑑賞者の欲望が(オ)ハンエイされていると考えた方がいいのかもしれない。幼児が後ろ姿で描かれているのは、その姿に自らの思いを投影する鑑賞者ひとりひとりの顔が異なるからであり、現実社会としての背景が何一つ描かれていないのは、その鑑賞者ひとりひとりの現実が異なるからだろうか。そもそも「雨乞」というからには晴天なのかもしれず、そうだとすれば、傘は二人だけの囲い込まれた世界を生みだす装置なのだろう。実際に雨が降れば、穴のあいた傘では役立たない。

さまざまな情報の欠落や曖昧さが、この絵を見る者に多様な解釈を許し、自らの物語を紡ぎだすことを可能にする。歌麿はそうした仕掛けを幾重にも用意したのだろう。芸術においては見る者の期待するイメージを作品に投影できる余地を残しておくことが重要だといわれる。物語が生まれるためにはたしかな曖昧さが必要だ。

（注）1 「お月様いくつ、十三七つ」――わらべ歌「お月様いくつ」の冒頭の歌詞。「十三七つ」は、十三夜の七つ時という意味だとされている。

2 カニッァ――ガエタノ・カニッァ。イタリアの心理学者（一九一三〜一九九三）。

3 北山――北山修。精神分析医（一九四六〜）。

問1　傍線部(ア)〜(オ)に相当する漢字を含むものを、次の各群の①〜⑤のうちから、それぞれ一つずつ選べ。

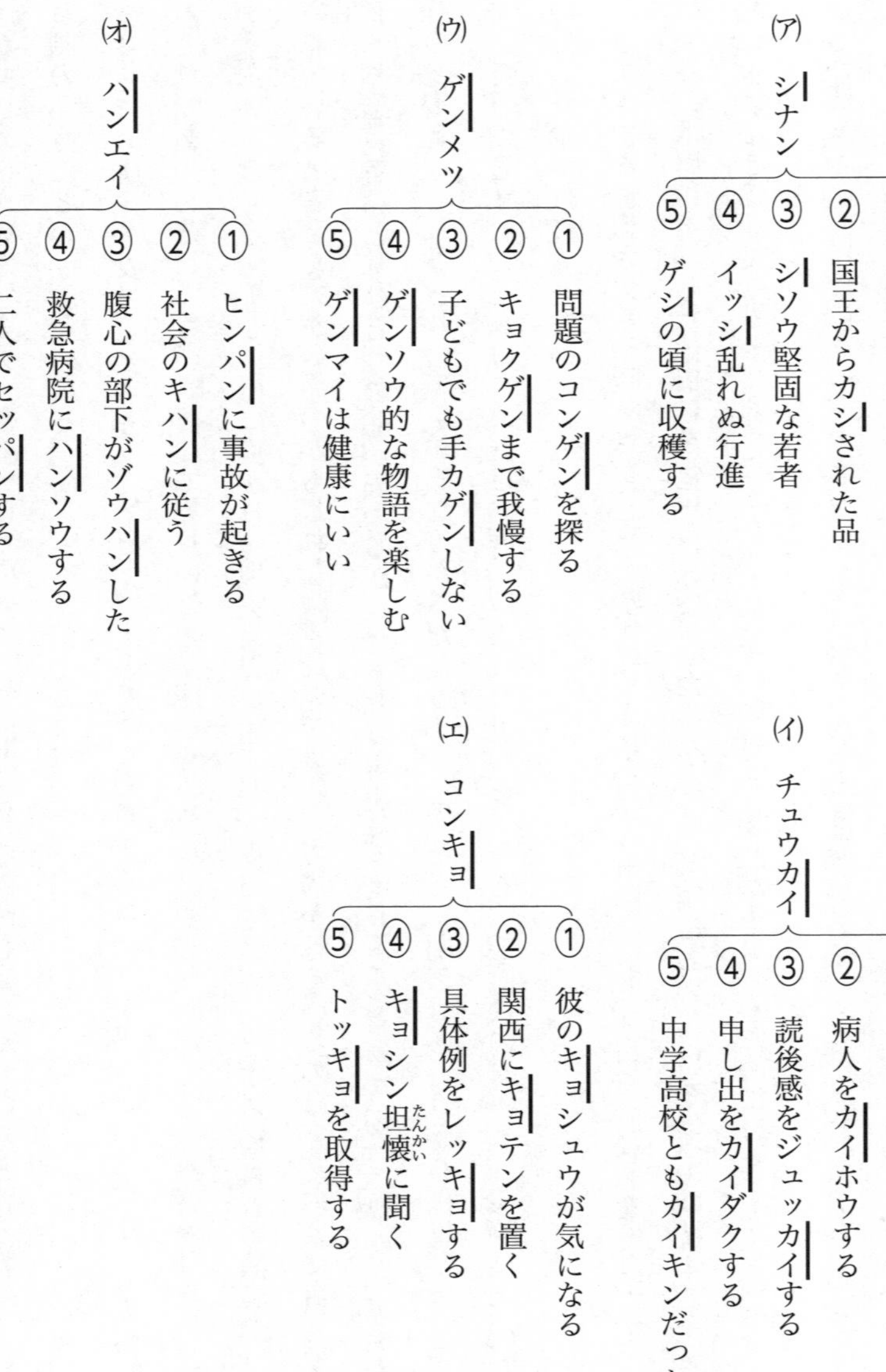

(ア)　シナン
① 企業にユウシする
② 国王からカシされた品
③ シソウ堅固な若者
④ イッシ乱れぬ行進
⑤ ゲシの頃に収穫する

(イ)　チュウカイ
① 会社をカイコされた
② 病人をカイホウする
③ 読後感をジュッカイする
④ 申し出をカイダクする
⑤ 中学高校ともカイキンだった

(ウ)　ゲンメツ
① 問題のコンゲンを探る
② キョクゲンまで我慢する
③ 子どもでも手カゲンしない
④ ゲンソウ的な物語を楽しむ
⑤ ゲンマイは健康にいい

(エ)　コンキョ
① 彼のキョシュウが気になる
② 関西にキョテンを置く
③ 具体例をレッキョする
④ キョシン坦懐（たんかい）に聞く
⑤ トッキョを取得する

(オ)　ハンエイ
① ヒンパンに事故が起きる
② 社会のキハンに従う
③ 腹心の部下がゾウハンした
④ 救急病院にハンソウする
⑤ 二人でセッパンする

問２　傍線部Ａ「老人のさしている指先の何かを、共に見て喜んでいるようである」とあるが、こうした指さしの行為を筆者はどのように捉えているか。その説明として最も適当なものを、次の①～⑤のうちから一つ選べ。

①　老人の指さす先にある月が象徴している仏の教えは、幼い子どもであっても理解できる明らかなものであることを表していると捉えている。

②　言葉や絵画で具体的に示すことのできないようなものでも、指さすという行為によって伝えることが可能になることを示していると捉えている。

③　老人が指さす先にあるものに子どもが気づくことができるのは、子どもが老人の意図や感情を読みとっていることが前提となっていると捉えている。

④　弥勒菩薩の化身である老人が指さしている教えは、幼い子どものように素直な者にしか感受できないものであることを戒めていると捉えている。

⑤　指さされた対象を共有し、ともに喜びあうことができるのは、互いに相手を慈しみ合うような濃密な人間関係が条件となっていると捉えている。

問３　図１と図２について、本文の内容を踏まえた説明として最も適当なものを、次の①～⑤のうちから一つ選べ。

①　主観的輪郭を意図的に活用した図２と違い、図１の主観的輪郭は偶然の産物である。ところが、そうした結果がかえって仏の教えの深淵（しんえん）さを表すものとして、見る者の信仰心を高めることにつながっている。

② ともに主観的輪郭という現象が認められるが、図1は図2に比べると必ずしもその効果が明瞭なものではない。しかし、そうした効果の曖昧さがかえって図1の絵の主題により適(かな)ったものとなっている。

③ 主観的輪郭を明確に示した図2とは異なり、図1ではそれを曖昧な形でしか示していない。なぜなら、具体的な図形を浮かび上がらせようとした図2に対して、図1は仏の教えという不確かなものを表そうとしたからである。

④ 図1と図2は、ともに主観的輪郭という現象を利用しているように感じられるが、図1の作者にはそうした心理学的知識はなかった。したがって、絵画の持つ宗教的含意を理解した者だけがそこに月を思い描くことができる。

⑤ 主観的輪郭を浮かび上がらせるために作画された図2に対して、図1にはそのような意図は感じられない。それでも、指さしや視線の効果によって、絵を見つめているうちにはっきりと月の姿が浮かび上がってくる。

問4　図3について、本文の内容を踏まえた説明として最も適当なものを、次の①～⑤のうちから一つ選べ。

① 母子の視線がはっきりと描かれていないにもかかわらず、傘にあいた穴に気づくと二人の視線はそこに向けられていると感じてしまうのは、絵画を見る者の視線と母子の視線とが一体化してしまうからである。

② 傘に空白の穴を作っておくことによって、絵を見る者の意識をそこにひきつけるように仕組まれており、母子の視線を通して穴の向こうにもうひとつの世界を明確に浮かび上がらせる効果を持っている。

③　穴のあいた傘は絵の中の母子が閉じられた空間にいることを暗示しており、穴の向こうにある外の世界に視線を向けながらも、二人だけの世界に安住することのできる幸福な関係が描かれている。

④　絵を見る者が、描かれている母子が見ているものに着目することによって、傘にあいた穴が、意識の対象となる「図」になったり、対象とならない「地」になったりという転換が生じる仕掛けが施されている。

⑤　子どもの顔があちら向きに描かれているのは、表情や視線を意図的に隠すことによって絵を見る者の想像力を刺激し、母の腕に抱かれるぬくもりを実感したいという欲望を満たす働きを持っている。

問5　傍線部B「情報の欠落が、見る者の想像力を借りて、より豊かな世界を創出する」とあるが、これはどういうことか。その説明として最も適当なものを、次の①～⑤のうちから一つ選べ。

①　主観的輪郭線が図形を浮かび上がらせたように、情報の欠落はかえって絵画の主題を明確なものにするということ。

②　情報の欠落は絵を見る者の好奇心を刺激し、隠された作者の真意をより深く読みとろうとすることになるということ。

③　情報が欠落していることが絵を見る者に奥行きを感じさせ、平面的な絵画に立体感をもたらしているということ。

④　欠落した情報に関心をひきつけることによって、絵を見る者の視線を一定の方向に誘導する効果があるということ。

⑤　多様な解釈を許容する情報の欠落は、作品の中に絵を見る者がそれぞれの物語を生み出していく契機になるということ。

問6　次に示すのは、本文を読んだ五人の生徒がそれぞれの意見や感想を述べたものである。本文の論旨に照らして**明らかな誤りを含むもの**を、次の①〜⑤のうちから一つ選べ。

①　生徒Ａ――うちで飼っている犬は指さして教えても全然それを理解しないから不思議に思っていたけど、それは犬にとっては当たり前のことなんだな。

②　生徒Ｂ――人間の目は物のありのままの姿を捉えることができるものだと思っていたけど、そこには見る者の主観が関わっていることが三つの図からはっきりわかったよ。

③　生徒Ｃ――絵画の構図には、作者がその作品に託した物語が表現されているのだから、鑑賞するときにはそれを正しく理解することが大切なんだね。

④　生徒Ｄ――絵画の鑑賞には、作品を客観的な対象として見るだけでなく、絵を見る者が画中の人物に自己を投影するという楽しみ方もあるんだ。

⑤　生徒Ｅ――ないものを共に眺めている母子の視線からは二人の絆を感じ取ることができるけど、そこには同時にそのはかなさも感じられるんだね。

《解答解説56ページ》

第　二　部

第1問

次の文章は、高橋昌男の小説「夏草の匂い」の一節である。小学校五年生の康之は、戦争で父親を亡くし、空襲で家も焼かれて、戦後は伯母の家に母と住んでいる。前夜、康之の些細な行動をきっかけに母と伯母は激しく言い争い、あまりに興奮した母の姿に康之は恐れを感じた。これを読んで、後の問い（問1〜6）に答えよ。なお、設問の都合で本文の上に行数を付してある。（配点 50）

彼はそのときの悪夢に似た情景を思いうかべながら、急いでやってくる大勢の生徒といっしょに校門をくぐった。運動場はすでに、早くから出てきた連中の(ア)かまびすしい声で満ちていた。焼け残った木造校舎は、窓硝子が割れてなかったり、羽目板が剝ぎ奪られたりして、見るも無惨なすがただった。その日は朝礼があったので、ひとまずカバンを教室に置いて来なければならない。康之は校庭を斜めに横切ると、下駄箱の並んでいる薄暗い口をはいって行った。埃っぽい匂いが鼻を衝いた。そのとき、彼はふと、母が燃えさかる焔の色を眺めながら、とつぜん何だか死んでもいいという気になったと話してくれたことを思い出した。その感覚は、もしかしたら自分が焼け跡の雑草の繁みの中で、はげしい草いきれに酔い、そのまま身を投げ出してしまいたいと思ったあの感覚とおなじ性質のものなのだろうか。全身をひたす無力感、しだいに抜け殻のようになって行く自分……。康之は唇を嚙んだ。お母さんはそのとき死んでいればよかったんだ。死んでいれば、なにも伯母さんと醜くいがみ合いながら、幼い息子との明日を思い煩うこともない。彼は自分が母のお荷物であることを強く意識した。そして、すまないと思う気持と、それとは(イ)裏腹な、べつにぼくだって生きたくて生きているのではないと思う気持とで、胸の中が熱くたぎってくるのをおぼえた。

彼はその日、学校にいる間じゅう、そのことを考えつづけていた。四時限目の授業の終りを告げるベルが鳴り、解放された喜びに胸を弾ませながら校門を出たとき、康之は母に呼びとめられた。A彼女は涼しげな夏の着物に余所（よそ）行きのモンペをはき、黄色くなりかけたパラソルをさして立っていた。何がはいっているのか、片手に手提（さ）げ袋を持っている。「いったい、どうしたの」彼が不審な面持で訊（たず）ねると、母はふっと目で笑って「訳はあとで話すわ」といいながら、先に立って歩き出した。

母が口をひらいたのは、電車の音が間近に聞える坂路にかかったときだった。彼女は歩調をゆるめると、ハンカチを額や鼻のあたりに軽く押しあてながら、「お母さんね、今朝あれから、また伯母さんとやり合っちゃったの」といった。B「ぼくのことで？」康之はそう訊（き）き返したが、それは誘導訊問（じんもん）にすぎなかった。今朝、便所で立ち聞きしたことから、諍（いさか）いの種子が自分ではないことを、彼は確信していた。「ううん、今度はお母さんのこと」彼はすかさず訊いた。「いったいどういうことさ」母は笑うと「まだあんたにいったって、わからないわ。これは大人どうしの話だもの」お母さんはまだぼくを子供と思っている。彼は憤慨したが、黙っていた。すると母が指でほつれ毛を掻（か）き上げて、ことさら快活な口調でいった。「それよりね、お母さんいいこと思いついたの。お父さんのご命日にはまだちょっと間があるけど、これからお墓参りかたがた二人でピクニックに行かない？　ううん、お墓参りなんかどうでもいいの。とにかくあそこの涼しい木蔭で、お弁当をつかいましょうよ。お母さんね、じつは腹が立ったので、あの家を飛び出してきたの。きょうは遅くまで帰らないつもり。それでお前を迎えにきたのよ。お弁当をつかったら、新宿へでも行って遊ぼうね」

父の命日は九月の末だから、たしかにそれまでには間があった。いったい何でこんな日に墓参を思いついたのだろう。ピクニックだとするなら、墓地を選ぶなんて余計どうかしている。康之は母の精神状態が心配になった。が、すくなくとも外見からは、どこといって変ったところは見受けられない。彼は訊ねた、「でも、どうしてあんな所でお弁当をつかおうなんて思いついたのさ」「だから、いまいったでしょ。あそこには涼しい木蔭があるし、それに静かだからよ。見てごらんなさい、こんな炎天の焼け跡でお弁当がたべられますか」なるほど、二人が歩いて行く路の左手には枠だけになった白い万年塀がつづき、ぽっかりあいた穴のむこうに、夏草が猛々しく生い繁っているのが眺められた。何かの工場の跡らしかった。涼しい木蔭をつくる樹など、どこにも見当たらなかった。彼は、母が自分の気持を鎮めるためにそこへ行くことを望んでいる、と考えるしかなかった。やがて二人は省線の線路をまたぐ陸橋に出た。

菩提寺はその陸橋をわたって、南へ十五分ほど歩く位置にあった。「暑くない？」母はパラソルを差しかけたが、その影は二人を覆うには小さすぎた。かれらは言葉すくなに足をはこんだ。そして間もなく菩提寺の山門にたどり着いた。山門といっても、康之の記憶に残る仁王門はなかった。本堂も鐘楼も跡形なく消えていた。本堂の礎石さえ丈高い雑草に埋もれて見えなかった。母が掘立小屋のような寺務所で線香を買いもとめている間に、彼は忠霊塔の脇にある井戸小屋で閼伽桶（あかおけ）に水をみたした。それから二人で墓地へ通じるなだらかな石段を降りて行った。石段は葉の繁った樹の枝で覆われていた。降りながら目を西の方角に向けると、秩父の山塊がかすむように眺められた。

広い墓地には人の気配がなく、ひと筋の香煙も認められなかった。康之の父の墓は石段を降り切ったところにある。簡単に墓参をすませると、二人は石段の脇の木蔭に陣取って、意味もなくほほえみ交わした。母が持参したのは薩摩芋入りの握り飯だった。塩の用意もあった。ピクニックのご馳走はそれだけだと思っていたところへ、母がいたずらっぽく笑いながら、「きょうは取って置きのものを持ってきたのよ。どう、これ」といって缶詰のコンビーフを出したので、康之は歓声をあげた。それはいつであったか、軍人遺家族に特配になった分の残りだった。が、彼はとつぜん不安になった。なぜ母は、あれほど大事に蔵（しま）って置いたコンビーフを惜しげもなく振舞う気になったのだろう。そういえば彼女が余所行きの身なりをし、汗で落ちてしまったが、顔に薄く白粉（おしろい）をはたいていたのも気にかかった。お母さんはいままた、「何だか死んでもいい」という気になっているのだろうか。

食事が終り、母が水筒に入れてきたお茶で喉をうるおすと、彼は母の顔を窺（うかが）った。これからどうするつもりなのだろう。母は彼の心の裡（うち）を読み取ったかのように、不意に若々しい動作で立ち上がると、「さあ、康之。なにかして遊ばない？　あの家にいるとお前と遊ぶにも気兼ねしなきゃならないんだもの。きょうは思いっきり愉（たの）しくあそびましょうよ。何をする？　といっても、お母さんはあまり知らないからねえ」といってわざと渋面をつくった。彼は胸をしめつける不安に抗（あらが）いながら、それでもC精いっぱい無邪気を装って、思いついた遊戯を持ち出してみた。それは二人でジャンケンをして〝紙〟で勝ったらパイナップルと字数に合わせて六歩、〝石〟で勝ったらグリコと三歩、というように先に進み、どちらが早く目標点に到達するかを競う単純な遊戯だった。母はにっこり笑うと、「ああ、あれなら知ってるわ」といった。「それじゃ、この石段でやろう。どっちが先にてっぺんまで行きつくか」

やがて遊戯がはじまった。だが、どうしたことだろう、康之はつづけざまに四度も勝ち、そのために母とはだいぶ離れた位置に立つことになった。母はほほえみながら、石段の一番下に(ウ)佇(たたず)んでいる。彼は墓地から離れて行こうとするのに、母は相変らず墓地の中、父の墓の前にたたずんでいる。D康之は母に勝って貰おうと必死になった。だが彼には、ジャンケンポンと声に出して手を振る動作が、何か母との別れの身ぶりのように思われてならなかった。そこで彼は不吉な思いを払いのけるように、大げさな身ぶりで、いっそう声を張りあげた。しかしその声は墓石の群れに撥(は)ね返り、まだ夏のものである湧き立つ九月の空に、むなしく消えて行くだけだった。

問1　傍線部(ア)～(ウ)の語句の本文中における意味内容として最も適当なものを、次の各群の①～⑤のうちから、それぞれ一つずつ選べ。

(ア)　かまびすしい
① いきいきした
② 乱暴な
③ やかましい
④ あわただしい
⑤ 甲高い

(イ)　裏腹な
① 関係のない
② 比較できない
③ 微妙に異なる
④ 正反対の
⑤ 似て非なる

(ウ) 佇んでいる
① じっと立っている
② うずくまっている
③ のんびり休んでいる
④ 置き去りにされている
⑤ とどまろうとしている

問2 傍線部A「彼女は涼しげな……立っていた。」とあるが、この姿から「母」のどのような思いがうかがえるか。その説明として最も適当なものを、次の①〜⑤のうちから一つ選べ。

① 少しでも美しく着飾って墓参に行くことで、夫が生きていた頃の幸福な家庭生活を偲(しの)びたいという思い。
② 母親らしいきちんとした身なりで学校を訪れることで、醜い大人の争いをしたことを取り繕おうという思い。
③ 身なりにかまうこともなく必死に働く生活に疲れ果て、これからは自分の幸福だけを大切にしていこうという思い。
④ 精いっぱいのおしゃれをすることによって、日常生活の鬱屈(うっくつ)した思いを一時でも忘れ去りたいという思い。
⑤ 周囲を気にする地味な暮らしに我慢できなくなり、今日からは人目をはばかることなく生きていこうという思い。

問3　傍線部B「『ぼくのことで？』康之はそう訊き返した」とあるが、康之はどうしてこのように「訊き返した」のか。その説明として最も適当なものを、次の①～⑤のうちから一つ選べ。

①　諍いの原因が自分にあることに傷つき、それを母に否定してもらうことで少しでも癒やされたいと思ったから。

②　諍いの原因が自分のことではないと思ってはいたが、それを母の口からはっきり否定してほしいと思ったから。

③　諍いの原因はすでに知っていたが、それを直接母の口から話させることで母を困らせてやろうと思ったから。

④　諍いの原因が自分にあるのかどうかをはっきり確認することで、母に対する不信感を晴らしたいと思ったから。

⑤　諍いの原因が自分のことではないとわかっていながら、あえてこう問うことで本当の原因を探ろうと思ったから。

問4　傍線部C「精いっぱい無邪気を装って」とあるが、康之はなぜ「無邪気を装っ」たのか。その説明として最も適当なものを、次の①～⑤のうちから一つ選べ。

①　母の負担になるのならいっそ死んでしまいたいという思いを、母に悟らせないようにするため。

②　母が死のうとしているのではないかという自分の思いを、母に気づかせないようにするため。

③　自分もすでに大人の事情がわかるほどに成長したことを、母には隠しておきたいと思ったため。
④　これからの生活に不安を感じながら、明るくふるまう母を悲しませたくないと思ったため。
⑤　夫を亡くした悲しみを隠して明るくふるまう母を、自分も明るく応じることで慰めたいと思ったため。

問5　傍線部D「康之は母に勝って貰おうと必死になった。」とあるが、それはなぜか。その説明として最も適当なものを、次の①～⑤のうちから一つ選べ。

①　父の墓前から離れようとしない母に、明るくふるまいながらも実は深い悲しみが刻まれていると感じられたから。
②　つらい生活の中でささやかな息抜きを求めている母に、もっと楽しい思いをさせてやりたいと思ったから。
③　父の墓前にいる母が死の世界へと旅立つように感じられ、なんとか自分のもとへ引き戻したいと思ったから。
④　遊びとはいえ母との間に距離が生じることに、母の自分に対する思いが象徴されていると感じられたから。
⑤　父が亡くなってから不幸な経験ばかりしている母が、遊びでさえも負けてばかりなのが哀れに感じられたから。

問6　この文章における表現の特徴として適当なものを、次の①～⑤のうちから一つ選べ。

① 本文の8行目～9行目にある「しだいに抜け殻のようになって行く自分……」という表現には、戦争という現実の前になすすべもない人間の卑小さが印象づけられるが、35行目～36行目の「ぽっかりあいた穴のむこうに、夏草が猛々しく生い繁っているのが眺められた」では、戦争の傷跡さえもいつの間にか消し去っていく自然の力強さが表されている。

② 本文の10行目～11行目にある「彼は自分が母のお荷物であることを強く意識した」には、自分が母の幸福を妨げているのではないかという主人公の葛藤が強く表れており、21行目の「諍いの種子が自分ではないことを、彼は確信していた」には、そうした不安が杞憂でしかなかったことがわかり安堵する彼の心情が表されている。

③ 本文の22行目～23行目にある「まだあんたにいったって、わからないわ」という母の言葉には、息子をいつまでも子ども扱いする母の気持ちがうかがえるが、57行目～58行目にある「きょうは思いっきり愉しくあそびましょうよ。何をする？」では、生活に追われて息子の心をくみ取ってやれなかったことへの母親の反省の思いが表れている。

④ 本文の52行目にある「そういえば彼女が余所行きの身なりをし」という表現では、母を「彼女」とすることで母親と主人公との間に距離が生じていることが暗示され、さらに67行目～68行目の「何か母との別れの身ぶりのように思われてならなかった」では、自らも母と決別しなければならないと覚悟する主人公の心情が表されている。

⑤　本文の53行目～54行目にある「お母さんはいままた、『何だか死んでもいい』という気になっているのだろうか」と感じる場面には、子どもながらも母親のことを心配し、その内面を窺おうとする主人公のありようが表れており、さらに、68行目～69行目の「大げさな身ぶりで、いっそう声を張りあげた」という表現には、母親を慕う主人公の率直な思いが描き出されている。

《解答解説66ページ》

第2問　次の文章を読んで、後の問い（問1～6）に答えよ。（配点　50）

ひろ子の家は二筋三筋距った町通りに小さい葉茶屋の店を出していた。

玉露の壺は単に看板で、中には何も入ってなく、上茶も飛切りは壺へ移す手数を省いて一々、静岡の仕入れ元から到着した錫張りの小箱の積んであるのをあれやこれやと探し廻って漸く見付け出し、それから量って売ってくれる。だから時間を待たして仕様がないと(注)老婢のまきは言った。

「おや、おまえ、まだ、あすこの店へお茶を買いに行くの」と私は訊いてみた。「あすこの店はおまえの敵役の子供がいる家じゃない」

すると、まきは照れ臭そうに眼を伏せて

「はあ、でも、量りがようございますから」

と、A せいぜい頭を使って言った。私は多少思い当る節が無いでもなかった。

蔦の芽が摘まれた事件のあった日から老婢まきは、急に表門の方へ神経質になって表門の方に少しでも子供の声がすると「また、ひろ子のやつが――」と言って飛出して行った。

事実、その後も二三回、子供たちの同じような所業があったが、しかし、一月も経たぬうちに老婢の警戒と、また私が予言したように子供の飽きっぽさから、その事は無くなって、門の蔦の芽は摘まれた線より新しい色彩で盛んに生え下って来た。初蟬が鳴き金魚売りが通る。それでも子供の声がすると「また、ひろ子のやつが――」と呟きながらまきは駆け出して行った。

子供たちは遊び場を代えたらしい。門前に子供の声は聞えなくなった。老婢は表へ飛出す目標を失って、しょんぼり見えた。用もなく、厨の涼しい板の間にぺたんと坐っているときでも急に顔を皺め

「ひろ子のやつめ、——ひろ子のやつめ——」

と独り言のように言っていた。私は老婢がさんざん小言を云ったようなきっかけで却って老婢の心にあの少女が絡み、せめて少女の名でも口に出さねば寂しいのではあるまいかとも推察した。

だから、この老婢がわざわざ幾つも道を越える不便を忍んで少女の店へ茶を求めに行く気持ちも汲めなくはなく、老婢の拙い言訳も強いて追及せず

「そう、それは好い。ひろ子も蔦をむしらなくなったし、ひいきにしておやり」

私の取り做してやった言葉に調子づいたものか老婢は、大びらでひろ子の店に通い、ひろ子の店の事情をいろいろ私に話すのであった。

私の家は割合に茶を使う家である。酒を飲まない家族の多くは、心気の転換や刺戟の料に新らしくしばしば茶を入れかえた。老婢は月に二度以上もひろ子の店を訪ねることが出来た。

まきの言うところによるとひろ子の店は、ひろ子の親の店には違いないが、父母は早く歿し、みなし児のひろ子のために、伯母夫婦が入って来て、家の面倒をみているのだった。伯父は勤人で、昼は外に出て、夕方帰った。生活力の弱そうな好人物で、夜は近所の将棊所へ将棊をさしに行くのを唯一の楽しみにしている。伯母は多少(ア)気丈な女で家の中を切り廻すが、病身で、ときどき寝ついた。二人とも中年近いので、もう二三年もして子供が出来ないなら、何とか法律上の手続をとって、ひろ子を養女にするか、自分たちが養

父母に直るかしたい気組みである。Bそれに茶店の収入も二人の生活に取っては重要なものになっていた。

「可哀そうに。あれで店にいると、がらり変った娘になって、からいじけ切ってるのでございますよ。やっぱり本親のない子ですね」とまきは言った。

私は、やっぱり孤独は孤独を牽くのか。そして一度、老婢とその少女とが店で対談する様子が見たくなった。

その目的の為めでもなかったが、私は偶然少女の茶店の隣の表具店に写経の巻軸の表装を誂えに行って店先に腰かけていた。私が家を出るより先に花屋へ使いに出したまきが町向うから廻って来て、少女の店に入った。大きな「大経師」と書いた看板が距てになっているので、まきには私のいるのが見えなかった。表具店の主人は表装の裂地の見本を奥へ探しに行って手間取っていた。都合よく、隣の茶店での話声が私によく聞えて来る。

「何故、今日はあたしにお茶を汲んで出さないんだよ」

まきの声は相変らず突っかかるようである。

「うちの店じゃ、二十銭以上のお買物のお客でなくちゃ、お茶を出さないのよ」

ひろ子の声も相変らず、ませている。

「いつもあんなに沢山の買物をしてやるじゃないか。常顧客さまだよ。一度ぐらい少ない買物だって、お茶を出すもんですよ」

「わからないのね、おばさんは。いつもは二十銭以上のお買物だから出すけど、今日は茶滓漉しの土瓶の口金一つ七銭のお買物だからお茶は出せないじゃないの」

「お茶は四五日前に買いに来たの知ってるだろ。まだ、うちに沢山あるから買わないんだよ。今度、無くなったらまた沢山買いに来ます。お茶を出しなさい」

「そんなこと、おばさんいくら云っても、うちのお店の規則ですから、七銭のお買物のお客さまにはお茶出せないわ」

「なんて(イ)因業(いんごう)な娘っ子だろう」

老婢は苦笑しながら立ち上りかけた。ここでちょっと私の心をひく場面があった。

老婢の店を出て行くのに、ひろ子は声をかけた。

「おばさん、浴衣(ゆかた)の脊筋(せすじ)の縫目が横に曲っていてよ。直したげるわ」

老婢は一度「まあいいよ」と無愛想に言ったが、やっぱり少し後へ戻ったらしい。それを直してやりながら少女は老婢に何か囁(ささや)いたようだが私には聞えなかった。それから老婢の感慨深そうな顔をして私の前を通って行くのが見える。私がいるのに気がつかなかったほど C老婢は何か思い入っていた。

ひろ子が何を囁いて何をまきが思い入ったのか家へ帰ってから私が訊くと、まきは言った。

「おばさん御免なさいね。きょう家の人たち奥で見ているもんだから、お店の規則破れないのよ。破るとてもうるさいのよ。判って」ひろ子はまきの浴衣の脊筋を直す振りして小声で言ったのだそうである。まきはそれを私に告げてから言い足した。

「なあにね。あの悪戯(いたずら)っ子がお茶汲んで出す恰好(かっこう)が早熟(ませ)てて面白いんで、お茶出せ、出せと、いつも私は言うんで御座いますがね、今日のように伯母夫婦に気兼ねするんじゃ、まったく、あれじゃ、外へ出て悪戯でもしなきゃ、ひろ子も身がたまりませんです」

少し大きくなったひろ子から、家を出て女給にでもと相談をかけられたのを留めたのも老婢のまきであったし、それかと言って、家にいて伯母夫婦の養女になり、みすみす一生を夫婦の自由になってしまうのを止めさしたのもまきであった。私の家の蔦の門が何遍か四季交換の姿を見せつつある間に、二人はそれほど深く立入って身の上を頼り合う二人になっていた。D孤独は孤独と牽き合うと同時に、孤独と孤独は、もはや孤独と孤独とでなくなって来た。まきには落着いた母性的の分別が備わって、姿形さえ優しく整うし、ひろ子にはまた、しおらしく(ウ)健気な娘の性根が現われて来た。私の家は勝手口へ廻るのも、この蔦の門の潜戸から入って構内を建物の外側に沿って行くことになっていたので、私は、何遍か、少し年の距った母子のように老女と娘とが睦び合いつつ蔦の門から送り出し、迎えられする姿を見て、かすかな涙を催したことさえある。

（岡本かの子「蔦の門」による）

（注）　老婢——年老いた家事手伝いの女性。戦前は「婢」ともいった。

問1　傍線部(ア)～(ウ)の語句の本文中における意味内容として最も適当なものを、次の各群の①～⑤のうちから、それぞれ一つずつ選べ。

(ア)　気丈な
① 意気の盛んな
② 才気にあふれた
③ 気質の激しい
④ 活気にみちみちた
⑤ 気性のしっかりした

(イ)　因業（いんごう）な
① 頑固で非情な
② おませで意地悪な
③ かた苦しくて杓子定規（しゃくしじょうぎ）な
④ 口が達者で突慳貪（つっけんどん）な
⑤ よそよそしく冷淡な

(ウ)　健気（けなげ）な
① 態度の控え目な
② 品行の方正な
③ 心がけの殊勝な
④ 性格の柔和な
⑤ 身ごなしの上品な

問2　傍線部A「せいぜい頭を使って言った」という言葉に、「私」のどのような気持ちが表現されているか。その説明として最も適当なものを、次の①～⑤のうちから一つ選べ。

① 老婢の精一杯の言訳をほほえましく思っている。

② 老婢の意外に上手な弁解に感心している。
③ 老婢の下手な釈明にうとましさを感じている。
④ 老婢の見えすいた申し開きにあきれている。
⑤ 老婢の苦心の言い逃れを仕方のないものと認めている。

問3　傍線部B「それに茶店の収入も二人の生活に取っては重要なものになっていた。」とあるが、それはどのようなことを述べたものか。その説明として最も適当なものを、次の①～⑤のうちから一つ選べ。

① 葉茶屋経営の実権を伯母夫婦が今後もひろ子に渡すつもりのないこと。
② 伯母夫婦にとって葉茶屋の経営が生きがいの一部になっていること。
③ 店の収入がなければ生活できぬほど伯母夫婦の家計が逼迫(ひっぱく)していること。
④ 伯母夫婦がひろ子の店を自分たちのものにしようとたくらんでいること。
⑤ ひろ子と籍を同じにする話が伯母夫婦にとって打算的な要素を含むこと。

問4　傍線部C「老婢は何か思い入っていた」とあるが、何に「思い入っていた」のか。その説明として最も適当なものを、次の①～⑤のうちから一つ選べ。

① まだあどけない少女のひろ子が、養父母の冷たい仕打ちに耐えながら日々を送っているいじらしさ。
② 幼いひろ子が、相手によって態度を変える大人のずるさをすでに身につけてしまっている哀れさ。

③　利発で優しい心づかいを示すひろ子が、伯母夫婦に遠慮して生きる境遇にあるふびんさ。

④　浴衣の背中の筋を直すふりをしてひろ子が、まきに自分の本心をとっさに伝えた機転のよさ。

⑤　ひろ子が、いたずらでもしなければ窮屈で生きてゆけない家庭に生まれついたことの痛ましさ。

問5　傍線部D「孤独は孤独と牽き合うと同時に、孤独と孤独は、もはや孤独と孤独とでなくなって来た。」とあるが、どういうことか。その説明として最も適当なものを、次の①～⑤のうちから一つ選べ。

①　「孤独」という語をくり返し用いることで孤独の深さを強調し、二人の孤独が他の方法ではいやされることのないものであったことを示唆している。

②　「孤独」という語が二つずつ連ねられているところに二人の孤独が本質的に同じものであったことが読み取れ、二人の孤独の特殊性が暗示されている。

③　二人の孤独な状態が徐々に変化してきたことを表現するのに、「孤独」という語の意味を少しずつ違えて用いているところに修辞上の工夫がみられる。

④　「孤独」という抽象的な表現が意識的にくり返されることで、二人がしだいに心の交流を深めていくという感情の推移が、一層効果的に表されている。

⑤　二人がいつしか頼り合うようになった経緯を述べつつ、短い一文に「孤独」という語を幾度も用いて孤独が孤独でなくなってゆくさまを視覚的に訴えようとしている。

問6　本文の説明として最も適当なものを、次の①〜⑤のうちから一つ選べ。

①　激しく妥協を知らない気性の二人が、初めは対立しいがみ合いながらも互いに心ひかれるようになる経過が、象徴的事件を中心に劇的に描かれている。

②　よるべない身の上の二人が、言葉とは裏腹にしだいに頼り合うようになる経緯が、「私」の思いやりに満ちたまなざしのもとに暖かく描かれている。

③　憎みいがみ合う二人の内にある孤独のわびしさを察した「私」の、二人を近づけるために行った計略が、思い通りに運ぶさまが客観的に描かれている。

④　恵まれない環境にある二人がともに相手の寂しさに気づきながらも素直に心開けずに懊悩（おうのう）するさまが、下町の風情の中に生き生きと描かれている。

⑤　不幸な生い立ちの娘に深く同情し、その傷ついた心をいやそうとする老女の行動が、その老女をよく知る「私」の立場から共感をこめて描かれている。

《解答解説72ページ》

第3問

次の文章は、遠藤周作「異郷の友」の一節である。「私」は数年ぶりに自分の母校にぶらりと立ち寄り、かつてのフランス留学仲間「四国邦夫」に遭うが、互いに冷たい挨拶をかわすのみであった。そして、「私」は留学時代を回想し始める。これを読んで、後の問い（問1～6）に答えよ。なお、設問の都合で本文の上に行数を付してある。（配点　50）

一九五〇年は朝鮮事変のはじまった年だった。そして私と四国邦夫とはリヨンの町でただ二人の日本人であり、リヨンの大学でただ二人の日本人留学生だった。

私の下宿と彼の下宿とはバスで二十分もかかるほど離れていた。けれども二人は大学が始まるまでの幾週間、顔を毎日あわせ、一緒に飯をくい、つれだって市役所に登録に行ったり学校に手続に出かけたりしたものである。日本では同じ大学を出ながらほとんど話しあう機会もなかった二人だったが、私はこの分ならばリヨンでのながい生活で二人の性格がそれほど嚙みあわないことはないと考えはじめた。いやそれ以上になにか彼にたいして友情めいた気持さえ持ちだしている自分に気がついたのだった。

だがA外国生活になれぬ私は一種の錯覚にかかっていたのである。はじめて異郷の街に放りだされた私と四国とはあたらしい不安な生活に一人、一人で当るよりは二人でぶつかる方がはるかに便利だったにすぎない。勿論、同じ国からきた同じ学校の入学者だという親しみもそれに加わった。けれども相手の気質や物の考え方が似通っているか似通っていないかを検討する前に、私たちは手を握りあってしまったのである。

私がこの事実に気がついたのは大学の新学期がはじまる四日前だった。私たちはその日、二人が入学する文学部の学生補導課長ブレモン教授の事務室をたずねることになっていた。

先生は頭のはげた眼の鋭い人だった。机の上にはさまざまな書類や本が雑然と放りだされていた。そしてその真中に木の台のついた十字架がおかれ、壁には基督の聖画が飾られてあった。それを見て私はすぐ先生が敬虔な基督教信者であることに気がついたのである。

しばらくの間、下宿のことやあたらしい生活の状況を質問されたのち、先生は書類をひろげながら二人が専攻する勉強についてたずねた。四国は哲学をやり私は仏文学を学ぶことになっていた。先生はどんな哲学に興味があるのかと四国にきかれた。

「基督教哲学です」

と彼は両手を窮屈そうに肥った膝の上にそろえながら返事をした。

「わたしは基督教徒ですから」

「ほう」

先生は好奇心と好意とにみちた眼差しを急に四国にむけて体を前にかたむけた。

「君は基督教徒だったのかね」

「はい」彼は太縁の眼鏡を真正面にむけながら肯いた。「家族もみなそうです」

驚いたのは先生だけではなかった。私も少し意外な気がしたのである。意外だったというのは彼が嘘言を言ったからではない。これは嘘ではなかった。三週間になる四国との交際で私も彼が子供の時、洗礼をうけたということを、いつか街の大教会を見物に行った時、きかされた記憶があるからである。だがその時、四国は自分にはもう信仰などないこと、現在の基督教には全く疑問しかもっていないことを(ア)事もなげに言っていたのだった。

私はしばらく、ぼんやりと窓からながれこむ陽の光がそこだけ丸い日だまりをこしらえている机の上を眺めていた。机の上には木の台のついた十字架があった。なぜか知らないが始めてリヨンに着いた朝がた、タクシーの中で四国がこの保守的な街では言動に注意した方がトクだと言った言葉を心に甦(よみがえ)らせた。

先生はしばらくの間、四国と、私には興味のない話を続けていた。それからやっと私の存在に気がついたように、軋(きし)んだ音をたてながら廻転(かいてん)椅子をこちらにむけた。

「君も基督教徒かね」

「いいえ」そう返事をしたのは私ではなく四国だった。「彼は無神論者でしょう」

私はリヨン到着以来はじめてB四国にたいして不愉快な気持をもちながら彼の顔を見あげた。鼈甲(べっこう)の太縁の眼鏡の奥で彼は私を無表情に見つめている。そのまるい大きな無表情な顔がかえってこちらの気分をいらいらとさせるのだった。だから先生からどんな文学をやるのかと聞かれた時、私はこの補導課長を困らすためではなく、むしろ四国に挑むために、わざと、最も醜悪な肉慾(にくよく)を描き反基督教的な考えをもったある近代作家の名を思わず口に出してしまったのである。

先生はしばらくの間、じっと私の顔を眺めていた。

「折角、仏蘭西(フランス)に来たのだからね」先生はやがてポツリと言った。「わたしは君が真面目に古典の作家を勉強することを奨(すす)めるね」

この真面目にという副詞のなかに先生が私にたいする不満と皮肉をふくめられているのがこちらの肌に痛いほど感ぜられた。

それからブレモン先生は私たちに三日後にひらかれる異国学生の歓迎パーティに出席するかと訊(たず)ねた。

「悦(よろこ)んで」と答えて四国は椅子からたちあがった。

そのパーティは学校のなかにある小さな喫茶室でひらかれた。パーティといっても白葡萄酒(ぶどうしゅ)とビスケットをならべて、(注)仏人の学生と外国留学生とが歓談するという小さな会にすぎない。

私の隣席には一人の体の小さな縮れ毛の黒人青年がいた。彼は時々、奇声を発したり、子供っぽい仕草をしては仏人の学生たちを笑わせていた。

会が少し白けだした時、その彼に向(むか)って一人の仏人の学生がパイプを口にくわえたまま命令するような口調でいった。

「おい、ポーラン。君の国のダンスをやれよ」

それからこのあご髭(ひげ)を画家のようにはやした仏蘭西の青年は仲間にジャズの音楽をかけるように言った。

私はポーランとよばれた小さな黒人学生がみなに媚(こ)びるように白い歯をみせながら椅子から立ちあがるのをじっと見つめていた。どんなダンスをやるのか知らないが、私は彼の少し卑屈な態度がなぜかくるしかった。

曲がなりだすと、彼は手足を水車のように回転させながら奇声を発して飛びあがったり、しゃがんだりした。それは決して彼の国の民族的な舞踊といえるものではなかった。よし民族的な舞踊としても彼はこの奇妙な踊りが白人の学生たちに与える滑稽感に気がつかぬ筈はなかった。気づいた上で彼はこうした舞踊をやり、肌色のちがった連中に追従していることを敏感に私は感じとった。

だが私がその時、興味をもったのは、このポーランという学生の態度ではなかった。興味をもったのはこの彼を白人の連中にまじってやはり笑いを噛みころし、軽蔑した眼差しでながめている同じアフリカ出身の幾人かの学生たちの表情だった。ポーランが声をたてたり、跳ねまわったりするたびに彼等は仏人の学生たちの顔をチラッと眺め、声をたてて笑うべき所には声をたてて嘲笑をあびせていた。

私はくるしさに耐えられず便所に行くようなふりをして喫茶室の外に出た。くるしかったのはポーラン自身より、ポーランを見おろしていた他のアフリカの学生たちの表情だった。中庭には赤い夾竹桃の花が咲き、どこか遠くからまずいピアノの練習曲がきこえてきた。（あれはC留学生たちが陥る罠だ）と私はそのピアノの音をききながらぼんやりと考えた。（俺と四国だけはあの罠にはまりたくないものだ）

もちろん私は我々二人があのような極端なみぐるしい追従や(イ)阿諛に陥るとは思っていなかった。けれどもなにかそれに代るような心の動きが四国と自分との間に生れることを私はひどく怖れはじめた。

この予感は学校がはじまると共にすぐに適中した。なるほど私も四国もあのアフリカの「可愛いポーラン」のような子供っぽい演技をしてまで仏人の学生と友だちになろうとはしなかった。だが別の形で私たちはそれぞれに彼等と妥協し、一人でも多く友だちを作ることを競争しはじめていたのだ。

哲学をやる彼と文学科の教室に出入りする私とは学校でも顔をつきあわせる機会が少しずつ少なくなりはじめた。時たま廊下で顔をあわせる。私は彼がいつの間にか胸に剣と十字架との組み合わされたバッジをつけているのに気がついた。この大学のなかで熱心な基督教徒の学生がつくっているＪ・Ｅ・Ｃのマークである。そして彼は、いかにもクリスチャンらしい温和しそうな青年や地味な服装をした女子学生たちにまじって、肥った体を左右にふり動かしながら肩をすぼめたり、驚いたように両手を胸まで持ちあげてなにかをしゃべっているのだった。

そんな時私を見ると、彼は急に強張った顔をして時々、みてみぬふりをするのである。

（奴は恥じてやがる）と私は思った。（あいつが基督教の連中とつきあっている本当の理由を知っているのは俺だけだからな）

私は彼を心ひそかに偽善者だと思った。仏人の間でいい子になるためにポーランが奇妙な踊りをおどったように、四国はむかし洗礼をうけたという過去を利用しているのだと考えた。私も私で彼に反撥するだけのために、わざと仏人の学生ではなく、好きでもない褐色の留学生たちと大声でさわぎながら四国の前を通りすぎたことが幾度かあった。

いつか私は彼の肥った体、白い脂肪のついた首や手に嫌悪の情さえ感じるようになっていた。そのまるい顔や鼈甲の太縁の眼鏡も気に入らなかった。

日本にかえっても私は四国と交際しないようにした。今日のように母校に出かけて彼とすれちがっても、お互い、口数少なく話しあい、そそくさと別れあってしまう。私は四国のなかに外国にいた時の自分のみにくい姿を発見し、四国も四国で私の裡に同じものを見つけてしまうからだろう。それは私や四国だけの姿ではなく、おそらく外国に滞在するすべての日本人の(ウ)矮小（わいしょう）な醜悪な身ぶりの投影のような気がするのだ。私は四国を憎んでいるのではなく、あのころの自分をもあわせて憎んでいるのにちがいない。

　私は校門にむかわず、そっと校舎の入口まで足をはこんだ。四、五人の学生が掲示板の前で傘をさしながらたちどまっている。雨にぬれた掲示板の紙の中に講座の表がピンでとめられていた。私はそのなかで「四国助教授、基督教の倫理学」という字を発見し、しばらくの間、じっとそのペン文字を眺めていた。

（注）　仏人――フランス人。

問1　傍線部(ア)～(ウ)の語句の本文中における意味として最も適当なものを、次の各群の①～⑤のうちから、それぞれ一つずつ選べ。

(ア)　事もなげに
① ためらいがちな様子で
② 自信に満ちあふれた様子で
③ おおげさな様子で
④ 気にもせず無造作な様子で
⑤ とまどいがちな様子で

(イ)　阿諛（あゆ）
① おどけた仕草をすること
② ばかにしたような態度をとること
③ 卑しいまねをすること
④ 陰口を言うこと
⑤ おべっかを使うこと

(ウ) 矮小な(わいしょう)
① 視野が狭く限られた
② 小さくてつまらない
③ 弱々しく頼りない
④ 下品でみっともない
⑤ ゆがんでねじけた

問2 傍線部A「外国生活になれぬ私は一種の錯覚にかかっていた」とあるが、「一種の錯覚」とはどういうことか。その説明として最も適当なものを、次の①～⑤のうちから一つ選べ。

① どんなに気質や物の考え方が違っていても、ただ一人の留学生仲間である四国とは友情を保っていけると思っていたこと。
② 同じ国、同じ学校からやって来た「ただ二人の日本人留学生」であれば、友情が培われていくに違いないと思っていたこと。
③ 異国生活の心細さから頼り合っていたにすぎない私と四国との関係を、友情によるものであるかのように思っていたこと。
④ 日本ではあまり話す機会もなかったが、しばらく異国で付き合い気心の知れた今、友情が深められるだろうと思っていたこと。
⑤ 四国は私を利用するためだけに私と仲良くしていたのに、私はそれを友情の表れだと思っていたこと。

問３　傍線部Ｂ「四国にたいして不愉快な気持をもちながら彼の顔を見あげた」とあるが、なぜ「私」は「四国にたいして不愉快な気持」をもったのか。その説明として最も適当なものを、次の①〜⑤のうちから一つ選べ。

① 四国が「私」を無神論者だと決めつけることで、教授の好意を自分の方にのみ引き寄せようと計ったから。

② 「私」こそ本当の基督教徒だと内心思っていたが、四国がそれを口にすることを封じてしまったから。

③ 「私」への質問に対して四国が勝手に答えておきながら、「私」のために答えてやったような顔をしていたから。

④ 「私」が無神論者であることは教授に知られたくなかったのに、四国がそれを教授に言ってしまったから。

⑤ 四国自身が無神論者であるのに、「私」がそうだと言って、自分の信仰のなさを教授に隠そうとしたから。

問４　傍線部Ｃ「留学生たちが陥る罠」とはどういうことか。その説明として最も適当なものを、次の①〜⑤のうちから一つ選べ。

① 卑屈な態度を仏人に見せる同じ国の留学生仲間を一緒に嘲笑するという卑怯な手まで使って、留学生同士の連帯感を持とうとすること。

② よく身についてもいない自分の国の民族舞踊まで持ち出して仏人の御機嫌をとり、他の留学生仲間を出し抜いて仏人に近づこうとすること。

③　媚びへつらっておどけた振る舞いをする留学生仲間を見て面白がっている仏人をひそかに嘲笑することで、仏人に対する優位を保とうとすること。

④　奇声を発したり体をくねらせたり様々な滑稽な仕草によって笑わせるといった卑屈な行為までして、仏人の意を迎え親しくしようとすること。

⑤　滑稽なまねをしてでも仏人に取り入ろうとしたり、逆にそのような仲間を嘲笑しさえして、他の留学生仲間以上に多くの仏人と友達になろうとすること。

問5　この文章の表現や構成に関する説明として適当なものを、次の①～⑥のうちから二つ選べ。ただし、解答の順序は問わない。

①　1行目から93行目までは、「私」と「四国」が留学したときの出来事が描かれている。95行目から最終行までは、日本に帰国してからの「私」と「四国」の様子が描かれるが、94行目に空行があることで、帰国後の「私」にとって、留学中の出来事は遠い過去になりつつあることが示されている。

②　1行目は「一九五〇年」に起こった歴史的出来事を紹介する一文から始まっている。このことに象徴されるように、登場人物の心情や彼らにまつわる出来事を描くだけではなく、小説全体を通して、当時の時代背景や日本社会のありようが読者に詳細に伝わるように配慮されている。

③　32行目から34行目にかけて、「私」がぼんやりと机の上の「十字架」を眺めながら、なぜか「四国」が言った言葉を思い出していることが描写されている。これは「私」が意識的にしたことではないが、これか

ら後の「四国」のありようを暗示するものになっていると捉えることもできる。

④ 72行目、73行目、86行目、87行目では、「私」の心の中の声にカッコがつけられている。これらはすべて「私」が今まで自分の内面に隠してきた思いであり、カッコがついているのは、様々な「私」の心情の中でも特に、誰にも知られてはならない思いを表したものだからである。

⑤ 76行目「可愛いポーラン」という言葉にはカギカッコがつけられている。これは、仏人の学生の前で見せるポーランの振る舞いが、周囲の人々には一見可愛いものとしてうつりながらも、そのような振る舞いに複雑な思いを抱く「私」には可愛いと感じられないことを表すものである。

⑥ 101行目から102行目にかけて、「四国助教授、基督教の倫理学」という掲示が、雨にぬれた掲示板の中にとめられていることが書かれている。この場面は、「私」との友情を裏切った利己的な「四国」の将来に暗い影がさすであろうことを、読者に予感させるために設定されたものである。

問6 後に示すのは、本文と次の【資料】を読んだ六人の生徒が、教師の問いかけを受けて話し合っている場面である。この場面について、後の(i)・(ii)の問いに答えよ。

【資料】

近頃よく考えることなのだが、遠藤周作の作品の魅力の一つとして欠かせない要素は〈思いやり〉の深さにあるのではないか。

太宰治は「美しい感情をもって、人は悪い文学をつくる」とかつて言ったことがある。ジッド(注)もまた作品の創造に関しては「悪魔の協力が必要だ」とまで断言している。

こういう創造の態度と遠藤氏のそれとは決して異質ではない。遠藤周作もまた人間悪にきわめて敏感な作家だからである。しかも悪を抉り出すことにかけては後れを取らぬ人であるが、決して告発しようとはしない。モラリストとしての感覚が動き、対象をとらえても、かならずその悪が、反省的に自分の内面にかえってくるところにその特色がある。そこをさして私は〈思いやり〉と言ったのである。

戦後文学の特色の一つに自己の内面を凝視しようとする基本的態度がある。西欧二十世紀文学の一般的特色が尾をひいていたとも言えるだろうが、それだけではあるまい。戦争という巨大な悪の陽かげに生きてきた者の心の翳りから生じたものであろう。遠藤周作の決して告発するまいとする態度を（これを私は〈思いやり〉と言ったのだが）よく見ていると、氏の文学作品はすべてそういう反省的な自己凝視から生まれたものだと考えられてくるのである。

（上総英郎「解説」による）

（注）ジッド――フランスの小説家。評論家（一八六九～一九五一）。

【話し合いの場面】

教　師―**【資料】**は、「異郷の友」が収録されている遠藤周作の小説集『最後の殉教者』の解説として、文芸評論家の上総英郎によって書かれたものです。この**【資料】**を踏まえて、本文について話し合ってみましょう。

Aさん―【資料】には、本文の著者である遠藤周作について、「人間悪にきわめて敏感な作家」であり、「悪を抉りだす」と書かれていますが、本文で最も悪人として描かれているのは、主人公と同じ日本人留学生の四国邦夫ですね。

Bさん―主人公の「私」にはキリスト教に関心がないと言っておきながら、フランス人教師にはキリスト教哲学に興味があると答えたり、そのフランス人教師の前で「私」を貶(おとし)めるような発言をしています。本文で四国は明らかに偽善者として描かれていますね。

Cさん―本文でその悪が抉りだされているのは四国だけではありませんね。道化を演じ、フランス人学生におもねる態度をとっている黒人の学生にも、それをフランス人学生に合わせるようにして嘲笑しながらながめている同じアフリカ出身の留学生たちにも、「人間悪」を見出(みいだ)すことができます。

Dさん―日本人留学生の四国とアフリカ出身の留学生たちには共通点があります。それは［Ⅰ］です。

Eさん―その点は主人公の「私」も共有していますね。このことが「私」の四国に対して抱く感情に関係しています。その感情には［Ⅱ］。

Fさん―【資料】の筆者は、このような主人公の描き方は「反省的な自己凝視」から生まれたと言っています。そして、作家のこの姿勢には「戦争という巨大な悪」が影を落としているとも言っています。「異郷の友」は一九五〇年頃の出来事として書かれていますが、終戦からまだそれほどたっていないし、日本がまだ戦後復興を遂げていない時期ですね。

教　師―この小説が描いている時代がどんな時代であったかも踏まえて読むと、今まで見えていなかったこの小説の別の面も見えてくるかもしれませんね。

(i) 空欄 [I] に入る発言として最も適当なものを、次の①～④のうちから一つ選べ。

① 留学生たちが留学先のフランスで成功し、少しでも有利な地位につこうとして、打算的でずるがしこく振る舞っている点

② 留学生たちが留学先の生活に早く溶け込もうとして、自分の本心を曲げてまで、フランス人の学生たちに迎合している点

③ 先進国であるフランスにやって来た留学生たちが、フランス人の学生たちに気に入られようとして、互いに貶めあっている点

④ 先進国であるフランスにやって来た留学生たちが、フランス人の学生たちに気に入られようと、卑屈な態度をとっている点

(ii) 空欄 [II] に入る発言として最も適当なものを、次の①～④のうちから一つ選べ。

① 他人の中に自分の醜悪な影を見出して覚える自己嫌悪の感情も混ざっている

② フランスでも日本でも巧みに立ち回る四国への嫉妬心も混ざっている

③ 自分と同じ悪の種を共有する者への愛憎相半ばする感情が含まれている

④ 外国に滞在する日本人の態度を典型的に示す四国への羞恥心が含まれている

《解答解説77ページ》

第4問 次の文章は、幸田文の小説『おとうと』（一九五六年発表）の一節である。「げん」の弟の「碧郎」は、結核の悪化によって入院しているが、彼と継母との折り合いが悪かったため、「げん」が付き添って一人で身の回りの世話をしている。当時、結核は治癒の困難な病で、碧郎の病状も次第に悪化し、彼の咽喉は結核菌によってただれてしまった。そこで食事のときには麻酔薬を塗布し、その効き目があるうちに急いで食べさせなくてはならなくなっていた。これを読んで、後の問い（問1〜6）に答えよ。（配点　50）

天気も晴れる日降る日がかわりがわり訪れた。碧郎の気分もよくなり悪くなりした。天気より碧郎の気分は早く動き、そして激しかった。少しずつ声が嗄れてきた。かすれた声で腹を立て、人を罵り、意地悪を云い、疑い、そして素直に優しいことも云った。多くしゃべるのが苦労になってきたかして、短いことばで突き刺すように云うのである。「うちへ帰ってくれ。肉親にいられると邪魔になるんだ。」「うん、あたし外へ行って来る」とげんは逆わず病室を出て、さて行き場はなかった。「何のためにおれに飯食わせるんだ」と云われればAげんは笑って、手をつけないお膳をさげる。痩せて、検温器は腋に挟んでも浮いてしまうようになった。手の甲に皺が寄った。足は介添なしには曲げることもできなくなった。腹を立てても意地悪や皮肉を云っても、こんなにせつなくからだが衰えてきては、無理もないことだと思われた。げんが無抵抗になればなるほど、碧郎は(ア)つむじを曲げるかのようだった。「碧郎さんの持って生れている、あらゆるいやなものを吐き尽させて、聴いてあげて、きれいに浄めてお見送りしてあげてください」と云った看護婦さんのことばが身にしみていた。

碧郎はある朝、「ゆうべ夢だかほんとうだかチャルメラの音を聞いたけど、鍋焼うどんがたべたかった」と、久しぶりに食欲がありそうに話した。けれども彼の食事は養ってもらってたべるのである。うどんや蕎麦は長さにうまさがある。熱く煮た鍋焼うどんをどうやってたべさせるか。ぶつ切りにしたうどんを匙ですくってやるほかない。それではきっと見た眼にもまずそうで、おそらく癇癪を起すだろうと思う。ロースを入れて、葱を入れて、蒲鉾を入れて、車海老を入れてこしらえてくれと云っている。ほんとに久しぶりに、「望まれたたべもの」をげんはこしらえるのである。薬はもう大ぶ利かなくなってきている。うどんのできあがる直前に先生を呼んで、薬を塗ってもらってただちにたべさせなくては、たべ了えるまで保つかどうか心配だった。食事の終るまえに薬の利き目が切れてはたまらないのである。げんはその点、これまで一度もへまをしていない。それだけに神経の傷むことは相当であって、無事にお膳をさげて行くときはぐったりくたびれた。それもきょうは、吹いてたべるような熱いうどんを望まれていた。げんは蕎麦屋から鍋焼の鍋を譲ってもらって、彼の描いた食欲とそのイメージに応えようとしていた。

さっと時間に先生が来て、さっと薬を塗って、さっと煙の立つ鍋を運んで行った。「さ、碧郎さん、どう？」

「うん。」枕のわきへ運びつけられた鍋を、窮屈な眼の位置から眺め、ことさら鼻に嗅いでみている。にやあっと笑った。

げんはごくっと嬉しさを嚥みこんだ。考えておいたのである。うどんは五寸くらいの長さに切ってあった。それを勢よく鍋から箸で眼の高さまで引きあげる。煙がつれてあがる。さも熱そうなそれを匙に取って養うのである。鍋からじかより、それだけのことで温度が緩和されるのだった。熱いものはたべさせたくなかったのであるが、熱そうにしなければならなかった。二タ匙三匙、碧郎は満足げにたべた。それからふっと疑わしげな眼つきになると、げんを見つめた。

「Bねえさんおあがりよ。」

「え？　なぜ？　もういやになったの？」

「そじゃないんだ。いいから、そっちのはじからおあがりよ。」

「だって、……どうしたのよ？」

「……ねえさんに一緒にたべてもらいたいと思っただけなんだ。」

　かつて姉と弟とで一ツ丼(どんぶり)一ツ器のものを両方から突つきあったことなどない家庭である。父と母がそうしていることも絶えてなかった家である。そっちのはじからおあがりと云われても、何のことか呑(の)みこめないげんであった。鍋焼うどんはお新香鉢の香の物とは違う、取り分けてめいめいにたべられるものではない。一ツ鍋の向(むこ)うとこちらから口をつけろと云われても、げんには理解が行かなかった。ことに病院の生活がはじまってからは飲食は厳しかった。患者は一人でたべるもの、附添(つきそい)は別室でたべるもの、医局の許しのないかぎり病室でいっしょに食事を取ることは禁じられていた。再入院ののちは碧郎は起きて食事をしたことがなく、げんは碧郎に養ってやることがもう習慣になっているのだ。何とも思っていないのだ。碧郎が一人でする食事は当然のようになっていた。が、碧郎からすれば一人きりでたべる食事は当然であったろうか。彼はもと家庭の一員であって、家族とともに食事をする習慣だった。そしてそれこそが当然であり、いまの一人の食事は本来から外れたものなのだ。鍋焼と云われれば、意に添ってやりたさから蕎麦屋に鍋を譲らせるほどにも気をつける姉だのに、患者とは三ツしか年齢の違わぬ若い娘のかなしさに、弟の心の底までは測りきれないのである。「一人でたべる味気なさ」が計算できなかったのである。しかも結核という業病のさせる一人の食事なのだった。彼は複雑なわびしさで一人の食事にこれまで堪えてきていたのだった。

彼は鍋から顔をそむけて空を見つめていた。哀(かな)しく優しい眼になっていた。弟の(イ)眼色(めいろ)ばかり読むようになっている姉は、そうと悟ればもうどうしようもない。

「ごめんね。私よくよくぼんやりものだ。いっしょにたべよう。」ごまかそうという調子と正直本心の調子とがぶつかって、ごまかしが負け、その証拠に声が湿った。

「いいんだよねえさん。」かえって碧郎のほうが、もう気の鎮まった声だった。

それを聴かされると、反対にげんはたまらなくなる。「かんにんしてよ碧郎さん。ほんとに済まない、私がばかもんだから、わからなくて。」

「いいんだってば。もう試験は済んだようなもんなんだ。――ねえさんて人がいいんだね。それに較(くら)べるとおれは悪党だ。肺病が悪党なんだ。」

碧郎は、かんにんしてくれと詫(わ)びるのは自分のほうだ、からりとしてくれとげんに頼んだ。なにか非常にげんは快かった。うどんは散々であったが、弟の真底が摑(つか)めたようだったし、C結核の看病というしごとの真底がわかった気もした。兄弟も親子も夫婦も親友も医師も、すべて何等かのテストを通過してからでなくては病人に許されないのだと思う。そのテストはその人にもより、その病気の軽重や病生活の長短にもよるようである。軽症で退屈ならその退屈でテストされ、もっと重症でしかも金の心配もあれば、金と病気とでテストされ、生死の域にまで来ているものなら生死でテストされ、碧郎の場合は、伝染という恐ろしい幕を(ウ)楯(たて)に取ってげんをためしたのである。なぜそんなテストなんかする？　患者はほとんどがみな、愛を確認して安心したい一心なのである。かわいそうな碧郎！　結核菌のなんという憎たらしさ！

「私は結核なんか伝染(うつ)るもんか、うつってやるもんか。絶対に拒絶する。でも、――碧郎さん、信じなさい。私はあんたを看病しているんだ。いやがっちゃいないんだ。ねえさんはきついっていつも云うじゃないか。」げんは闘いだす気である。たたかうである。ひっぱたきたい猛々(たけだけ)しい気であった。が、遅かったとくやしい。すでに遅きに過ぎたと、この事件で急にそう思う。彼はうどんで姉を試み、そして死んで行くのだろうか。そんなことは父にも云えないではないか。うどんは台処(だいどころ)で、台処はげんなのだ。ひっぱたきたいのだ。どこを、だれを？　碧郎はもう助からないと、げんは思った。――「ああ、愛情が遅かった。姉なんてなんだ。役にゃ立たないんだ。」

　うどんを境にして、碧郎はげんに対してはもうまるきり素直になった。そう素直になられてみると、今まで自分たち姉と弟の間はどんなにたくさん素直でないものがあったかがわかる。これまでは優しくしあうのはてれくさかった。あまり行届(いきとど)きすぎると弱点を見られたように腹を立てた。それがいま碧郎はすらすらと、「そんなに優しくしてもらっちゃ済まないな」と云い、「ねえさんありがと」と云い、「むかし、ほら、子供のとき姉さんこんなことしてくれたろ、あれ嬉しかったな」などと話した。Dげんは競争の思いである。碧郎の素直さ優しさにならんで走ろうとするのは骨が折れる。そして、自分一人でこのいい碧郎を見ていたんじゃいけない、父にも母にも、——そう、母にもだ、見せなくてはいけないと考えた。そこがげんにとって重荷だった。母と碧郎とはむずかしいと思えた。

問1 傍線部(ア)〜(ウ)の語句の本文中における意味として最も適当なものを、次の各群の①〜⑤のうちから、それぞれ一つずつ選べ。

(ア) つむじを曲げる
① つけあがる
② とまどう
③ おじけづく
④ ひねくれる
⑤ いらつく

(イ) 眼色（めいろ）ばかり読む
① 苦悩ばかりを気にかける
② 失意ばかりがのしかかる
③ 気持ちばかりをうかがう
④ 不安ばかりを紛らわせる
⑤ 苦痛ばかりを和らげる

(ウ) 楯（たて）に取って
① 揶揄（やゆ）して
② 卑下して
③ 誇張して
④ 疎かにして
⑤ 口実にして

問2　傍線部A「げんは笑って、手をつけないお膳をさげる」とあるが、この時の「げん」の心情の説明として最も適当なものを、次の①～⑤のうちから一つ選べ。

① 病状が悪化している碧郎はわざとげんの心を突き刺すような言葉を口にするが、げんは、自分がそれを受け入れていれば碧郎の機嫌も少しはよくなることを知っており、碧郎の言うことには決して逆らうまいと決心している。

② 自分が看病に当たることを碧郎が嫌がっているのを十分承知しているが、ほかに代わる者がいないのだから、碧郎がどんなに辛辣な言葉を投げかけてきても我慢して、自分が最後まで看病するしかないと諦めている。

③ 碧郎のことを一番理解しているのは自分だと思っているげんは、たとえ彼が自分を拒絶するようなことを言ってもそれが本心ではないとわかっているので、自分が最後まで面倒を見てやらなければならないと心に決めている。

④ 碧郎はげんにたびたび悪態をつくが、それを病の苦しみによるものだと理解しているげんは、はかない身上におかれている碧郎の救いになるようにとも思い、碧郎の気の済むようにさせてあげようと思っている。

⑤ 碧郎のきつい言葉に内心では腹立たしさを感じてはいるが、日に日に衰えていく様子から碧郎の病気の進行が思いのほか早いことを痛感し、彼が少しでも穏やかな気持ちでいられるように平静を装っている。

問3　傍線部B「ねえさんおあがりよ。」とあるが、この言葉には碧郎のどのような思いが込められていると考えられるか。その説明として最も適当なものを、次の①～⑤のうちから一つ選べ。

① 久しぶりにおいしいものを食べた嬉しさから、病気のことなど忘れてげんと一緒に食事を楽しみたいという思いが込められている。

② いつも一人で食事をすることの寂しさから思わず発した言葉ではあるが、そこにはげんの愛情を試すような悪意も込められている。

③ 自分一人のわびしい食事を強いられる不満が鬱積していたため、それを気にかけてくれないげんに対する皮肉が込められている。

④ 自分がおいしく食べられるようにと心を尽くしてくれるげんに感謝し、彼女を何とかねぎらいたいという思いが込められている。

⑤ あれこれと気遣うげんの態度から自分の病状が悪化しているのではないかと疑い、本当のことを問い質(ただ)したいという思いが込められている。

問4　傍線部C「結核の看病というしごとの真底」とあるが、これはどういうことを言っているのか。その説明として最も適当なものを、次の①～⑤のうちから一つ選べ。

① 結核という病気はたとえ軽症であっても強い感染力を持っているため、看病する者は言うまでもなく、接触する可能性のある者は誰もが細心の注意を払う必要があるということ。

② 治療が困難な結核という病気は、患者の身体ばかりでなく精神をも蝕（むしば）んでいくので、看病をする者は患者の気持ちを絶えず思いやって病気と闘うよう励ますことが大事だということ。

③ 結核という病気は感染の恐れがあるため、患者は世間から白い目で見られて苦しむことになるので、看病する者や周囲の人たちはそうした非難から患者を守ってやる必要があるということ。

④ 結核という感染病は、患者ばかりでなく、看護を担う者を含めて周囲の人々をもさまざまに追い詰めるものであり、皆がそれぞれ覚悟を持って病気と向き合わなければならないということ。

⑤ 感染の危険のある結核という病気は、患者を孤立させて生きる望みさえ失わせるので、看病をする者は感染を恐れず、ともに病気と闘う強い意志を持たねばならないということ。

問5 傍線部D「げんは競争の思いである。」とあるが、ここでの「げん」の気持ちを説明したものとして最も適当なものを、次の①〜⑤のうちから一つ選べ。

① 碧郎が素直になって前向きに病気に立ち向かおうとしている姿を見て、げんもより以上に彼の闘病生活を支えようとしているものの、もはや死は避けようのないものにも感じられて、運命の残酷さを痛感している。

② これまでは些細（ささい）なことで意地を張り、行き違いも多かった姉と弟ではあるが、鍋焼うどんを一緒に食べたことで気持ちが通じ合うようになり、げんは今まで以上に碧郎をいたわり支えようという決意を固めている。

③ 一人では食事もできなくなった碧郎は、献身的に看病をしてくれるげんに頼らざるを得なくなったことで、素直に感謝の言葉を口にするようになったため、げんも碧郎が少しでも安らぐように優しくしてやりたいと思っている。

④ すっかり素直になって優しい言葉もかけてくれる碧郎の変化を、げんはうれしく思いながらも、それだけ病気が進行して彼が気弱になっているのではないかとも感じ、げんに与えられた時間の短さに焦りを覚えている。

⑤ 以前は相手を思いやるような言動をためらうことも多かった二人であるが、自分に率直に接するようになった碧郎を見て、げんは、さまざまな思いを抱えながらも碧郎の気持ちに報いようと懸命になっている。

問6　Kさんは、小説『おとうと』が、弟の成豊(しげとよ)を看護した幸田文自身の体験が基になっている作品だということを知り、病に苦しむ者を看護することについて、他の文学作品でどのように描かれているかに関心を持つようになった。次に示す正岡子規(まさおかしき)の『病牀六尺(びょうしょうろくしゃく)』は、そうしたKさんが読んだ作品の一つである。正岡子規は、結核性の脊椎(せきつい)カリエスを思い、起き上がることも難しくなって、母や妹などの献身的な看護を受けていたが、『病牀六尺』はそうした正岡子規がつづった随筆である。これを読んで、後の(i)・(ii)の問いに答えよ。

病気の介抱に精神的と形式的との二様がある。精神的の介抱というのは看護人が同情を以(もっ)て病人を介抱する事である。形式的の介抱というのは病人をうまく取扱う事で、例えば薬を飲ませるとか、繃帯(ほうたい)を取替えるとか、背をさするとか、足を按摩するとか、着物や蒲団の工合を善く直してやるとか、そのほか浣腸沐浴は言うまでもなく、始終病人の身体の心持よきように傍から注意してやる事である。食事の献立塩梅などをうまくして病人を喜ばせるなどはその中にも必要なる一ヵ条である。この二様の介抱の仕方が同時に得られるならば言分はないが、もしいずれか一つを択ぶという事ならばむしろ精神的同情のある方を必要とする。うまい飯を喰う事は勿論必要であるけれども、その介抱人に同情がなかった時には甚だ不愉快に感ずる場合が多いであろう。介抱人に同情さえあれば少々物のやり方が悪くても腹の立つものでない。けれども同情的看護人は容易に得られぬ者とすれば勿論形式的の看護人だけでもどれだけ病人を慰めるかわからぬ。

(i) 二重傍線部「病気の介抱に精神的と形式的との二様がある。」とあるが、このように「病気の介抱」を「二様」に分ける正岡子規の考え方を踏まえて、Kさんは『おとうと』における「げん」の看護について考えてみた。その考察として最も適当なものを、次の①〜④のうちから一つ選べ。

① 碧郎に鍋焼うどんをおいしく食べさせようとするげんの工夫からは、子規のいう「形式的の介抱」を全うしようとする姿勢がうかがわれるが、そんなげんに対してさらに深い「精神的の介抱」を求める碧郎に、げんは精一杯応えようとしている。

② 麻酔薬が咽喉の痛みを抑えている間に食事を終わらせるといううげんの手際の良さは、子規のいう「形式的の介抱」の巧みさを示すものだが、鍋焼うどんをおいしそうに見せるげんの心遣いは「精神的の介抱」

も行き届いていることを示している。

③　病気に苦しむ碧郎に同情して彼の願いを何とか叶えようとするげんには、子規のいう「精神的の介抱」が感じられるが、心を砕いて用意した食事も結局うまくいかなかったことには「形式的の介抱」の困難さが表れている。

④　碧郎の気持ちを少しでも和ませたいというげんの思いには、子規のいう「精神的の介抱」がうかがわれるが、そんなげんを責める碧郎の鋭い言葉には、「形式的の介抱」の不備を訴える彼の不満を読み取ることができる。

(ii)　『おとうと』と『病牀六尺』を読み比べたKさんは、そこに描かれた病に苦しむ者とその看護についてまとめてみた。その内容として最も適当なものを、次の①〜④のうちから一つ選べ。

①　『おとうと』には弟を看護する姉の愛情が描かれ、『病牀六尺』には看護に精神的な支えを求める筆者の思いが述べられている。この二つの作品からは、重病に苦しむ者にとって家族の支えが不可欠であることを読み取ることができる。

②　『おとうと』は病人と看護する者とのそれぞれの思いを描いているが、『病牀六尺』では病人の孤独な思いだけが吐露されている。この二つの作品からは、病気の苦しさは健康な者には理解できないという厳しい現実を読み取ることができる。

③　『おとうと』は看護をする者の視点から病人のありようが描かれ、『病牀六尺』には病に苦しむ者の率直な思いが表現されている。この二つの作品からは、重い病を患った者が看病する者に求める切実な思いを

読み取ることができる。

④『おとうと』には家族を看護する者の大変さが描かれ、『病牀六尺』では看護のあり方への不満が自らの経験を踏まえて述べられている。この二つの作品からは、日本の医療の問題を改善しようという意図を読み取ることができる。

《解答解説84ページ》

第5問

【文章Ⅰ】は、江國香織（えくにかおり）の小説「泳ぐのに、安全でも適切でもありません」（『泳ぐのに、安全でも適切でもありません』、二〇〇五年）の一節であり、【文章Ⅱ】は、同小説を含む小説集の江國香織によるあとがきである。これらを読んで、後の問い（問1～6）に答えよ。なお、設問の都合で本文の上に行数を付してある。（配点　50）

【文章Ⅰ】

「私」は「男」と一緒に住んでいるが、早朝、母と暮らす祖母がゆうべ緊急入院し、生命の危険があるという電話を妹の薫子（かおるこ）から受け、病院に向かっている。

祖母については、すでに覚悟していた。年をとっていたし、自宅でも、もう何年も、一日の大半を床についてすごすようになっていた。彼女はもう十分に生きた。私は車を走らせながら、そう考えた。感傷的になることに意味はないからだ。

道が途中でひどく混んだので、鎌倉の病院に着いたときにはお昼近くになっていた。駐車場に車を停（と）め、サングラスをはずして鞄（かばん）に入れた。駐車場にはひと気がなく、太陽がふんだんに照りつけていて、のどかな風情だった。病室というものが禁煙であることをふいに思いだし、私は荷物をかかえたまま、壁にもたれて煙草（たばこ）を一本くわえて火をつけた。夏空がひろがっている。いまこの瞬間に、祖母が死んだかもしれない、と、考えた。

ロビーは狭くて暗く、陰鬱な気配がした。受付で尋ねると、祖母はついさっき、集中治療室をでて一般の病室に移されたところだという。エレベーターに乗り、教えられた病室に向(むか)った。

祖母の病室は、八人部屋だった。

右側の、奥から二番目のベッドの足元に母と妹が立っていたので、そこに寝ているのが祖母だとわかった。私は、私の知っている祖母を頭から締めだした。そこに寝ているのは何か別の物体、祖母の人格や人生とは別の、老いて休息を求めている物体なのだと思おうとした。

「生きてるの？」

母と妹のどちらにともなく小声で言うと、妹は、

「生きてる」

とこたえたが、母は眉をつりあげた。私もお返しに眉をつりあげてみせてから、ベッドに近づいた。

「もっと別な言い方はできないの？」

うしろで母が言っている。

それは、でも、まぎれもなく祖母だった。元々小柄だが、さらに二回りほど小さくひからびてしまったように見える祖母――私たちのばばちゃん――は、酸素マスクとかチューブとかを身体中(からだじゅう)にくっつけられたまま、でもぱっちり目をあけていた。きょとんとした顔をしており、いますぐ永遠の休息を求めているという様子ではなかった。しゃがんで視線をあわせると、ゆっくりとうなずきさえした。

「おどろいた」

私は、目の前に横たわっているのが私のよく知っている祖母だと認めざるを得なかった。

「A元気そうじゃないの」

その言葉は、無論おかしな選択だっただろう。祖母は、どこから見ても重病人なのだから。

「からすとんびみたいでしょ」

祖母の鼻と口をおおった、小さくて奇妙なマスクをみつめながら、妹が言った。

「ほんとね」

おなじものをみつめながら私はこたえ、しばらくじっと、そこに立っていた。

「でもよかったわ。これできっともち直すわね。昔から心臓の丈夫なひとだもの」

母が言い、私も妹も、そのとおりだと思った。

医者は、しかし、祖母はもう退院できないと言ったという。今回の危機をやりすごせただけでも驚きなのだ、と。それはいまではなかったが、あしたかもしれないし一カ月後かもしれない、いずれにしてもそれはすぐそこまで来ていて、もはや進路を変えることはない、と。

「それって?」

私が尋ねると、ぽっかり沈黙の間(ま)ができて、それから母も妹も首をかしげた。さっぱりわからない、とでもいうように。

それで私は口にだしてみた。

「Bなによそれ。さっぱりわからない」

と。

このとき私たち三人の交わした微笑(ほほえ)みは、かなしいというより、落ち葉みたいに乾いてあかるいものだった。

病院から電話をする、と、男に言い置いて来たことを思いだし、私は廊下のつきあたりの公衆電話から、電話をかけた。呼出音(よびだしおん)を十二まで数えたところで、あきらめて受話器を置いた。半ば予期していたことなのに、ひどく失望を感じた。男は祖母に会ったことはないが、死ななかったと言えばよろこんでくれただろう。私は、はやく男にそう報告したかった。死ななかった、と誰かに言うことで、それがより確実になるような気もした。

耳ざわりな音と共に戻ってきたテレフォンカード(注)を財布にしまおうとして、中の札がすっかり抜き取られていることに気がついた。

まただ。

私は天井をあおいだ。

今度こそ別れてやる、追いだしてやる、別れてやる、追いだしてやる。空の財布を鞄につっこむと、胸の内で(ア)<u>毒づいた</u>。それは、むしろ安堵(あんど)に近い感情だった。何かを恐れているより、恐れていることが起きてしまう方が、すくなくとも安全な状態ではないか。

それから、猛然と腹が立った。

こういうことははじめてではなかった。私は大抵車で行動するし、車のドアポケットに多少の現金を入れているので、財布の中身を抜きとられてもすぐには気づかない。

まただ。

まただまただまただ。私は自分を呪った。ばかみたいだ。何度おんなじことをされたらあきらめがつくのだろう。

気を鎮めようと、煙草の吸える場所を求めて屋上にあがった。金網ごしに、山と住宅地がみえる。C圧倒的なかなしみがおしよせた。今夜私に罵倒されることを、男は知りながらいまどこかでその金を使っているのだ。男の、ブラックホールみたいな淋しさを思った。

病室に戻ると、医者と看護婦が何人も、祖母のベッドのまわりからひきあげるところだった。

「酸素マスク、もういらないみたい」

嬉しそうに、母が言った。

「安心したら、おなかがすいちゃったわ」

母が言い、ゆうべから何も食べていないという母と妹のために、私たちは遅いお昼を食べにでることにした。

比較的最近できたらしいレストランは広く、小ぎれいで、高台にあるので遠くに海が見渡せた。

私たちは、死に瀕した近親者を見守っている人間には、どうしたって見えなかっただろう。三人ともサングラスをかけ、白ワインを啜(すす)りながら、五分に一度は笑い声をたてた。実際、浮き浮きしていた。陽気といってもよかった。祖母がとりあえず一命をとりとめたということと、じきに死ぬということの両方が、私たちを奇妙に高揚させていた。医者はああ言ったけれど、ばばちゃんはにこにこしていたし、全然苦しそうじゃなかった。ばばちゃんは私たちのうちの誰よりも(イ)健啖家(けんたんか)だったし、着物の衿(えり)をちょっと抜いて粋に着て、夕方になると毎日かかさずビールをのんだ。戦争も地震もくぐり抜けてきたし、医者にかかったことがないのが自慢だった。医者にはわからなくても仕方がないが、あのばばちゃんが大人しく死ぬはずがない。私たちは三人ともそう思っていた。それはほとんど確信だった。そして、その確信と少しも矛盾しない不思議な冷静さで、彼女が死ぬことを知っていた。

「薫(くん)ちゃん、いま誰かとつきあってるの?」

尋ねると、妹は(ウ)悪びれずに「うん」と言ってうなずいた。友達だけどね、と。

一緒に住んでるの、と訊(き)くと、首をかしげ、

「出たり入ったりしてるからなあ」

と、こたえる。私が笑うと、母は、

「笑い事じゃないわよ」

と言って、でもやっぱり笑った。

「またなの? あんたたち二人とも、男のひとをちゃんとつかまえとくってことが、どうしてそう下手なのかしらねえ」

「ああ、そういえば」

いかにも思いだしたというふうに、私は言った。

「うちの『ろくでもない男』がママによろしくって。ばばちゃんのことも心配して、きょうも来たいって言ったんだけど」

私はなめらかに嘘をついた。

「いいわよ、来なくて」

母はオニオンリングをつまんだ。

「そう言うと思って置いてきたわよ」

「結局、いい男を引きあてたのはママだけだったわね」

母は言い、それは母の得意のセリフなので、私も妹も聞き流した。

その「いい男」——私たちの父親——は、でももう二十年も前に死んでしまった。母は一人で、娘二人と祖母を抱えて、生きてこなくてはならなかった。私は、ときどきそれをひどいと思う。父は、母を残して死ぬべきではなかった、と、思う。

It's not safe or suitable to swim.

ふいに、いつかアメリカの田舎町を旅行していて見た、川べりの看板を思いだした。遊泳禁止の看板だろうが、正確には、それは禁止ではない。D泳ぐのに、安全でも適切でもありません。私たちみんなの人生に、立てておいてほしい看板ではないか。

「退院したら、ばばちゃんも連れてきてあげましょうね」

しずかに母が言った。

（注）テレフォンカード——携帯電話が普及する以前に一般に使用されていた、公衆電話から電話をかけるための専用のカード。

【文章Ⅱ】

短編小説を書きたい、と思い立ちました。いろんな生活、いろんな人生、いろんな人々。とりどりで、不可解で。

愛にだけは躊躇（ためら）わない——あるいは躊躇わなかった——女たちの物語になりました。

人生は勿論（もちろん）泳ぐのに安全でも適切でもないわけですが、彼女たちが蜜のような一瞬をたしかに生きたということを、それは他の誰の人生にも起こらなかったことだということを、そのことの強烈さと、それからも続いていく生活の果てしなさと共に、小説のうしろにひそませることができていたら嬉しいです。

It's not safe or suitable to swim. は、実際に私がアメリカを旅行していて見た立て札の言葉です。文法的にはorではなくnorを使うべきなのではないかしら、とも思ったのですが、なにしろその立て札はorになっていましたので、そのままにしました。

瞬間の集積が時間であり、時間の集積が人生であるならば、私はやっぱり瞬間を信じたい。SAFEでもSUITABLEでもない人生で、長期展望にどんな意味があるのでしょうか。

私もまた、考えるまでもなく彼女たちの一人なのでした。

問1 傍線部(ア)～(ウ)の語句の本文中における意味として最も適当なものを、次の各群の①～⑤のうちから、それぞれ一つずつ選べ。

(ア) 毒づいた
① 繰り返し怒鳴った
② 感情が爆発した
③ ひどく悪く言った
④ 思いが錯綜した
⑤ 怒りをぶちまけた

(イ) 健啖家
① 食欲が旺盛な人
② 心身ともに頑強な人
③ 健康に自信のある人
④ 活力に溢れた人
⑤ 元気だけが取柄の人

(ウ) 悪びれずに
① 自慢するかのように
② 気おくれすることもなく
③ 内心の動揺を押し隠して
④ 悪者を装うのをやめて
⑤ 不快な態度を示さずに

問2　傍線部A「元気そうじゃないの」とあるが、このような「私」の言葉について説明したものとして最も適当なものを、次の①〜⑤のうちから一つ選べ。

① 祖母の死がいずれ避けられないものであるという覚悟はできていたが、病床の祖母を見るかぎりまだそれが切迫したものにはなっていないようなので、とりあえず安堵し、場違いと受け取られかねないような言葉を口にしている。

② 妹の電話の内容から祖母が危篤であると思い込み、祖母の死を覚悟し慌てて病院に駆けつけたものの、祖母の病状が思っていたほど重くないことを知り、自分の早とちりを恥ずかしく思って、照れ隠しにおかしな言葉を発している。

③ 高齢であるうえ何年も床に臥していた祖母が死ぬことはやむをえないとすっかり観念していながら、瀕死であるはずの祖母が普段とさほど変わらぬ様子であるのを見て、祖母の命が助かったことを喜び、不必要に気分を高揚させている。

④ 病院に着くのが遅くなり、祖母はすでに死んでいるかもしれないと嫌な予感を覚えていたところ、予想外に祖母の意識が確かだったので、つい先ほど煙草を吸ったことや、不謹慎な言葉を口にしたことを、どうにか取り繕おうとしている。

⑤ 一度はその死を覚悟した祖母が命を取りとめたのを知って安心したが、その一方で、病床にいる祖母の姿があまりに痛々しく感じられてしまい、なんとかして祖母を励まそうと思うあまり、あえて祖母を刺激するような言葉を発してしまっている。

問3　傍線部B「なによそれ。さっぱりわからない」とあるが、こう言っているときの「私」の気持ちを説明したものとして最も適当なものを、次の①～⑤のうちから一つ選べ。

① 母も妹も私と同様、祖母に回復の見込みがないことを悟ってしまい、かなしみを通り越して投げやりな気持ちになっているのではないか、という思い。

② それなりに元気そうな祖母の姿を見るかぎり、母や妹と同じように、私も医者の悲観的な予測が間違っていると考えざるをえない、という思い。

③ 医者から説明を受けた母や妹が祖母の病状を十分に理解していないのだから、説明を受けていない私にはいっそうわからないはずだ、という思い。

④ 祖母が身体の丈夫なひとだということを知っている母や妹が、医者の言うことをにわかに信じられなかったのは無理もない、という思い。

⑤ 祖母の死が近いことを現実として認める一方で、祖母の死に対してまったく実感がもてないでいるのは、母も妹も同じだろう、という思い。

問4　傍線部C「圧倒的なかなしみがおしよせた。」とあるが、このときの「私」の気持ちを説明したものとして最も適当なものを、次の①～⑤のうちから一つ選べ。

① 同じ過ちを繰り返す男にほとほと愛想を尽かしながら、母や妹に心配をかけないためにも男とうまくやっていこうと考えていたが、もうこれ以上耐えるのは無理だと感じ、淋しいことではあるが、男と別れる決

心を固めつつある。

② 身勝手な行動を続ける男に憤慨するとともに、男に繰り返し裏切られながらも別れられずにいる自分が情けなくて仕方ないが、底知れぬ淋しさを募らせているだろう男のことも思ってしまい、やるせない気持ちになっている。

③ 今まで何度となく迷惑をかけられている男には失望するばかりであり、今度こそ別れようと思うものの、このような事態を招いた責任は自分にもあるのだから、男を一方的に追いだすわけにもいかないと、心が揺れ動いている。

④ 不誠実な男にさんざん悩まされてきたはずなのに、それでもまだ男をあきらめきれず、男の淋しさに同情してしまう自分が悲しく惨めに感じられ、深い孤独感に苛(さいな)まれるとともに、何もかもが嫌になり、絶望的な気持ちに陥っている。

⑤ 心優しいところのある男と別れる決心がつきかねていたが、自分をないがしろにする態度をとり続ける男の様子を見るにつけ、男が自分に愛情を抱いていないことを思い知らされた気がして、切ない思いがあふれてきている。

問5　傍線部D「泳ぐのに、安全でも適切でもありません。」とあるが、この表現について【文章Ⅱ】を踏まえて説明したものとして最も適当なものを、次の①～⑤のうちから一つ選べ。

① 人はけっして安全に人生を生きられるわけではないし、適切に生活を送っていけるわけでもないのだが、

そうしたことに無自覚なまま、「私」はのどかに日々を暮らしていた。人間のそんな愚かともいえるようなありようが、鋭い警句によって言い表されている。

② 人生には危険がつきまとうものだということを身にしみて知っているにもかかわらず、「私」はいつも、あえてそうした危険のなかに身を投じてしまう。そんな「私」の向こう見ずとも勇敢とも言える生き方が、短い言葉によってきわめて端的に言い表されている。

③ 人は愛がなければ生きていくことができないため、たとえどんなに愚かしい愛だとわかっていても、その愛にすがりつかざるをえない。長期的な展望が立てられない人生を生きる「私」のそうした諦めにも似た心境が、教訓的な言葉のなかに明示されている。

④ 一見すると平穏無事な人生にも、つねに危険や不安は隠れているが、「私」たちはみんな、そうしたことに気づかず、奔放に生を楽しもうとしてしまう。そんな「私」たちの人生は破綻に向かうしかないという真実が、さりげない忠告のなかに暗示されている。

⑤ 安らかに生きていくことを許されないのが人生だが、誰もがそんな人生の刹那を自分なりの生き方で生きていかなければならない。「私」を含めた多くの人の生につきまとうそうした悲哀とひたむきさのようなものが、直訳調の警告に託して示されている。

問6 【文章Ⅰ】【文章Ⅱ】の表現に関する説明として適当なものを、次の①〜⑥のうちから二つ選べ。

① 【文章Ⅰ】の5・6行目「太陽がふんだんに照りつけていて、のどかな風情だった」という病院の描写は、

緊急入院した祖母が一命を取りとめ、回復していくことを予感させるものである。

②【文章Ⅰ】の15行目「生きてるの?」、17行目「生きてる」という会話は、死と別れという重いテーマをリズミカルで軽妙な言葉で表現しており、そのことが小説全体に非現実的な雰囲気を与えている。

③【文章Ⅰ】の22行目「――」で挟まれた「私たちのばばちゃん」という言葉は、一つ目の「――」の前にある言葉を言い直した表現であり、子や孫の「ばばちゃん」に対する親愛の情を表わすものである。

④【文章Ⅰ】の86行目「友達だけどね」、87行目「一緒に住んでるの」というせりふが「　」で括られていないのは、この二つはともに登場人物の心の中で発せられた言葉だからである。

⑤【文章Ⅱ】の7・8行目「文法的には or ではなく nor を使うべきなのではないかしら」という言葉からは、現実を正確に書き表したいという小説家の真摯な思いをうかがい知ることができる。

⑥【文章Ⅱ】の12行目「私もまた、考えるまでもなく彼女たちの一人なのでした」という言葉は、小説家が自らの描いた小説世界を、自身にとって身近なものとして捉えていることを示している。

《解答解説94ページ》

第6問

次の文章は大岡昇平の小説「歩哨の眼について」（一九五〇年）の一節である。これを読んで、後の問い（問1〜6）に答えよ。なお、設問の都合で本文の上に行数を付してある。（配点　50）

見るために生れ
見よと命ぜられ
塔の番を引受けていると
世の中がおもしろい。
遠くを見つめると
近くに見える、
月も星も
森も小鹿も。

『ファウスト』(注1)第二部(注2)、望楼守リュンコイスの歌である。「見るもの」の間に、いつも敵の出現を見張っていなければならない歩哨(注3)にとって、世の中は別におもしろくはないが、敵は実はなかなか出て来ないから、「遠くを見つめると近くに見え」遂に、

幸福な両の眼よ

と(ア)<u>歎(たん)じる</u>ぐらいの余裕はある。

帰還後ゴッホ(注4)の風景画を見て、何よりも感心したのは、遠景がよく描いてあることであった。眼路遥(めじはる)か、耕地と林の尽きるまで、線と面が水底の礫(つぶて)のようにはっきりと刻まれている。友達の画家に聞いてみると、ゴッホの画では近景が却(かえ)ってぼかしてあるそうで、そこが普通の視覚と逆になっているのだそうである。

ぼんやり遠くを見るのは誰でも気持(きもち)のいいものである。これは眼球の立体視の機能を調節する筋肉が解放されるためで、例えば鱗雲(うろこぐも)の美感もまずこの快感に基(もとづ)くといわれているが、さて遠くのものをはっきり見なければならないとなると、なかなか眼の努力を要する。

私の駐屯したミンドロ島サンホセの兵舎の前面は、一粁(キロ)先の林際まで野が開けていた。一部気紛(きまぐ)れに稲が植えてあるところもあるが、大抵は荒れた湿原で、そこここの水溜(みずたま)りに水牛が物倦(ものう)く水を浴びているだけであった。

左側は椰子(やし)の並木道で縁取られている。兵舎前面に沿った道は、五十米(メートル)左の兵舎敷地が尽きるところで、その並木道と十字に交(まじわ)り、さらに五十米行って林に入ってしまう。

右方はこれも約五十米で、道が一つの濁った小川を木橋で越えると、サンホセの町になる。亭々たるアカシヤの立ち並んだ間に、くすんだ民家や砂糖会社社宅の赤屋根が川沿いに点綴(てんてい)して、正面の林際に到(いた)っている。

このほぼ幅百五十米縦一粁の矩形(くけい)の地面を、歩哨が見張っているわけである。

憂鬱なる歩哨は敵前にある自分が何故(なぜ)こう感傷的なのであろうかと考えた。自ら省みて、私はA<u>自分の感</u>

傷のニュアンスが、正確に十六歳頃のそれと同じであるのを認めた。少年の私は親によって扶養され、どんな意味でも、自分の思想によって生きていなかった。だから思想は自由に動き、屢々著しく感傷的になった。

今兵士として衣服・食糧・住居を与えられている私も正確に同じ状態にある。その代償として私は戦って死ぬという義務を負わされているが、その義務がこう閑散では、私の心は完全に少年に帰らざるを得ない。下士官が我々に暇を与えないため、無用な作業を発明するのに(イ)汲々としていたのはもっともであった。私は憂鬱なるのみならず、怠惰な歩哨であった。夜暗闇を窺うのに私は全く退屈した。夜間歩哨は二時間交替となる。一人は衛門(注5)立哨、他は動哨となって、敷地左端の椰子の並木道と右端の木橋の間を往復する。

立哨は衛兵所がすぐ傍にあるから、ちゃんと立っていなければならないが、動哨は門から離れてしまえば、何をしてもわからない。少なくとも私にとって、これは怠ける時間であった。

椰子の並木道へ行けば、その暗い木下闇に銃を枕に寝て、硬い葉扇の風に鳴る音を聞き、葉越しに明るい星を数える。橋へ行けば、低い欄を枕に寝る。そしてB前方の暗闇から匍い寄るべき敵よりは、衛門の方から来るべき巡視の下士官、あるいは交替兵の気配を窺っている。

下士官はよく「歩哨は、ぼやぼやしていると拉致されちまうぞ」と脅かしたものであるが、これは中国戦線の話だ。比島で我々の警戒すべきはゲリラであるが、積極的に我々と戦う理由を持っていない彼らは、昭和十九年八月では、我々の行かない限り、決してやって来ないと私は信じているのである。

日中の勤務で夜は疲れている。そうして欄を枕に、思わずうとうとしたりする。

しかしやがて情勢は悪化して、歩哨は少し敏感になった。夜町に動く火は必ず二人の兵が行って理由をたしかめねばならなくなった。不意に叫声とともに燃え上った火が、主婦がひっくり返した灯火であったり、ぶらぶらと木の間を行く怪火が、麻雀帰りの有閑人種の提灯であったりした。

歩哨が(注6)「曳光弾があがりました」と興奮して衛兵所に馳け込むことが多くなった。衛兵司令ともども外へ出て、歩哨の指さす空を眺めるが、何も見えない。やがて雲が切れ、星が現われる。

「どうもこの頃は兵隊が臆病になっていけねえ。雲が動くんで、星があがったりさがったりするように見えるんだ」と下士官がこぼした。

私もほぼ下士官の意見に賛成であった。地平に近く雲が下に動いて輝く星を現わせば、星があがるように見え、もし上に動けば、さがるように見えるだろう。

ある夜私は同じ意見を抱いて動哨していた。椰子の並木の道を、兵舎の横へ廻った方は広い玉蜀黍畑で、遠く一つの部落の樹がかたまっている。その樹の梢の端れの空に、私は一つの光るものがあがるのを認めた。

一等星ほどの青い光である。見詰めると、光は停止し、やがて少し下へ動いた。そして消えた。光が現われてから、降り始めるまでの時間は、丁度曳光弾がのぼり切ってから、下降へ移るタイミングに合致していた。

私の心の一部は依然として自分の錯覚を確信していたが、この時悪寒に似た不快な感じが、背中を走ったのは事実である。

私は果(はた)して自分の錯覚であるかどうかを確かめるため、空の高いところの雲間に見える一つの星を選んでじっと見た。それはたしかに上下に運動した。私は満足し、報告しなかった。

無論何の結果も現われなかった。私は自分の(ウ)沈着を誇るのではない。最初星が下降するように見えた時、沈着なる私を襲った恐怖が語りたいのである。

C その後米軍上陸の前夜、海岸方面に本物の曳光弾が上った時、多くの者は歩哨を信じなかった。

視覚はそれほど幸福な感覚ではないと思われる。ゴッホの細(こまか)い遠景に、私は一つの不幸を感じる。彼の絵はそういう精密な画でなく、一刷毛(ひとはけ)に描かれたような遠方の人物の形にも、奇妙な現実感があって、同じ不幸な悩んだ心を表わしているように、私は感じられる。眼が物象を正確に映すのに、距離の理由で、我々がそれを行為の対象とすることができない。それが不幸なのである。

物見リュンコイスもやがて不幸になる。

　きらめく火花がぼだい樹の下の
　二倍に暗いやみをついて飛散している。
　……………………
　小屋の中が燃えあがる。
　早く助けてやらねばならぬが、

救いの手は見あたらない。

……………………

めらめらときらめく火が
葉や枝の間に立ちのぼる。
乾いた板はゆらゆらと燃え、
たちまち焼けて、崩れ落ちる。
お前たち、目よ、これを見きわめねばならぬのか！
おれはこんなに遠目がきかなくてはならぬのか。

（注）1　『ファウスト』——ドイツの詩人、劇作家であるゲーテ（一七四九〜一八三二）の長編詩劇で二部からなる。

2　望楼守——遠くを見渡すためのやぐらで見張る役目の者。

3　歩哨——軍隊で警戒や見張りの任に当たること。またその兵。

4　ゴッホ——オランダの画家（一八五三〜一八九〇）。

5　衛門立哨——兵営の門に立って、部隊の警戒・監視にあたること。またその兵。

6　曳光弾——弾底から火を噴きながら飛んで、その弾道がわかるようにした銃弾で、目標と弾道との関係がわかる。

問１　傍線部(ア)〜(ウ)の語句の本文中における意味として最も適当なものを、次の各群の①〜⑤のうちから、それぞれ一つずつ選べ。

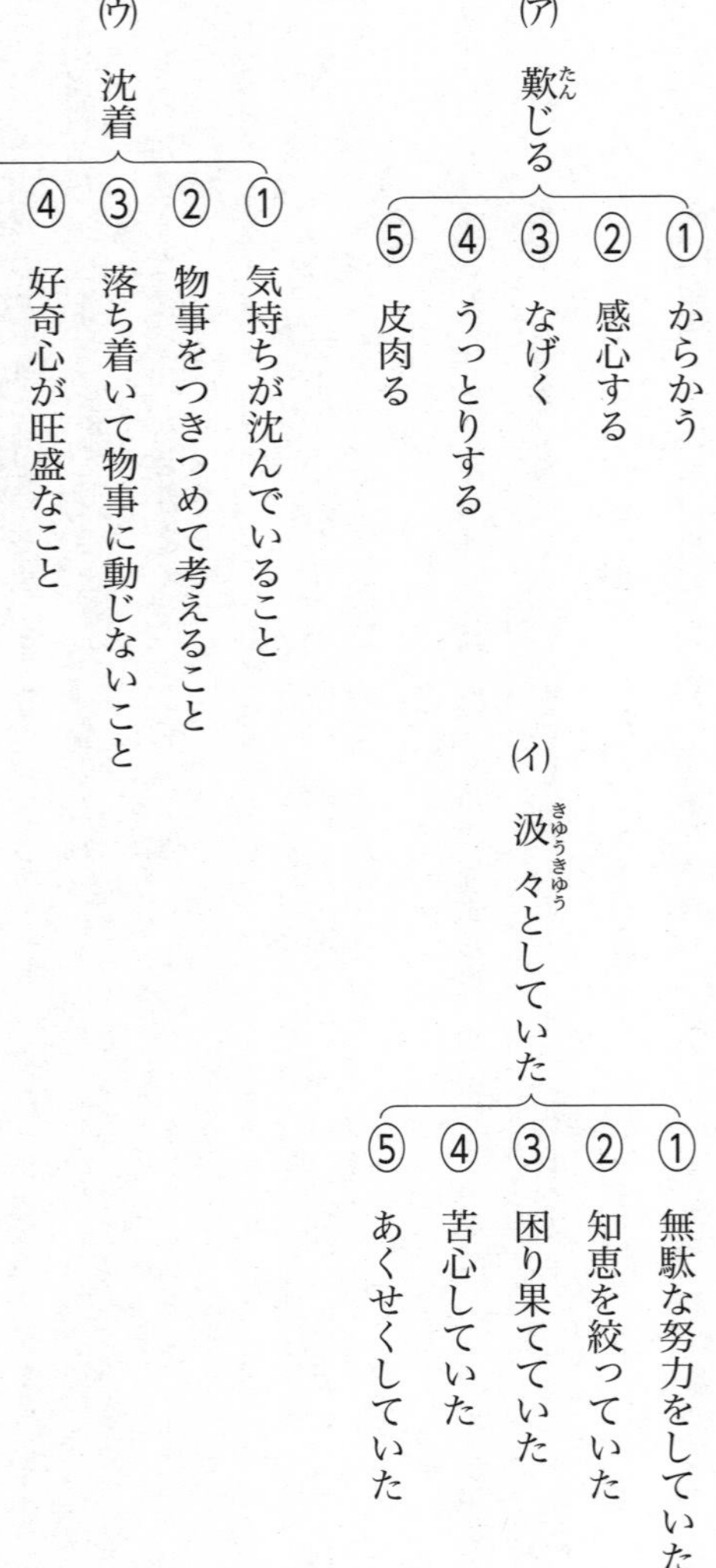

(ア)　歎(たん)じる
①　からかう
②　感心する
③　なげく
④　うっとりする
⑤　皮肉る

(イ)　汲々(きゅうきゅう)としていた
①　無駄な努力をしていた
②　知恵を絞っていた
③　困り果てていた
④　苦心していた
⑤　あくせくしていた

(ウ)　沈着
①　気持ちが沈んでいること
②　物事をつきつめて考えること
③　落ち着いて物事に動じないこと
④　好奇心が旺盛なこと
⑤　物事に打ち込んでいること

問2　傍線部A「自分の感傷のニュアンスが、正確に十六歳頃のそれと同じである」とはどういうことか。その説明として最も適当なものを、次の①〜⑤のうちから一つ選べ。

① 兵士は国家のために戦って死ぬという義務を負っているために、親に扶養され自分が死ぬことなど考えなくてもすんでいた少年の頃の心の状態に無意識のうちに回帰していたということ。

② 衣食住を保障されている兵士がその代償として義務を負いながらも、それを果たしえていない状況にあって、親から物質的にも精神的にも自立していなかった少年の頃の心の状態に戻っていたということ。

③ 国家のために戦うという義務を負っている兵士は思想の自由が許されていなかったために、思想を自由に動かすことができた少年の頃に憧れ、そのときの心の状態に知らずに回帰していたということ。

④ 自らが負っている義務を果たすことができていないことで憂鬱になっている兵士は、親に依存してしか生きていけないことに情けなさを覚えていた少年の頃の心の状態に戻っていたということ。

⑤ 戦時下とはいえまだ緊迫感を欠いている状況下にあって怠惰に過ごしていた兵士は、自分の思想によって生きようともせず、怠惰に日々を送っていた少年の頃の心の状態に戻っていたということ。

問3　傍線部B「前方の暗闇から匍(は)い寄るべき敵よりは、衛門の方から来るべき巡視の下士官、あるいは交替兵の気配を窺っている」とあるが、それはなぜか。その説明として最も適当なものを、次の①〜⑤のうちから一つ選べ。

① 敵が現われ攻撃される確率よりも、下士官や交替兵が現われて自分が怠けている姿を目撃される確率のほうが圧倒的に高いと思われたから。

② 敵が現われて攻撃されることよりも、下士官や同僚に自分が怠けて寝ている姿を見咎(みとが)められることのほうがずっと恐ろしかったから。

③ 敵によって拉致されることよりも、自分が怠けて寝ている姿を交替兵に目撃されて上官に報告されることのほうがずっと恐ろしかったから。

④ 油断していて敵に拉致されてしまうことよりも、自分が怠けて寝ている姿を同僚に見られることのほうがずっと恥ずかしかったから。

⑤ 敵が目の前に現れて攻撃される可能性はまったくないが、下士官や交替兵が目の前に現れて咎められる可能性は大いにあると思われたから。

問4 傍線部**C**「その後米軍上陸の前夜、海岸方面に本物の曳光弾が上った時、多くの者は歩哨を信じなかった。」とあるが、それはなぜか。その説明として最も適当なものを、次の①〜⑤のうちから一つ選べ。

① 多くの者は敵がほんとうに出現するとは考えていなかったので、曳光弾が見えたという歩哨の報告を錯覚としか思えなかったから。

② その歩哨は怠惰であり真面目に監視などしていないと思っていたので、曳光弾が上がったという報告もでまかせとしか思えなかったから。

③ その歩哨は臆病であり、雲が動くと星が上下するように見えるのを曳光弾だと早とちりすることを多くの者は知っていたから。

④ これまでに歩哨から曳光弾が上がったという報告を受けてきたが、それが錯覚にすぎなかったということが何度も続いていたから。

⑤ 多くの者は歩哨の時に曳光弾が見えたという錯覚を経験していたので、今度の歩哨の報告も錯覚だとしか思えなかったから。

問5 小説の冒頭と末尾には『ファウスト』の一節がそれぞれ引用されている。小説（X）と冒頭に引用されている『ファウスト』の一節（Y）と末尾に引用されている『ファウスト』の一節（Z）とはどのような関係にあるか。その説明として最も適当なものを、次の①～⑤のうちから一つ選べ。

① Yでは遠目がきく望楼守の幸福が詠まれている。Xでは、まず、敵が近くにやって来ない間は、敵の到来を監視するために遠くをはっきり見る歩哨の役割は重要であり、歩哨がYの望楼守の幸福を共有できていたことが示される。しかし、最後にとうとう敵が島に上陸し、敵と交戦しなければならないことが示される。Zでは、Yとは反対に遠目がきくことの不幸が詠まれているが、これは今後において歩哨の役割が重要性を失うことを暗示している。

② Yでは遠目がきく望楼守の幸福が詠まれている。Xでは、最初に、敵が出現する気配がないために、歩哨にもYの望楼守の幸福を共有できる余裕があったことが示される。しかし、やがて情勢が悪化すること

で歩哨には余裕がなくなり、最後に部隊のいる島についに敵軍が上陸したことが示される。Zでは、Yとは反対に遠目がきくことの不幸が詠まれているが、これは敵軍上陸後に歩哨が経験しなければならないことになる不幸を暗示している。

③ Yでは遠目がきく望楼守の幸福が詠まれている。Xでは、歩哨でも自らの任務を忠実に果たすことでYの望楼守の幸福が共有できたにもかかわらず、怠惰に時を過ごしたためにその機会を失っただけでなく、自然現象を曳光弾と錯覚したり、敵軍の島への上陸という重大事を見逃したりした失態が描かれている。Zでは、Yとは反対に遠目がきく望楼守の不幸が詠まれているが、これはXで描かれている歩哨の失態と不幸を象徴的に表現している。

④ Yでは遠くをはっきり見ることのできる望楼守の幸福が詠まれている。Xでは、まず、ぼんやり遠くを見るのは幸福につながるが、遠くをはっきり見るには努力が必要で幸福にはつながらないことが示される。次に、歩哨がその努力をしても、自然現象を曳光弾と錯覚したり、敵の上陸を見逃したりすることがあることが示される。Zでは、Yとは反対に遠くをはっきり見ることの不幸が詠まれているが、これはXで示された不幸な事態を象徴的に表現している。

⑤ Yでは遠くを見ることのできる望楼守の幸福が詠まれている。Xでは、情勢が切迫する前には歩哨にもYの望楼守の幸福を共有できる余裕があったことが示される。しかし、やがて情勢が切迫してくると歩哨には余裕がなくなり、ただの自然現象を敵の上げた曳光弾だと錯覚することが多くなったことが示される。Zでは、Yとは反対に遠くを見ることの不幸が詠まれているが、これは遠くを見ることが情勢次第で幸福にも不幸にもなることを示唆している。

問6　この小説の表現に関する説明として適当なものを、次の①〜⑥のうちから二つ選べ。

① 冒頭と末尾における『ファウスト』からの引用を除いて、「私」が歩哨として体験したことが「私」の感想を交えつつ時系列に沿って描写されている。

② 38行目で、「私」を「憂鬱なる」歩哨であると同時に「怠惰な歩哨」として描いているところには、作者の厭戦（えんせん）思想や反戦思想が反映されていると考えられる。

③ 歩哨であった「私」がゴッホの風景画に言及しているのは、ゴッホが風景画を描くときの視覚と歩哨の視覚には共通性が認められるからだと考えられる。

④ 戦場にあって「感傷的」になっている自分を分析している「私」の様子を描いているのは、敵が現われない戦場がいかに退屈であるかを強調するためである。

⑤ 星の動きが曳光弾に見えたときの「私」の恐怖を描写しているのは、それは錯覚だと考える冷静な人間でも恐怖に襲われることがあると示したいからである。

⑥ 30行目の「このほぼ幅百五十米縦一粁の矩形（くけい）の地面を、歩哨が見張っているわけである」という表現は、歩哨の任務がいかに卑小なものであるかを示している。

《解答解説104ページ》

第　三　部

第1問

次の【文章Ⅰ】は上岡義雄(かみおかよしお)『神になる科学者たち』の一節、【文章Ⅱ】は『朝日新聞』に掲載された「現代医療としての漢方」の全文であり、ともに中国医学(漢方)について論じたものである。なお【資料】は【文章Ⅱ】に付されていたものである。これらを読んで、後の問い(問1〜6)に答えよ。(配点 50)

【文章Ⅰ】

一般に中国医学の自然観はなかなか納得しにくく、理論的根拠はいったいどこにあるのかと疑いたくなることだらけである。A まやかしではないか、とさえ感じたりする。

たとえば五臓六腑(ろっぷ)のうちの「三焦」は解剖学的にはどこにも存在しない。にもかかわらずそれは存在しているとして診断が行われ、治療法が決められる。ツボ(経穴)とツボを結ぶ経絡も解剖学的には未知である。しかも、経穴・経絡つまり経脈の理屈のもとになっているのは地理学的地形とのアナロジー(類比)とされる。中国には長江、黄河など十二の大河があり、人体にも十二の経脈がある。両者は照応関係にあるとされている。いったい何を根拠に中国の地形と人体が照応していると言えるのだろうか。

また、経脈には気が流れているとされる。この気は生命体のエネルギーと通常いわれるが、実体は何も見(み)出(いだ)されておらず、欧米の科学者たちからは、気とは神秘主義の理論として廃された生気論の生気と同じではないか、と端(はな)から相手にされていない。五行説の五行の関係も古色に彩られ、B 科学的に洗練された知のイメージからは遠い。中国医学の自然観は、科学の教育を受けた者には得体の知れないうさんくさい理論なのである。

にもかかわらず、中国医学の自然観には真理の(ア)ドウサツが含まれており、自然界に関する本物の知恵がある、と感じさせるものがある。

西欧の科学と中国医学の自然観では、世界認識に関して決定的とも言える違いがある。それは、西欧の科学が分析的、要素主義的、実体主義的なのに対して、中国医学の自然観は全体論的で機能（作用）主義的なことである。要素主義・実体主義の西欧の科学は人体を徹底的に解剖し、臓器や器官、細胞、神経系などの実体を把握したうえで、医学的知識を築いていきた。それに対して、中国医学は実体には頓着せず、機能（作用）の把握に(イ)イキョした理論を築いた。実体がなくとも機能があれば、その機能に相当するものが存在すると見た。だから三焦に当たる器官が解剖で見出されなくともフッ(ウ)ゴウではなかった。経穴・経絡も同様である。実体が見出せるか見出せないかは本質的ではないのである。実体のない経穴に針を刺すと体の不調や(エ)ショウガイが消える。ゆえに経穴は存在する。それは(オ)カクウでもまやかしでもない。

重要なことは、こうした機能は生きていればこそあるもので、死んでしまったらない。生きている生命に特有なこと（現象）である。中国医学で解剖学がその基礎にならなかったのは、医学とは生きている人を診るのであって、死体を解剖して調べても生きている状態はつかめない、という考え方があったからだといわれている。動的な生体を、丸ごと生きたままの状態で見ることが大事なのだ、という認識を基礎にしてきたのが中国医学なのである。

もう一つ重要なことは、中国の自然観は、あらゆる自然システムは宇宙と一体である、という認識を基礎にしていることである。マクロコスモス（宇宙＝自然）とミクロコスモス（人体）は互いに独立自存のものではなく、マクロコスモスの胎内にミクロコスモスは抱かれ、かつ、ミクロコスモス自身がマクロコスモスを内包しているという認識に立っている。宇宙と己自身（人間）は不可分の存在である、という一体感の下で自然（宇宙）を見、自然を捉えてきた。人間と自然を截然（せつぜん）と切り離し、自然を客体視してきた西欧のものの見方とは根本的に異なっている。人間は自然とは別物であるというのは、東洋人のわれわれには信じられない考え方である。人間は自然の一部であり、かつ自然と一体であるというのが、古来からの中国の自然観である。

主体（自然を観察する人間）と客体（観察される自然）を分離してきた西欧社会の認識の原理は、近年欧米でも見直されている。特に科学の世界では、量子力学の不確定性原理が台頭して以来、主客の分離をもとにした認識論は崩れている。しかし、二十世紀半ば頃まで西欧社会では人間と自然、主体と客体の分離独立は当たり前のことであり、それが正しいことであるとされ、西欧の科学や思想はそれを前提に築かれてきた。<u>Ｃどちらが真実を見る見方であるかは論を俟（ま）たないであろう。</u>

ただ残念なのは、真実を見る目は早くから養ったものの、中国の自然観は論理の厳密性に欠けることである。たとえば中国医学ではメカニズム（因果関係）がはっきりしない。経穴に針を刺すとなぜ治療効果が現れるのか、という問いに対して明確な答えは得られない。西欧の科学が実体分析と、ギリシャ自然学の明証的な論理学的方法に裏打ちされているのに対して、中国医学にはその種の論理の厳密性がない。経験的知識の積み上げであり、直感的である。見方（認識論）が違えば論理も理論体系も違うのは当然としても、中国の自然学には思い込みや誤解が体系の中に入り込むのを排除するメカニズムがなく、機能主義的な医学体系が本当に正しい理論なのかを確認（検証）しようがない。正しいと信じる人には正しいという域を出ず、欧米人を説得できないのである。それがために、欧米の科学者たちから中国医学は神秘主義的だとして排除されてきた。科学の認識のパラダイム（注）に中国医学の自然観は入ってこないのである。

しかし、西欧医学では治せない病を中国医学で治癒できるという現実は、機能主義的・全体論的な把握の有効性を窺（うかが）わせる。また、西欧科学のパラダイムに入らないということでもって、中国医学の自然観は誤っている、と結論することはできない。むしろ科学のパラダイムが狭小であるという見方も成り立つ。

「科学の進化」とは、中国医学の自然観のような、西欧科学以外の伝統的自然学の優れた点を包含する、新しいパラダイムを築くことであろう。西欧科学では見えなかったものが見えるようになる可能性がある。

（注）パラダイム――一時代の支配的な物の見方のこと。特に、科学上の問題を取り扱う前提となるべき、時代に共通の思考の枠組。

【文章Ⅱ】

「漢方」は、日常的に頼りにしている人もいれば、効果を疑問視する人もいる、受け止め方は千差万別なのが現状です。病気の原因を特定し、取り除くという西洋医学とは考え方が異なることが背景にありますが、両者は対立するものではなく、補完する関係。漢方薬は医療現場や薬の開発現場でも存在感を示しています。

漢方のルーツは中国にあり、6、7世紀に朝鮮半島を経由して日本に伝わったとされます。宗教や芸術などの文化と同様に、伝来してから独自の発展をとげていきます。江戸時代には、オランダから解剖学などに基づいた西洋医学がもたらされたのを受け、混同を避けるため、「漢方」と呼ぶようになりました。

現在の漢方は日本の伝統医療として、中国の「中医学」、韓国の「韓方」とは区別して位置づけられています。日本の大学の医学部では、西洋医学の各診療科を学ぶだけでなく、漢方が必修授業として組み込まれています。

西洋医学は耳鼻科、泌尿器科などのように、ターゲットを明確にして、薬や手術などピンポイントに作用する治療が特徴です。一方、漢方では、体内の神経系やホルモンなどの内分泌系のネットワークを介して、病気が全身のバランスを崩していると解釈します。

診察方法は症状などを聞き取る問診に加え、舌の状態やおなかの弾力を確かめます。これらを総合的に判断して、バランスを正常にするため、生薬を調合した漢方薬を処方します。バランスの崩れは一人ひとり異なるため、訴える症状が同じであっても、異なる漢方薬が処方されることもあります。

漢方薬の原料となる生薬は、天然由来の植物や動物、鉱物など多岐にわたります。北里大東洋医学総合研究所によると、国内では二百数十種類が使われています。

生薬の種類と量の組み合わせによって、漢方薬の種類は無数に及びます。そのうち調合済みの製品化された約150種類は保険適用されています。一般的な医療機関で処方されるのは、この中に含まれているものがほとんどです。

漢方薬の名称で、語尾は形状を表します。「…湯」は煎じ薬。「…散」は粉薬、「…丸」は粉を固めたものです。煎じ薬は飲む人の手間がかかるため、今ではインスタントコーヒーのように乾燥、粉末化させたエキス剤が主流となっています。

漢方薬は医療現場に浸透しており、日本漢方生薬製剤協会の調査によると、医師の9割が漢方薬を処方した経験があるとされます。特に原因が見当たらないのに体調が悪い「不定愁訴」という状態は、西洋医学的には対処が難しく、漢方薬で改善をはかります。ただ、漢方独特の診察をせずに漫然と処方するケースもみられ、北里大の小田口浩・東洋医学総合研究所長は「深い知識をもち漢方に通じた医師を育成しなければならない」と指摘します。

一方、明確な治療効果を狙って使われる漢方薬もあります。胃腸などを治療する開腹手術後、腸が閉塞し腹痛などを伴う「術後イレウス」という合併症が起きることがあります。「大建中湯（だいけんちゅうとう）」という、漢方薬にはこれを予防、治療できるとの報告があり、消化器外科で広く使われています。

また、インフルエンザ治療薬「タミフル」の原料成分のシキミ酸は、生薬やスパイスとして知られる「八角」に含まれています。こうした生薬の有用成分を分析して治療薬の開発につなげる研究は広く行われています。西洋医学と漢方は互いに補い合いながら発展を続けています。

【資料】

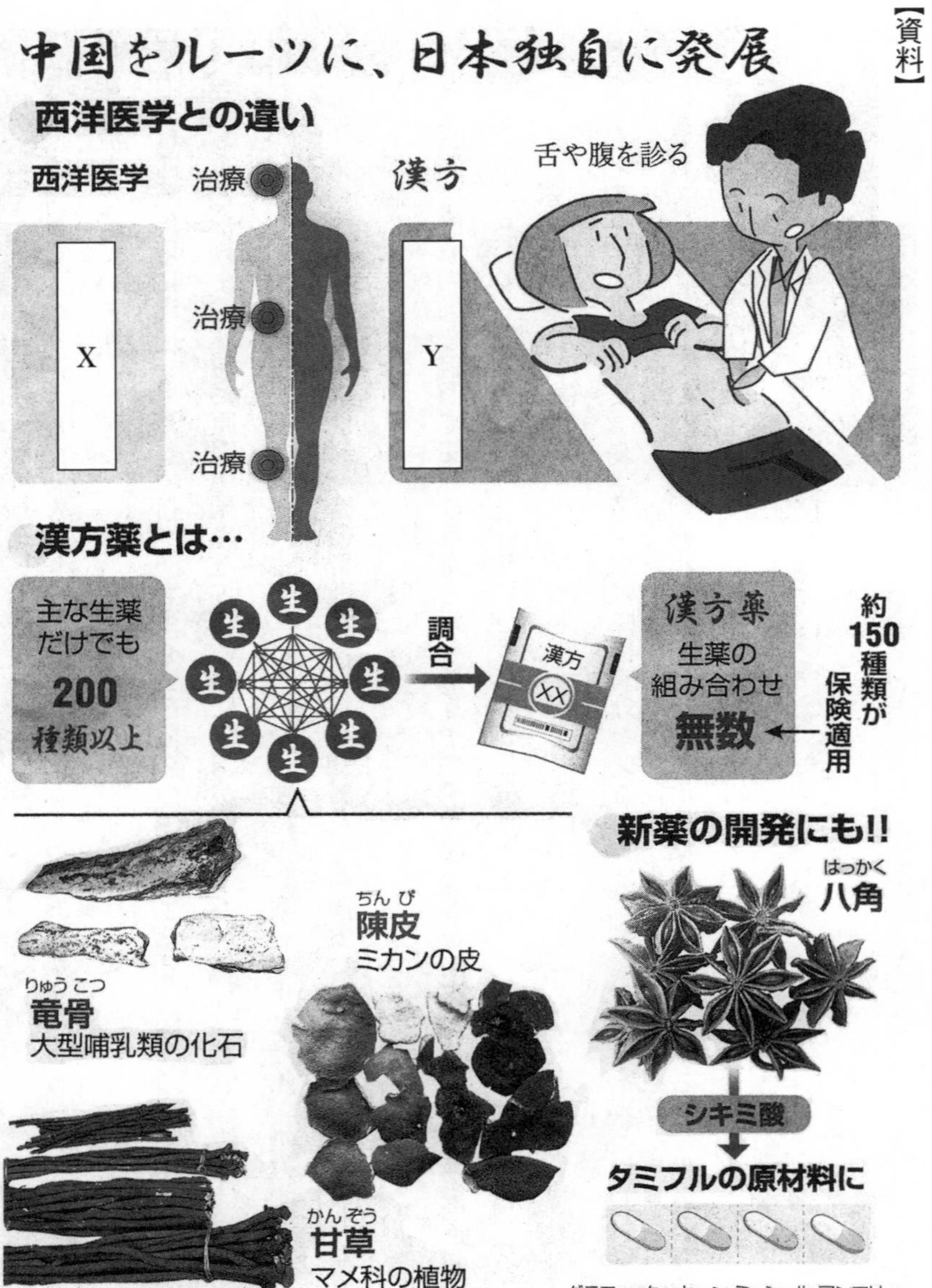

グラフィック・キーン ミッシェル アンマリー

問１　傍線部(ア)〜(オ)に相当する漢字を含むものを、次の各群の①〜⑤のうちから、それぞれ一つずつ選べ。

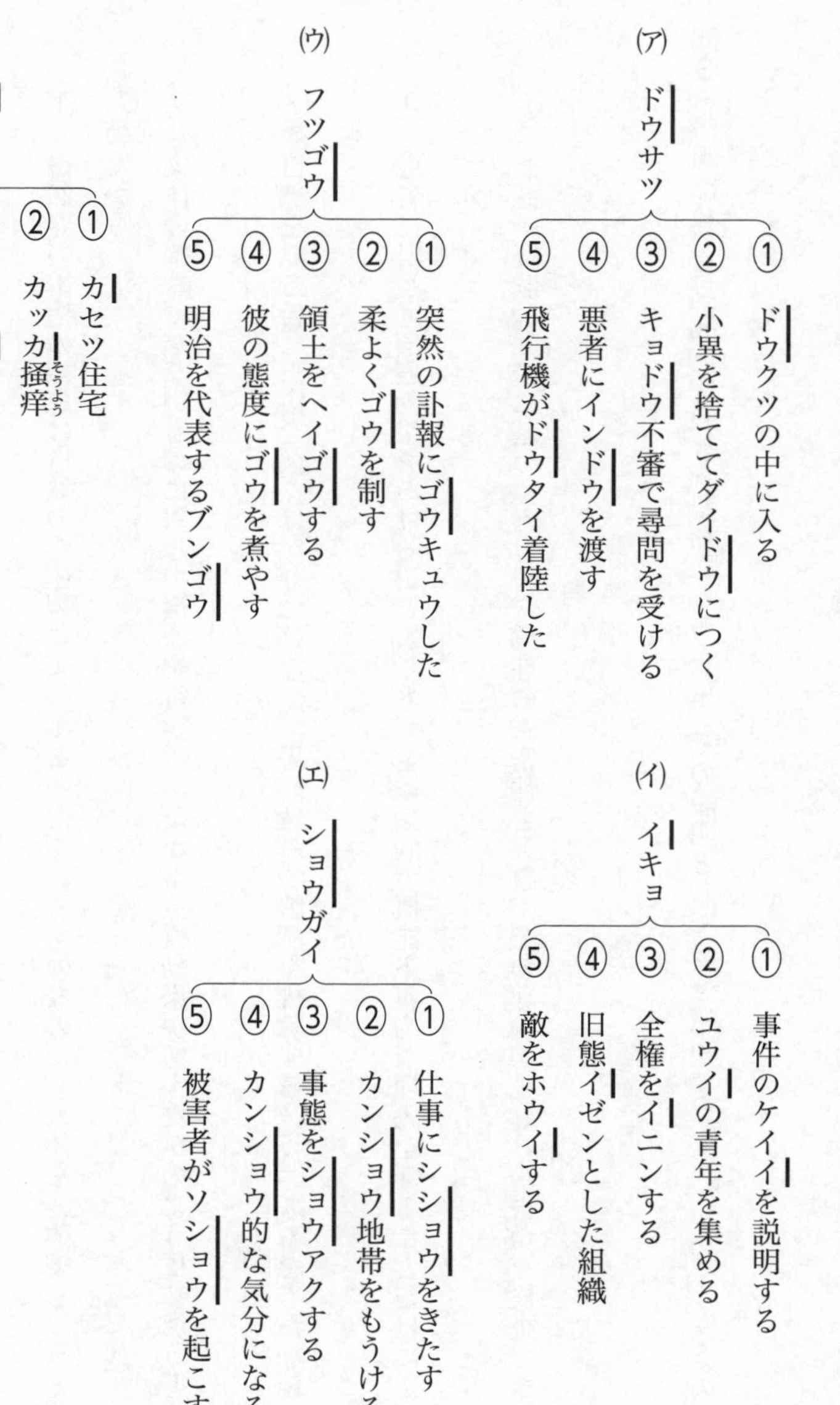

(ア)　ドウサツ
① ドウクツの中に入る
② 小異を捨ててダイドウにつく
③ キョドウ不審で尋問を受ける
④ 悪者にインドウを渡す
⑤ 飛行機がドウタイ着陸した

(イ)　イキョ
① 事件のケイイを説明する
② ユウイの青年を集める
③ 全権をイニンする
④ 旧態イゼンとした組織
⑤ 敵をホウイする

(ウ)　フツゴウ
① 突然の訃報にゴウキュウした
② 柔よくゴウを制す
③ 領土をヘイゴウする
④ 彼の態度にゴウを煮やす
⑤ 明治を代表するブンゴウ

(エ)　ショウガイ
① 仕事にシショウをきたす
② カンショウ地帯をもうける
③ 事態をショウアクする
④ カンショウ的な気分になる
⑤ 被害者がソショウを起こす

(オ)　カクウ
① カセツ住宅
② カッカ掻痒（そうよう）
③ キンカ玉条
④ 責任テンカ
⑤ コウカ鉄道

問2　傍線部A「まやかしではないか、とさえ感じたりする。」とあるが、「中国医学」を「まやかし」と感じてしまうのは、それが結局どういうものだからか。その説明として最も適当なものを、次の①～⑤のうちから一つ選べ。

① 自然界の本物の知恵は自然の客体視によってこそ得られるものなのに、人体を客体視しようとしないものだから。

② 実体の確認できないものに対して治療を行い、あたかも治療効果があったかのように装おうとするものだから。

③ 自然を見る目に真実を欠くばかりではなく、思い込みや誤解を排除するメカニズムをもたないものだから。

④ 患者に対して治療効果をあげることよりも、全体論的で機能主義的な理論を守ることだけにこだわるものだから。

⑤ 直感や経験的知識に基づくだけで、論理の厳密性を欠き、その理論が正しいか否かを検証できないものだから。

問3　傍線部B「科学的に洗練された知」とあるが、その説明として最も適当なものを、次の①～⑤のうちから一つ選べ。

① 人体を分析的に捉えるとともに、動的な生体を丸ごと見ようとするもの。

② 実体にかかわらず、治療効果を優先して考えていこうとするもの。
③ 実体を客観的に分析し、原因と結果を明確にしようとするもの。
④ マクロコスモスとミクロコスモスは不可分のものだとするもの。
⑤ さまざまな自然観を取り入れ、新しいパラダイムを築こうとするもの。

問4　傍線部C「どちらが真実を見る見方であるかは論を俟（ま）たないであろう。」とあるが、それはどういうことか。その説明として最も適当なものを、次の①〜⑤のうちから一つ選べ。

① 主体と客体を一体と見る中国の自然観よりも、主客分離を前提にした量子力学の不確定性原理の方が正しいことは明らかだということ。
② 人間を自然と一体と見る中国の自然観よりも、人間と自然を切り離して考える西欧の自然観の方が正しいことは明らかだということ。
③ 不確定性原理に見られるような西欧の自然観よりも、宇宙と人間を一体と見る中国の自然観の方が正しいことは明らかだということ。
④ 人間と自然を切り離して考える西欧の自然観よりも、人間を自然と一体と見る中国の自然観の方が正しいことは明らかだということ。
⑤ 主体と客体を分離した西欧の自然観よりも、西欧以外の伝統的自然学を包含した新しいパラダイムの方が正しいことは明らかだということ。

問5 【資料】の中にある空欄 X と Y を補うものの組み合わせとして最も適当なものを、次の①～⑤のうちから一つ選べ。

① X 部位・病気ごとにピンポイントで治療　Y 全身の症状・バランスを整える

② X ターゲットを明確にして薬や手術で治療　Y 病気の原因を特定して取り除く

③ X 薬や手術でピンポイントに作用する治療　Y バランスの崩れにおける個人差を修正

④ X 調合済みの製品化された漢方薬だけで治療　Y 無限にある生薬を組み合わせて処方

⑤ X 病気の原因を特定して取り除く治療　Y 問診・触診でバランスの崩れを正常化

問6 【文章Ⅰ】、【文章Ⅱ】について説明したものとして最も適当なものを、次の①～⑤のうちから一つ選べ。

① 【文章Ⅰ】、【文章Ⅱ】は、西欧医学と中国医学（漢方）が対照的なものの見方に支えられているとする点では共通している。しかし、前者が西欧科学のパラダイムに入らない中国医学の自然観を取り入れることで西欧科学を超えた新しいパラダイムが構築される可能性を指摘するのに対して、後者は、中国を起源としながらも、日本の伝統医療として独自の発展を遂げた漢方が西欧医学と互いに補い合いながら現代医療に貢献をしている現状を報告し、そうした漢方への理解が深まることを願っている。

② 【文章Ⅰ】、【文章Ⅱ】は、ともに西欧医学と中国医学（漢方）を相互補完的な関係にあると考える点では共通している。しかし、前者は、二十世紀半ば頃まで西欧社会では人間と自然、主体と客体の分離独立は当たり前のことであり、人間を自然の一部と考え、かつ自然と一体だとする自然観は東洋人にはなじみ深

いものだが、西欧人にはとうてい理解されない考えだと主張するのに対して、後者は、そうした中国医学の自然観を取り入れることで、西欧科学を相対化し、新しいパラダイムを築くことが課題だと論じている。

③【文章Ⅰ】、【文章Ⅱ】は、ともに西欧医学と中国医学（漢方）を互いに補い合うものだと考えている点では共通している。しかし、前者が経験的知識を積み上げていくことで治療効果を上げている中国医学を、西欧科学の要素主義、実体主義の枠内に取り入れていく必要があると主張するのに対して、後者は西欧医学では治せない病を中国医学で治癒できるという現実を根拠に、患者の症状を聞き取る問診や患者のおなかなどへの触診を通して全身のバランスを見る全体論的な把握にこそ有効性があると反論している。

④【文章Ⅰ】、【文章Ⅱ】は、中国医学の自然観が納得しにくいものでありながらも、それが自然界に関する本物の知恵だと感じさせるものを持つものであると考える点では共通している。前者は中国医学に有効性が見られる以上、それを排除するのではなく、西欧科学の力でそのメカニズムを解明することが「科学の進化」だと主張するのに対して、後者はインフルエンザ治療薬に漢方薬が使われている事例からもわかるように、漢方薬や中国医学の現実的な有効性が西欧科学の理論の枠を越えていると主張している。

⑤【文章Ⅰ】、【文章Ⅱ】は、ともに中国医学（漢方）の自然観と西欧科学の自然観が対照的な性格をもちながらも、真実を見る目を早くから養っていたと考える点では共通している。しかし、前者が、これまで軽視されてきた中国医学の自然観を正当に評価することで、西欧科学のパラダイムの狭小さを示すことになると理念的な主張をするのに対して、後者は漢方薬が現代医療に広く使われている事例を紹介しながら、漢方が西欧医学と相互補完の関係にあり、現代の医療実践に大きく貢献している現状を明らかにしている。

《解答解説114ページ》

第2問

次の文章は土井隆義（どいたかよし）『「宿命」を生きる若者たち』の一部である。これを読んで、後の問い（問1〜6）に答えよ。なお、設問の都合で本文の段落に1〜13の番号を付してある。（配点　50）

1　まずは相対的貧困率の変化の考察から始めましょう。高齢者も含めて年齢別で見てみることにします。それを一九八五年と二〇一二年の時点で比較したものが図1です。ざっと眺めただけで、男女ともに若年層の貧困率が上昇していることが分かります。また、高齢層の男性では逆に低下していることにも気づきます。

2　昨今は、子どもの貧困とともに老人の貧困も大きな問題として取り上げられることが多いので、このグラフは意外に見えるかもしれません。近年は高齢者の人口が急激に増えているために、貧困状態にある老人の実数も増えており、それがこの問題を際立たせている面はあります。しかし、人口比率で計算すると、高齢女性の貧困率は相変わらず高く、さらにその高齢化もやや進んでいるものの、高齢男性のそれはむしろ低下しているのです。

3　ここでまずシ(ア)テキしたいのは、年齢層による貧困率の変化の相違は、それぞれの年齢層の生活意識にも相違をもたらしているという事実です。

4　図2を見ていただくと、近年の貧困率の上昇とともに、努力しても報われないと考える人が全体的に増えていることが分かります。それと同時に、この傾向は、貧困率の上昇が激しい若年層でとくに強くなっていることも分かります。また高齢層を見てみると、［ X ］。このように貧困率の変化は、人びとの人生観にも少なからぬ影響を与えているようです。

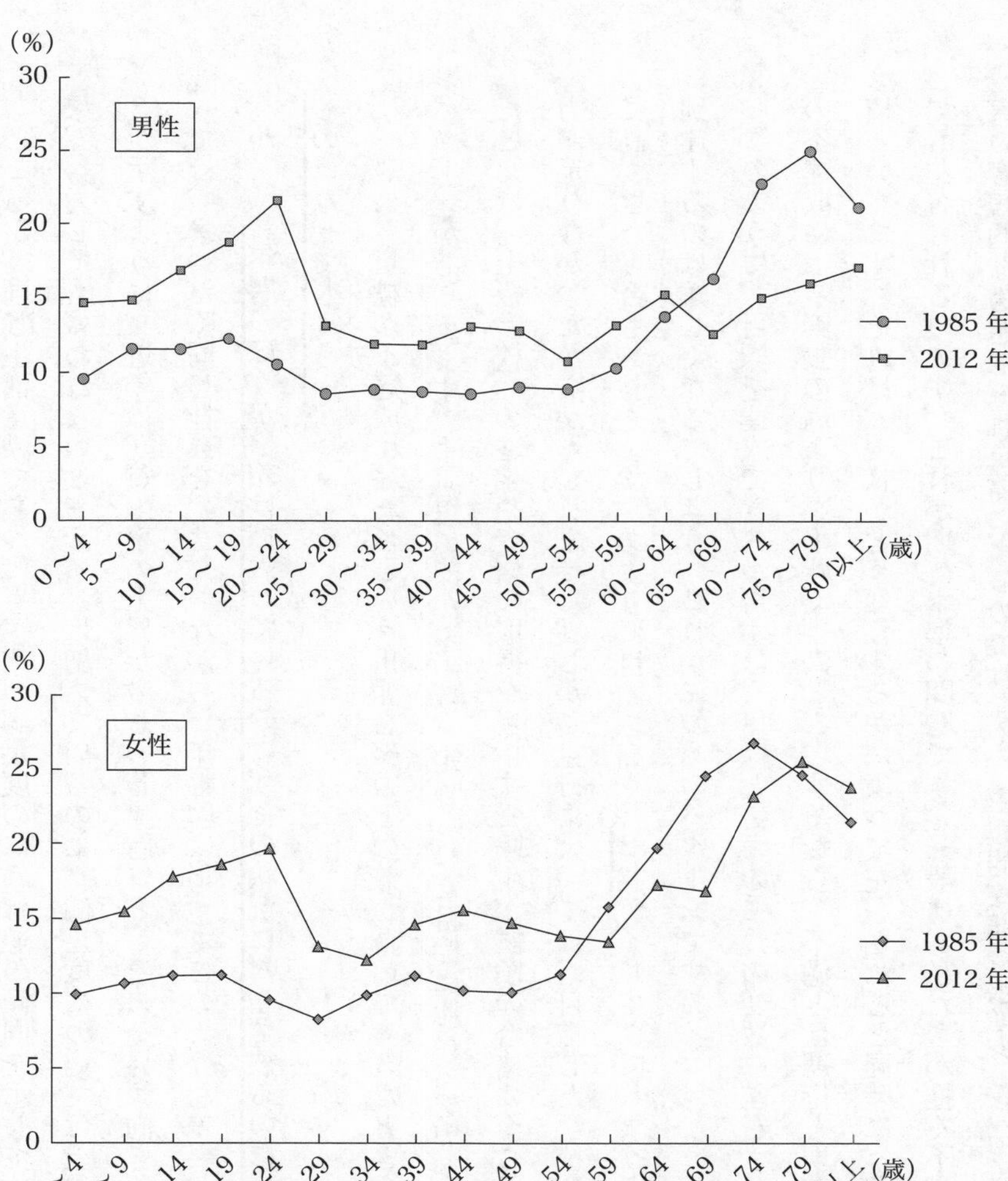

図1　男女年齢層別の貧困率

(阿部彩（2015)「貧困率の長期的動向：国民生活基礎調査 1985 ～ 2012 を用いて」貧困統計ホームページ)

5 ところが、同じ生活意識であっても、その満足度のほうは逆の傾向を示しています。貧困率が上昇した結果、努力しても報われないと考える人は増えているのに、満足度については上昇しているのです。しかも図3が示すように、近年は、貧困率の上昇が激しい若年層ほど、その上昇傾向も著しくなっています。

6 では、まったく同じ社会を生きていながら、年齢層によってこのような差異が生じているのはなぜでしょうか。A若年層のほうが格差は拡大しているのに、その状況に対して彼らのほうが不満を覚えなくなっているのはなぜでしょうか。

7 一般に、目標が不達成に終わるという事態を努力との兼ね合いで考えたとき、想定される状況には二つのパターンがありえます。まず思い浮かぶのは、定められた目標に比べて努力が足りなかった場合でしょう。たとえば、上級学校への進学や資格の取得を目指す受験生が試験の合格に至らなかったのは、そのための努力が足りなかったからかもしれません。しかし見方によっては、目指した学校や資格のレベルが当人にとって高すぎた場合もありえます。あまりに目標を高く(イ)セッテイしすぎてしまうと、いくら努力してもそこに到達するのは難しくなるでしょう。これが二つめのパターンです。

8 このように、目標を達成できるか否かは、目標と努力の二つの変数に左右される関数です。ここで、目標の不達成による緊張の高まりを平たく不満と表現するなら、不満とは期待と現実のギャップに対して抱く感情といえます。それは、現状がどう変化するかによって左右されると同時に、期待がどう変化するかによっても左右されるのです。これが期待水準の問題です。一般に、私たちが抱く不満は、自分が置かれている現実の客観的な劣悪さそれ自体によるのではなく、主観的な期待水準とその現実との格差によって決まりま

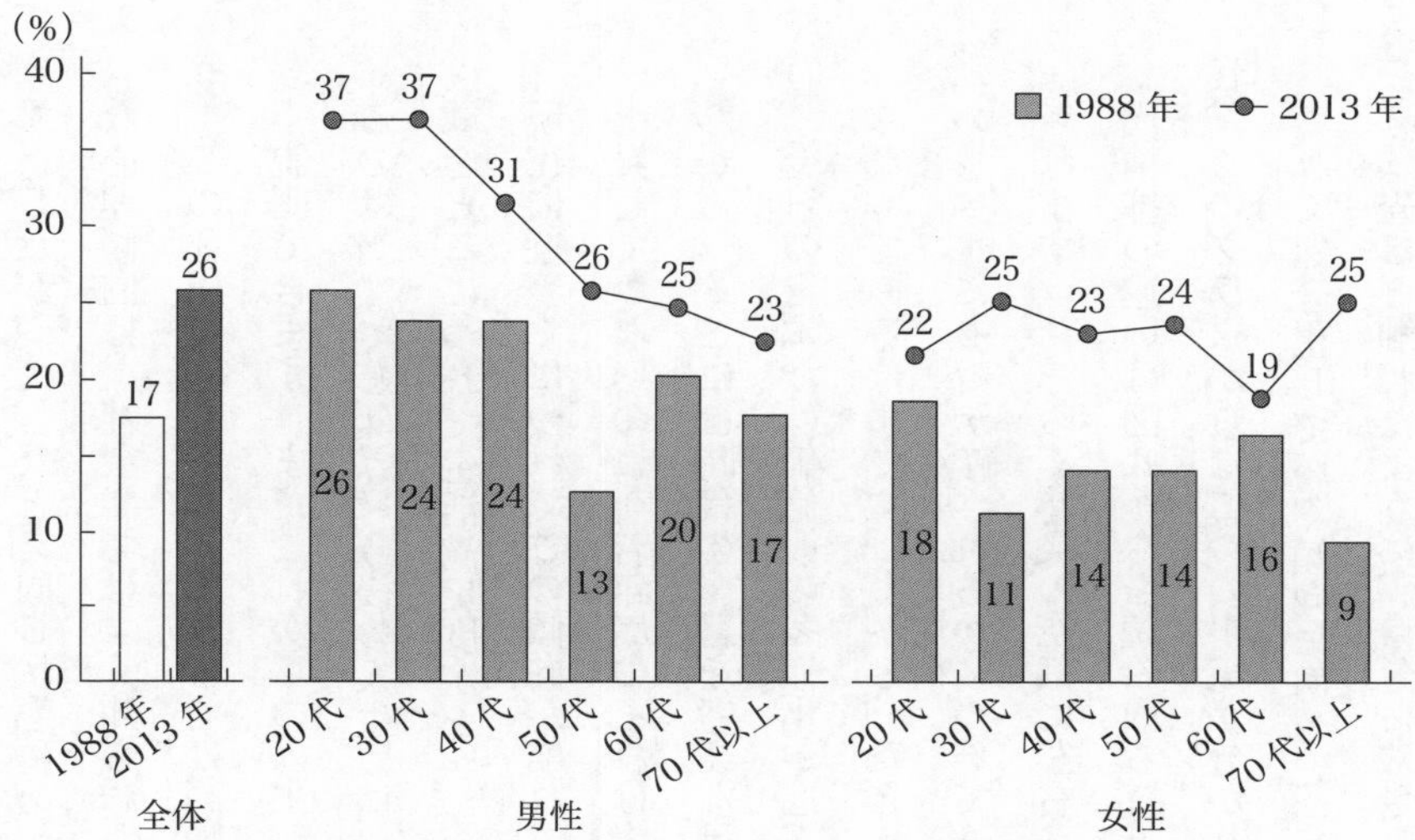

図２　努力しても報われないと思う割合
（統計数理研究所「日本人の国民性調査（第 13 次）」）

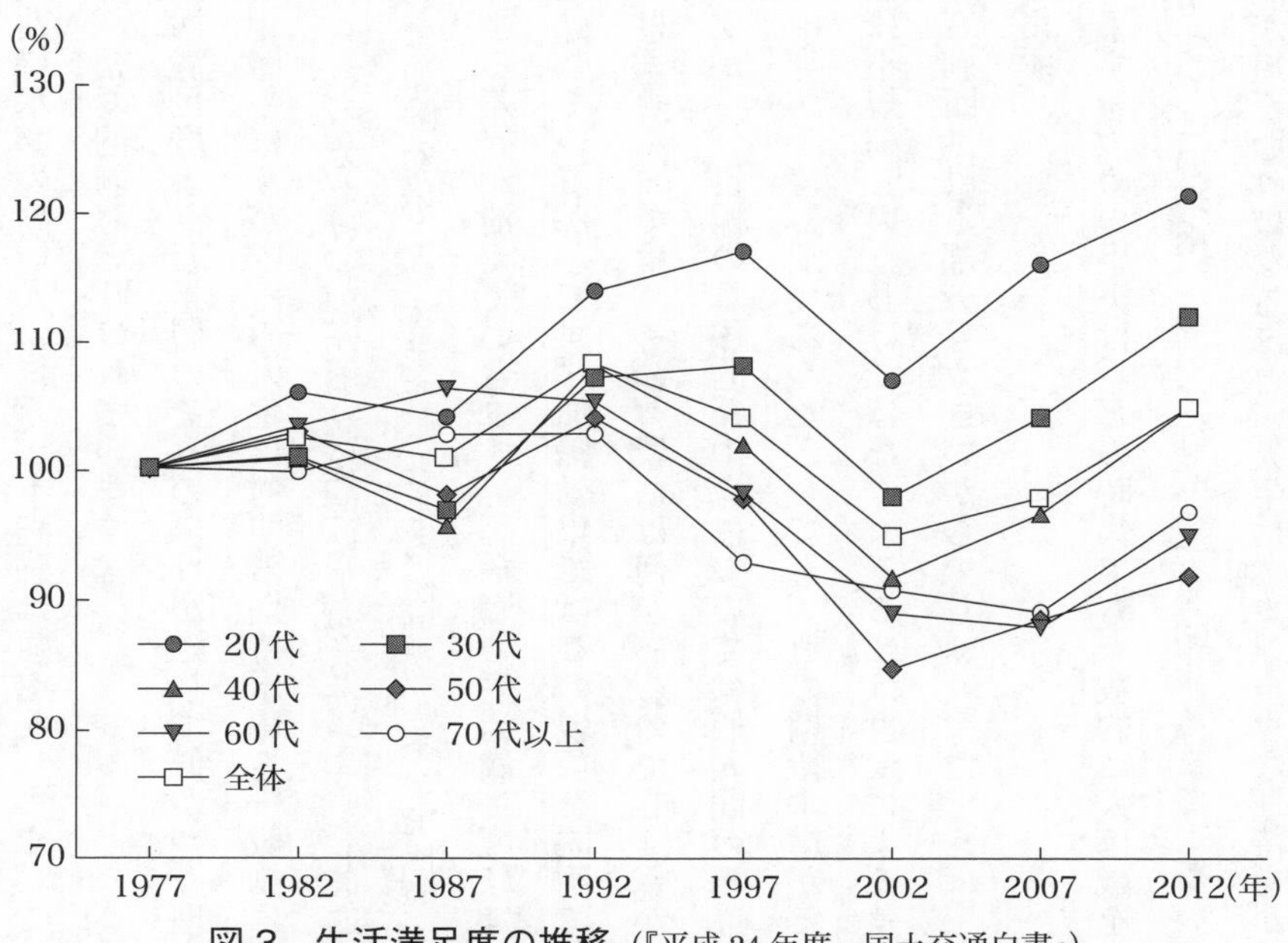

図３　生活満足度の推移（『平成 24 年度　国土交通白書』）
（注）現在の生活に「満足している」、「まあ満足している」と答えた者の合計の割合について、1977 年から変化率をとったもの。

す。したがって、たとえ同じ状態にあっても、期待水準の高い人のほうが不満感は強くなります。このような心理傾向は、社会学ではよく知られた現象で、相対的剝奪と呼ばれています。

9 この理屈で考えると、これまでは高齢層の生活満足度より若年層のそれのほうが総じて低かった理由もよく説明できます。まだこれからの人生が長い若年層のほうが、その人生に対する期待水準も一般的に高くなるのは当然でしょう。今後の人生に期待をかけられる分だけ、現在の満足度は下がるのです。したがって、歳をとるにつれて生活満足度が上がっていくのは加齢効果といえます。ところが(ウ)ケイネンで比較すると、現在に近づくにつれてこの傾向が崩れ、年齢による差異が消えていきます。高齢層の生活満足度はほとんど上昇していないのに、若年層のそれは大幅に上昇しているからです。加齢効果ではこの現象を説明できませんから、そこには時代の影響を考えなければいけません。では、その背景には何があるのでしょうか。

10 今日の日本では価値観の多様化が進んでいますから、目標の具体的な中身については個人間の相違が大きくなっているはずです。しかし、たとえ目標の中身が千差万別であったとしても、その期待水準がどの程度のレベルにセッテイされるかについては、完全に不規則というわけではなく、そこには世代による差異も見られます。おそらく時代の空気に左右されながら判断される部分も大きいからでしょう。たとえば、この時代精神の違いは図4からも読み取ることができます。

11 このグラフからは二つの事実が分かります。まず一つめの事実は、どの時代でも一般的に人は歳をとるにつれて保守化していく傾向にあるということです。この理由については改めて説明するまでもないでしょう。先ほど触れたように、自分に残された時間が短くなればなるほど、人生に(エ)カジョウな期待をかけなく

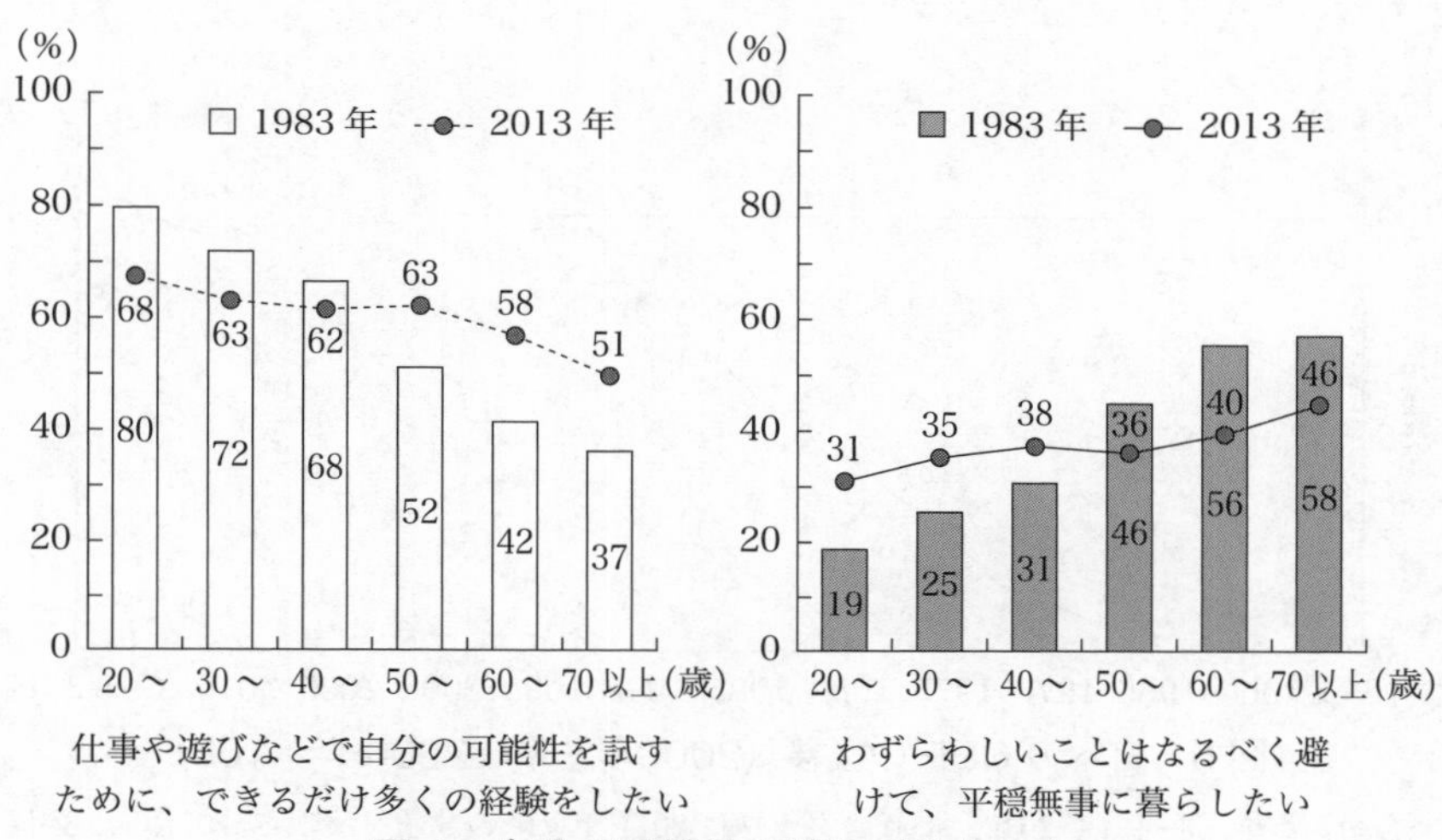

図4　自分の可能性を試してみたいか

(統計数理研究所「日本人の国民性調査(第13次)」)

なるのは、人としてしごく当然の心理です。これは加齢による変化ですから、時代を問わずにいつも同じ傾向を示します。

⑫　しかし、ここで注目すべきは二つめの事実です。一九八三年と二〇一三年を比較すると、［　Y　］。ここには時代の変化にともなう世代の相違をはっきりと見てとることができます。ちなみに、このグラフでちょうど右の年齢層が境目になっている理由はしごく単純です。一九八三年に二〇代、三〇代、四〇代だった人たちは、三〇年後の二〇一三年にはそれぞれ五〇代、六〇代、七〇代になっているからです。

⑬　このように見てくると、二〇〇〇年代の高齢層は、一九八〇年代の高齢層よりも積極的な人生観を抱くようになっているといえます。一方、二〇〇〇年代の若年層は、一九八〇年代の若年層よりも消極的な人生観を抱くようになっているといえます。これを達成目標

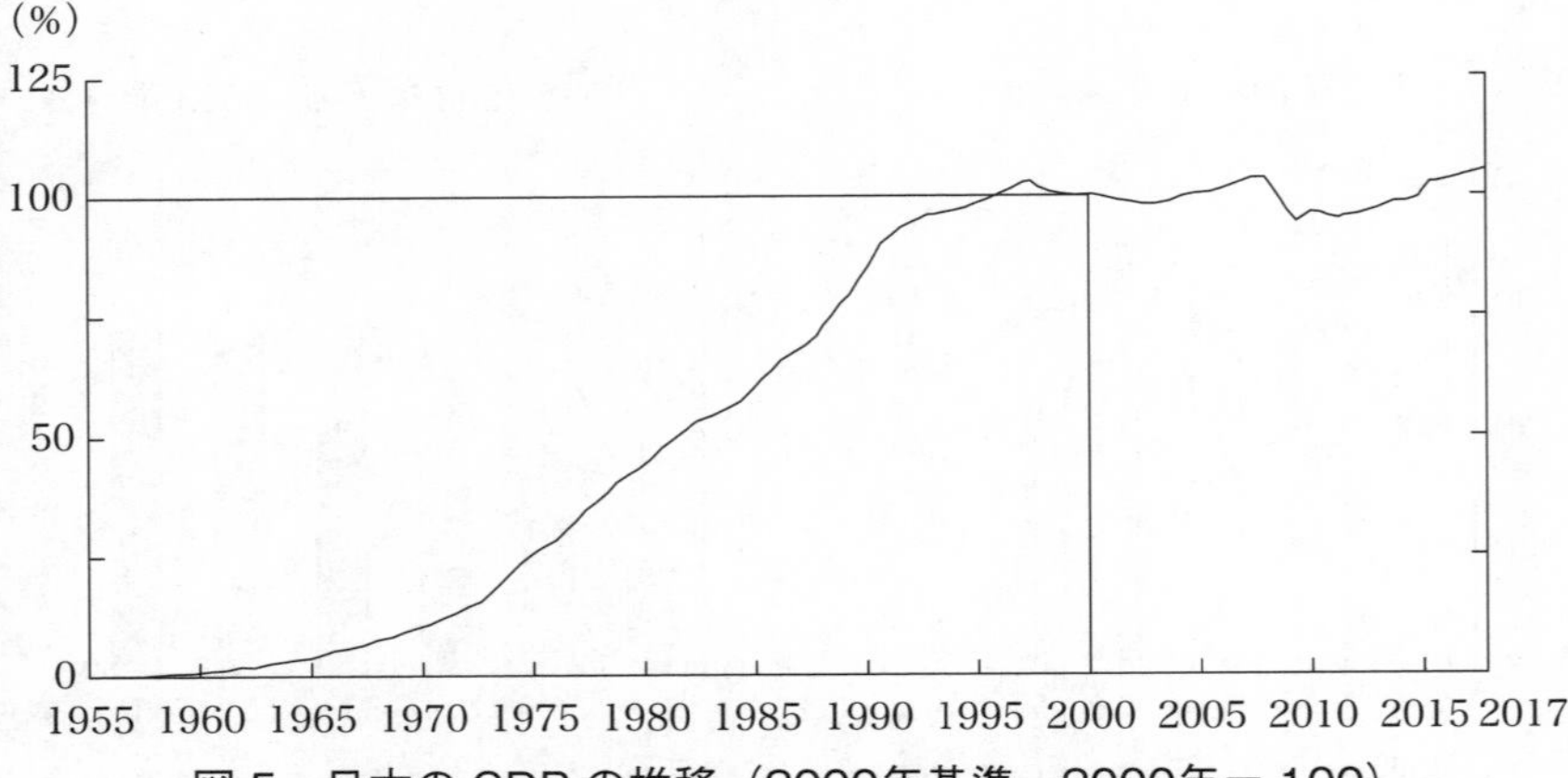

図５　日本のGDPの推移（2000年基準、2000年＝100）

（経済産業省『通商白書2012』掲載のグラフに2011年以降の数値を反映させて作成、内閣府「国民経済計算」より）

の期待水準の落差に当てはめれば、B現在の高齢層はかつてより高い期待水準を抱くようになっている一方で、若年層はかつてより期待水準が下がっているといえます。まったく同じ社会を生きていながら、年齢層によって生活満足度の変化に相違が見られるのは、それが加齢効果ではなく世代効果に(オ)ユライするものだからなのです。

問1　傍線部(ア)〜(オ)に相当する漢字を含むものを、次の各群の①〜⑤のうちから、それぞれ一つずつ選べ。

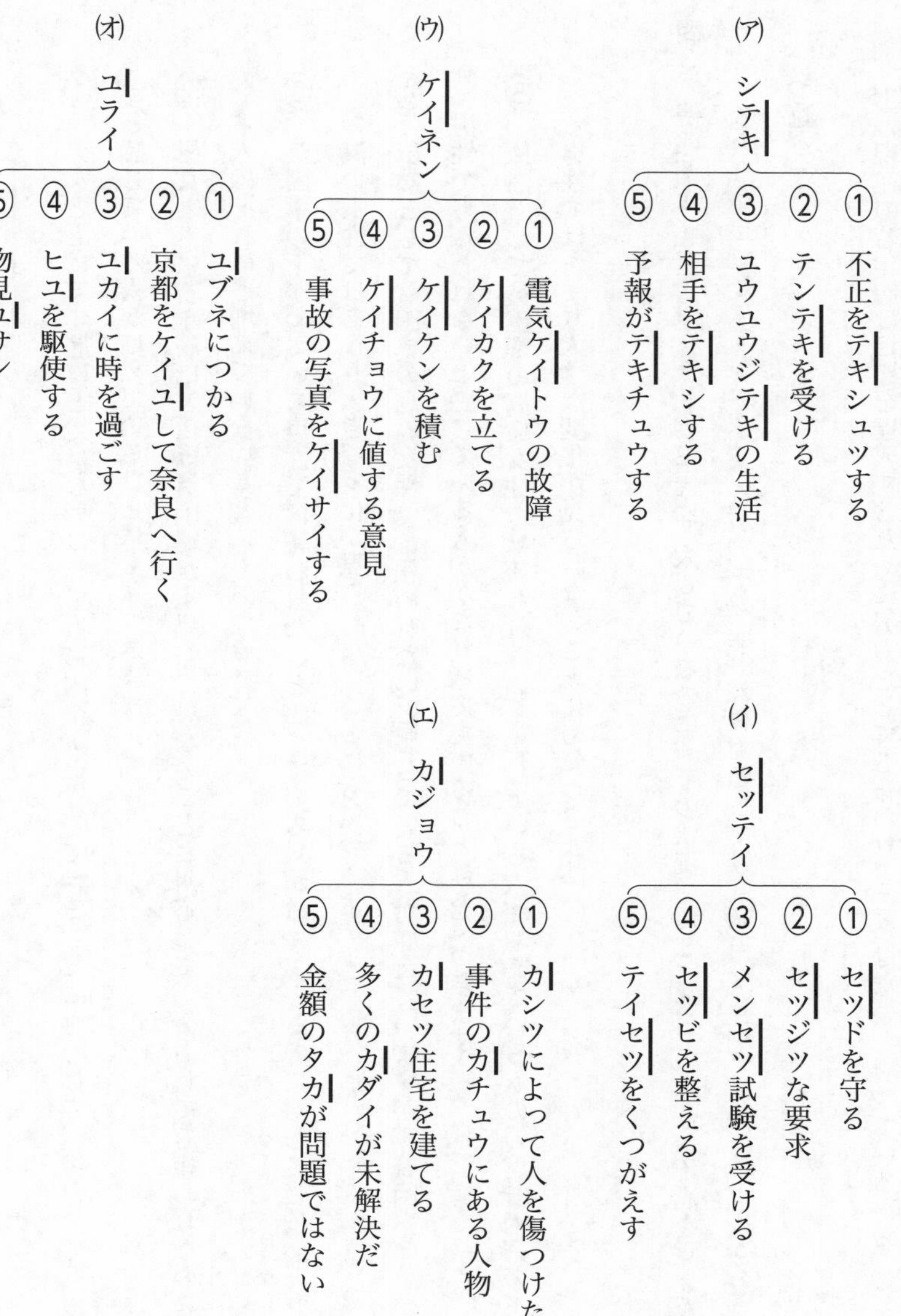

(ア)　シテキ
① 不正をテキシュツする
② テンテキを受ける
③ ユウユウジテキの生活
④ 相手をテキシする
⑤ 予報がテキチュウする

(イ)　セッテイ
① セツドを守る
② セツジツな要求
③ メンセツ試験を受ける
④ セツビを整える
⑤ テイセツをくつがえす

(ウ)　ケイネン
① 電気ケイトウの故障
② ケイカクを立てる
③ ケイケンを積む
④ ケイチョウに値する意見
⑤ 事故の写真をケイサイする

(エ)　カジョウ
① カシツによって人を傷つけた
② 事件のカチュウにある人物
③ カセツ住宅を建てる
④ 多くのカダイが未解決だ
⑤ 金額のタカが問題ではない

(オ)　ユライ
① ユブネにつかる
② 京都をケイユして奈良へ行く
③ ユカイに時を過ごす
④ ヒユを駆使する
⑤ 物見ユサン

問2　空欄 X を補うのに最も適当なものを、次の①〜⑤のうちから一つ選べ。

① 男女ともに若年層ほどではないにしても貧困率が上昇していることに対応して、努力しても報われないと感じている人が増えていることにも気づきます

② 男女ともに若年層ほどには貧困率が上昇していないことに対応して、努力しても報われないと感じている人はそれほど増えていないことにも気づきます

③ 貧困率の下がっている男性では報われないと感じている人が減っているのに対して、依然として貧困率の高い女性ではあまり大きな変化が見られないことにも気づきます

④ 依然として貧困率の高い女性では報われないと感じている人が増えていますが、貧困率の下がっている男性でも報われないと感じている人がかなり増えていることにも気づきます

⑤ 依然として貧困率の高い女性では報われないと感じている人が増えているものの、貧困率の下がっている男性ではあまり大きな変化が見られないことにも気づきます

問3　傍線部A「若年層のほうが格差は拡大しているのに、その状況に対して彼らのほうが不満を覚えなくなっているのはなぜでしょうか。」とあるが、その理由の説明として最も適当なものを、次の①〜⑤のうちから一つ選べ。

① 現在の若年層は目標を達成するために努力をしても報われることはないと思っているから。

② 現在の若年層は目先の生活に追われて今後の人生について考える余裕を失っているから。

③ 現在の若年層は自分の今後の人生に大きな期待をかけることができなくなっているから。

④ 現在の若年層は価値観が多様化する中で目標を定めることが難しくなっているから。

⑤ 現在の若年層は劣悪な生活環境の中で目標を達成することをあきらめてしまっているから。

問4 空欄 **Y** を補うのに最も適当なものを、次の①〜⑤のうちから一つ選べ。

① 四〇代以下の年齢層では保守的な人びとが増え、五〇代以上の年齢層では逆に減っているのです

② 四〇代以下の年齢層では保守的な人びとが増え、五〇代以上の年齢層では変化が見られないのです

③ 四〇代以下の年齢層では保守的な人びとの割合は変わらず、五〇代以上の年齢層では減っているのです

④ 年齢が上がるにつれて保守的な人が増えていたのが、年齢が上がるにつれて逆に減っているのです

⑤ 年齢が上がるにつれて保守的な人が減っていたのが、年齢が上がるにつれて逆に増えているのです

問5 傍線部B「現在の高齢層はかつてより高い期待水準を抱くようになっている」とあるが、「現在の高齢層」を現在の高齢男性に限定した場合、図2と図5を踏まえるとその理由としてどのようなことが考えられるか。最も適当なものを、次の①〜⑤のうちから一つ選べ。

① 現在の高齢男性は、日本が成長期から低成長期に移行した時期に青年期を送った世代であり、そのために日本がもう一度成長期に戻ることを願い、「努力したら報われる」という心性に今でも強く執着しているから。

② 現在の高齢男性は、日本が低成長期に転換した時期に青年期を送ったため、現在の日本が低成長期であることをどの世代よりも自覚しており、これからは「努力しても報われない」ということがよくわかっているから。

③ 現在の高齢男性は、日本が成長期から低成長期に移行したことに気づいていない人たちが多く、自らが青年期を送った成長期に身につけた「努力したら報われる」という心性を、今でも抱き続けていられるから。

④ 現在の高齢男性は、日本が急成長を続けていた時期に青年期を送り、自己形成を行ってきた世代であり、その時期に培った「努力したら報われる」という心性を、低成長期になった現在でも保持し続けているから。

⑤ 現在の高齢男性は、日本が急成長を続けていた時期に青年期を送ったために、日本の成長が止まってしまったことに最も衝撃を覚えた世代であり、「努力しても報われない」という思いを強く抱くようになったから。

問6 この文章の表現と構成について、次の(i)・(ii)の問いに答えよ。

(i) この文章の表現に関する説明として適当でないものを、次の①～④のうちから一つ選べ。

① 8段落にある「一般に、私たちが抱く不満は、自分が置かれている現実の客観的な劣悪さそれ自体によるのではなく」という表現は、5段落で述べられていた、若年層における貧困率の上昇が不満度の上昇と

対応していないということを示唆している。

② 8段落にある「このような心理傾向は、社会学ではよく知られた現象で、相対的剥奪と呼ばれています」という表現には、この文章を筆者が専門家ではなく一般の読者向けに書いたことが暗示されている。

③ 10段落にある「今日の日本では価値観の多様化が進んでいますから、目標の具体的な中身については個人間の相違が大きくなっているはずです」という表現は、世代が同じでも「目標」についてはいかなる共通性も見出(みいだ)すことができないことを示している。

④ 11段落にある「一つめの事実は、どの時代でも一般的に人は歳をとるにつれて保守化していく傾向にあるということです」という表現は、加齢効果が普遍的な現象であることを言い表している。

(ii) この文章の構成に関する説明として最も適当なものを、次の①〜④のうちから一つ選べ。

① まず、データから貧困率の変化が必ずしも生活意識に影響を与えるわけではないことを示し、次に、生活満足度は加齢効果だけでは説明できないことを明らかにしたうえで、最後に、それは加齢効果と世代効果との両面から説明しなければならないと述べている。

② まず、データから高齢層よりも貧困率が上昇している若年層のほうが生活満足度が上昇していることを示し、次に、この現象は加齢効果では説明できないことを明らかにしたうえで、最後に、それは世代効果によるものだと説明している。

③ まず、データから生活満足度が高齢層よりも若年層のほうが高いことを示し、次に、高齢層については加齢効果で説明できることを示したうえで、最後に、若年層については時代の影響や世代効果を考えない

と説明できないと述べている。

④ まず、データから貧困率の上昇にともない努力しても報われないと考える人がどの世代でも増えているのに生活満足度のほうは上昇しているという現象が生じていることを示し、次に、この現象は加齢効果では説明できないとしたうえで、最後に、時代精神の違いによって説明している。

《解答解説123ページ》

第3問　次の文章は広田照幸(ひろたてるゆき)『教育言説の歴史社会学』の一部である。これを読んで、後の問い（問1～6）に答えよ。なお、設問の都合で本文の段落に[1]～[20]の番号を付してある。（配点　50）

[1]　A恣意的に比率を利用することで、〈凶悪化〉が演出される。典型的な議論の例を一つ引用してみよう。(注1)小見出しは「重要な犯罪の分野での少年による犯罪が突出した増加」となっている。

……ここで注目しなければならないことは、凶悪犯や粗暴犯などの重要な犯罪の分野においても、近年は、成人による犯罪と比較して、少年による犯罪の突出した増加が著しく、検挙人員に占める少年比が顕著な増加傾向を示しているということである。

例えば、平成九年は、全凶悪犯の検挙人員に占める少年比が三四・一％と、二九年ぶりに三分の一を越えたが、粗暴犯については四四・五％と、史上最高の数字を示し、平成一〇年にはこの割合が若干低下したものの、(ア)イゼンとして高水準で推移している。……

[2]　ここで「凶悪化」の立論のカギになっているのは、少年比（全検挙者中に占める少年の割合）である。警察庁が発表した同じ数字をもとに、朝日新聞は、「凶悪、粗暴な非行増／青少年白書」という見出しで報じている。だが、もとの犯罪統計に戻って変化を調べてみると、ずいぶん印象が変わってくる。**表1**は、右に「史上最高」と述べられている平成九（一九九七）年から、五年刻みでさかのぼって粗暴犯のデータをまとめたもので、あわせて『犯罪統計書』九八・九九年版のデータをつけ加えてある。

[3]　いくつかのことが、この表からわかる。

表1　粗暴犯検挙者推移

		暴行	傷害	脅迫	恐喝	凶器準備集合	粗暴犯計（人）	1962年＝100	当該年齢層10万人当たり人口比	当該年齢層人口（千人）
1999年	少年	1421	8668	68	5728	141	16026	38.3	176.2	9077
	成人	4084	13284	828	3613	39	21848	20.6	21.8	100289
1998年	少年	1650	9306	78	6127	160	17321	41.4	186.2	9302
	成人	4235	13489	883	3794	33	22434	21.1	22.5	99624
1997年	少年	2095	9092	77	6361	356	17981	43.0	189.0	9515
	成人	4397	13734	897	3395	28	22451	21.2	22.7	98797
1992年	少年	2109	8234	73	4480	266	15162	36.3	133.8	11335
	成人	4383	14592	901	5276	118	25270	23.8	27.0	93464
1987年	少年	3848	9304	101	6054	701	20008	47.8	170.4	11745
	成人	8298	18159	1007	5142	141	32747	30.9	37.3	87833
1982年	少年	7502	10812	147	6292	1227	25980	62.1	253.1	10263
	成人	12462	23330	1142	5161	160	42255	39.8	45.3	93289
1977年	少年	6011	7093	174	3911	997	18186	43.5	189.4	9602
	成人	19770	33637	1528	5749	239	60923	57.4	69.1	88146
1972年	少年	6483	6847	201	5480	477	19488	46.6	195.2	9983
	成人	25831	44868	2071	7717	433	80920	76.2	97.6	82949
1967年	少年	11647	14939	765	8212	319	35882	85.8	278.5	12884
	成人	32768	58694	2997	7098	405	101962	96.1	131.3	77640
1962年	少年	10640	15538	935	14384	324	41821	100.0	358.0	11681
	成人	27848	63664	3292	10949	377	106130	100.0	150.8	70359

資料）『犯罪統計書』各年版。

注）粗暴犯検挙少年最多は1961年で15万5909人。「少年」は14～19歳。1962年の凶器準備集合（少年）は他の数字から推計。

4　第一に、全体として、少年に関しても成人に関しても、粗暴犯で検挙された者の実数は、ずいぶん減ってきているということである。少年では、一九六二年の四万二千人弱から、九七・九八年には一万七千人台に減少している。成人でも同様に、六二年の一〇万六千余人から、二万二千人台に減少している。

5　第二に、ここでの議論に重要なのは、成人のほうの減少ぶりが著しいことである。一九六二年の粗暴犯全体の数を一〇〇とすると、九七・九八年は約二一で、およそ五分の一になっている。それに対して少年のほうも減少しているものの、六二年の約四割にとどまっている。

6　とはいえ、少年にせよ成人にせよ、人口変動があるから、どの程度の割合で粗暴犯が生まれているかをみるためには、母集団の大きさの変化を考慮に入れる必要がある。**表1**の右端の列は、その年の当該年齢層人口（「少年」は一四～一九歳人口、「成人」は二〇歳以上の人口）である。当該年齢層人口一〇万人当たりの粗暴犯の人数（輩出率と呼んでおく）を(イ)サンシュツすると、九八年の少年では一八六・二、成人では二二・五となる。［X］。粗暴犯として検挙される少年を輩出する比率は半減しているのである。

7 つまり、最近の状況は、青少年が粗暴犯になりやすくなっているのではなく、なる確率はむしろ減少している。ところが、青少年の減少ぶり以上に成人の粗暴犯が著しく減っているために、見かけ上、全体の中での少年の比率が増加しているのである。言い換えるとこういうことである。全体として子供たちはおとなしくなってきている。しかしながら、それ以上に、成人（特にかつては粗暴犯の中で大きな割合を占めた若年成人）がもっとおとなしくなってきたために、少年の占める比率（占有率と呼んでおく）が、結果的に上がっているのである。

8 凶悪犯に関しても同様である。右の引用で、「全凶悪犯の検挙人員に占める少年比が三四・一％と、二九年ぶりに三分の一を越えた」と述べられている。しかし、成人の凶悪犯が激減したことが、「少年比」を押し上げているのである。

9 このように、少年比（＝占有率）を用いる際には、実数の変化をふまえた、(ウ)シンチョウな考察が必要である。単純に少年比が上がっていることだけで「少年の粗暴化」と呼んだり、「史上最悪の事態」などと呼ぶのは、統計データの誤用（悪用）である。むしろ、少年比の上昇は、子供の側の変化（悪化）を示しているというのではなく、大人の世界の平穏化を示していると解釈できる。そうであるならば、大人たちが昔に比べて平穏な日常を享受するようになったがゆえに、大人ほどドラスティック(注2)に粗暴犯が減少していってい

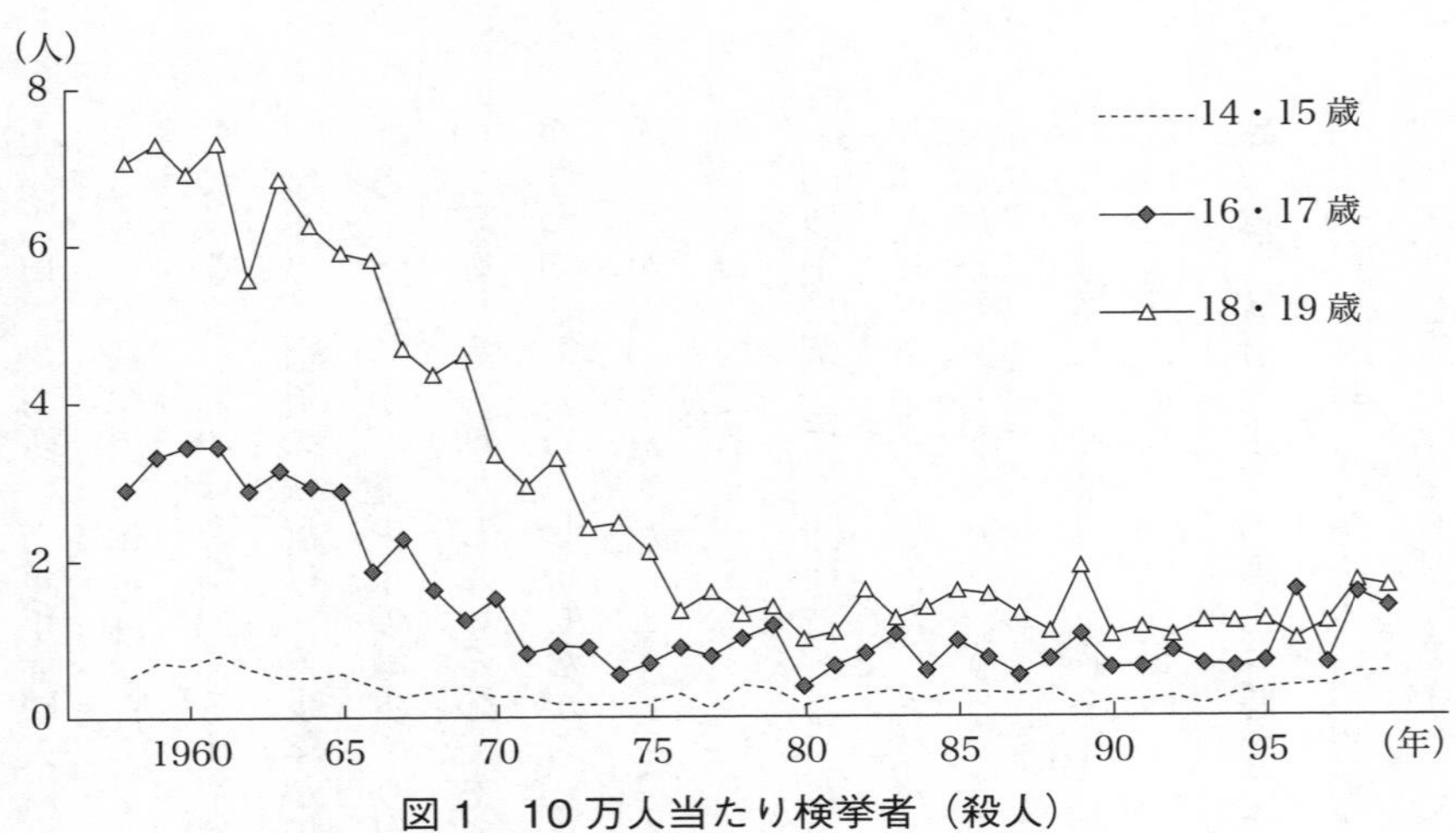

図1　10万人当たり検挙者（殺人）

資料）『犯罪統計書』各年版。

ない少年の世界の粗暴さに対して、過剰な不安や敵意を抱くようになったと考えられるのではないだろうか。

10 六〇年代末ごろからくり返し語られてきている、「凶悪非行の低年齢化」というイメージに関しても同様である。凶悪犯として検挙された少年全体の中で年少少年の占める割合が増えている、というのがその論拠の一つになっている。だが、図1のように、[Y]。ここ数年、一四、一五歳層をはじめとして若干の増加傾向がみられるが、まだ将来を予言できるほどの顕著な動きとはいえまい。巨視的にみれば、一〇代半ばまでの少年が簡単に人を殺すようになったのではなく、一〇代後半の少年たちが昔ほどむやみに人を殺さなくなっているのである。

11 また、万引きなど、軽微な逸脱事犯で捕まる少年が低年齢の少年に多いため、統計上は、「非行の低年齢化」と表現することが可能である。それが、中学生によるごくまれな重大事件とオーバーラップされて、「凶悪非行の低年齢化」というイメージが維持されてきているきらいもある。

12 新聞の報道などで、多くの統計事項の中で特定のカテゴリーの数字が強調されたり、特定の罪種にあらわれた増加傾向のみが強調されたりすることで、ある種の誤認が生まれるという側面もある。

13 そうした例として、昨年（一九九九年）末のある新聞記事を取りあげてみよう。警察庁が同年一月〜一一月末の非行の状況について「少年非行等の概要」をまとめたのを受けて、それを紹介した記事である。

14 大見出しは、「中学で校内暴力急増」である。それとは別に、「一―一〇月五三五件、昨年比一五％増」「警察庁まとめ　凶悪化・単独・対教師目立つ」という小見出しがある。記事の大半は、校内暴力の事例の紹介に費やされている。「一九九四年からの五年間の同期と比べて件数は一番多く、大半が中学生。教師に対する暴力が目立ち、一時期落ち着きつつあった学校が再び荒れる様相をみせているという」と書かれ、中学・高校あわせて五六〇件、九六一人が一〇カ月間に逮捕・補導された、という。主な校内暴力事件が月別に一〇件、紹介してある。これだけ読むと、青少年に対して不安や危機感がつのってくる。

15 だが、少し考えてみると、(B)この記事にはいろんな問題があることがわかる。

16 確かに、学校は再び荒れてきているのかもしれない。九八年度についての文部省の調査では、公立小・中・高校における児童・生徒の「暴力行為」は約三万五千件にのぼる。

17 そのような中で、そもそも、警察が把握している校内暴力は、全体のごく一部分にすぎない。警察に通報するかしないかは学校側のイ(エ)コウに左右されるから、警察庁の発表した「一五％増」という数字は、校内暴力の実態の変化を単純に反映しているわけではない。たとえば、文部省[注3]のより詳細な調査では、対教師暴力よりも、器物損壊のほうが急激に増加している。教師に対する暴力があった場合には、学校がすみやかに警察に通報するようになり、それが警察庁の「対教師目立つ」という数字になっているのかもしれないのである。

18 「一九九四年からの五年間の同期と比べて件数は一番多く」という部分も問題がある。一九九四年以前にまでさかのぼって校内暴力事件の検挙状況の推移をみると、八九年には年間九三九件、その五年前（八四年）には、一六八三件にのぼっていた。検挙件数のピークは八三年の二一二五件、検挙者のピークは八一年の一〇四六八人である。八〇年代前半に非常に多かった校内暴力検挙件数は、八〇年代後半以降大きく減少し、九三〜九六年には五〇〇件を下回る「底」を作っていた。それゆえ、「五年間の同期と比べて」という比較の仕方は、近い過去のうち最も件数の少ない時期を起点として変化をたどっていることになる。少し長い目で見れば、警察庁の数字そのものは、とりたてて高いとはいえないのである。

19 一般に、「過去五年で最多」「過去三年で最多」「昨年に比べて増加」などの文言を目にする場合には注意が必要である。これらは、今の例のように、もっと前の時期にさかのぼってみると、最新の状況よりもはるかに件数や人数が多いことがしばしばである。また、警察庁の統計データの集計の仕方は、一九七二年から大きく変わって今に至っている。そのため、「警察庁が統計を取り始めて最多」「過去最高」などと報じられる場合でも、凶悪非行の多発した六〇年代のデータが無視されていることがある。その場合、凶悪非行が低水準で横ばいになった七〇年代以降の中での、ちょっとした上昇・下降が取りざたされているのである。そのような報道に接した際には、六〇年代までのデータを含んだものかどうかを確認してみる必要がある。

20 さらに、「中学で校内暴力急増」という大見出しにも問題がある。実は、高校に関しては、事件数、検挙者数、被害者数のいずれも前年を大きく下回っている。特に検挙者数では、昨年同期に比べ四割も減少しているのである。全体の中の増えたカテゴリーの部分だけを拾い出してニュースとして流すから、全体的に悪化のイッ(オ)トをたどっているようにみえるわけである。

(注) 1 「典型的な議論の例」として引用されているのは、葉梨康弘「警察と少年非行」という文章の一節である。

2 ドラスティック――きわめて激しいさま。

3 文部省――現在の文部科学省のかつての呼称。

問１　傍線部(ア)～(オ)に相当する漢字を含むものを、次の各群の①～⑤のうちから、それぞれ一つずつ選べ。

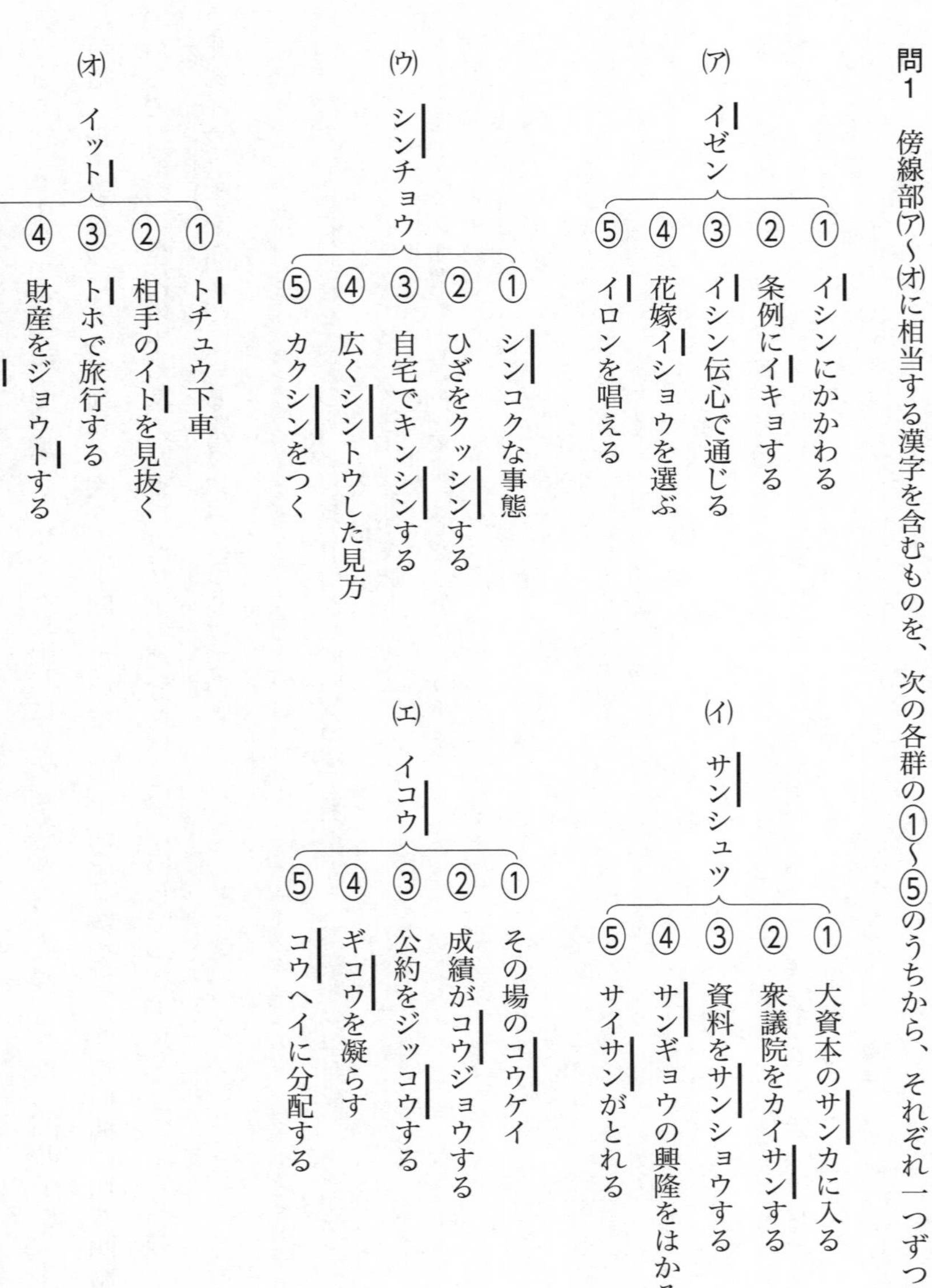

(ア)　イゼン
①　イシンにかかわる
②　条例にイキョする
③　イシン伝心で通じる
④　花嫁イショウを選ぶ
⑤　イロンを唱える

(イ)　サンシュツ
①　大資本のサンカに入る
②　衆議院をカイサンする
③　資料をサンショウする
④　サンギョウの興隆をはかる
⑤　サイサンがとれる

(ウ)　シンチョウ
①　シンコクな事態
②　ひざをクッシンする
③　自宅でキンシンする
④　広くシントウした見方
⑤　カクシンをつく

(エ)　イコウ
①　その場のコウケイ
②　成績がコウジョウする
③　公約をジッコウする
④　ギコウを凝らす
⑤　コウヘイに分配する

(オ)　イット
①　トチュウ下車
②　相手のイトを見抜く
③　トホで旅行する
④　財産をジョウトする
⑤　胸中をトロする

問2　傍線部A「恣意的に比率を利用することで、〈凶悪化〉が演出される。」とあるが、これはたとえばどういうことか。その説明として最も適当なものを、次の①～⑤のうちから一つ選べ。

①　一九六〇年代から一九九七年の今日までの犯罪統計からその間の変化を調べることはせず、近年の犯罪統計だけを見て、粗暴犯・凶悪犯の全検挙者中に占める少年の割合が高水準を示していることを強調し、少年が凶暴になったという印象を与えているということ。

②　犯罪で検挙された者の数が増大したからといって犯罪が凶悪化したとは限らないのに、犯罪の全検挙者中に占める少年の割合が一九六〇年代と比べて一九九七年の今日では増大していることを強調することで、少年が凶暴になったという印象を与えているということ。

③　一九六〇年代と比べると犯罪で検挙された少年の数は格段に減少しているにもかかわらず、近年だけを比較してその数が一九九七年の今日では増大していることだけを強調し、史上最高の数字だと偽ることで、少年が凶暴になったという印象を与えているということ。

④　一九六〇年代から一九九七年の今日までの、粗暴犯・凶悪犯で検挙された少年の数の変化には言及せず、今日では全検挙者中に占める少年の割合が顕著な増加傾向を示していることだけを強調することで、少年が凶暴になったという印象を与えているということ。

⑤　一九六〇年代から一九九七年の今日までには、粗暴犯・凶悪犯で検挙された少年の数が大幅に減少していることを無視して、今日では全検挙者中に占める少年の割合が成人の割合を上回ったことを強調し、少年が凶暴になったという印象を与えているということ。

問3　空欄 **X** を補うのに最も適当なものを、次の①～⑤のうちから一つ選べ。

① 成人の場合、一九六二年と比べると一九九八年には約一五％まで減少している。だが、少年のほうは、一九六二年と比べて一九九八年には約一・五倍に増大している

② 成人の場合、一九六二年と比べると一九九八年には約二〇％まで減少している。だが、少年のほうも、一九六二年と比べて一九九八年には約三〇％に減少している

③ 成人の場合、一九六二年と比べると一九九八年には約一五％まで減少している。だが、少年のほうも、一九六二年と比べて一九九八年には約半分に減少している

④ 成人の場合、一九六二年と比べると一九九八年には約一・五倍に増大している。だが、少年のほうは、一九六二年と比べて一九九八年には約半分に減少している

⑤ 成人の場合、一九六二年と比べると一九九八年には約一・五倍に増大している。だが、少年のほうも、一九六二年と比べて一九九八年には約二倍に増大している

問4　空欄 **Y** を補うのに最も適当なものを、次の①～⑤のうちから一つ選べ。

① 一〇代後半の少年たちが凶悪な事件を起こさなくなってきたため、少年全体の中で、一〇代半ばまでの少年の占める割合が、結果的に高くなっているにすぎない

② 一九七〇年代後半以降、凶悪犯として検挙された数は一〇代後半の少年と一〇代半ばまでの少年では大

した差はないのに、後者の数字だけが強調されているにすぎない

③　凶悪犯として検挙された少年全体の中で一〇代半ばまでの少年が占める割合は増えていないのに、それが増えているというのは、犯罪統計の読み間違いである

④　凶悪犯として検挙される一〇代半ばまでの少年の数は少ないのに、軽微な犯罪で捕まる数が増えているため、凶悪犯の数も増えていると錯覚されているにすぎない

⑤　実際には、凶悪犯として検挙された少年全体の中で一〇代後半の少年が占める割合のほうが、一〇代半ばまでの少年が占める割合よりも一貫して高いのである

問5　傍線部B「この記事にはいろんな問題がある」とあるが、「昨年（一九九九年）末のある新聞記事」にある「問題」に該当することを、次の①～⑥のうちから三つ選べ。

①　校内暴力の実態を忠実に反映しているわけではない、警察庁の発表した数字だけを根拠にして校内暴力について報告していること。

②　文部省のほうが警察よりも校内暴力について詳細に調査しているのに、警察庁の調査を文部省の調査よりも重視していること。

③　対教師暴力より器物損壊のほうが急激に増加しているのに、その事実は隠蔽して、対教師暴力が増加したことだけを強調していること。

④　長いスパンで見れば校内暴力の件数は大きく減少しているのに、直近の五年間だけしか比べずにその件

数が一番多いと指摘していること。

⑤　高校の校内暴力の件数は前年に比べて大きく減少していることには触れずに、中学生の校内暴力が増大したことだけを強調していること。

⑥　警察庁の統計データの集計の仕方が一九七二年から大きく変わったのに、そのことを無視して一九六〇年代と安易に比較していること。

問6　この文章の表現と構成について、次の(i)・(ii)の問いに答えよ。

(i)　この文章の表現に関する説明として**適当でないもの**を、次の①～④のうちから一つ選べ。

①　6段落の「とはいえ」以下の文は、表1からわかったこととして5段落で示された割合が必ずしも厳密なものではないことを示している。

②　9段落の「大人たちが昔に比べて平穏な日常を享受するようになった」という表現には、反対に少年たちが粗暴になったことを示唆する意図がある。

③　10段落で「巨視的にみれば」と言っているのは、少年犯罪の動向を正確に把握するためには長期間にわたる比較が必要だと考えているからである。

④　11段落で「非行」と「凶悪非行」を区別しているのは、「低年齢化」したのは「非行」であって「凶悪非行」ではないと言いたいためである。

(ii) この文章の構成に関する説明として最も適当なものを、次の①～④のうちから一つ選べ。

① 前半では、粗暴犯・凶悪犯における少年の割合の増加が、後半では、校内暴力における低年齢化の進行が指摘され、全体として少年犯罪では凶暴化と低年齢化の傾向が見られると述べられている。

② 前半では、粗暴犯より凶悪犯が減っているのに、報道では少年の凶悪化が強調されていると、後半では、対教師暴力よりも器物損壊が増えているのに、報道では対教師暴力が強調されていると述べられている。

③ 前半では、メディアによる統計データの誤用によって誤った認識が生じる例について、後半では、メディアが全体の中で増加した部分だけを強調することで誤った認識が生じる例について述べている。

④ 前半では、比率を用いるときには実数の変化を踏まえることが、後半では、変化を捉えるときには長期間にわたる比較が大切だと指摘し、全体として統計のとり方とその用い方について述べている。

《解答解説134ページ》

第4問

次の【文章】は、藤竹暁（ふじたけあきら）、竹下俊郎（たけしたとしお）編著『図説　日本のメディア――伝統メディアはネットでどう変わるか――』に収められた松井正（まついただし）「新聞」の一節であり、【図表】はそれに付されたものである。これを読んで、後の問い（問1～6）に答えよ。（配点　50）

【文章】

「インターネット元年」と呼ばれた一九九五年、日本の新聞社は相次いでウェブサイトを開設し、ニュースを無料で速報し始めた。ネットハッ(ア)ショウの地・米国の新聞業界を追う動きで、「紙で有料のニュースを、ネットに無料で出して良いのか？」という根源的な議論はあったものの、急成長するネットへの期待感がそれを上回った。以来、無料広告モデル(注1)はネットニュースのビジネス標準となった。

だが、二〇〇八年の世界同時不況を機に、A欧米の新聞社は無料広告モデルの脆弱（ぜいじゃく）性に気づき、課金へとカジを切る。日本は元々、販売収入の比率が高く、無料広告モデルには懐疑的だっただけに、有料電子版の取り組みが一気に本格化した。

二〇一〇年に日経新聞が「日経電子版」を立ち上げると、翌年朝日が「朝日新聞デジタル」、さらに一年後には読売も「読売プレミアム」で続いた。日本新聞協会の「デジタルメディアを活用した新聞・通信社の情報サービス現況調査」によると、二〇一七年四月現在、新聞35社が電子新聞を発行し、有料ニュースサービスは170件と、既に無料の153件を上回っている。

B電子版の値付けからは、紙を減らしたくない各社の意図がくみ取れる。電子版単独では高価だが、本紙

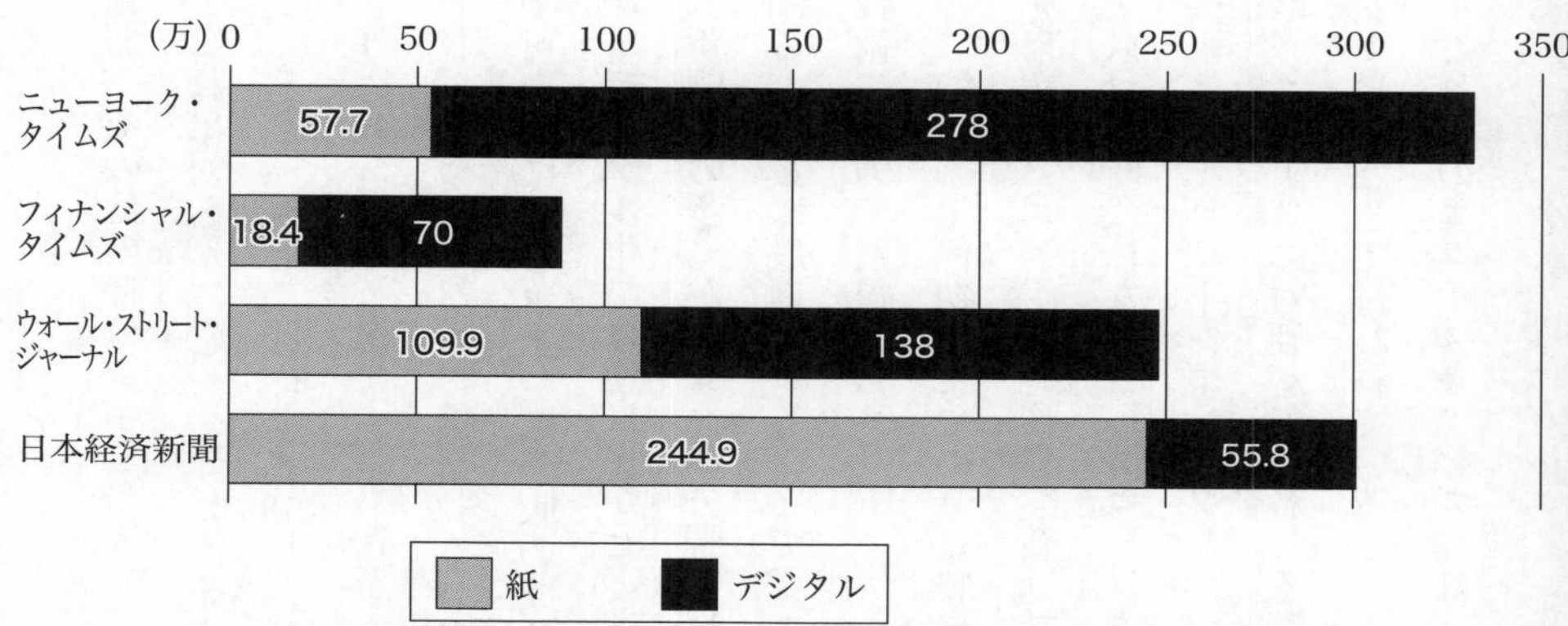

【図表ａ】　課金成功事例とされる新聞社の紙と有料デジタル購読の数

注）集計時期は異なる
資料）各社の発表など

購読者には安く提供する〝併読推奨〟の価格体系を、日経と朝日が採用。読売は電子版単独では販売せず、代わりに併読時の価格を162円（税込み）と安く抑えた。毎日の「宅配購読者無料プラン」では、本紙購読者には無料で電子版を提供している。

その理由は、紙とデジタルのカニバリゼーション（共食い）を避けるためだ。日本の新聞社は一社当たりの発行部数が世界でも際だって多く、収益の源泉は本紙の販売・広告収入である。本紙は欧米ほど衰退しておらず、その維持がまずは至上命題となっている。無料ニュースがあふれるネットで、読者にお金を払ってもらうハードルは高く、ネットの広告単価も紙に比べれば格段に低いため、急激なデジタル移行を避けているのが現状だ。

新聞社で唯一、ネットに無料ニュースを多く出さず、ポータルサイトにも配信しなかった日経は、二〇一八年六月現在の電子版有料会員数が60万人を超え、数少ない成功事例と見られている。続く朝日新聞デジタルは30万人弱、その他の社は数字を公表していない。

これに対し、二〇一一年に課金を導入した米ニューヨーク・タイムズは、その後有料会員を劇的に増やし、二〇一八年三月時点で278万人となった。経済紙の米ウォール・ストリート・ジャーナルが138万人、英フィナンシャル・タイムズも70万人と、いずれも紙を大きく上回っている。紙の部数が元々少ないことも幸いし、危機感をバネに電子版へ(イ)カカンにチャレンジした結果といえる(【図表a】)。社会のデジタル化が不可逆的に進む以上、電子版の成功は日本の新聞社にとっても重要だが、紙の巨大部数と販売店網の存在が、デジタル化では逆に足かせとなりかねないジレンマに、新聞社は苦しんでいる。

新聞社の多くがデジタル分野でビジネスモデルを描けず苦労する一方、ニュースを「集め」「選別し」「届ける」ことに最適化することで、大きな収益を上げる新規参入者も誕生した。読者との接点を、IT(情報技術)の力で獲得したネットニュース企業だ。

二〇〇〇年代初頭までのPC時代は、Yahoo! JAPANの独壇場だった。「ポータル」と呼ばれる情報の玄関を自認し、ニュースを作らず新聞社などから買うことに徹し、圧倒的な地位を築いた。

スマホ時代になると、ニュースをコンピューターが計算する手順(アルゴリズム)で選別し、アプリで提供する「キュレーションアプリ」が台頭。コスト効率の高いビジネスモデルを成立させた。新聞社にとっては、ニュースに対価が支払われる配信事業だが、その料金は取材コストを支えるには至らず、本紙の補完的サービスとして行われている。

これらのニュースサービスでは、新聞ブランドがユーザーに意識されにくい課題もある。新聞通信調査会が、ネットニュースの出所を気にするか尋ねたところ、「気にする」と答えた人は42.5％で、「気にしない」の57.1％を下回った（「第10回メディアに関する全国世論調査（二〇一七年）」）。性別、年代別にかかわらずこの傾向は強く、新聞ブランドのネットでの認知は大きな課題となっているが、一方で、紙の新聞が届かない若い世代へのリーチ手法としては貴重なため、新聞社側は配信を行わざるを得ない状況とも言える。

一方、ニュースを作るネットメディアも少しずつ生まれている。二〇一三年に米ハフィントンポスト（現ハフポスト）が、朝日新聞と提携して日本に進出。二〇一六年にはヤフーと提携して米バズフィードが、二〇一七年にはメディアジーンの運営で米経済サイトのビジネスインサイダーが、日本に進出した。ネット生まれのニュースメディアの日本参入だ。

読者の新聞の読み方は、どう変化しているのだろうか。日本新聞協会は二〇〇一年から隔年で「全国メディア接触・評価調査」を二〇一五年まで続け、新聞やテレビ、ネットなどがどのように利用されているかを調べてきた（二〇一七年からは「新聞オーディエンス調査」となりサンプリング方法が変更されたのでここでは扱わない）。

それによると、「新聞を毎日読む人」の割合は二〇〇三年以降減り続け、二〇一五年には半数を割り込んだ。性別では女性の方が新聞を読む人が少ない傾向にある。

また、年齢が下がるほど読者の数は減る傾向にある。70歳代ではいずれも半数以上が新聞を毎日読んでいるが、40歳代になると半分以下に低下。それより下のいわゆる「ミレニアル世代」（一九八〇年代から二〇〇〇年代初頭に生まれた人）においては、いずれも2割を切る状況となっている。各年齢層で毎日読む人の

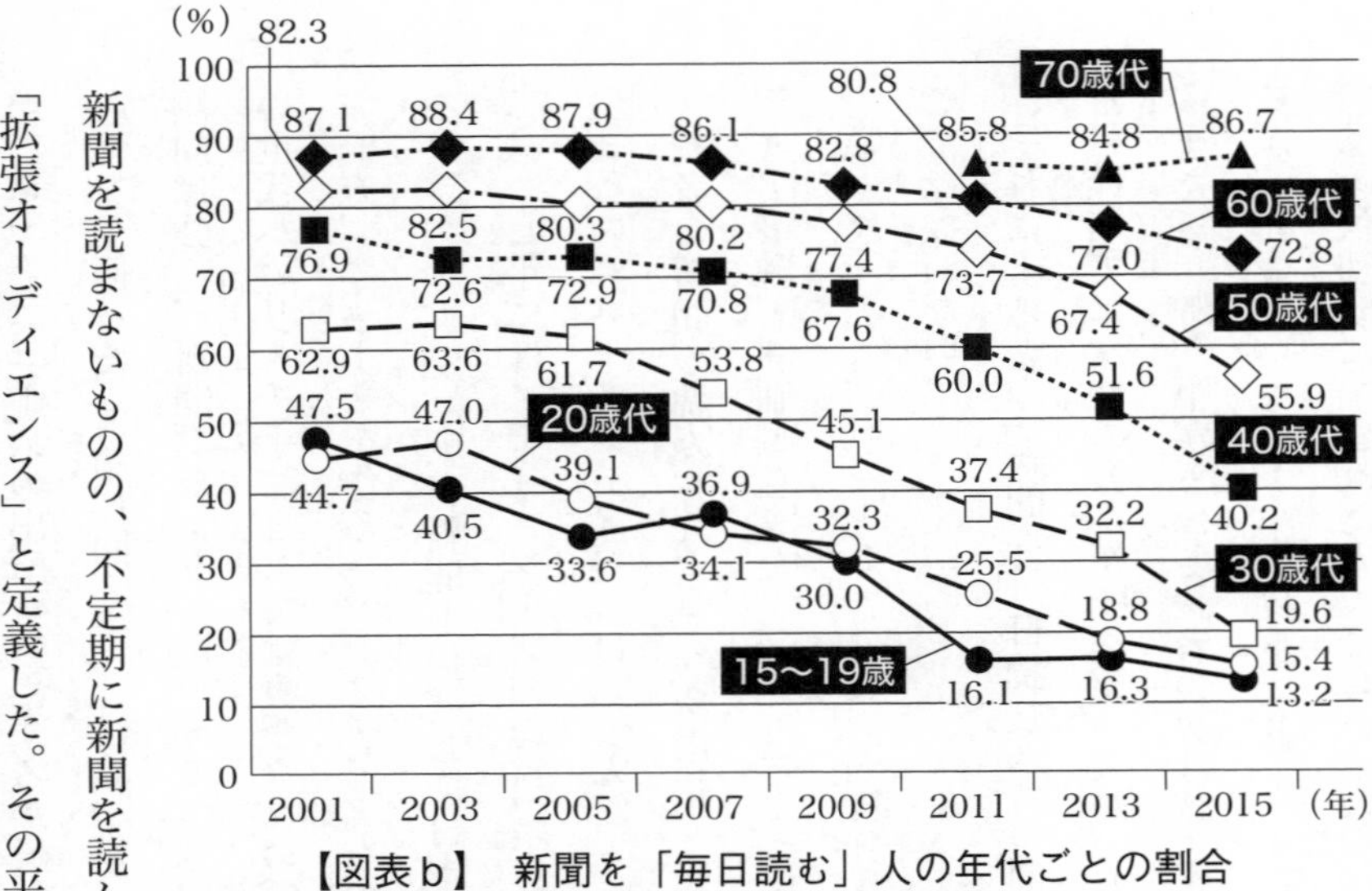

【図表b】　新聞を「毎日読む」人の年代ごとの割合

資料）日本新聞協会「全国メディア接触・評価調査」（2001〜2015年）

割合が下がる中で、特に40歳代以下の紙の新聞離れが大きく進んでいる（【図表b】）。

　それでは、人々はどうやって、ニュースと接触しているのだろう。「第10回メディアに関する全国世論調査（二〇一七年）」によると、全体で今回初めて、ネットニュースの閲覧率が、新聞の閲読率を上回った。新聞朝刊の閲読率が二〇一〇年度の82.9％から、今回は68.5％へと低下した一方、ネットニュースは57.1％から71.4％へと上昇した（【図表c】）。また、その際に使う(ウ)タンマツはスマホ・携帯電話が80.3％と圧倒的に多く、パソコン（40.4％）やタブレット（13.4％）を大きくリードした。特にミレニアル世代でその傾向は(エ)ケンチョで、70％以上はモバイルのみでニュースを消費している結果となった。

　読者は新聞をどう評価しているのか。日本新聞協会の「二〇一七年新聞オーディエンス調査」では、ふだんは新聞を読まないものの、不定期に新聞を読んだり、SNSで拡散された新聞記事を読んだりする人を新たに「拡張オーディエンス」と定義した。その平均年齢は38.4歳で、新聞を毎日読む人より20歳近く若いが、情報

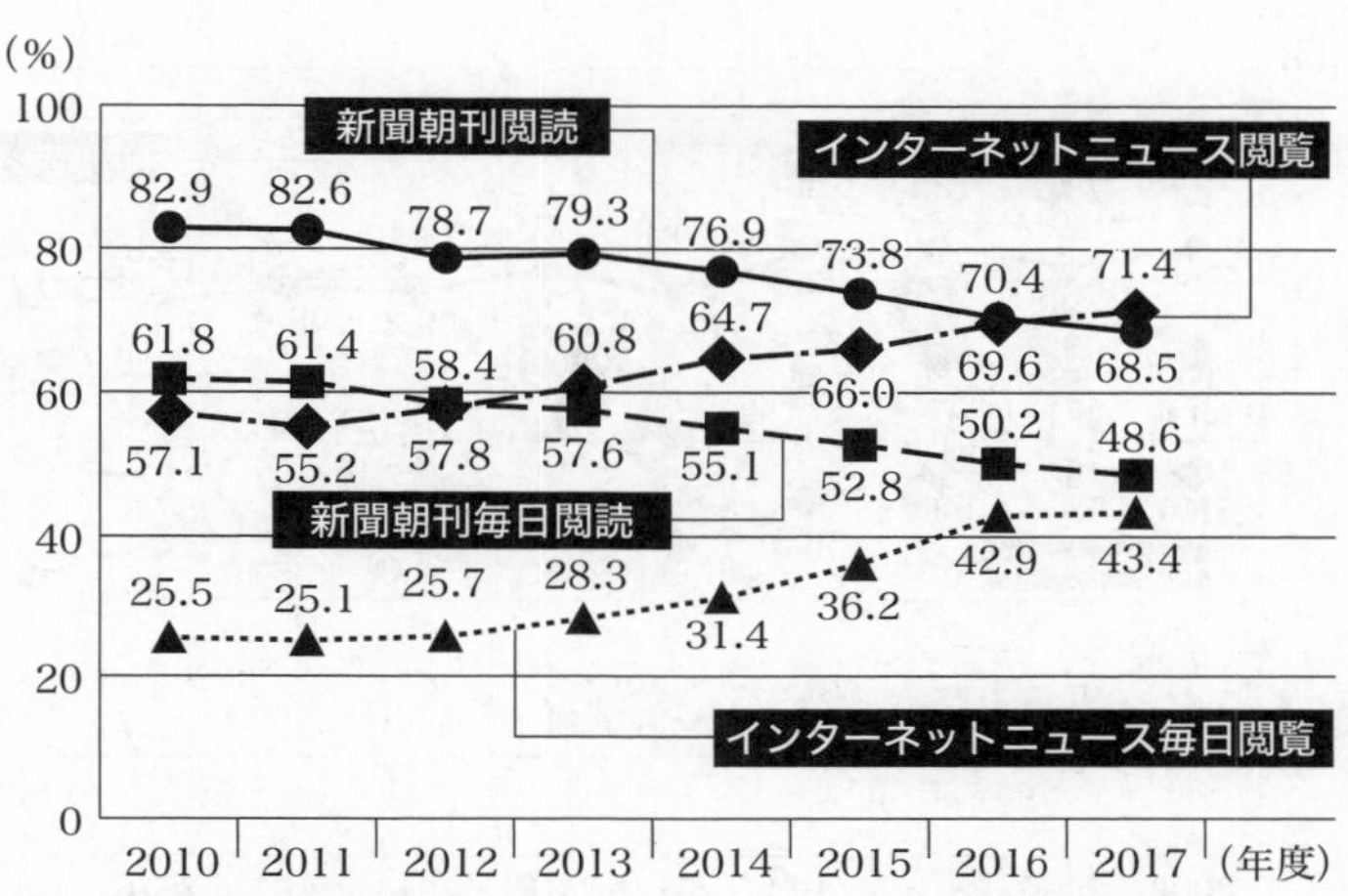

【図表c】　新聞とインターネットニュースの閲覧状況

資料）新聞通信調査会「第10回メディアに関する全国世論調査」

の発信元をきちんと確認し、ネットで欲しい情報を見つけられる人々だ。

彼らが新聞に接触するのは「災害があった時」(48.2%)、「大きな事件・事故があった時」(46.2%)などで、いざという時に新聞の情報を頼りにしていることがわかる。また、彼らを含む、何らかの形で新聞に接触する人全体の新聞に対する印象と評価では、「知的である」「教養を高めるのに役立つ」「地域に密着している」「就職活動の重要な情報源である」などの項目で、テレビやネットを抜いてトップだった。

一方、新聞通信調査会の調査では、メディアへの信頼度を100点満点で表示すると、新聞は68.7点でNHKの70点に次いで高く、前回調査より0.1点上昇した。インターネットは2.1点減の51.4点で、この5年では最も大きく下げた(【図表d】)。

また、この一年間で新聞への信頼感が高くなったと答えた人の理由では、「情報が正確だから」「根拠に基づく

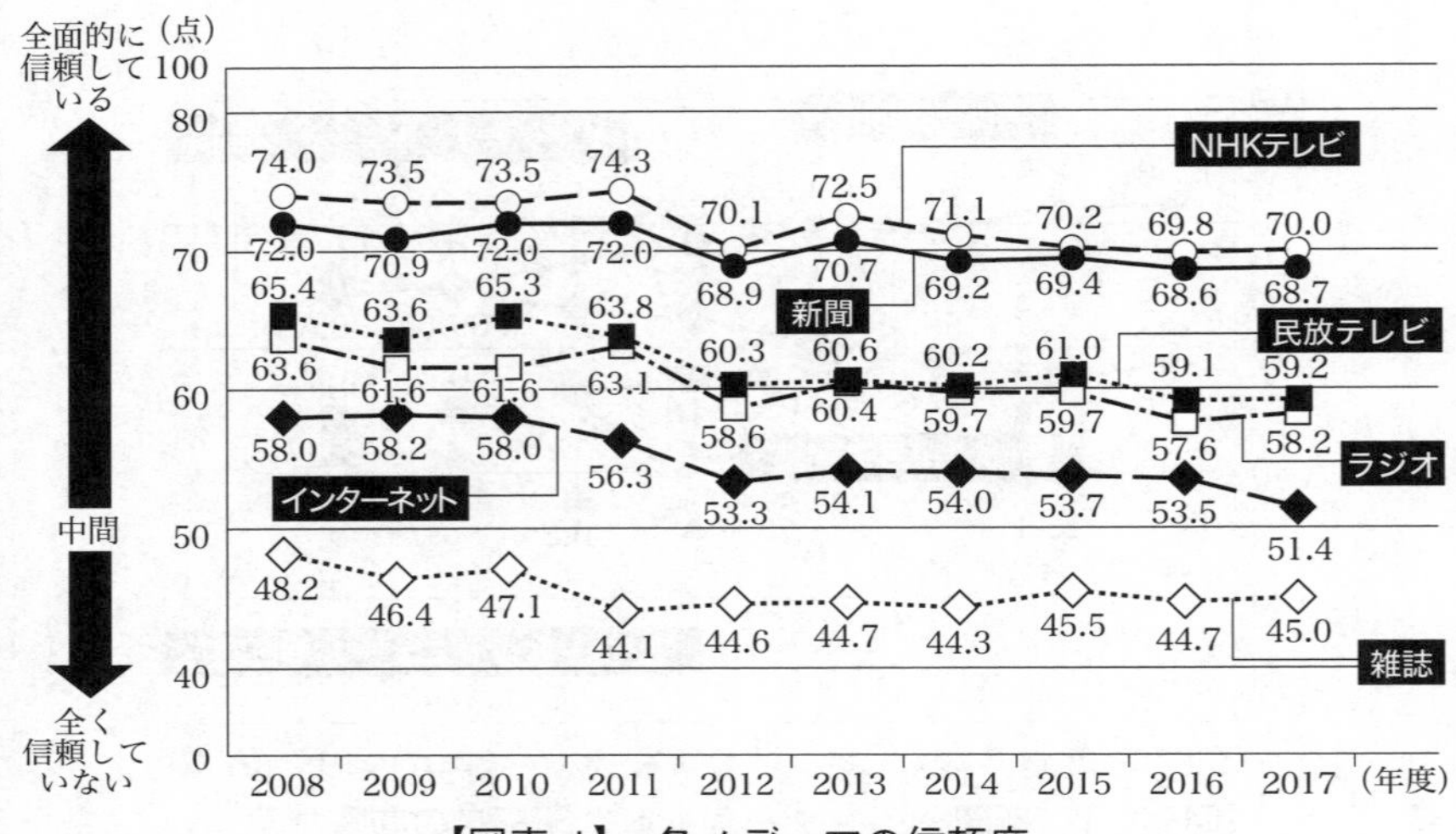

【図表ｄ】　各メディアの信頼度

資料）新聞通信調査会「第10回メディアに関する全国世論調査」

情報を報道しているから」などが多かった。

とはいうものの、この一年間で新聞への信頼感が低くなったと答えた人も7.9％おり、その理由では「特定の勢力に偏った報道をしているから」がトップの41.4％、「政府や財界の主張通りに報道するだけだから」が15.9％だった。

また、将来の新聞について「インターネットなどの普及により新聞の役割が少なくなってくる」と考える役割減少派は49.6％で、「今までどおり、新聞が報道に果たす役割は大きい」と考える役割持続派の34.4％を上回った。この質問を始めた二〇〇九年度調査以来、二〇一四年度に初めて役割減少派が上回り、今回両者の差は15.2ポイントに開いた。

X

二〇一六年は、フェイク（偽）ニュースが大きくクローズアップされた年だ。米大統領選では、偽の情報がソーシャルメディアで大量に拡散され、トランプ大統領誕生の要因の一つになったとさえ言われた。国内でも、IT大手DeNAの健康情報サイト「WELQ（ウェルク）」

などで、大量の無断転載や裏付けのない記事が掲載されていたことが発覚、運営が中止された。

ネット上の膨大な情報は、PV(注2)を集めることで広告収益を得る目的で作られ、複数の情報を集めた「まとめサイト」や、事件に関する真偽不明の情報を流すトレンドブログなど雑多な情報も多い。偽の情報やひまつぶしの読み物が、広告収益獲得や政治的意図の実現のために、大量にネットに並ぶという課題が浮き彫りになっている。

フェイクニュースを拡散した反省もあり、Facebook や Google は新聞業界に対し、フェイクニュース撲滅に向けて技術キョウ(オ)ヨやニュース課金への支援を打ち出す。Google は「ニュース　イニシアティブ」と呼ばれるプロジェクトを立ち上げ、新聞各社の課金事業を支援する「Subscribe with Google」を二〇一八年三月に発表した。Facebook も報道機関との共同製品開発や、ジャーナリスト向けトレーニングやツールを提供する「ジャーナリズムプロジェクト」を展開し、メディアとの関係の再構築を行っている。

記事を検証する「ファクトチェック・イニシアティブ（FIJ）」や、ネットメディアを中心にネット記事の改善を目指す「インターネットメディア協会（JIMA）」の設立など、組織的にネットの情報の改善を目指す動きも出ており、正確で信頼できるネットニュースの市場を作る気運は高まりつつある。

（注）　1　無料広告モデル――サイトに広告を掲載して広告主から収益を得ることで、記事コンテンツを無料で読めるようにするビジネスモデル。
　　　2　PV――page view の略。ウェブサイトへのアクセス量を判断する基準の一つ。サイト内の特定のページが開かれた回数を意味する。

問1　傍線部(ア)～(オ)に相当する漢字を含むものを、次の各群の①～⑤のうちから、それぞれ一つずつ選べ。

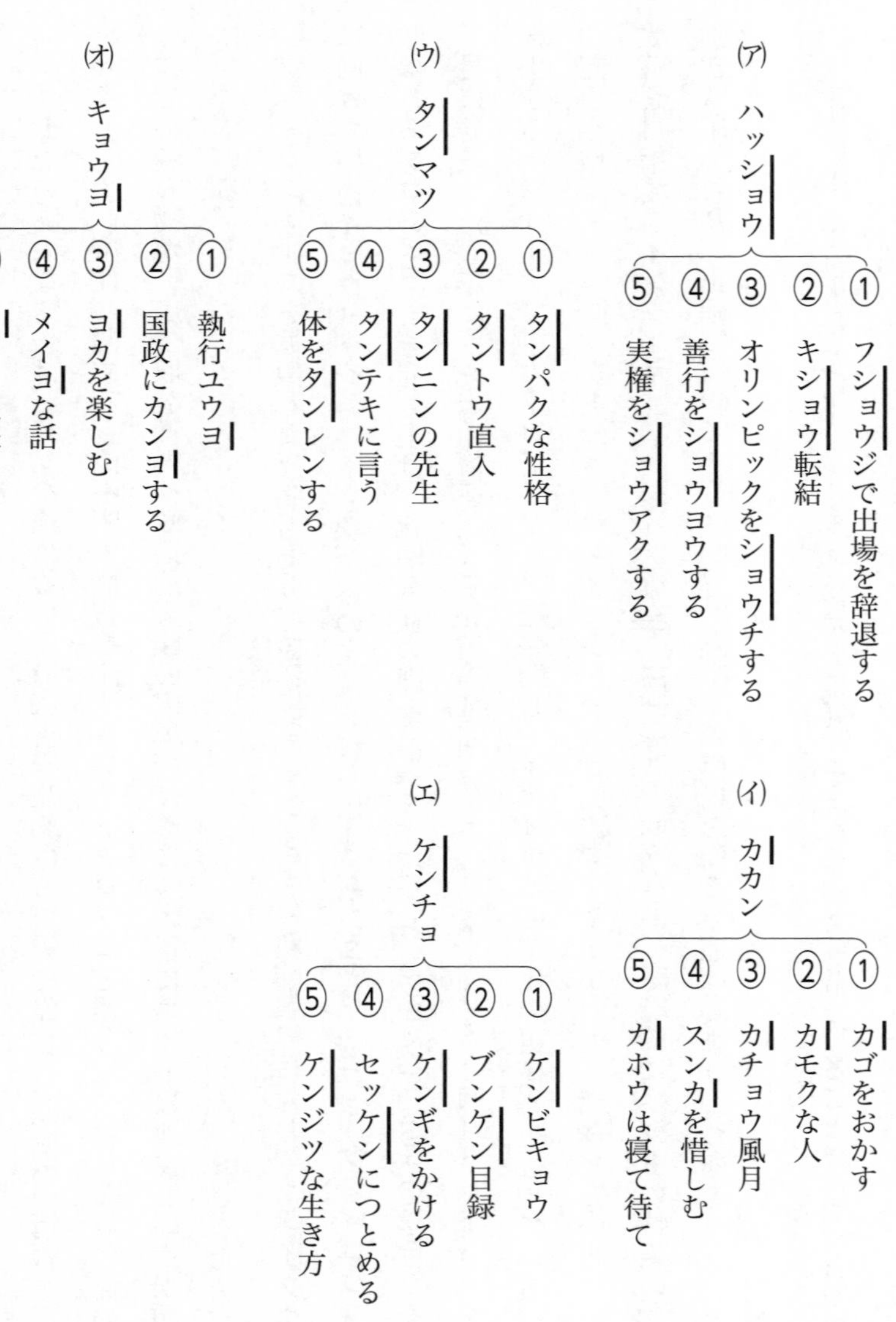

(ア)　ハッショウ

①　フショウジで出場を辞退する
②　キショウ転結
③　オリンピックをショウチする
④　善行をショウヨウする
⑤　実権をショウアクする

(イ)　カカン

①　カゴをおかす
②　カモクな人
③　カチョウ風月
④　スンカを惜しむ
⑤　カホウは寝て待て

(ウ)　タンマツ

①　タンパクな性格
②　タントウ直入
③　タンニンの先生
④　タンテキに言う
⑤　体をタンレンする

(エ)　ケンチョ

①　ケンビキョウ
②　ブンケン目録
③　ケンギをかける
④　セッケンにつとめる
⑤　ケンジツな生き方

(オ)　キョウヨ

①　執行ユウヨ
②　国政にカンヨする
③　ヨカを楽しむ
④　メイヨな話
⑤　ヨキン通帳

問2　傍線部A「欧米の新聞社は無料広告モデルの脆弱性に気づき、課金へとカジを切る」とあるが、「無料広告モデルの脆弱性」に気づいた「欧米の新聞社」が「課金へとカジを切」った結果、どうなったというのか。その説明として最も適当なものを、次の①～⑤のうちから一つ選べ。

① 社会のデジタル化が進むなかで欧米の新聞社は、急成長するネットに期待を抱いて電子版の有料会員数の拡大に努めていくか、従来の紙を媒体とした新聞の部数の維持に努めるかというジレンマに苦しむことになった。

② 「紙で有料のニュースを、ネットで無料で出して良いのか」という根源的な問題に直面した欧米の新聞社は、紙を媒体とした新聞とデジタル化した新聞が共食い状態に陥るのを避けながら、ネットも有料化するしかなかった。

③ 紙を媒体とした新聞自体の販売がもともと不振だった欧米の新聞社は、電子版に活路を見出すしかなく、世界同時不況のなかで強い危機感をもって、電子版の有料会員の拡大に努め、紙を大幅に上回る会員を獲得した。

④ 新聞の草創期に人々にそれを毎日読む習慣を定着させられなかった欧米の新聞社は、ネットニュースを毎日閲覧する習慣を人々に定着させるための方途を考えたが、そのためにはかえってネットも有料化する方がいいと判断した。

⑤ 無料ニュースがあふれるネット上で読者にお金を払ってもらうことは困難なことであったが、経営安定のためには電子版の有料会員を増やすしかなく、危機感をバネにした努力の結果、電子版の有料会員数は

紙媒体による購読者数に匹敵するようになった。

問３　傍線部Ｂ「電子版の値付けからは、紙を減らしたくない各社の意図がくみ取れる。」とあるが、ここでいう「各社の意図」とはどういうものか。その説明として最も適当なものを、次の①〜⑤のうちから一つ選べ。

①　日本の新聞社は、それぞれの販売店網に支えられ、世界でも希なほどの発行部数を誇っており、本紙の販売・広告収入でそれなりの収益を上げている以上、デジタル化の進む社会の動きを無視することはできないものの、安易にデジタル化してこれまでの収入源を失うことがあってはならないというもの。

②　日本の新聞社は、一社あたりの発行部数が世界でも際だって多く、収益の源泉は本紙の販売・広告収入にあるのだが、社会のデジタル化が不可逆に進む以上、電子版を成功させることを優先的な課題とすべきであり、これまでの収益の源泉が多少失われたとしてもそれは甘受せざるを得ないというもの。

③　日本の新聞社は、新聞を毎日読む読者を多く抱えており、紙を媒体とする新聞が衰退して電子版に活路を見出すしかなかった欧米の新聞社とは異なり、収益の源泉は本紙の販売・広告収入にあったので、電子版を成功させることなど念頭になく、これまでの収入源を維持することが至上命題であったというもの。

④　日本の新聞社は、「紙で有料のニュースを、ネットで無料で出して良いのか」という原理的な矛盾を解消するために有料電子版に取り組んだが、世界同時不況を機に陥った経営危機からの脱出という問題を抱えた欧米の新聞社と異なり、そうした不況とは無縁だったため、その取り組みは熱意を欠いたものだったというもの。

⑤ 日本の新聞社は、電子版単独では高価だが、本紙購読者には電子版を安く提供したり、無料で電子版を提供したりするなどして、紙とデジタルが共食い状態になることを避け、ニューヨーク・タイムズのような欧米の成功例に少しでも近づくことを目指しているというもの。

問4 空欄 X に入るものとして最も適当なものを、次の①〜⑤のうちから一つ選べ。

① 大量のフェイクニュースがインターネット上に氾濫し、その責任の一端を新聞が背負っているという状況がわかる

② 事件に関して真偽不明の情報を流すトレンドブログなどが、結局は広告収益を目的としたものであることがわかる

③ インターネットの普及により新聞の果たす役割が小さくなっているという事実が人々の共通認識になっていることがわかる

④ 新聞に漠然とした信頼感をもつものの、ネットから得た情報をその発信元を確認せず、信じて疑わないという人が大多数であることがわかる

⑤ ネットニュースの多くを新聞社が作っている事実が知られないまま、新聞の役割を小さく評価する流れがあることがわかる

問5　【図表b】～【図表d】や本文から読み取れる「新聞」と「日本人」のあり方について説明したものとして、適当でないものを、次の①～⑤のうちから一つ選べ。

① 「新聞を毎日読む人」の割合は、二〇〇三年以降、各年齢層でおおむね減少傾向にあるが、特に40歳代以下の年齢層の新聞離れは深刻なものである。

② 二〇一七年の調査で、新聞朝刊の閲読率が低下する一方で、ネットニュースの閲覧率が上昇した結果、ネットニュースの閲覧率が新聞の閲読率をはじめて上回った。

③ 新聞というメディアに対する人々の信頼度は年々高まっており、NHKテレビに対する人々の信頼度に肉薄しているが、わずかに及ばないという状態が続いている。

④ 新聞を毎日読まない人のなかにも、新聞を高く評価し、災害や大きな事件があったときなどには、新聞の情報を頼りにしようと考えている人がいる。

⑤ 新聞に対する信頼は高いものの、新聞の将来についてはインターネットの普及などによって新聞の役割は小さくなると考える人が少なからず存在する。

問6　本文の内容と合致するものを、次の①～⑤のうちから一つ選べ。

① 日経新聞が有料の「日経電子版」を立ち上げると、翌年朝日が後追い、さらに翌年読売が続いたが、このうち「日経電子版」のみが60万人を超える有料会員をもち、唯一成功したと言えるが、それは日経が無料版で自らのブランドを巧みに社会に浸透させたからである。

②　ネットニュースの出所は気にしないという人が60％近くもいるにもかかわらず、新聞社がネットにニュースを配信するのは、新聞社が自らのブランドを、新聞を読む習慣のない若い世代に浸透させる方法が他に見あたらないからでもある。

③　欧米の社会で若者が紙の新聞を読む習慣を失ってしまったのは、紙の新聞の発行部数が減少した結果、それを支えた販売店網が衰退したためであると考えられる以上、まずは販売店網を再構築していくことが肝要である。

④　ネット上には膨大な情報が蓄積され、拡散されていき、そこには単なる暇つぶしのための物語から悪意を含んだ偽の情報まで実に雑多な情報があふれているが、そうした情報を政治権力者が悪用するなどといったことは起こりえない。

⑤　社会のデジタル化が進む中で、新聞社の多くがデジタル分野でビジネスモデルを描くことができず苦労しているが、新聞社とは無関係に、ニュースを「集め」「選別し」「届ける」ことに最適化することで大きな収益を上げる企業も生まれてきた。

《解答解説145ページ》

24620

マーク式
基礎問題集
現代文

九訂版

解答・解説編

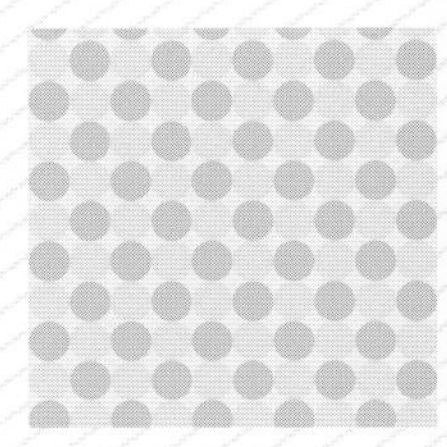

河合出版

第　一　部

第1問

解答

設問		正解	配点
問1	(ア)	②	2
	(イ)	⑤	2
	(ウ)	③	2
	(エ)	②	2
	(オ)	①	2
問2		②	8
問3		⑤	7
問4		④	8
問5		①	7
問6		③・⑥	10（各5）

出典

三浦雅士『考える身体』（一九九九年、NTT出版刊）の一節。

三浦雅士（みうら・まさし）は、一九四六年青森県生まれ。『ユリイカ』、『現代思想』の編集長を経て、現在は文芸評論家。文学、芸術を中心に執筆活動を展開している。主な著書には、『私という現象』、『主体の変容』、『身体の零度』などがある。

本文解説

本文は、オリンピックがテクノロジーの発達によって「身体の祭典」から「頭脳の祭典」に変化した中で、芸術スポーツと呼ばれる種目がもつ意義について論じた文章である。

本文を三つの部分にわけた上で、その部分ごとに解説をしていこう。

Ⅰ　身体の祭典から頭脳の祭典へ（第1段落〜第5段落）

ここでは、テクノロジーの発達が、オリンピックを「身体の祭典」から「頭脳の祭典」に変えてしまったということについて述べられている。

人がスポーツをすることだけではなく見ることをも好むのは、他人の身体と同調し、自身の身体の限界を試したいからである。そして、古代オリンピックはそのような身体の共同性に基づいて成立していたのである。しかし、近代オリンピックはその様相を大きく変えてしまった。その原因の一つはマス・メディアの発達である。マス・メディアは、その場にいない人間をも観客に変え、オリンピックについて勝敗や記録やそれにまつわるエピソードを報道する。このようなマス・メディアの報道に触れる観客は「身体によって感じる以上に、頭脳によって考えるようになってしまった」。つまり、マス・メディアの発達は「オリンピックを身体の祭典から頭脳の祭典に変えてしまったのである」。

しかし、オリンピックを「身体の祭典から頭脳の祭典に」変えたテクノロジーはマス・メディアだけではない。計測手段の発達は、陸上競技や水泳を「〇・〇一秒が争われる世界」に変えてしまった。この世界も「身体というよりはむしろ頭脳に属すというべき」ものである。また、記録の正確な計測は、「時と場所を超えた抽象的な競技空間を作ってしまう」。これは、計測手段が発達して記録の正確な計測が可能になると、同一種目のあらゆる競技が時と場所の違いを超えて、記録という抽象的な次元での争いと見なされるようになる、ということである。筆者は、このことを、「いまや、いつどこで走ろうとも、選手は、歴史上のあらゆる人間が走ったのと同じ場所を走っているに等しい」と表現している。

このことに応じて、競技場の建設も「抽象的な競技空間」を目指している。それは、記録を競い合うのに相応しい、場所や時間や観客などに規制されることのない、均質な競技空間である。

この部分の内容を図にまとめておこう。

> 古代オリンピック……「身体の祭典」（観客が選手の身体に同調するという身体の共同性に基づいて成立していた）
>
> ↕
>
> 近代オリンピック……「頭脳の祭典」（観客は身体によって感じる以上に、頭脳によって考えるようになった）
>
> ↑
>
> マス・メディアの発達（勝敗や記録やそれにまつわるエピソードを報道）
>
> ＋
>
> 計測手段の発達（〇・〇一秒が争われる世界、時と場所を超えた抽象的な競技空間を実現）

Ⅱ　オリンピックの未来は芸術スポーツにかかっている（第6段落〜第8段落）

ここでは、オリンピックの未来が芸術スポーツにかかっている、ということが述べられている。

マス・メディアの発達はオリンピックを「身体の祭典」から「頭脳の祭典」に変えただけではない。精密になったテレビ画像は、「観客の身体の反応を必要とさえする競技」である「芸術スポーツ」（新体操、フィギュア・スケート、シンクロナイズド・スイミングなど）の重要性を示唆しはじめたのである。そして、筆者は、「いまや、オリンピックの未来は、この芸術スポーツの行方にかかっているように思われる」と述べる。芸術スポーツにおいて「観客がかつての身体性（＝身体の共同性）を取り戻しうるかもしれないからである」。

また、筆者は、芸術スポーツにオリンピックのみならずスポーツの未来がかかっている理由として、「人間の身体に関する考え方の大きな変化」ということをあげている。しかし、「人間の身体に関する考え方」がどのように変化したかについては、この部分には直接書かれてはいない。次のⅢの部分を待つしかないだろう。ここでは、最後に、「芸術スポーツ」という言葉は「美しく見える一瞬こそがスポーツのもっとも大切な要素ではないかと問いかけている」と書かれているだけである。それでも、ここから、「芸術スポーツ」という言葉が登場してきたのは、人間の身体に「速さや力強さ」よりも「美しさ」を求めるようになったからだ、と推測できるだろう。
この部分の趣旨を次に図示しておこう。

オリンピックの未来は芸術スポーツにかかっている
→
観客がかつての身体性を取り戻しうる
＋
人間の身体に関する考え方の大きな変化

Ⅲ　生産第一主義から消費第一主義へ（第9段落～最終段落）

ここでは、人々の考え方が生産第一主義から消費第一主義へ移行したことにともなって、「芸術スポーツ」という言葉が生まれてきた、ということが述べられている。

近代体育は、「美しさ」を追求するものではなく、「まず何よりも軍事教練として始まった」。日本では「まず国民の体力の向上を目指すものだったのである」。このように「身体の近代化を推し進めたのはじつは愛国主義であり軍国主義だった」のであるが、筆者は、その背後にさらに重要な動機として「生産第一主義」が隠されていたと言う。「いかに効率よく生産力を上げるかということ」が、「近代スポーツの隠された主題だった」のである。筆者によれば、「二十世紀の過半を占める米ソの冷戦」において両陣営が争っていたのは軍事力よりもむしろ「生産力」だったのであり、「オリンピックは長いあいだ冷戦を反映し」、そこでは「記録の更新とメダルの数」を一つの「物差し」として「生産力」が競われていたのである。

そして、米ソ二大大国の没落と軌を一にして生産第一主義への疑いが高まり、「芸術スポーツはこの変化を象徴するように登場してきたのである」。多くの人の考え方は「生産第一主義から消費第一主義へ」と変わり、「生の時間をいかに豊かに過ごすかが、消費の内実であると誰もが考えるようになってきた」。その結果、オリンピックにおいても、「記録の更新とメダルの数」以上に「美しさと感動が話題になるようになった」。「芸術スポーツのコーチたちは、審査員のみならず観客を感動させることがいかに重要かよく知っている」ため、その指導は「ほとんど演出に近いものになってくる」。つまり、「スポーツが舞台芸術化するのである」。また、スポーツを見る視線の変化は選手たちの表情や態度をも変化させた。「選手たちはもはや、国家の威信をかけるような悲壮な表情をしなくなった。競技を楽しむようになってきたのである」。

Ⅱの部分に、オリンピックの未来が芸術スポーツにかかっているのは「人間の身体に関する考え方」が大きく変化したからだと書かれていたが、「人間の身体に関する考え方の大きな変化」とは、スポーツの捉え方が「生産第一主義」から「消費第一主義」に変化したということである。つまり、スポーツにおいて「記録の更新やメダルの数」よりも「美しさと感動」が重視されるようになってきたということなのである。今後のオリンピックでは、「消費第一主義」を反映して、ますます「美しさと感動」が求められるようになるだろう。そうだとすれば、オリンピックの未来は、陸上競技や水泳ではなく、芸術スポーツにかかっていると言っていいだろう。

この部分の趣旨を図示しておこう。

> 近代スポーツの隠された主題は生産第一主義
> 米ソの冷戦において争われたのは生産力
> ↓
> オリンピックの最大の話題は記録の更新とメダルの数

> 生産第一主義から消費第一主義への移行
> 多くの人が生の時間をいかに豊かに過ごすかを重視するようになった
> ↓
> オリンピックにおいて美しさと感動が話題になるようになった
> 芸術スポーツという言葉が生まれた

設問解説

問1　漢字の知識を問う問題

(ア)は、〈思い違い〉という意味で「錯覚」。①は「角度」。②は〈目を覚ますこと〉という意味で「覚醒」。したがって、**②が正解**。③は〈社会・制度などが変わりあらたまること〉という意味で「変革」。④は〈範囲・規模・勢力などを、広げて大きくすること〉という意味で「拡張」。⑤は〈家柄・階層などによって定められた礼儀作法、またそれによって表された家柄・階層〉という意味で「格式」。

(イ)は、〈呼び名〉という意味で「呼称」。①は「参照」。②は〈抑制の利かない欲求によって理性を失い、発作的・本能的に行動しようとする心の動き〉という意味で「衝動」。③は〈時期がまだ早すぎること／まだその時期ではないこと〉という意味で「尚早」。④は〈他人事に強いて立ち入り、自己の意思に従わせようとすること〉という意味で「干渉」。⑤は〈互いに対応してつりあっている〉という意味で「対称」。したがって、**⑤が正解**。

(ウ)は、〈あわれにまた勇ましいこと〉という意味で「悲壮」。①は〈美しくよそおいかざること〉という意味で「装飾」。②は〈さし入れること〉という意味で「挿入」。③は〈壮大なながめ〉という意味で「壮観」。したがって、**③が正解**。④は「相続」。⑤は〈重々しくておごそかなこと、威厳に満ちていてりっぱなこと〉という意味で「荘厳」。

(エ)は、〈潮の満ち干によって周期的に起こる海水の流れ／比喩的に、時勢の動き〉という意味で「潮流」。①は〈特別にかわいがること〉という意味で「寵愛」。②は〈思想の流れ／その時代の人々がいだく思想の傾向〉という意味で「思潮」。したがって、**②が正解**。③は〈相手を刺激して、事件や欲情などを起こすようにしむけること〉という意味で「挑発」。④は「尊重」。⑤は「誇張」。

(オ)は、〈勇み立ってひたすら進むこと〉という意味で「邁進」。①は〈志が高く優れていること〉という意味で「高邁」。したがって、**①が正解**。②は〈一つ一つ数え上げること〉という意味で「枚挙」。③は〈物事がはっきりしないさま〉という意味で「曖昧」。④は〈うもれて隠れてしまうこと〉という意味で「埋没」。⑤は「毎回」。

問2　本文中の傍線部の内容を問う問題

まず、オリンピックが「身体の祭典」だったということから考えてみよう。第1段落に「人はスポーツを好むだけではない。それを見ることをも好む。なぜ好むのか。他人の身体と同調したいからである」とあり、第2段落に「古代オリンピックもまたそのような身体の共同性に基づいて成立した」とある。ここから、オリンピックが「身体の祭典」だったとは、**a〈観客が選手たちの身体に同調して楽しむものだった〉**とわかる。

では、このようなオリンピックが「テクノロジーの発達」によって「頭脳の祭典」に変わってしまったとはどういうことだろうか。第3段落に「マス・メディアによって報道されるのは、基本的に勝敗であり記録である。また、あくまでもそれにまつわるエピソードであり、物語である。……観客は身体によって感じる以上に、頭脳によって考えるようになってしまった」とある。また、第4段落に「〇・〇一秒が争われる世界は、実際、身体というよりはむしろ頭脳に属すというべきだろう。むしろ、オリンピックを変えたテクノロジーということでは、とりわけ陸上競技や水泳といった競争種目において、計測手段の発達を挙げるべきかもしれない」とある。これらの箇所から、オリンピックがテクノロジーの発達によって「頭脳の祭典」に変わったとは、オリンピックが、**b〈マス・メディアの報道する勝敗や記録やそれらにまつわるエピソードをその場にいない観客が享受するもの〉**や、**c〈計測手段の発達によって〇・〇一秒という微細な記録の差が争われる世界〉**に変わった、ということだとわかる。以上のa〜cの内容に適(かな)っている**②が正解**。

①は、「放送される競技を通して身体の豊かさを見直すきっかけとなるものに変わってしまった」という部分が不適当。第3段落に「もちろん、スポーツの祭典から身体の要素がまったく払拭されるなどということはありえない。オリンピックはこれからも身体の豊かさを見直す契機としてありつづけるだろう」とある。オリンピックが「身体の豊かさを見直すきっかけ(＝契機)になるもの」であるとは、オリンピックが「頭脳の祭典」になっても、まだ「身体の祭典」としての面は存続しているということであり、「頭脳の祭典」ということの説明になっていない。

③は、「観客が選手たちの身体の豊かさに……放送される競技を通して間接的に同調するものに変わってしまった」という点が不適当。オリンピックが「頭脳の祭典」に変わったということの説明であるbやcの内容に該当しない。

④は、「報道される情報から勝敗や記録という結果を予測して楽しむものに変わってしまった」という部分が不適当。オリンピックが「頭脳の祭典」に変わってしまったとは、「報道される勝敗や記録の情報を享受するものに変わってしまった」(b)と

いうことであり、「報道される情報から勝敗や記録という結果を予測して楽しむものに変わってしまった」ということではない。

⑤は、「放送される競技を個室で孤独に見て楽しむものに変わってしまった」という部分が不適当。「放送される競技を見て楽しむもの」という内容は「頭脳の祭典」の説明（b）に該当するが、「個室で孤独に」見る必要はない。家族や仲間や赤の他人と見ても「頭脳の祭典」であることに変わりはない。

問3　本文中の傍線部の理由を問う問題

第4段落に「時と場所は選手にとっても観客にとっても決定的に重要なはずだが、記録の世界では二義的なものになってしまう。正確な計測は、時と場所を超えた抽象的な競技空間を作ってしまうからだ。いまや、いつどこで走ろうとも、選手は、歴史上のあらゆる人間が走ったのと同じ場所を走っているに等しいのである」と書かれている。ここから、「理想的な競技場」が「抽象的な競技空間」であると言える理由がわかる。計測手段の発達によって競技の正確な計測が可能になったとき、競技は特定の時と場所における勝敗の争いを超えて、記録上の争いになったのである。すなわち、時と場所の異なる競技であっても、同一種目であれば同じ記録上の争いをしていることになるのである。このような記録上の争いが問題であるとき、「理想的な競技場」は時と場所の違いを超えて均質である「抽象的な競技空間」になるだろう。この内容に適った説明になっている**⑤が正解**。

①は、「マス・メディアの発達によって、世界のいたるところで行われている競技の中継が可能になると」という部分が不適当。「理想の競技場」が「抽象的な競技空間」にほかならないのは、計測手段の発達によって正確な計測が可能になったことで記録が争われるようになったからである。

②は、「現実に存在する身体的な要素は競技空間から払拭されることが好ましい」という部分が不適当。これだと、身体を備えた現実の選手たちが競技空間にいないほうがよいという意味になってしまい、現実の競技自体が否定されてしまう。

③は、「マス・メディアの発達によって、すべての競技の記録が報道され、記録どうしが比較されるようになる」という部分が不適当。①のところでも書いたように、「記録どうしが比較される」ようになったのは、「マス・メディアの発達によって」ではなく、計測手段の発達によって正確な計測が可能になったからである。

④は、「競技空間は現実の競技場から低速度再生（＝スローモーション）が可能な画像の世界へ移行せざるを得ない」という部分が不適当。「抽象的な競技空間」とは「時と場所を超えた」均質な競技空間のことであって、「低速度再生が可能な画像の世界」のことではない。このようなことは本文中に書かれていない。

問4　本文中の傍線部の理由を問う問題

筆者が「芸術スポーツにこそ、オリンピックの、いやスポーツの未来がかかっている」と言う理由には二つある。まず、第6段落に「いまや、オリンピックの未来は、この芸術スポーツの行方にかかっているように思われるほどだ。まさにそこにおいて、観客がかつての身体性を取り戻しうるかもしれないからである」と書かれている。ここから、一つの理由は、**ａ〈観客がかつての身体性（＝選手の身体と同調するという身体の共同性）を取り戻す可能性がある〉**ことだとわかる。

また、傍線部Ｃの直後に、傍線部Ｃの理由として「この呼称（＝芸術スポーツという呼称）が登場したということ自体、人間の身体に関する考え方の大きな変化を象徴しているからである」と書かれている。「人間の身体に関する考え方の大きな変化」とは、**本文解説**の最後に述べたように、生産第一主義から消費第一主義への移行にともない、身体において生産力よりも美しさが重視されるようになったこと、すなわちスポーツにおいて「記録の更新とメダルの数」よりも「美しさと感動」が重視されるようになったことである。すなわち、**ｂ〈今後のオリンピックにおいては「記録の更新とメダルの数」よりも「美しさと感動」がますます重視されるようになるだろう〉**。これが、芸術スポーツにオリンピックの未来がかかっていると言えるもう一つの理由である。

ａとｂのうちａの方の内容に適っている④が正解。

①は、「この種のスポーツ（＝芸術スポーツ）がさかんになると、美しさこそがスポーツの本質であることを人びとが理解してくれるようになるかもしれないから」という点が不適当。ａの内容にもｂの内容にも該当しない。

②は、「観客がテレビを見ながら身体性を回復する可能性が出てきた」という点が不適当。観客が選手の身体と同調し、両者の間に身体の共同性が成立することが「身体性を回復する」ことである。テレビというマス・メディアを通して身体の同調が可能になるとは書かれていない。むしろ、テレビなどマス・メディアの発達がオリンピックを「身体の祭典」から「頭脳の祭典」に変えてしまったのである。

③は、「記録と勝敗だけを競ってきたスポーツが芸術とみなされるようになるかもしれないから」という点が不適当。ａの内容にもｂの内容にも該当しない。

⑤は、「人々の身体観が力から美へと大きく変化する可能性が出てきたから」という点が不適当。これは一見するとｂの内容に合致しているように思えるかもしれない。しかし、「可能性が出てきた」という言い方が間違っている。すでに「人々の身体観」は「大きく変化」しており、オリンピックに「記録の更新とメダルの数」よりも「美しさと感動」を求めるようになっている。だから、「芸術スポーツ」という呼称も登場してきているのである。

問５　本文中の傍線部の内容を問う問題

傍線部Ｄの直前に「二十世紀の過半を占めるのは米ソの冷戦だが、社会体制の違うこの両陣営が争っていたのは軍事力では必ずしもなかった。むしろ生産力だったのである。オリンピックは長いあいだ冷戦を反映したが、その間の最大の話題は記録の更新とメダルの数にほかならなかったのである」とある。これは、米ソの冷戦下にあって両陣営は生産力を争っていたが、その間に開催されたオリンピックも冷戦を反映して、記録の更新とメダルの数という「物差し」で「生産力」が争われた、ということである。このことを踏まえて「身体の祭典を測る物差しが、国家の生産力を測る物差しと寸分も違っていなかった」という傍線部Ｄの表現を解釈すると、〈冷戦下において米ソ両陣営は生産力を争ったが、身体の祝祭であるオリンピックもそれを反映して記録の更新とメダルの数という「物差し」で生産力を争った〉ということになる。この内容に最も適っている**①が正解**。

②は、「オリンピックにおけるメダル獲得数は各国の生産力に対応する」という部分が不適当。米ソ両陣営の生産力争いがオリンピックに持ち込まれ、オリンピックにおいてメダル獲得数が争われたということは書かれているが、「オリンピックにおけるメダル獲得数が各国の生産力に対応する」とは書かれていない。

③は、「オリンピックにおける各国のメダル獲得数は身体の近代化の指標とみなされ」という部分が不適当。このようなことは本文中に書かれていない。

④は、「オリンピックが冷戦を反映し米ソ両陣営の国家の威信をかけた争いの場と捉えられ」という部分が不適当。冷戦下における米ソ両陣営の生産力の争いがオリンピックにも持ち込まれたのであり、オリンピックは「国家の威信をかけた争いの場」というより「米ソ両陣営の生産力争いの場」と捉えられたのである。

⑤は、「オリンピックにおける各国のメダル数の増大は生産力向上の証（あかし）とみなされ」という部分が不適当。このようなことは本文中に書かれていない。

問6　本文の内容に合致しているか否かを問う問題

①について。「芸術スポーツはテレビ画像を通して見ることに最も適している」という部分が本文の内容に合致しない。第6段落に「精密になったテレビ画像は、観客が存在したほうがいい競技、いや、観客の身体の反応を必要とさえする競技の重要性を示唆しはじめた」と書かれている。この「観客の身体の反応を必要とさえする競技」とは「芸術スポーツ」である。ここで言われていることは「芸術スポーツはテレビ画像を通して見ることに最も適している」ということではなく、芸術スポーツは競技場における観客の身体の直接的な反応を必要としているということである。

②について。「日本の近代体育は……国民の体力の向上を目指すことを優先させたため、愛国主義や軍国主義と結びつくことになった」という点が本文の内容に合致しない。第10段落の冒頭に「身体の近代化を推し進めたのはじつは愛国主義であり軍国主義だったということになる」と書かれている。「日本の近代体育」が「国民の体力の向上を目指すことを優先させた」ことがすでに「愛国主義や軍国主義」によるのであり、後で「愛国主義や軍国主義と結びつくことになった」のではない。

③について。第11段落には、「生産第一主義への疑いの高まり」によって「体育やスポーツを見る視線」が変化し、この変化は「選手たちの表情や態度の変化にもはっきり見て取れる」と書かれている。③はこの内容に合致している。

④について。「芸術スポーツは……計測不可能な芸術点を競うために勝敗を恣意的なもの（＝好き勝手なもの）にしてしまった」という点が本文の内容に合致しない。第13段落（最終段落）に「人によっては、勝敗が曖昧になるようで、これ（＝スポーツが舞台芸術化すること）を嫌うかもしれない。だが、ひたすら記

録の更新に邁進するよりは、はるかに健康的だろう」と書かれている。筆者は芸術スポーツにおいて勝敗が曖昧になることを否定的に捉えてはいない。むしろ「健康的」だと肯定的に捉えているのである。

⑤について。第5段落冒頭に書かれている、「むろん、それ(=いつどこで走ろうとも、選手は、歴史上のあらゆる人間が走ったのと同じ場所を走っているに等しいということ)は錯覚にすぎない。そのことはおそらく競技するものがもっともよく知っているだろう」という内容に明らかに反しており合致しない。

⑥について。第11段落に「芸術スポーツはこの変化(=米ソ二大国が没落し、生産第一主義への疑いが高まったこと)を象徴するように登場してきたのである」とあり、第12段落に「生の時間をいかに豊かに過ごすかが、消費の内実であると誰もが考えるようになってきたのだ。芸術スポーツという言葉は、まさにこのような潮流のなかに生まれてきたのである」とある。これらの内容に合致している。

したがって、**③・⑥が正解。**

第2問

解答

設問		正解	配点
問1	(ア)	②	2
	(イ)	⑤	2
	(ウ)	③	2
	(エ)	②	2
	(オ)	①	2
問2		②	8
問3		⑤	8
問4		③	8
問5		②	8
問6		④	8

出典

長谷正人「映画観客の『笑い』と機械的反復」（『映像という神秘と快楽―〈世界〉とふれあうためのレッスン』 二〇〇〇年 以文社 所収）の一節。

長谷正人（はせ・まさと）は、一九五九年千葉県生まれ。早稲田大学第一文学部卒業。早稲田大学文学学術院教授。専門は文化社会学、コミュニケーション論。著書には、『悪循環の現象学――「行為の意図せざる結果」をめぐって』『映画の政治学』などがある。

本文解説

本文は、映画館における観客の「笑い」について論じた文章である。互いに無関係な映画の観客の間に、「笑い」の場面で生じる「不思議な連帯」について、筆者は、ベルグソンの「笑い」についての分析を援用しながら、独自の社会学的な考察を行なっている。

本文は七つの形式段落からなるが、ここではそれを三つの部分に分けて、内容を整理していこう。（なお、ベルグソンの引用については第2段落に含まれるものとする。）

Ⅰ　ベルグソンの「笑い」についての分析（第1段落〜第4段落）

筆者は、映画館における観客の「笑い」を「不思議な瞬間」ととらえている。それまで個々の心理のなかに閉じこもって映画を楽しんでいた観客が、「笑い」の場面になると「一斉かつ共同で笑いだ」し、そこに「不思議な連帯」が形成されるからである。筆者はこの連帯を「魅惑的な経験」であると考えている。

こうした「笑い」についての考察を行なううえで、筆者はベルグソンの「笑い」についての分析を利用する。

ベルグソンは、人を笑わせるのは「一種の自動現象」であるとしている。人間の態度や身振りは、通常「有機的な柔らかさ」をもっているが、それが失われてまるで機械のような硬直した「自動現象」に陥ってしまったとき、そうした態度や身振りが見る者の「笑い」を誘うというのである。確かに、映画史上の代表的なコメディアンである、チャップリンやキートンは、その機械仕掛けのような奇妙な身振りや振る舞いで観客を笑わせている。コメディアンたちの動きが「機械」を思わせるほど、観客はそれを見て笑うのである。この点で、筆者はベルグソンを「映画作品に対する観客の『笑い』にきわめて的確」な分析をしていると評価している。

ベルグソンはさらに、そうした「笑い」は「人間の機械性を『矯正』するために存在している」と主張する。ベルグソンによれば、人間の「生命」は「本来は刻々と変化していく優美でしなやかな運動」である。絶えず新しい出来事を経験し、それを通じて成長を遂げるのが人間本来のあり方なのである。しかし、そうしたありようが、時々紛れ込む機械的な振る舞いによって停滞してしまう。すなわち、人の「笑い」を誘う「自動現象」は、人間にとって「一時的退化」なのである。そのような「退化」を攻撃し、「生」の豊かな運動を取り戻すのが「笑い」の社会的役割である。したがって、ベルグソンの考え方によれば、映画館における「笑い」も、観客が「生」の豊かな可能性を再認識するためのものということになるはずだが、この点について、筆者は疑問を呈している。

II　筆者によるベルグソン批判（第5段落・第6段落）

ここでは、ベルグソンに対する筆者の批判が展開されている。

まず、筆者は、人間の「生」を「絶え間なく変化し、成長するものだ」とするベルグソンの考えに対して、次のように反論する。

人間の「生」の根源にある「心臓の鼓動や呼吸」はきわめて機械的に繰り返される運動である。また、身体活動の基本である「歩行」について考えても、左右の足を交互に出すことを同じように繰り返すという「機械的な振る舞い」である。さらに、日常の生活を考えても「眠る、歯を磨く、めしを食う」などの習慣的な行為が「自動的」に繰り返されているととらえることができる。

こうしたことから、筆者は、「生命活動においても社会生活においても」、人間は基本的な部分で「『機械的』で『自動的』な存在だ」と考える。もちろん、人間が毎日新たな行動や経験をすることで、絶えず変化している存在であることは否定できない。しかし、そうした行動や経験を「基底的に支えている」のは、「『生』の単調な機械的リズム」であり、それこそが人間の生の基本なのである。

人間の「機械的な振る舞い」をそのようにとらえた場合、それを笑うことにどのような意味があるのだろうか。ベルグソンは「笑い」を、「自動現象」を攻撃し「矯正」するものと意味づけたが、筆者はそれとは反対に、「『生』の『機械性』や『自動性』を肯定」するものだと意味づける。そして、筆者はそうした意味づけを次のように説明する。

普段の私たちは、ベルグソンがそう考えたように、自分は常に新しい活動をし、新しいことを考える「創造的で豊かな『生』を生きていると思い込もうとする」。そう思わなければ前向きに生きていくことができなくなるからである。しかし、その結果、「生」の基本的な部分である「機械的でオートマチック」な活動を否認しなければならなくなる。つまり、ベルグソン的な「生」の豊かさという考え方は、強迫観念となって「生」の機械性や自動性の否認を強いているというのである。そんな状況にある私たちにとって、喜劇映画でコメディアンの機械的な身振りや社会関係が機械的に進んでいくのを見ることは、人間の「生」の基本がオートマチックな活動に支えられていることを思い出させてくれる。その瞬間、一時的ではあるが、私たちは「『生』の豊かさへの強迫観念」から解放されるというのである。したがって、「笑い」は、「人間の単調で機械的な『生』を一時的にでも肯定するための手段」と意味づけることができる。

Ⅰ・Ⅱの部分での、ベルグソンと筆者の「笑い」についての見解を整理しておこう。

○両者の見解の共通点

有機的な柔らかさを失った、機械のような硬直した身振りが笑いを生む

○両者の見解の相違点

（ベルグソン）

・人間の「生」は絶えず変化成長する豊かなものであるべきだ

・機械的な振る舞いは退化であり否定されるべきものである

・「笑い」は機械的な振る舞いを攻撃し「矯正」するものである

↔

（筆者）

・人間の「生」の基本は機械的・自動的な活動にある

・人間は普段、豊かな「生」という強迫観念によって、機械的な「生」を否認せざるを得ない状態にある

・「笑い」は一時的に機械的な「生」を肯定し、強迫観念から解放してくれるものである

Ⅲ　映画館における「集団的」な「笑い」の意味（最終段落）

以上のように「笑い」をとらえた上で、筆者は映画館における「集合的経験」としての「笑い」について再考する。

映画を見て笑うことが、自分の「生」の機械的反復性を容認し、一時的に肯定するだけのことならば、それは一人でビデオを見て笑っていても不可能ではない。しかし、筆者は映画館で観客が「集合的」に笑うことにはそれ以上の意味があると考えている。

筆者は、映画の観客という「匿名集団」自体に、すでに「機械性」が孕まれていると考える。映画館で私たちは、幾何学的に配置された座席に収まり、全員一致でスクリーンに視線を向けている。そして映写機から機械的に写し出される映像を皆が一様に受容している。その姿はまさに画一的な「機械的集団」と言ってよいだろう。ただし、「笑い」の場面以外では、「スクリーン上に生成変化する『生』の幻想的イメージに」個別に没入し、自分がそうした「機械的集団」の一部であることを忘れることができる。それは、普段の私たちが、生成変化する豊かな「生」という強迫観念にとらわれているのと似た状態である。すなわち、映画館の観客は潜在的に「機械的集団」であるにもかかわらず、生成変化する豊かな「生」という強迫観念によって、そうした自らの基本的なあり方を「貧しく卑小」なもの

として否認することを強いられているのである。ところが、映画館に一斉にわきあがる「笑い」という「集団的行為」は、彼らが「単純で画一的な存在」であることを露わにしてしまう。すなわち、全員が同じように腹を抱えて「笑う」という行為は、彼らが反射的で相似化したロボット集団のようなものであることを示し、映画の観客がまさに「機械的集団」に他ならないことを明らかにしてしまう。

　この点に筆者は映画館における「集団的」な「笑い」の意味を見出している。映画館における「笑い」は、それ自体が集団的な「機械的」行為であり、観客は互いに笑いあうなかで、「機械的集団としての自分」を否認しなければならないという強迫観念から解放され、そうした存在としての自分たちを肯定しあうことができるというのである。これは個室のビデオ経験では味わえない「集団的経験の醍醐味」であり、映画館での集団的な「笑い」が持つ独自の意味なのである。

・「笑い」が「生」の機械性を肯定するだけなら、集団的な笑いに特別な意味はない

↔

・筆者は、映画館における集団的な笑いにはそれ以上の意味があると考えている

←

・映画館の観客は潜在的に機械的集団である
　…ただし、生成変化するイメージによって自らが機械的集団の一員であることを忘れることができる

←

・集団的な笑いは、観客が機械的集団であることを明らかにする

←

・相互に機械的集団の一員であることを認め、そうした自分を肯定しあうことができる

設問解説

問1　漢字の知識を問う問題

(ア)は、〈突然なさま〉という意味で「突如」。①は〈ある物事について順を追って（書き）述べること〉という意味で「叙述」。②は〈あるべきものが欠けること〉という意味で「欠如」。したがって、**②が正解**。③は〈力を添えて成長・発展を助けること〉という意味で「助長」。④は〈自動車などが速度を落としてゆっくりと進むこと〉という意味で「徐行」。⑤は〈おしのけてそこからのぞくこと〉という意味で「排除」。

(イ)は、〈物事の道理・本質を明らかにするために、よく調べて考えること〉という意味で「考察」。①は〈これまでの事態を改めて、すっかり新しくすること〉という意味で「刷新」。②は「摩擦」。③は「撮影」。④は「殺意」。⑤は〈医師が患者のからだをしらべて、病状・病因などをさぐること〉という意味で「診察」。したがって、**⑤が正解**。

(ウ)は、〈心臓がどきどきと動いて胸に響きを伝えること、その

響き〉という意味で「鼓動」。①は〈昔あった事柄〉という意味で「故事」。②は〈他とのつながりや他からの助けがなく、一つまたは一人だけで存在するこ〉という意味で「孤立」。③は〈人を励まし、ふるいたたせること〉という意味で「鼓舞」。したがって、**③が正解**。④は「呼吸」。⑤は〈実際よりも大げさに表現すること〉という意味で「誇張」。

(エ)は、〈相手に無理強いする〉という意味で「強迫」。なお「強迫観念」は〈いくら打ち消しても、心につきまとって離れない、不快・不安な気持ち〉という意味。①は〈思いがけないことに出会って驚くこと〉という意味で「驚嘆」。②は「強化」。したがって、**②が正解**。③は〈威力や勢いにおびやかされて感じる恐ろしさ〉という意味で「脅威」。④は「恐怖」。⑤は〈われを忘れるほど興奮して熱中すること〉という意味で「熱狂」。

(オ)は、〈いやしくて、つまらないこと／取るに足りないほど小さいこと〉という意味で「卑小」。①は〈身近でわかりやすいこと、通俗的でなじみ深いこと〉という意味で「卑近」。したがって、**①が正解**。②は〈それとくらべられるもの／同等のもの〉という意味で「比類」。③は〈悲しさの中にも雄々しく勇ましいところがあること〉という意味で「悲壮」。④は〈ふとり大きくなること〉という意味で「肥大」。⑤は〈順を追わないでとびはなれた所へ移ること〉という意味で「飛躍」。

問2　本文中の傍線部の内容を問う問題

傍線部の前半「ベルグソンの笑いの分析」とはどのようなものであるのか、後半の「(ベルグソンの分析が)映画作品に対する観客の『笑い』にきわめて的確に適合している」とはどういうことかを、それぞれ検討していこう。

まず、「ベルグソンの笑いの分析」は、第2段落のベルグソンの著書からの引用と、第3段落の前半の説明で明らかになる。ベルグソンは「一種の自動現象」が人を笑わせるといい、人間の身振りなどが、「単なる機械を思わせる程度に比例して笑いを誘う」と述べている。すなわち人間の身振りが「有機的な柔らかさ」を失い、硬直した機械的なものになるほど、人はそれを見て笑ってしまうというのである。

「(ベルグソンの分析が)映画作品に対する観客の『笑い』にきわめて的確に適合している」ことについては、映画史上の代表的なコメディアンであるチャップリンやキートンがいかにして観客を笑わせているかを、具体的に分析することで検証されている。彼らが観客の笑いを誘うのは、「操り人形のような奇妙な歩き方」や「無表情でアクロバティックな走りや跳躍」によってである。これらはまさに「機械を思わせる」身振りや行動であり、観客はその「程度に比例して」笑っているのである。以上の内容が的確にまとめられている**②が正解**。

①は、「(ベルグソンの分析が)観客が映画作品を見てどのように笑うかを調査して導き出したもの」としている点が誤り。ベルグソンが映画を調査したとは、本文にまったく書かれていない。

③は、「(ベルグソンの分析が)もともと映画館における観客の笑いについて究明するためのものであった」としている点が誤り。これも本文にまったく根拠のない説明である。

④と⑤はともに、「ベルグソンは笑いには人間の機械性を矯正する役割があると分析した」が誤り。確かに第4段落でベルグソンはそのような分析をしているが、筆者は第5段落以降でそうしたベルグソンの分析を否定している。このように後で否定されている分析を筆者が「映画作品に対する観客の『笑い』にきわめて的確に適合している」と評価することはありえない。したがって、この分析を前提にしたそれぞれの選択肢の後半部も誤りである。

問3　ベルグソンと筆者の考え方の違いを問う問題

傍線部の「この点」が何を指すかを確認しておこう。それは直前の第4段落に示されている、ベルグソンの「笑い」の役割についての分析を指している。

筆者は、このベルグソンの分析には「どうしても賛成できない」として、傍線部以降の第5段落で反論を展開している。両者の考え方の相違については、**本文解説** IIにもまとめてあるのでそちらも参照してほしい。ここではもう一度両者の主張を簡潔に整理してみよう。

まず第4段落で説明されている、ベルグソンの分析を整理しよう。ベルグソンは人間の「生」を刻々と変化・成長していくものであるととらえ、そこに紛れ込む機械的な振る舞いは、しなやかな「生」の運動を停滞させる「一時的退化」だとする。したがって、機械的な身振りを「笑う」ことは、そうした「自動現象」を攻撃し「矯正」して、「生」の豊かな運動を取り戻す役割を持つことになる。

それに対して、筆者は第5段落で、「鼓動」や「歩行」の例を挙げながら、人間の「生」の基本的な部分は「機械的」で「自動的」なものであると考える。もちろん、人間は日々異なった行動をし、新たな経験をしながら、違うことを考えている。そうした面ではベルグソンの言うように「刻々と生成変化する存在」である。しかし、そのような活動を「基底的に支えている」のは「単調な機械的リズム」なのである。筆者はこのように考えることで、続く第6段落では、「笑い」は人間の「生」の「機械性」や「自動性」を肯定するものであるという結論を導くのである。

このようなベルグソンと筆者の考え方の相違が的確に示されている**⑤が正解**。

①は、「ベルグソンは生のしなやかな運動がその機械性を支えていると考えている」としている点が誤り。第4段落にあるように、ベルグソンは「機械性」を、「生のしなやかな運動」に紛れ込んで、それを停滞、硬直させるものとして、否定的にとらえている。

②は、「筆者はそれ（=自動現象に陥った身振り）がしなやかな運動を回復したときに笑いを誘う」としている点が誤り。第3段落にあるように、筆者は、「自動現象に陥った」身振りが「笑いを誘う」というベルグソンの分析を肯定している。

③は、「筆者はそれ（=人間）を機械的、自動的に振る舞うだけの存在だと考えている」としている点が誤り。筆者は第5段落で人間の「生」の「基本的な部分」に「機械的」「自動的」なものがあるとしているが、人間をそれだけの存在であるとは言っていない。

④は、「筆者はそれ（=人間の機械的な振る舞い）を笑うべき

ものではなく『生』の根本と考えている」としている点が誤り。筆者は、「生」の「基本的な部分」である「人間の機械的な振る舞い」を笑うことで、人間はそれを肯定しているのだと述べている（第6段落）。つまり、筆者は「人間の機械的な振る舞い」を「笑うべきもの」と考えているのである。

問4　本文中の傍線部の内容を問う問題

傍線部の直前に「そう考えたとき」（第5段落に述べられている、筆者の考えに従ったとき）とあることに注意する。すると、設問で問われているのが、筆者の考える「『笑い』のもつ意味」であることがわかる。

問3で見たように、筆者は人の笑いを誘う機械的な身振りを人間の「生」の基本的なものであると考えている。それでは、どうして人はそうした人間の基本的な身振りを見て笑ってしまうのだろうか。その点については、傍線部以降の第6段落で説明されている。

普段の私たちは、ベルグソンがそう考えたように、自らを「つねに新しい活動を行い、新しいことを絶えず考えつく創造的で豊かな『生』を生きていると思い込もうとする」。それは、「そう思い込まなければ前向きに生きていけない」からだ。しかし、それによって、自分が機械的な活動を基本とする存在であることを「否認」せざるを得なくなる。すなわち、普段の私たちは「前向き」に生きていくため、人間の「生」の基本的な活動を否定しており、筆者はそうしたあり方を『生』の豊かさへの強迫観念」ととらえている。

そんな私たちにとって、喜劇映画でコメディアンの機械的な所作や、社会関係が機械的に進展していく様子を見ることは、人間が「機械的」な習慣行動に支えられていることを思い出させてくれる。それを「笑う」ことは自らをベルグソン的な強迫観念から「一瞬だけ解放し」、「人間の単調で機械的な『生』を一時的にでも肯定するための手段なのである」。

以上のことから、**③が正解**。

①は、「自分が認めたくない自分のもう一つの姿に向き合う」とあるのが間違い。第6段落には「喜劇映画においてチャップリンが機械的に歩いている姿や、社会関係が機械的に進行してしまったりするのを見ることは、観客にとって、日常的に否認せざるをえない自分のもう一つの姿に向き合うよい機会なのだ」と書かれている。したがって、「自分が認めたくない自分のもう一つの姿に向き合うための手段」としての意味をもつのは、喜劇映画でコメディアンの機械的な所作などを見ることであって、その所作を笑うことではない。

②は、「創造的で豊かな『生』を生きていると思い込む」とあるのが間違い。第6段落にあるように、筆者は、「笑い」をそうした「強迫観念」から「解放」してくれるものだと考えているのである。

④と⑤はともに、筆者が否定しているベルグソンの「笑い」についての意味づけである。

問5　本文中の傍線部の内容を問う問題

傍線部のある最終段落では、映画館での観客の集団的な「笑い」についての分析がなされている。

筆者は第6段落で、「笑い」を「人間の単調で機械的な『生』を「肯定するための手段」としたが、「笑い」の意味がそれだけなら、一人でビデオを見て笑っていても同じことである。しかし、筆者は映画館での「集合的経験」としての「笑い」には、それ以上の意味があると考えている。すなわち「映画館の『笑い』は、観客という匿名集団自体に潜在的に孕まれている『機械性』を露わ」にするものだというのである。ここから、傍線部で問われている「機械性」とは、「笑い」によって「露わ」にされる以前から、映画館の「観客」に「孕まれている」いるものだとわかる。

以上のことを踏まえて、映画館の観客とそこでの「笑い」の意味についての説明を整理していこう。

筆者は、「笑い」という集団行為は、観客からそれぞれの個性や感性の違いを喪失させ、彼らを「互いに相似化してしまったロボット集団」に変えてしまうとしているが、「よく考えれば映画観客はもともと、そうした『機械的集団』だったのではないか」と考えている。なぜなら、映画の観客というものは「幾何学的な正確さで並べられた座席に座り、全員一致で視線をスクリーンのほうに向け、映写機から機械的リズムで紡ぎ出される映像を受容していただけ」だからである。お仕着せの座席に一様に収まり、機械的に映し出される映像を誰もが同じような姿勢で注視し続ける。そこには個性や感性の違いなどほとんどなく、皆が画一的な存在となってしまっている。ただし、集団的な「笑い」を経験する以前の観客たちは、「スクリーン上に生成変化する『生』の幻想的イメージに没入」することで、自分たちが「機械的集団」であることを忘れることができる。すなわち、皆が一律に同じような経験をしているにもかかわらず、映画に没入することで、自分だけが変化に富んだ物語を楽しんでいると思い込むことができる。ところが、「笑い」はそんな「幻想的世界」を打ち壊し、自分たちが「機械的集団」として画一的な経験をしていることを明らかにしてしまうのである。

傍線部にある「潜在的に」というのは、このように「笑い」によって観客という集団の「機械性」が明らかにされるまでは、観客自身がそれに気づいていないということなのである。

したがって、「笑い」以前に観客に「孕まれている『機械性』」を、「幾何学的な正確さで並べられた座席に座り、全員一致で視線をスクリーンに向けて映像を受容している」と説明している**②が正解。**

①と③はともに、「笑い」によって観客が「機械的集団」であることが明らかにされてしまうことの説明であり、「笑い」以前の観客の説明としては不適当。

④は、「観客の生活のほとんどは」と映画館以外での観客の生活を問題にしている点が間違い。確かに筆者は人間の生活の基本は機械的な習慣行動であるとしているが、傍線部で問題にされているのは映画館の観客という集団に潜在している「機械性」のことである。

⑤は、「観客という集団」が「各人の『生』の機械的反復性の集合として成立している」としている点が間違い。映画の観客という集団が「機械性」を孕むのは、映画館という状況によるものであり、観客個人の「機械的反復性」とは関係がない。

問6　本文の論の進め方を問う問題

本文全体をしっかり整理し、選択肢を丁寧に検討していこう。

第1段落では、映画館における「笑い」を取り上げ、それが観客の間に「不思議な連帯」をもたらす「魅惑的な経験」であることが語られており、本文がその「体験の魅惑」について考察するものであることが示されている。

第2段落・第3段落では、映画館での「笑い」について考察するため、人間の機械的な振る舞いが「笑い」を引き起こすというベルグソンの「笑い」についての分析を紹介し、それが映画の観客の「笑い」を的確に説明していることを確認している。

第4段落では、さらに人間の「生」のあり方と「笑い」との関係を論じたベルグソンの分析が紹介されている。

第5段落・第6段落では、人間の「生」と「笑い」との関係についてのベルグソンの分析には、筆者は賛成できないとし、それに反論する形で「生」と「笑い」との関係についての独自の分析を行ない、筆者の考える「笑い」の意味が示されている。

最終段落では、以上の「笑い」についての考察を踏まえ、映画館における「笑い」の魅力について説明されている。

全体を整理しなおしてみよう。

a　映画館における「笑い」が魅惑的な経験であることが指摘される

b　映画館の「笑い」を考察するために、機械的な身振りが笑いを誘うというベルグソンの分析が紹介される

c　「笑い」は機械的な身振りを「矯正」するものだというベルグソンの分析が紹介される

d　ベルグソンの分析について、bについては的確なものであるとするが、cについては賛成できないとする

e　cについての反論を展開し、人間の「生」と「笑い」の関係についての筆者の考えが示される

f　eの考え方を踏まえ、映画館での集団的な「笑い」の魅力について説明される

以上の展開を正しく説明している**④が正解。**

①は、まず「映画館における『笑い』が人々に不思議な連帯をもたらすことを述べ、それについて卓越した見解を示したベルグソンの考え方に賛同する」が間違い。ベルグソンが行なっている分析は人間の一般的な「笑い」に関するものであり、映画館における連帯的な「笑い」についてではない。また「彼の見解の不十分な点についても指摘し」とあるのもおかしい。ベルグソンの示した「笑い」と「生」との関係について、筆者はまったく正反対の意見を持っており、「不十分」と考えたのではない。

②は、「ベルグソンが機械的な動作を重視するゆえに人間の『生』の豊かさを捉え損なっている」としている点が明らかな間違い。ベルグソンは「人間の『生』の豊かさ」を重視するあまり、「機械的な動作」が人間の基本にあることを捉え損なったと、

筆者は考えている。

③は、「映画館における『笑い』が魅惑的である理由を説明した後、ベルクソンの『笑い』についての分析を紹介する」としている点が誤り。第1段落では「映画館における『笑い』が魅惑的である」ことだけが指摘され、その理由については説明されないまま、第2段落でのベルグソンの「笑い」についての分析の紹介に入っている。「映画館における『笑い』が魅惑的である理由」は本文全体で明らかにされているのである。

⑤は、「映画館における『笑い』が集団としての人間の姿を象徴していることに注目し」としている点が誤り。本文にそのようなことはまったく書かれていない。また「集団としての人間の動作と個人のそれとの違いを明らかにする」も誤り。こうした内容も本文には書かれていない。

第3問

解答

設問		正解	配点
問1	(ア)	①	2
	(イ)	④	2
	(ウ)	③	2
	(エ)	②	2
	(オ)	①	2
問2		②	7
問3		④	7
問4		①	8
問5		②	8
問6	(i)	③	5
	(ii)	③	5

出典

【文章Ⅰ】は、佐々木健一『日本的感性』（中公新書 二〇一〇年）の一節。途中省略した箇所、ふりがなを付した箇所がある。

佐々木健一（ささき・けんいち）は、一九四三年東京生まれ。東京大学大学院人文科学研究科修了。東京大学名誉教授。専攻は美学・フランス思想史。著書には『せりふの構造』、『美学への招待』などがある。

【文章Ⅱ】は、九鬼周造「祇園の枝垂桜」（『九鬼周造全集』第五巻 岩波書店 所収）の一節。途中省略した箇所、ふりがなを付した箇所がある。

九鬼周造（くき・しゅうぞう）は、東京生まれの哲学者（一八八八年～一九四一年）。東京大学哲学科卒業。一九二二年にヨーロッパに留学し、リッケルト、ベルグソン、ハイデガーに師事する。帰国後、京都大学教授となり哲学史を担当した。著書には『「いき」の構造』、『偶然性の問題』、『人間と実存』などがある。

本文解説

【文章Ⅰ】

【文章Ⅰ】は十の形式段落から成るが、筆者自身が西洋で花の好みの違いを通して痛感した日本人と西洋人との感じ方の違いについて述べている**前半部**（1～5）と、与謝野晶子の「桜」を詠んだうたを糸口として西洋人とは異なる日本人の美の捉え方について述べた**後半部**（6～10）に分けて読むことができる。

前半部　日本人と西洋人との花の好みの違い（1～5）

ここでは、「花の好みの違い」を通して筆者自身が痛感することになった「西洋人との感じ方の違い」について述べられる。筆者が集中講義のためにマストリヒト（オランダ）の美術大学に滞在していたときのことである。その構内には桜の大木があり、その桜が満開になった。「同行の妻もわたしも、これに見とれて幸せだった」。ところが、筆者が驚いたのは、「大学のスタッフも学生たちも、満開の桜に対して無関心のようであった」ことである。中庭に植えられたその桜の木は図書室からよく見えるはずなのに、「そこで働いている司書の女性が、それを桜と知らないのはもとより、いま満開に咲き誇っている、という事実にさえ気づいていなかった」のである。西洋人は花壇をつくってバラやチューリップを植えているので、バラやチューリップには関心があるはずである。しかし、日本人と違って満開の桜には無関心である。では、バラやチューリップの花を好むことと桜の花を好むことにはどのような「感じ方の違い」があるのだろうか。（1〜3）

筆者は「バラやチューリップは、一輪であっても、それとして観賞する対象になる」と言い、女性の美貌を形容するものとして「大輪のバラのような」という言い方があることを指摘する。このような言い方は「日本の伝統のなか」にもあり、「芍薬（しゃくやく）や牡丹（ぼたん）、百合（ゆり）など」がそれに当てられてきた。しかし、女性の美を形容するのに「桜の花」はふさわしくない。それは、「桜の花」が「見つめるべき対象となるには小さく、その美しさは群生の美だからである」。そして、筆者は「大輪のバラは見つめる対象だが、群生する桜はわれわれを包み込む」と言う。とすると、西洋人がバラを好むのは、それが「見つめるべき対象」であるからであり、日本人が桜を好むのは、それが「われわれを包み込む」ものだからだ、ということになるだろう。では、どうして西洋人は「見つめるべき対象」としての花を好み、日本人は「われわれを包み込む」ものとしての花を好むのだろうか。（4）

筆者は、「西洋の近代思想」が「認識する『我』を中心におき（主観）、この我が対象（客観）を捉える、という主観―客観の軸に添って構成された」ことを問題にする。そして、ここでは、「『我』がその対象を対象として成り立たせている」のであり、「主観が対象を支配する」と考えられているのだと言う。「主観＝人間は、対象＝世界の支配者となる」のである。ここから、西洋人が「見つめるべき対象」であるバラを好む理由を筆者がどのように考えているのかがわかる。それは、バラを対象として見つめているときに、そのバラを自分が支配しているという感覚が持てるからである。日本人が「われわれを包み込む」ものである桜の花を好むことについては、桜の花を詠んだ与謝野晶子のうたについて論じている**後半部**で言及されることになるだろう。（5）

日本人……群生する桜の花（＝われわれを包み込む花）を好む

↔

西洋人……バラやチューリップ（＝見つめるべき対象である花）を好む

→

我（主観）がバラを対象（客観）として見つめるとき、そのバラを支配しているという感覚が持てる

後半部　桜の花を詠んだ与謝野晶子のうたに表現されている美の捉

え方（⑥～⑩）

筆者は**「清水(きよみず)へ祇園をよぎる桜月夜こよひ逢(あ)ふ人みなうつくしき」**という与謝野晶子のうたを論じるにあたって、「注目点」を指摘する。それは、「対象として立ち現れる花に対する、われを包むような花のあり方であり、それに応ずる感性である」。筆者によれば、「対象に向かう意識が視覚的であり、知性に傾斜するのに対して、花に包まれるとき、意識は拡散し、その美は触覚的に、全身で感じ取られる」のである。すでに、西洋人は「見つめるべき対象」であるバラを好み、日本人は「われわれを包み込む」群生する桜を好むと述べられていた（④）が、西洋人は花の美を「視覚的」、「知性」的に捉える傾向があるのに対して、日本人は花の美を「触覚的に」、「全身で感じ取」る傾向がある、ということだろう。筆者は「注目点」として「それ（＝われを包むような花のあり方）に応ずる感性」と述べていたが、それは花の美を「触覚的に」、「全身で感じ取」るのである。（⑥）

まず、筆者はこのうたの二つの「技法」に着目する。一つは、「うつくしき」という連体止めである。普通、形容詞の連体形には体言（名詞）が続くが、連体形で止め、体言を言わずにおくことで余情が残る。もう一つは「桜月夜」という用語である。筆者は、「これは晶子の造語らしい」が、「つくりものの感じが薄い」と述べている。（⑦）

次に、筆者は「うつくし」という形容詞に着目する。『みだれ髪』の時期の晶子は、この語を好み多用している」が、筆者によれば、『～が美しい』というようなストレートな表現は……最も藝(げい)のない表現である」。「どのように美しいか」を示さずに、美しいという「解答だけ記す」からである。しかし、筆者は、「このためらいのない表現には、却(かえ)って大胆さが感じられ」、しかも「稚拙な感じを与えない」と言う。そして、それは「この直截(ちょくせつ)な言い方が、美しさの独特の感じ方を伝えているからだ、と思われる」と述べている。では、晶子のうたが伝えている「美しさの独特の感じ方」とはどのようなことなのだろうか。（⑧）

筆者がこのうたで重視するのは、「清水」に向かって「祇園をよぎる」ときの晶子は「桜の花を見ていない」ということである。晶子は桜の名所である円山公園で桜を見た後、祇園に来たのであり、「祇園に桜はない」からである。しかし、晶子は「こよひ逢ふ人みなうつくしき」と歌っている。それは、「桜の美」が、「桜の花にとどまることなく、周囲へと拡散し、人びとを包み込む」からである。「桜の美」は桜のないところにまで波及して「人びとを包み込み、「こよひ逢ふ人」を「みなうつくし」くしているのである。筆者は、このことを歌人は『桜月夜』という造語によって掬(すく)い取ったのである」と言う。このうたにおいて、『こよひ逢ふ人』を『みなうつくし』くしているのは、桜月夜」だからである。（⑨）

筆者は「このような美の捉え方は、おそらく西洋思想にはない」と言う。ただし、「幸福が世界を美しく見せる、という思想ならば見つけられる」と言い、ディドロの『生理学要綱』の次のような一節を引用している。「わたしが幸せだと、わたしを取りまくすべてのものは美しくなる。わたしが苦しんでいると、わたしを取りまくすべてのものは暗くなる」。では、ここに示されたディドロの「美の捉え方」と晶子のそれとはどのように異なるのであろうか。筆者は、「ディドロは、おそらく《わたしの心理状態》が対象の美の判断を左右する、という不安定さ（＝自我の不安）を覚えている」のに対して、「晶子の自我は、彼女がそのなかにある世界の充実に、言い換えればその世界の美に包み込まれている」と言う。そして、最後を「バラが不安を誘うのに対して、桜は身体的にわたしを包む」という象徴的な表現で結んでいる。ディドロに代表される西洋人は自分の美の判断がそのときの心理状態に左右されてしまうことに「不安」を覚える。なぜなら、西洋人にとって、バラは見つめるべき対象として自我が支配し、その美を知性的に判断しているものであり、その美の判断が心理状態に左右されているとすると、自我による対象の支配が揺らいでしまうからである。それに対して、桜の美に包み込まれ、その美を「全身で感じ取」っている晶子の自我は「世界の充実」のなかにある。⑩

西洋人……対象として立ち現れる花の美を視覚的、知性的に捉える

↔

日本人……われわれを包み込む花の美を触覚的に、全身で感じ取る

←

与謝野晶子のうたでは、桜の美が周囲へと拡散し、人びとを包み込み、「こよひ逢ふ人」を「みなうつくし」くしている

←

このような美の捉え方は西洋思想にはない日本独特のものである

【文章Ⅱ】

筆者は、「日本ではもとより、西洋にいた頃も」、「樹木が好き」で「旅に出たときはその土地土地の名木は見落とさないようにしている」が、「いまだかつて京都祇園の名桜『枝垂桜』にも増して美しいものを見た覚えはない」と言う。①

次に、筆者は、その枝垂桜の美しさには「位置や背景も深くあずかっている」と言い、空や山や時間との関係でその桜が示す魅力的な姿を具体的に叙述する。そして、「私は桜の周囲を歩いては佇む。あっちから見たりこっちから見たり、眼を離すのがただ惜しくてならない」と、その桜への思いを記している。②

さらに、筆者は「この美の神のまわりのものは私にはすべてが美で、すべてが善である」と述べている。「醜悪と見る人があるかも知れない」「あたりの料亭や茶店」も、「酔漢」のどんな振舞も、「この桜の前ならばあながち悪くはない」のである。③

【文章Ⅰ】と【文章Ⅱ】の関係

ここで、**【文章Ⅰ】**で論じられていたうたにおける与謝野晶子の桜の美の捉え方と、**【文章Ⅱ】**のエッセイにおける九鬼周造の桜の美の捉え方とを比較しておこう。晶子のうたにおいて、晶子は「桜の花を見ていない」。それに対して、九鬼周造は「あっちから見たりこっちから見たり、眼を離すのがただ惜しくてならない」と、桜

の花をつぶさに観察している。このような違いはあるものの、九鬼周造は「この美の神（＝桜の美の神）のまわりのものは私にはすべてが美で」と述べている。これは晶子の「桜の美」の捉え方と同じである。**【文章Ｉ】**の筆者は、「桜の花にとどまることなく、周囲へと拡散し、人びとを包み込む」「桜の美」を、晶子は『桜月夜』という造語によって掬い取った」と述べている。与謝野晶子も九鬼周造も桜の美を「周囲へと拡散し、人びとを包み込む」ものと捉えているのである。

設問解説

問１　漢字の知識を問う問題

(ア)は、〈事のはじまり／手がかり／いとぐち〉という意味で「端緒」。①は〈物事の起こりと、今に至るまでのいきさつ。りっぱな来歴〉という意味で「由緒」。したがって、**①が正解**。②は〈世間一般の人々〉という意味で「庶民」。③は「出処」。なお、「出処進退」で〈その職にとどまるか退くかという、身の振り方〉という意味。④は「諸説」。なお、「諸説紛紛」で〈さまざまな意見が入り乱れて確実なものが見出せない様子〉という意味。

(イ)は、〈よその土地に行って、そこにある期間とどまること〉という意味で「滞在」。①は〈引き受ける／担当する〉という意味で「帯びる」。②は「耐えない」。③は「退く」。④は〈支払うべき金が未納のままたまる〉という意味で「滞る」。したがって、**④が正解**。

(ウ)は、〈傾いてななめになること〉という意味で「傾斜」。①は〈感心しうやまうこと〉という意味で「敬服」。②は「掲示」。③は〈耳を傾けてきくこと／熱心にきくこと〉という意味で「傾聴」。したがって、**③が正解**。④は〈知識をひらきおこし理解を深めること〉という意味で「啓発」。

(エ)は、〈子供じみてへたなこと〉という意味で「稚拙」。①は〈水害を防ぎ、水運・灌漑の便をよくするために、河川を整備し管理すること〉という意味で「治水」。②は〈子供っぽい様子、気分〉という意味で「稚気」。したがって、**②が正解**。③は「招致」。④は〈知能を高め、知識を豊かにするための教育〉という意味で「知育」。

(オ)は、〈先入観やわだかまりがなく、心がすなおであること〉という意味で「虚心」。①は〈事実でないことを事実らしく仕組むこと、作りごと〉という意味で「虚構」。したがって、**①が正解**。②は「快挙」。③は「拒絶」。④は〈権力者がそれぞれの領地を基盤として勢力を張ること〉という意味で「割拠」。

問２　【文章Ｉ】の傍線部の理由を問う問題

「マストリヒト（オランダ）の美術大学」の「スタッフも学生たちも」、「満開の桜に対して無関心のようであった」理由が問われている。

まず、日本人と西洋人との「花の好みの違い」（[1]）を言うために、この「マストリヒト（オランダ）の美術大学」での例が紹介されていることを押さえておこう。この美術大学の校内にある桜が満開になったとき、「同行の妻もわたしも、これに見とれて幸せだった」のに対して、この大学の「スタッフも学生たちも」、「満開の桜に対して無関心のようであった」のである。傍線部Aのある③には、「花壇に植えられたバラやチューリップならば、無関心ではいないはずである」と書かれている。ここから、日本人は「桜の花」を好むのに対して、西洋人は「バラやチューリップ」を好み、「桜の花」には無関心だ、ということがわかる。

では、「桜の花」と「バラやチューリップ」にはどのような違いがあるのだろうか。④には、「桜の花は見つめるべき対象となるには小さく」と書かれ、「大輪のバラは見つめる対象だが、群生する桜はわれわれを包み込む」と書かれている。また、⑥には「対象として立ち現れる花に対する、われを包むような花」と書かれている。ここから、「バラやチューリップ」は〈見つめるべき対象として立ち現れる花〉であるのに対して、「桜の花」は〈見つめるべき対象としては小さく、群生してわれわれを包み込む花〉である、ということがわかる。そして、「大学のスタッフも学生たちも」、「満開の桜に対して無関心のようであった」のは、**西洋人はバラやチューリップのような見つめるべき対象として立ち現れる花を好む傾向があり、桜の花は見つめるべき対象としては小さすぎるからだ**、ということがわかる。

以上の内容に適った説明になっている**②が正解**である。

①は、「桜の花の美は触覚的にしか捉えることができない」という説明が不適当。たしかに、⑥には「対象に向かう意識が視覚的であり、知性に傾斜するのに対して、花に包まれるとき、意識は拡散し、その美は触覚的に、全身で感じ取られる」と書かれている。日本人は桜の花に包まれながらその美を「触覚的に」感じていることに間違いはないのであるが、その美が「触覚的にしか捉えることができない」と言うのは明らかに言い過ぎである。**【文章Ⅱ】**の筆者が桜から「眼を離すのがただ惜しくてならない」(2)と言っているように、「桜の花の美」は「視覚的」にも捉えられるのである。

③は、「群生する桜の花は認識すべき対象にはなりえない」という説明が不適当。たしかに桜の花は群生している点がバラやチューリップとは異なるが、「群生する桜の花」だということはわかるので、「群生する桜の花は認識すべき対象」に十分になりえるのである。

④は、「西洋人は一輪だけで観賞の対象になる花の美しさを好む傾向がある」という説明が不適当。④の冒頭には「バラやチューリップは、一輪であっても、それとして観賞する対象になる」と書かれている。これは、西洋人が「一輪だけで観賞の対象になる花の美しさ」しか好まない、ということではない。西洋人には〈見つめるべき対象として立ち現れる花〉であれば、一輪の花であっても複数の花であってもいい、ということなのである。

⑤は、「西洋人は観賞の対象になりやすい大輪の花だけを好む傾向がある」という説明が不適当。西洋人には〈見つめるべき対象として立ち現れる花〉であればいいのであり、必ずしも「大輪」である必要はないのである。

問3　【文章Ⅰ】の内容を問う問題

筆者が与謝野晶子の「清水へ」のうたをどのように捉えている

かが問われている。筆者は6～10までの**後半部**すべてでこのうたに言及している。したがって、後半部の全体の内容を踏まえて各選択肢の適否を判断していこう。

①について。9には「桜の美は、桜の花にとどまることなく、周囲へと拡散し、人びとを包み込む。そのことを、歌人は『桜月夜』という造語によって掬い取ったのである」と書かれている。また、10の冒頭には「このような美の捉え方は、おそらく西洋思想にはない」と書かれている。ここから、「桜の美は、桜の花にとどまることなく、周囲へと拡散し、人びとを包み込む」といった「美の捉え方」は「日本人に独特」のものであり、それを与謝野晶子のうたは「桜月夜」という造語で表現することができている、と筆者が捉えていることがわかる。しかし、①はそれを「この言葉（＝桜月夜という言葉）でしか表現することができない」としている点が不適当である。筆者はこのようなことは言っていない。また、**【文章Ⅱ】**の著者も、「この美の神（＝祇園の枝垂桜の美の神）のまわりのものは私にはすべてが美で」と与謝野晶子と同様の「美の捉え方」をしているが、「桜月夜」という造語でもってそれを表現しているわけではない。

②について。10に「晶子の自我は、彼女がそのなかにある世界の充実に、言い換えればその世界の美に包み込まれている」と書かれている。ここから、「晶子の自我」が「充実」しているとしたら、それは彼女が「世界の美に包み込まれている」からだ、と筆者が捉えていることがわかる。したがって、②は「自我の充実が世界を美しくする」という説明が不適当である。〈自我の充実が先にあって、それが世界を美しくする〉のではなく、〈世界の美がそのなかにある自我を充実させる〉のである。

③について。10に「西洋思想」には「幸福が世界を美しく見せる、という思想ならば見つけられる」と書かれている。③は与謝野晶子のうたが「桜の花に包まれた幸福が世界を美しく見せるという思想を表現している」としているが、この思想は「西洋思想」に見つけられるものであり、筆者が与謝野晶子のうたが表現していると捉えている、日本に独特の「美の捉え方」ではないので、不適当である。

④について。8に、「このためらいのない表現（＝「～が美しい」というようなストレートな表現）には、却って大胆さが感じられる」、「この直截な言い方が、美しさの独特の感じ方を伝えている」と書かれている。そして、「美しさの独特の感じ方」とは、「花に包まれるとき、意識は拡散し、その美は触覚的に、全身で感じ取られる」と6に書かれているので、「桜の花の人びとを包み込む美しさ」を「全身で感じ取」ることだと理解できる。したがって、「『うつくし』という形容詞を大胆に用いることで、全身で感じ取られる、桜の花の人びとを包み込む美しさを巧妙に表現している」とある④は適当であり、**④が正解**。

⑤について。5に「西洋の近代思想」は「主観が対象を構成する」と考えると書かれている。したがって、⑤の「桜の花の美しさを対象として構成し」という表現は不適当だと判断することができる。与謝野晶子のうたで桜の美は「触覚的に、全身で感じ取られ」ているのであり、「対象として構成」されているので

はない。

問4　【文章Ⅰ】の傍線部の理由を問う問題

「バラが不安を誘う」（傍線部B）理由が問われている。

まず、傍線部Bがどのような文脈のもとにあるかを確認しよう。『わたしが幸せだと、わたしを取りまくすべてのものは美しくなる。わたしが苦しんでいると、わたしを取りまくすべてのものは暗くなる』。ここでディドロは、おそらく《わたしの心理状態》が対象の美の判断を左右する、という不安定さを覚えている。真の主題は自我の不安だ、と言えよう。ところが、晶子の自我は、彼女がそのなかにある世界の充実に、言い換えればその世界の美に包み込まれている。Bバラが不安を誘うのに対して、桜は身体的にわたしを包む」。

ここから、「バラが不安を誘う」と言ったときの「不安」とは、「自我の不安」であり、どうして「自我」が「不安」になるかと言うと、《わたしの心理状態》によって「対象の美の判断」が「左右」されるからだ、と筆者が考えていることがわかる。では、なぜ、《わたしの心理状態》によって「対象の美の判断」が「左右」されると、「自我」が「不安」になるのだろうか。

筆者がその言葉を引用しているディドロは西洋近代の思想家である。筆者は、5で、「西洋の近代思想は、認識する『我』を中心におき（主観）、この我が対象（客観）を捉える、という主観―客観の軸に添って構成された」のであり、それは『我』がその対象を対象として成り立たせている」と考え、「主観＝人間は、対象＝世界の支配者となる」と述べていた。ここから、《わたしの心理状態》によって「対象の美の判断」が「左右」されると、「自我」が「不安」になるのは、自我による対象の支配が危うくなるからだ、と判断することができる。

しかし、これで傍線部Bの理由がすべて明らかになったわけではない。まだ、なぜ「バラ」なのかという問題が残っているからである。4に「大輪のバラは見つめる対象だ」と書かれている。そこで、「バラ」は自我が見つめる対象として成り立たせ、支配しているはずの対象の例である、と考えることができる。

以上をまとめると、**「バラが不安を誘う」のは、バラは自我が見つめる対象として成り立たせ、支配しているはずの対象であるのに、バラの美の判断が心理状態に左右されると、自我によるその支配が危うくなるから**である。

以上の内容に適った説明になっているのは①であり、**①が正解**。

②は、「自我自体が不安定であると、それに心理状態が影響されてバラの美の判断も不安定にならざるを得ない」という説明が不適当。因果関係が逆転している。「心理状態」に「影響されてバラの美の判断」が「不安定」になると、「自我」も「不安定」になるのである。

③は、「視覚によって知性的に捉えられるもの」が、「全身で感じ取られるものと比べて」、「安定性に欠ける」という説明が不適当。このようなことは**【文章Ⅰ】**には書かれていない。

④は、「感覚が対象によって影響を受けているとすると」という説明が不適当。10には「かれ（＝ディドロ）の語っているの

は、もっぱら『対象に対する感覚の影響』である」と書かれている。筆者はディドロがもっぱら語っている「対象に対する感覚の影響」を踏まえて「バラが不安を誘う」と言っているのであり、〈感覚に対する対象の影響〉は踏まえていない。

⑤は、「バラの美は意識を集中させないかぎり感じ取ることができないものであり、自我に過剰な緊張を強いることになる」という説明が不適当。このようなことは【文章Ⅰ】には書かれていない。

問5 【文章Ⅰ】で取り上げられている「うた」と【文章Ⅱ】のエッセイとの関係を問う問題

この問題では、【文章Ⅰ】の筆者（佐々木健一）が論じている与謝野晶子の「清水へ」のうたにおける「桜の花」の捉え方と、【文章Ⅱ】のエッセイの作者（九鬼周造）の「桜の花」の捉え方の関係が問われている。この関係については、本文解説の最後、【文章Ⅰ】と【文章Ⅱ】の関係のところですでにまとめているので、それを再掲しよう。

晶子のうたにおいて、晶子は「桜の花を見ていない」。それに対して、九鬼周造は「あっちから見たりこっちから見たり、眼を離すのがただ惜しくてならない」と、桜の花をつぶさに観察している。このような違いはあるものの、九鬼周造は「この美の神（＝桜の美の神）のまわりのものは私にはすべてが美で」と述べている。これは晶子の「桜の美」の捉え方と同じである。【文章Ⅰ】の筆者は、「桜の花にとどまることなく、周囲へと拡散し、人びとを包み込む」「桜の美」を、晶子は『桜月夜』という造語によって掬い取った」と述べている。**与謝野晶子も九鬼周造も桜の美を「周囲へと拡散し、人びとを包み込む」ものと捉えている**のである。

以上の内容に適った説明になっているのは②であり、**②が正解**。

①は、「エッセイの作者は桜の美を対象として視覚的、知性的に捉えている」という説明が不適当。エッセイから作者が「桜の美」を「知性的に捉えている」ことは読み取れない。【文章Ⅰ】の6に、「対象として立ち現れる花（＝バラ）」について、「対象に向かう意識が視覚的であり、知性に傾斜する」と書かれているように、「対象として視覚的、知性的に捉え」るのに相応しいのは「桜」ではなく「バラ」の美である。「人びとを包み込む」桜の美は「触覚的に、全身で感じ取られる」ものである。

③は、「うたが桜の美しさを月夜を背景として表現している」という説明が不適当。【文章Ⅰ】の9には、「このうたを虚心に読めば、『こよひ逢ふ人』を『みなうつくし』くしているのは、桜月夜である」と書かれ、「桜の美は、桜の花にとどまることなく、周囲へと拡散し、人びとを包み込む。そのことを、歌人は『桜月夜』という造語によって掬い取ったのである」と書かれている。【文章Ⅰ】の筆者はこのうたが「桜の美しさを月夜を背景として表現している」とは捉えていない。

④は、「桜の美」を「エッセイはもっぱら倫理的に捉えている」という説明が不適当。「うたがそれ（＝桜の美）を存在論的に捉えている」という説明は、【文章Ⅰ】の9に、「桜の美」につい

て、「美は、存在の充実によるものである以上、世界を美しくする」と書かれているので、適当だと言えなくもない。しかし、**【文章Ⅱ】**の3には「この美（＝桜の美）の神のまわりのものは私にはすべてが美で、すべてが善である」と書かれている。エッセイの作者は「桜の美」を「すべてが善である」と「倫理的に捉えている」だけではない。「すべてが美である」と審美的にも捉えているのである。

⑤は、「エッセイはそれ（＝桜の美）を『美の神』と表現し、桜を越えてすべてのものに遍在するものと捉えている」という説明が不適当。エッセイの3には「この美の神のまわりのものは私にはすべてが美で」と書かれている。桜の美は「まわりのもの」に拡散するだけであり、「すべてのものに遍在する」わけではない。

問6 (i)【文章Ⅰ】で論じられている「うた」の技法上の特徴を問う問題

空欄には、「清水へ祇園をよぎる桜月夜こよひ逢ふ人みなうつくしき」の「技法的」な「特徴」を示す表現が入る。①から順に選択肢の適否を判断していこう。

①は、「上の句を体言で止めると、下の句において話題が転換しやすくなる」という説明が不適当。「清水へ祇園をよぎる桜月夜」という上の句と「こよひ逢ふ人みなうつくしき」という下の句において、「話題」の「転換」は見られない。

②は、「不安な心理を表現しえている」という説明が不適当。**【文章Ⅰ】**の10に「晶子の自我は、彼女がそのなかにある世界の充実に、言い換えればその世界の美に包み込まれている。バラが不安を誘うのに対して、桜は身体的にわたしを包む」と書かれている。このうたにおいて歌人は「世界の充実」に「包み込まれている」のであり、「不安な心理」を抱いてはいない。

③について。普通、形容詞の連体形には体言（名詞）が続く。その体言を省略して連体形で止めると、〈言外の情趣〉を意味する「余情」が残ることになるだろう。したがって、**③が正解**である。

④は、「連体形で止めると、『よぎる』と呼応してうたに躍動感が生じる」という説明が不適当。「うつくし」という終止形で結んだ場合と「うつくしき」という連体形で止めた場合を比較してみると明らかであるが、後者のほうが『よぎる』と呼応してうたに躍動感が生じる」とは言えない。

問6 (ii)【文章Ⅰ】および【文章Ⅱ】の表現について問う問題

①から順に選択肢の適否を判断していこう。

①について。**【文章Ⅰ】**の4には、「美貌の女優やモデルに捧げられるありふれた形容として、『大輪のバラのような』という言い方がある。日本の伝統のなかでは、芍薬や牡丹、百合などがそれに相当する」と書かれている。ここから、「筆者が『芍薬や牡丹、百合など』の花を例として挙げているのは、西洋と同様に日本にも、女性の美貌を花によって形容する伝統があることを示すためである」と言えるので、①は適当である。

②について。**【文章Ⅰ】**の1には、「わたし自身が、西洋人との感じ方の違いを痛感し、民族によって感じ方には微妙な違いの

あることを直観し、日本人の感じ方を解明したい、と考えるようになった端緒は、花の好みの違いであった」と書かれている。ここから、「5段落で『バラと桜の対立は、実は見かけ以上に根の深い問題で』と筆者が言うのは、どちらの花を好むかの違いに民族による感性の違いを見出すことができるからである」と言えるので、②は適当である。

③について。**【文章Ⅱ】**の2には、「私は桜の周囲を歩いては佇む。あっちから見たりこっちから見たり、眼を離すのがただ惜しくてならない。ローマやナポリでアフロディテの大理石像の観照に耽った時とまるで同じような気持である」と書かれている。これは、筆者が祇園で枝垂桜を見ている時と、「ローマやナポリでアフロディテの大理石像の観照に耽った時」とが、「同じような気持」になったと言っているだけである。筆者は両者の美しさを「同一視している」わけではない。また、**【文章Ⅱ】**から「美を普遍的なものとして捉えようとする意思」が確認できるわけでもない。したがって、③は不適当であり、**③が正解**。

④について。**【文章Ⅱ】**の3には、「あたりの料亭や茶店を醜悪と見る人があるかも知れないが、私はそうは感じない。この美の神のまわりのものは私にはすべてが美で、すべてが善である。酔漢が一升徳利を抱えて暴れているのもいい。どんな狂態を演じても、どんな無軌道に振舞っても、この桜の前ならばあながち悪くはない」と書かれている。これは、桜の美には「料亭や茶店」や「酔漢」といったものもすべて「美」や「善」に変えてしまう性質がある、ということである。俗悪なものを「美」や「善」に変える働きを「浄化」と表現することは可能である。また、桜の美は「美の神」と表現されているので、以上のような桜の美の性質を「聖性」と表現することも可能だろう。したがって、④は適当である。

なお、以上の解説に出てきた表現技法などについては、巻末**〔文芸用語と表現技法〕**を参照し、その内容を確認しておいてほしい。

第4問

解答

設問		正解	配点
問1	(ア)	⑤	2
	(イ)	③	2
	(ウ)	③	2
	(エ)	①	2
	(オ)	⑤	2
問2		②	7
問3		⑤	7
問4		③	7
問5		①	6
問6	(i)	④	5
	(ii)	④	8

出典

内田樹「戦争世代と科学について」（『呪いの時代』二〇一一年新潮社）の一節。途中省略した箇所、ふりがなを付した箇所がある。

内田樹（うちだ・たつる）は、一九五〇年東京都生まれ。東京大学文学部卒。東京都立大学大学院人文科学研究科博士課程中退。神戸女学院大学文学部総合文化学科教授を二〇一一年三月に退官。専門はフランス現代思想、武道論、教育論、映画論など。主著に『ためらいの倫理学』、『街場の教育論』、『映画の構造分析』、『武道的思考』などがある。『私家版・ユダヤ文化論』で第六回小林秀雄賞、『日本辺境論』で新書大賞二〇一〇を受賞している。神戸市で武道と哲学のための学塾「凱風館」を主宰している。

【資料】は、酒井邦嘉「科学という仕事」の一節。

酒井邦嘉（さかい・くによし）は、一九六四年生まれ。東京大学理学部物理学科卒。同大学大学院教授。専門は、言語脳科学・脳計測科学。著書には、『言語の脳科学』、『脳の言語地図』などがある。

本文解説

本文で、筆者はまず、科学性の定義を「反証可能性」に求め、「科学的客観性」は「科学的方法の社会的もしくは公共的性格の産物」だとするカール・ポパーの説を紹介する。次に、ポパーが「科学的方法の社会的・公共的性格」と呼ぶものを「場に対する信認」と言い換えて、「言論の自由」について書いたことがあると言い、自身の「言論の自由」についての考え方を展開する。最後に、もう一度ポパーに戻り、彼の「反証可能性」論の背後にあるものを問題にしている。

本文は1～24の形式段落からなるが、次のように三つの部分に分けて、その部分ごとに論旨をたどっていくことにしよう。

Ⅰ　カール・ポパーの「反証可能性」論（1～7）

カール・ポパーは「科学性の定義」を「反証可能性」に求め、このことをロビンソン・クルーソーの例で説明している。ロビンソン・クルーソーが孤島で観察と実験を行い、「現在の諸科学において一般的に受け容れられている諸命題と完全に一致した」命題に単独で到達したとしても、その命題は「科学的でない」。というのは、「彼の成果をチェックする者が彼以外にいない」からである。

「反証可能性」という言葉でポパーが言わんとしていることは、反証する人間の言い分が正しいということではない。また、「反証が正しい場合には反証された命題は科学的たりうる」ということでもない。そうではなく、「反証の機会が確保されている」ということなのである。ロビンソン・クルーソーの命題が「科学的でない」のは、孤島ではこの「反証の機会」が「確保」できないからである。

ポパーは、「反証の機会が確保されている」ことが科学性の根拠だということを、『科学的客観性』と呼ばれるものは、「科学的方法の社会的もしくは公共的性格の産物」だと表現している。ポパーは「反証の機会」が他者に開かれているという科学の性格を「社会的もしくは公共的」と表現しているのである。そして、「科学者個人の不党派性（＝考え方に偏りがなく公正であること）は……科学の客観性の源泉ではなく、むしろ結果である」と述べている。

II　筆者の「言論の自由」論（8～20）

筆者は、ポパーが「科学的方法の社会的・公共的性格」と呼ぶものを「場に対する信認」と言い換えて、「言論の自由」について論じたことがあると言う。筆者によれば、「言論の自由」とは、「誰でも自分の思っていることを声高に主張する権利があり、そこには異論を遮ったり、恫喝（＝おどして恐れさせること）によって黙らせたりすることも含まれる」という意味ではなく、「複数の理説が自由にゆきかう公共的な言論空間がいずれそれぞれの所論の理非（＝道理にかなっていることとはずれていること）について判定を下してくれるであろうという場の判定力に対する信認のこと」である。このように「言論の自由」が「理非正否を判定する場への信認」であるなら、それは、私たちが自説の理非の判定をその場に託すことでそのつど「作り出すもの」であり、制度的にそこに「存在するもの」ではないのである。

また、筆者は、「ほんとうに正しいこと（＝真理）を言う人にのみ選択的に言論の自由を許す」というルールよりも、「暫定真理」にすぎない「場の合意」を以て「理非の判定に代える」というルールでゆくことに「近代社会は合意した」のだと言う。そのほうが「世の中が住みよくなる」ということがわかったからである。筆者によれば、「世の中が住みよくなる」とは、「誰かに真理をまとめて仮託するということが許されず、全員が真偽の判定にかかわらないといけなくなったので、みんなわりとまじめにものを考えるようになった」ということである。

すでに確認したように、筆者の説く「言論の自由」とは、「真理だけを語る少数の人間たち」だけに許されているものではなく、「言論のゆきかう場の理非判定力」への「信認」であり、「場の理非判定」は「場の合意」という形をとる。そして、「場の合意」が言論によってその場に関与しているすべての人々の間で形成されるものであるとすれば、「場への信認」とはその場に関与しているすべての人々の「知性や判断力」への「信認」を意味することになる。

筆者は「『木で鼻を括ったような（＝無愛想な）説明』が私たちを不快にさせるのは、……そこに聴き手の知性や判断力に対する信頼と敬意の痕跡を見て取ることができないからである」と述べている。「ある命題の真理性」よりも「理非正否を判定する場への信認」を優先する筆者が、自分の意見の「真理性」を疑うことのない「木で鼻を括ったような説明」に対して「不快」だと言うのは当然である。

× 言論の自由
＝誰でも自分の思っていることを声高に主張する権利があること
＝制度的にそこに「存在するもの」

↔

○ 言論の自由
＝言論のゆきかう場の理非判定力を信認すること
＝私たちがそのつど「作り出すもの」

× 「ほんとうに正しいことを言う人にのみ選択的に言論の自由を許す」というルール

↔

○ 「言論のゆきかう場の理非判定力を信認する」というルール
＝「暫定真理」にすぎない「場の合意」を以て理非の判定に代えるというルール
＝近代社会が合意したルール

Ⅲ カール・ポパーの「反証可能性」論の背後にあるもの（21〜24）

最後に筆者はカール・ポパーの「反証可能性」論の話題に戻り、その論の背後にあるものを問題にしている。カール・ポパーはユダヤ系オーストリア人であり、「反証可能性」論を説いた『開かれた社会とその敵』という本を書いたのは、「『閉ざされた社会』（ヒトラーの第三帝国やスターリンのソ連）で彼の同朋たちが組織的に殺された後のことである」。筆者は、ポパーの本の題名にある「敵」という言葉が「正しい理説の名において大量殺人を犯すもの」のことを意味しているということを踏まえ、『科学性』は、ある命題の正否のレベルにではなく、その正否が検証される公共的な場にそれが負託されているかどうかという事実のレベルにある」とする「反証可能性」論の背後に、「『あなたがたとは違う理法で思考するものを許容せよ。彼らに情理を尽くして語る機会を与えよ』という実存的なうめきに近いもの」を見出している。そして、「科学」に魅了された敗戦後の日本の少年たちが感じていたことはポパーが感じていたことと「非常に近かったのではないか」と言う。それは、ポパーの「科学性」についての定義（＝「反証可能性」）と、敗戦後に日本の少年たちが誓った「『もう何も信じない』を信じる」という新しいクレド（＝信条）とは、共鳴しあうからである。日本の少年たちには、戦時中の「閉ざされた社会」の中で信じ込まされてきた「正しい理説」に裏切られた経験がある。この経験は、自分の同胞たちが「正しい理説の名において」大量に虐殺されたポパーの経験と通じるものがあるだろう。

設問解説

問1　漢字の知識を問う問題

(ア)は、〈きわめてたくみなこと〉という意味で「巧妙」。①は〈おだやかで、情のあるさま〉という意味で「温厚」。②は〈美しい自然の景色〉という意味で「風光」。③は〈新しく改めること〉という意味で「更新」。④は「貢献」。⑤は〈上手と下手〉という意味で「巧拙」。したがって、**⑤が正解**。

(イ)は、〈明白なさま〉という意味で「端的」。①は「生誕」。②は〈書画・文章・人柄などが、俗気がなく、さっぱりしている中に深いおもむきのあること〉という意味で「枯淡」。③は〈動作・姿勢などに乱れたところがなく、きちんとしていること〉という意味で「端正」。したがって、**③が正解**。④は〈心をこめてていねいにすること〉という意味で「丹念」。⑤は「負担」。

(ウ)は、〈捨てて取り上げないこと〉という意味で「棄却」。①は「寄付」。②は〈通常のやり方／常道〉という意味で「常軌」。③は〈なげうち捨てること〉という意味で「放棄」。したがって、**③が正解**。④は〈分かれ道〉という意味で「岐路」。⑤は〈願い求めること〉という意味で「希求」。

(エ)は、〈手厚く待遇すること〉という意味で「優遇」。①は〈思いがけなく出会うこと〉という意味で「遭遇」。したがって、**①が正解**。②は〈かたすみ〉という意味で「一隅」。③は〈神社で祭事をする職の者〉という意味で「宮司」。④は〈偶然に発生すること〉という意味で「偶発」。⑤は〈教訓または風刺を含めたたとえ話〉という意味で「寓話」。

(オ)は、〈物事の利害を計算すること〉という意味で「勘定」。①は〈物事の真偽・良否などを見定めて判断すること〉という意味で「鑑定」。②は「監視」。③は「管理」。④は〈勇気があって、危険や困難にひるまないこと〉という意味で「勇敢」。⑤は〈いろいろと考え合わせること〉という意味で「勘案」。したがって、**⑤が正解**。

問2　傍線部の理由を問う問題

傍線部Aの箇所は、「ロビンソン・クルーソーの命題が科学的でないとされるのは、孤島の住人が『自らの仕事を、それを行わなかった誰れか他の者に説明しようとする試み』をなし得ないからである」となっている。ここから、「ロビンソン・クルーソーの命題が科学的でないとされる」のは、〈孤島の住人であるクルーソーは自らの命題を他者に説明できないから〉だとわかる。では、〈自らの命題を他者に説明できない〉と、どうしてその命題は「科学的でない」とされるのであろうか。本文の冒頭に「科学性の定義をカール・ポパーは『反証可能性』に求めた」とあり、5の末尾に「たいせつなのは『反証の機会が確保されている』ということである」とある。「ロビンソン・クルーソーの命題」を「科学的でない」と言っているのはポパーであり、なぜポパーがそのように言うかというと、**a〈孤島の住人であるロビンソン・クルーソーがどのような命題を提示しても、孤島には他の住民がいないために、それに対して反証する（＝ある命題が偽であることを証明する）機会が成立しえないから〉**である。筆者が傍線部の直後で、「孤島の住人が『自らの仕事を、それを行わなかった誰れか他の者に説明しようとする試み』をなし得ないからである」と言ったのは、「自らの仕事（＝命題）」を「他の者に説明」できなかったら、〈反証することもできないから〉なのである。**ａ**の内容に適った説明になっている**②が正解**。

①は、「孤島ではそれを確認する他者がいない以上、その命題は存在しないも同然だから」としている点が誤り。「その命題は存在しないも同然だ」では「反証可能性」の説明になっていない。

③は、「孤島では反証の機会が確保できないため、その正しさは暫定的なものでしかないから」としている点が誤り。[16]に、「場が認定したのは『暫定真理』にすぎない」とある。この「場」は「正否の判定の場」（傍線部Ｃ）であり、「反証の機会が確保されている」場である。したがって、科学的な命題の「正しさ」とは「暫定的なもの」であり、「その正しさは暫定的なものでしかないから」といって、「科学的でないとされる」のではないのである。

④は、「他に住民のいない孤島にあっては、その正しさが証明されることはありえないから」としている点が誤り。命題の「正しさが証明されること」と、提示された命題に対して「反証の機会が確保されている」こととは、明らかに異なっている。

⑤は、「孤島では反証の機会が確保できないため、正しい反証によって反証されることがないから」としている点が誤り。[5]に「ポパーは『反証が正しい場合には反証された命題は科学的たりうる』というようなことを言っているわけではない」とある。したがって、「正しい反証によって反証されることがないから」といって、「ロビンソン・クルーソーの命題が科学的でないとされる」のではないのである。

問３　傍線部の内容を問う問題

傍線部Ｂ「その逆のこと」の「その」がどういうことを指しているのかを判断するにあたって参考になるのは、[17]の「いろいろやってみた結果、『言論のゆきかう場の理非判定力を信認する』ことの方が『ほんとうに正しいことを言う人にのみ選択的に言論の自由を許す』ことよりも、世の中が住みよくなるということがわかったからである」という部分である。この部分の「いろいろやってみた結果……わかった」という言い方は、傍線部Ｂの箇所の「歴史的経験から私たちが学んだのはＢその逆のことである」という言い方と対応している。したがって、傍線部Ｂの「その」は、[17]の「『ほんとうに正しいことを言う人にのみ選択的に言論の自由を許す』」こととほぼ同一の内容である、[12]の「ある命題が真理であることがあらかじめわかっているなら、それに反対する異論は封殺して構わないと考える」ことを指していると判断できる。筆者は、[9]から[17]まで一貫して「言論の自由」をどのように理解するかを問題にしているので、「言論の自由」を主題にして、傍線部Ｂの「その」が指している内容を言い換えると、**ａ〈言論の自由とは、ある命題が真理であることがあらかじめわかっている人（＝ほんとうに正しいことを言う人）にのみ許されると考えること〉**となる。そして、傍線部Ｂの「その逆のこと」

とは、17の「『言論のゆきかう場の理非判定力を信認する』こと」と対応する。9の「**言論の自由とは、複数の理説が自由にゆきかう公共的な言論空間がいずれそれぞれの所論の理非について判定を下してくれるであろうという場の判定力に対する信認のこと**」（**b**）を意味していると判断できる。以上のaとbの内容に忠実な説明になっている**⑤が正解**。⑤には、「正しいことを語る少数の人たち」、「間違ったことを語る多数の人たち」とあるが、これらは、19の「『真理だけを語る少数の人間たち』だけを例外的に優遇するよりも、圧倒的多数の『間違ったことを語る人間たち』に『自分が間違っていることを自覚する』チャンスを保証する方が……」という表現と対応している。18に「全員が真偽の判定にかかわらないといけなくなった」とあるので、「その（＝言論の）正否を判定する場」には、「間違ったことを語る多数の人たち」も含まれていると言えるのである。

①は、「自分の語る命題が真理だとわかっている少数の人たちは……反対に、自由な言論を通して、多数の人たちに自分が間違っていることを自覚させ、彼らを教化することを望んでいる」としている点が誤り。「反対に」以下の部分がbに適った説明になっていない。「多数の人たちに自分が間違っていることを自覚させ」るのは、「自分の語る命題が真理だとわかっている少数の人たち」ではなく、「理非判定の公共的な場」（19）である。

②は、「反対に、正しいと思われていることの真偽をじっくりと時間をかけて検証し、どちらであるかを判定すべきだ」としている点が誤り。「真偽をじっくりと時間をかけて検証し、どちらであるかを判定すべき」なのは、「正しいと思われていること」だけではなく、間違っていると思われていることも含む「みんなの話（＝所論）」（16）なのである。

③は、「反対に、異論や反論を認める公共的な場の承認を得てこそ命題の真理の不変性は確立されると考えるべきだ」としている点が誤り。16に書かれているように、「公共的な場の承認を得て」「確立される」のは「命題の真理の不変性」ではなく、「暫定真理」にすぎないのである。

④は、「ある命題の真理性とは……最終的に決定されるものだ」としている点が誤り。③の説明で確認したように、「ある命題の真理性とは」、「暫定」的な（＝テンポラリーな、一時的な）ものにすぎない。「最終的に決定されるもの」ではないのである。

問4　傍線部についての筆者の考えを問う問題

「正否の判定の場が存在する」ことの意義については、まず、18に「**誰かに真理をまとめて仮託するということが許されず、全員が真偽の判定にかかわらないといけなくなったので、みんなわりとまじめにものを考えるようになった……その分だけ人類の知的パフォーマンスが全体としては活性化した**」（**a**）とある。また、19に「**『真理だけを語る少数の人間たち』だけを例外的に優遇するよりも、圧倒的多数の『間違ったことを語る人間たち』に『自分が間違っていることを自覚する』チャンスを保証する方が、『人類という種』のトータル差し引き勘定ではプラスになる**」（**b**）とある。さらに、同じ19に「**『自説の正しさをうるさく言い立てる』ことを控えて、『自らの仕事を、それを行わなかった誰れか**

他の者に説明しようと』試みるようになる」（c）とある。「正否の判定の場が存在する」のは「近代社会」（17）なので、aの箇所の「全員」は「社会の全員」と言い換えることができるし、「人類の知的パフォーマンスが全体としては活性化した」も「社会全体が知的に活気づく」と言い換えることができる。したがって、aの箇所を忠実に言い換えたとみなすことができる**③が正解**になる。③には「合意を形成し、理説の真偽を判定する」とあるが、16に「この場の合意を以て理非（＝真偽）の判定に代える」とあるので、この言い方も適切である。

①は、「社会に意見が対立することのない友好的な関係が実現するという意義」としている点が誤り。「正否の判定の場」では「正否の判定」のために「場の合意」を目指すことになるのであるが、「場の合意」を目指すのは、そもそも「社会」に「意見」の「対立」があるからである。また、「場の合意」が形成されたとしても、「社会に意見が対立することのない友好的な関係が実現する」とは言えないし、本文にもこのようなことは書かれていない。

②は、「各人が他人を説得するために、自らの思考力や表現力を鍛錬するようになる」としている点が誤り。「他人を説得する」ことは、cの箇所の『自らの仕事を、それを行わなかった誰か他の者に説明しようと』試みる」ことより、そこで筆者が否定的に捉えている「自説の正しさをうるさく言い立てる」ことに近い。また、aの箇所に「みんなわりとまじめにものを考えるようになった」とあるので、「自らの思考力」を「鍛錬するようになる」とは言えても、本文中に「表現力を鍛錬するようになる」と言える根拠はない。

④は、「社会の多くの人たちが自分の誤りに気づく機会が与えられる」という部分がbの箇所の内容に合致しているが、「各人が独力で真理に到達するために」としている点が誤り。16には「場が認定したのは『暫定真理』にすぎない」とある。「真理に到達する」のは「場の合意」によってであって、「独力で」ではない。

⑤も、「社会の多くの人たちが自分の誤りに気づく機会が与えられる」という部分はbの箇所の内容に合致しているが、「知的にバランスのとれた社会が実現する」としている点が誤り。aの箇所に「人類の知的パフォーマンスが全体としては活性化した」とはあるが、「知的にバランスのとれた社会が実現する」というようなことは本文中のどこにも書かれていない。

問5　本文の論理の展開を整理した【ノート】にある空欄を補う問題

【ノート】では本文が、1～7、8～20、21～24という三つの部分に分けられているが、こうした論理の展開については既に**本文解説**で説明した通りである。以下、簡単に振り返っておく。

Ⅰ　1～7

・カール・ポパーは科学性の定義を「反証可能性」に求め、「科学的客観性」は「科学的方法の社会的もしくは公共的性格の産物」だと考えたということを、ロビンソン・クルーソーを例にあげながら説明する。

Ⅱ 8〜20

・ポパーが「科学的方法の社会的・公共的性格」と呼ぶものを、筆者は「場に対する信認」と言い換え、「言論」についての人々の誤解を正しながら、「言論の自由」についての自身の考え方を説明する。

Ⅲ 21〜24

・ユダヤ系オーストリア人であるポパーが、「科学性」を「反証可能性」、すなわちある命題の正否が検証される「公共的な場」の存在に求めたことと、敗戦後日本の子供たちが「科学」に魅了されたことには、共通する思いがあると指摘する。

【ノート】の空欄を確認すると、X にはⅡの内容が、Y にはⅢの内容が入ることがわかる。したがって、X・Yともに右の内容を簡潔にまとめている、**①が正解**である。なお、Yの末尾の「通底する」は、〈二つ以上の事柄や思想・意見が、基底の部分において共通性をもっている〉という意味である。

②は、Yの「戦時中の日独のあり方を比較しながら、社会における『科学』の役割について論じる」という部分が誤りである。右のⅢに示した通り、筆者はポパーの思いと敗戦後の日本の子供たちとの思いには共通するものがあると述べているのであって、「戦時中の日独のあり方を比較」しているわけではないし、「社会における『科学』の役割」について「論じ」てなどいない。

③は、Yの「さまざまな理説が競合する『科学』の世界は、戦後の社会において価値あるものに見えたことを強調する」という部分が誤りである。「科学」の世界においては確かに「さまざまな理説が競合する」かもしれないが、Ⅲで筆者が述べているのは、ポパーが言うように「科学性」は「反証可能性」によって支えられているということであり、「さまざまな理説が競合する」ことに「価値」があるということではない。

④はまず、Xの「ポパーの考え方が『言論の自由』として捉え直され、近代社会で有効に機能していた」という部分が誤りである。筆者はⅡで、「ポパーの考え方」を「言論の自由」と関連づけて説明しているが、「近代社会」において「ポパーの考え方」が『言論の自由』として捉え直され」たということは本文に述べられていないし、「言論の自由」として捉え直された「ポパーの考え方」が「近代社会で有効に機能していた」かどうかはⅡに述べられていないのでわからない。また、Yの「『言論の自由』が有効に機能しなかった戦時中の社会について内省的に回顧する」という部分も間違っている。確かに23には戦争中の「大量殺人」といった出来事などが述べられており、「『言論の自由』が有効に機能しなかった」とは言えるだろう。しかしそのことを、筆者が「内省的に（＝自分のありようを深く省みて）回顧」していると言うことはできない。筆者がヒトラーやスターリンのやったことなど戦争中の出来事を自分のこととして捉え、省みているといったことを示す記述は見当たらない。

⑤はまず、Xの「ポパーの考え方に対して誤解が生じる理由

を、『言論の自由』との関連において説明する」という部分が誤りである。Ⅱにおいて、「言論の自由」という言葉の意味が誤解されていることは述べられているが、「ポパーの考え方に対して誤解が生じる理由」については説明されていない。また、Yの「社会に『言論の自由』が成立するうえで『反証可能性』という考え方が重要な役割を果たしたことを主張する」という部分も間違っている。「『反証可能性』という考え方」が「言論の自由」を「成立」させるうえで「重要な役割を果たした」といったことは本文のどこにも述べられていない。

問6　本文に関連した【資料】について問う問題

まず【資料】の内容を、簡潔に図式化して示しておく。

> **人々の誤解**……科学は正しい事実だけを積み上げてできている
> ⇔
> **実際の科学**……事実の足りないところを「科学的仮説」で補っている
> ↓
> 「科学が何であるか」を知るには、「何が科学でないか」を理解する必要がある
>
> **科学**
> ・合理的
> ・反証が可能な理論……ポパーは、科学の進歩によって間違っていると修正を受けうるものの方が「科学的」だと考える。理論を裏づける事実があっても、それは偶然かもしれず理論を証明したことにはならないので、検証できるかどうかは問わない。
>
> **非科学**
> ・理屈に合わない迷信
> ・検証も反証もできず、無条件に信じるしかないもの

本文で述べられていた「反証可能性」というポパーの考え方が【資料】でも取り上げられており、本文同様に、「反証可能性」のあるものが「科学」であるという考えが【資料】に示されているということが読み取れる。なお、以下の解説において、【資料】の段落については、第1段落～第6段落のように表記する。

(i)　**【資料】の二重傍線部の内容を問う問題**

二重傍線部の文脈を確認すると、ここで述べられているのは、「反証できるかどうかで科学的な根拠となる」ということは「逆説めいていて面白い」ということである。「逆説」とは、〈一般的な見解に反しているように見えて、一面の真理を表している考えや表現〉という意味であるから、二重傍線部は、〈「反証できるかどうかで科学的な根拠となる」という考えは一般的な見解とは異なるが、一面の真理を表したものであって興味深い〉ということを述べたものだと理解できる。では、「反証できるかどうかで科学的な根拠となる」という考えとは異なる、一般的な見解とはどういうものだろうか。

【資料】の冒頭の「多くの人は、科学は正しい事実だけを積み上げてできていると思うかもしれないが、それは真実ではない」

という記述に注目しよう。実際の科学は「事実の足りないところを『科学的仮説』で補いながら作り上げた構造物」であるのに、一般の人々は科学が「正しい事実だけ」から構築されていると誤解しているのである。こうした誤解に対して筆者は、「反証（間違っていることを証明すること）が可能な理論は科学的であり、反証が不可能な説は非科学的だ」（第4段落）というポパーの考えを紹介する。ポパーは、理論の「検証ができるかどうか」ではなく、「科学の進歩によって間違っていると修正を受けうるものの方が、はるかに『科学的』である」（第5段落）と考えているのである。

したがって、二重傍線部の直前にある「反証できるかどうかで科学的な根拠となる」という記述は、このポパーの考えを踏まえたものであり、それは「多くの人」の考えとは異なっていることが確認できる。つまり、二重傍線部で述べているのは、**「反証」が可能な理論こそが「科学」であるという考え（a）は、「科学は正しい事実だけを積み上げてできて」おり、ある理論が事実として「検証」されれば「科学」と言えるという一般的な考え方（b）と異なっていて興味深い**、ということである。この内容に即した説明になっている**④が正解**である。④は、右の内容を〈bと異なり、aは興味深い〉というかたちでまとめている。

①は、「科学の進歩によって間違いを指摘されたときにはじめて科学になるという説」という部分がaの説明として誤りである。ポパーが述べているのは、「反証」が「可能な理論」（第4段落）、すなわち「科学の進歩によって間違っていると修正を受けうるもの」（第5段落）が「科学的」だということであり、「間違いを指摘されたときにはじめて科学になる」ということではない。

②は、「検証も反証もできるのが科学的な説だという考え方」という部分がaの説明として誤りである。「科学的」か否かの判断において、「検証ができるかどうかは問わない」（第4段落）のである。

③は、aやbの内容をまったく踏まえていない選択肢である。「科学と非科学の区別は本来明確であるべき」だということも、「両者の区別が不明確だというところに一筋縄ではいかない（＝通常のやり方では思うようにいかない）科学の性質が如実にあらわれている」ということも、【資料】にまったく述べられていない内容である。

(ii) 本文と【資料】を踏まえた考察について問う問題

この設問で問われているのは「占い」や「天気予報」についての「考察」だが、設問に「本文と【資料】を踏まえて考察した」とあることに留意しよう。「Kさん」の「考察」とはいっても、それは「本文と【資料】を踏まえ」たものなのだから、結局は本文にも【資料】にも矛盾しない選択肢を選ぶということになる。本文や【資料】を踏まえたとき、「占い」や「天気予報」はどのようなものだと考えられるのだろうか。

「占い」や「天気予報」に直接言及しているのは【資料】なので、まず【資料】の記述を確認していく。第3段落に「占いは、当たらないことがあるから非科学的なのではない。天気予報は、いつも正確に予測できるとは限らないが、科学的な方法に基づいている」と記されていることから、「占い」は「非科学的」で、「天気予報」は「科学的」だということが読み取れる。さらに、「非科学的」なものについては、第2段落に「理屈に合わない迷信は科学ではない」、第4段落に「反証が不可能な説は非科学的だ」、第6段落に「非科学的な説は、検証も反証もできないので、それを受け入れるためには、無条件に信じるしかない」と述べられている。一方、「科学的」なものについては、第2段落に「科学は確かに合理的だ」、第4段落に「反証（間違っていることを証明すること）が可能な理論は科学的であり」、「検証ができるかどうかは問わない」、第5段落に「科学の進歩によって間違っていると修正を受けうるものの方が、はるかに『科学的』である」と述べられている。これらの内容をまとめると次のようになる。

「占い」……非科学的

a　理屈に合わず、検証も反証もできない

b　無条件に信じるしかない

「天気予報」……科学的

c　合理的で、反証が可能である

d　検証ができるかどうかは問わない

次に、本文において、「非科学」と「科学」の違いはどのように説明されているだろうか。既に**本文解説**でも説明したが、本文においても、「反証可能性」のあるものが「科学」であるというポパーの考えが取り上げられている。さらに7で『科学的客観性』と呼ばれるものは、科学者個人の不党派性の産物ではなく、科学的方法の社会的もしくは公共的性格の産物であり、科学者個人の不党派性は、それが存在する限りで、この社会的に或いは制度的に組織された科学の客観性の源泉ではなく、むしろ結果である」というポパーの言葉が引用されている。これを踏まえると、科学的な「天気予報」については次のような説明を加えることができる。

「天気予報」……科学的

e　社会的・制度的に組織された客観的な方法に基づくものであり、公共的性格を有している

では、選択肢を順に吟味してみよう。

①は、「『天気予報』は、その理論を検証し反証する公共的な場を有し」という部分が、dを踏まえておらず不正確だが、それよりも「その場は時代の変化に左右されない」という部分が明らかに誤りである。「科学」であることを支える「公共的な場」は、eで確認したように、社会的・制度的に組織されたものなのだから、社会が変わればその公共性も変化する。「時代の変化に左右されない」と言うことはできない。

②は、「『天気予報』は、単に反証ができるだけでなく正しい反証がなされるという点で科学的なものであり」という部分が誤りである。本文の5の「ポパーは『反証が正しい場合には反証された命題は科学的たりうる』というようなことを言っているわけではない（反証が正しいなら、もとの命題は端的に『間違っている』というだけのことである）」という記述に反している。

③は、「『天気予報』は、予報の結果が日々社会の人々によっ

て検証される点で科学的であり」という部分が、dに反している。また、「日々の検証によって予報の精度も高まっていく」といったことは本文にも**【資料】**にも述べられていない。

④は、「『占い』はそれを絶対的なものとして信じることでしか受け入れることのできないものである」という部分がbに合致する。「『天気予報』は、その社会で制度的に認められた方法に則った客観性を有するものであり」という部分がeに、「反証が可能となるため科学的だとされている」という部分がcに合致する。したがって、**④が正解**である。

⑤はまず、「『占い』はその正しさを裏づける事実があったとしても、その事実が偶然生じたものであることを否定できない」という部分が誤りである。このような内容は**【資料】**の第5段落に「科学的」なものの説明として記されていることであり、「占い」の説明にはならない。また、「天気予報」について、「そうした予報をする必然性を有しており、『占い』よりも科学的なものである」と説明している点でも不適当である。「天気予報」は「予報」に「必然性」があるから「科学的」なのではなく、「反証可能性」があるから科学的なのである。

第5問

解答

設問		正解	配点
問1	(ア)	②	2
	(イ)	④	2
	(ウ)	③	2
	(エ)	①	2
	(オ)	④	2
問2		⑤	7
問3		③	7
問4		②	7
問5		①	7
問6	(i)	②	6
	(ii)	④	6

出典

【文章Ⅰ】は、野家啓一『歴史を哲学する――七日間の集中講義』（岩波現代文庫　二〇一六年）の一節である。一部省略した箇所がある。

野家啓一（のえ・けいいち）は、宮城県生まれの哲学者（一九四九年～）。専攻は科学哲学。東北大学理学部物理学科卒業。東京大学大学院科学史・科学基礎論博士課程中退。東北大学名誉教授。主な著書に『科学の解釈学』、『物語の哲学』、『科学哲学への招待』などがある。

【文章Ⅱ】は、斉藤孝『歴史と歴史学』（東京大学出版会　一九七五年）の一節である。一部省略した箇所がある。

斉藤孝（さいとう・たかし）は、東京生まれの歴史学者、国際政治学者（一九二八～二〇一一年）。東京大学文学部西洋史学科卒業。専門は国際政治史。学習院大学名誉教授。主な著書に『戦間期国際政治史』、『歴史学へのいざない』などがある。

本文解説

【文章Ⅰ】

本文は、歴史記述の対象である過去の出来事と夢との類似点と相違点について述べた前半部（①～④）と、歴史記述の視点拘束性について述べた後半部（⑤～⑧）とから構成されている。

前半部　過去の出来事と夢との類似点と相違点（①～④）

筆者は、まず、自身が「『歴史の物語り論（ナラトロジー）』」を主張するのは、過ぎ去ってもはや直接に知覚することができない「過去の出来事の記述である」歴史が、「言葉による『語り（narrative）』を媒介にせざるをえない」からだ、と述べる。（①・②）

次に、歴史のこのような特徴は夢の場合と似ていると言い、「夢について『語る』という行為が伴わなければ、夢は……公共的な事実として認知されることはありません」と述べる。そして、歴史も、語られることで「公共的に認知された過去の事実」になるのである。しかし、夢と過去にはこのような類似点があるものの、筆者は、「夢と過去を同一視するわけにもいきません」と言い、「過去」と「夢」との違いを明らかにする。「過去」も「夢」も「不在の出来事」であるのだが、「過去」は『かつてあった』という強烈な実在意識が伴っている」点で「夢」とは異なるのである。そして、この実在意識を支えているのが「実在との絆を形作っている広義の史料の存在」なのである（ここで筆者が「広義の史料」と言っているのは、「史料」は文字に書かれたもののことを意味するが、化石などそれ以外の資料もそれに含めているからである）。だからこそ、「歴史家は史料の発見、収集、保存に心血を注ぎ（＝全力を尽くし）、その解読と分析に学問的生命を賭ける」のである。（3・4）

後半部　歴史記述の視点拘束性（5〜8）

歴史家の務めは史料の発見や解読だけではない。歴史家には「史料の真偽を確かめ、その信頼性を計測する史料批判」の務めも欠かせないのである。それは、史料が『書かれた』ものである以上、過去の事実のありのままを忠実に写し取っている」わけではなく、「そこには語り手や書き手の先入見やイデオロギーが影響を及ぼしている」からである。筆者は、ギンズブルグが歴史的証拠である史料を『ゆがんだガラス』にたとえていることを紹介している。（5）

さらに、筆者は、「歴史的証拠のみならず、歴史家それ自身がやはり一枚のゆがんだ鏡（＝ガラス）であるほかはない」と言う。「歴史的証拠（＝史料）」が「ゆがんだガラス」であるのは、5に書かれていた、史料は「語り手や書き手の先入見やイデオロギーが影響を及ぼしている」ため、「過去の事実のありのままを忠実に写し取って」はいない、ということを意味している。では、「歴史家それ自身」が「一枚のゆがんだ鏡である」とはどういうことだろうか。それは、歴史家の視点が、「過去の事実」を「ありのままに映し出」す、「神の眼のような客観的視点」ではない、ということである。まず、歴史家は膨大な史料の中から有意味と認めたものを選択し、そうではないものを排除しなければならないが、その選択と排除はすでに「一つの解釈」である。次に、歴史家は「それらの有意味な史料を整合的に理解し、因果的に関係づける独自のプロット（＝筋書）を構想する」が、そこには「個々の歴史家固有の視点や史観が否応なく浸透している」のである。つまり、歴史記述は、歴史家が過去の事実をありのままに再現したものではなく、歴史家固有の視点による解釈が多数加えられたものなのである。このことを筆者は、「歴史記述は幾重にもフィルターを掛けて撮影された写真のようなものだ」と比喩的に表現している。そして、このように、歴史家は自分に固有の視点や史観を介在させて歴史を記述しているという意味で、「一枚のゆがんだ鏡であるほかはない」のである。しかし、筆者はこのことを否定的には捉えていない。むしろ、「このような歴史記述のパースペクティブ性（視点拘束性）を承認し、前提するところから」、「歴史の物語り論（ナラトロジー）」は出発するのだと述べている。（6・7）

最後に、筆者は、「物語り論は、歴史記述を背後で支えているそうした制約（＝パースペクティブ性（視点拘束性））を明るみに出し、それを自覚化するための分析装置だ」と述べたうえで、その歴史記述のパースペクティブ性（視点拘束性）が、「歴史記述の限界を示しているのではなく、むしろその成立条件にほかならない」と主張している。8

前半部

「歴史の物語り論」
→
直接に知覚できない過去の出来事の記述である歴史は「語り」を媒介にせざるをえない

〔歴史と夢の類似点〕
歴史＝「語る」ことで公共的に認知された過去の事実である
｜
夢＝「語る」ことで公共的な事実として認知される

〔歴史と夢の相違点〕
夢（や虚構）は実在意識を伴っていない
↔
歴史は強烈な実在意識を伴っている
→（支えている）
史料の存在
⇐
歴史家は史料の発見、収集、保存、および解読、分析に務める

後半部

歴史家は史料批判にも務める
⇒
史料には書き手の先入見やイデオロギーが影響を及ぼしている
＝
史料は「ゆがんだガラス」である
歴史家自身も「一枚のゆがんだ鏡」である
⇒
歴史家は膨大な史料の中から有意味と認めた史料を選択し、それらを因果的に関係づけて独自のプロットを構想する
→（介在している）
歴史家固有の視点や史観＝歴史記述のパースペクティブ性（視点拘束性）
＝
歴史記述の限界ではなく、その成立条件である

【文章Ⅱ】

本文は歴史が書き替えられる理由について述べた文章である。まず、新しい史料の発見によって歴史は書き替えられると述べられる（ⅰ）。次に、歴史が現在の関心からする過去の把握だから、歴史は書き替えられると述べられる（ⅱ）。最後に、歴史研究の視座が現在的であることと、研究成果が現在的有効性を持つことは区別され

なければならないと述べられる（iii）。本文はこのようにi～iiiの三つの部分から構成されている。

i　新しい史料の発見によって歴史は書き替えられる（①・②）

まず、筆者は、歴史家は「一定の史料を解読し、批判し、解釈することによって、或る事実について何らかのイメージを得る」が、「史料によって得られる事実」は「歴史の断片」でしかないため、「この断片を集め、何らかの連関を見出し、より大きい歴史事実を発見する」と言う。また、歴史家は「フィクションを案出することはできない」ため、「史料を離れることはでき」ない、と言う。ここでは、**【文章Ⅰ】**で述べられていたこととほぼ同様のことが述べられている。（①）

次に、筆者は、「歴史は絶対的な過去自体が歴史家の虚心坦懐な（＝先入観やわだかまりがなく、平らかな心による）実証研究を媒介として自ら再現するもの」というランケの考えを紹介し、ランケの時代でも今日でも「新しい史料の発見によって過去の像が大きく変わる」ことは同じであると言う。新しい史料が発見されれば、史料に依拠する歴史が「書き替えられる」のは当然のことである。さらに、筆者は、「与えられた史料が量的に変わらないとしても、歴史の解釈は変化する。歴史は書き替えられるのである」と言う。どういうことだろうか。（②）

ii　歴史が現在の関心からする過去の把握だから、歴史は書き替えられる（③～⑤）

ランケのように「過去の事実がそれぞれ絶対的な意味を持っていると考えるならば」、「歴史の書き替えは不可能になる」のであるが、筆者は過去の事実の意味は変化するのであり、「事実の意味付けが歴史であるから、歴史が書き替えられる」と考えるのである。（③）

筆者は、過去の事実の意味付けが変化し、「歴史が見直され、書き替えられる」理由として、「歴史が常に現在の眼からする過去の把握であること」を挙げている。「歴史家はその現在の関心から、過去に問いかけ、過去を手繰り寄せ、歴史を構成するのである」が、歴史家自身が「歴史の変動の中に置かれている」ため、歴史家の「現在の眼」、「現在の関心」は変化せざるを得ない。それゆえ「歴史」は「書き替えられる」のである。つまり、「歴史が書き替えられることの根拠は現在そのものの変動」なのである。そして、「歴史が書き替えられる」のは「歴史認識にとって本来的」なことなのである。（④・⑤）

iii　歴史研究の視座が現在的であることと、研究成果が現在的有効性を持つことは区別されなければならない（⑥）

以上のように「歴史の研究の視座」は「現在的である」のだが、筆者は、このことと「研究成果が現在的有効性を持つか否かとは明らかに区別されなければならない」と言う。それは、「プラグマティックな機能論的歴史学」もそれを敵視する「マルクス主義歴史家」も、現在の政治的目的にとって有効性を持つか否かという観点から歴史を記述する傾向があるからである。筆者が、このような「歴史を現在に奉仕させる」あり方、「有効性を真理性の基準とする」あり方に対して、否定的であることは明らかである。（⑥）

i
歴史は書き替えられる
→
新しい史料の発見によって過去の像は大きく変わる

ii
ランケの考え
歴史の書き替えは不可能である
→
過去の事実は絶対的な意味を持っている
↔
筆者の考え
歴史は書き替えられる
→
事実の意味付け（解釈）が歴史である
→（関与している）
歴史家の現在の関心＝歴史の変動の中に置かれているために変化せざるを得ない

iii
歴史研究の視座が現在的であることと、研究成果が現在的有効性を持つか否かとは区別されなければならない

設問解説

問1　漢字の知識を問う問題

(ア)は、〈精神と肉体のすべて〉という意味で「心血」。「心血を注ぐ」は〈全力を尽くして事を行う〉という意味。①は「墓穴」。「墓穴を掘る」は〈滅びる原因を自らつくってしまう〉という意味。②は〈激しやすい意気〉という意味の「血気」で、**②が正解**。「血気にはやる」は〈激しやすい意気にまかせて激しい行動に走ろうとする〉という意味。③は〈同志の者が互いに団結すること〉という意味の「結束」。④は「決断」。

(イ)は、〈ずれや矛盾がなく、ぴったりと合っていること〉という意味で「整合」。①は〈積極的に攻撃する態勢〉という意味の「攻勢」。②は「公正」。③は〈同一旋律を二人以上でうたうこと〉という意味の「斉唱」。④は「調整」で、**④が正解**。

(ウ)は、〈工夫して考え出すこと〉という意味で「案出」。①は「暗号」。②は「治安」。③は〈よい考え／すぐれた思いつき〉という意味の「名案」で、**③が正解**。④は〈徒歩で諸所を旅すること〉という意味の「行脚」。

(エ)は、〈一つにくくること／ひとまとめ〉という意味で「一括」。①は「括弧」で、**①が正解**。②は「活気」。③は〈のどが渇いて水をほしがるように、しきりに望むこと〉という意味の「渇望」。④は〈物事がとどこおりなくすらすらと行われるさま〉という意味の「円滑」。

(オ)は、〈光や放射線などを当てること〉という意味で「照射」。

①は「傾斜」。②は「模写」。③は「遮断」。④は〈力の及ぶ範囲〉という意味の「射程」で、**④が正解**。

問２　傍線部の内容を問う問題

この問いでは、「歴史が記述する『過去の出来事』と個人が見る『夢』」との類似性が問われている。**【文章Ⅰ】**の[1]に、「直接に知覚することはでき」ない「過去の出来事」は「言葉による『語り（narrative）』を媒介にせざるをえない」と書かれている。また、[3]に、「夢はまぎれもなく実体験ですが、夢について『語る』という行為が伴わなければ、夢は私秘的な体験にとどまり、公共的な事実として認知されることはありません」と書かれている。「夢」は『語る』という行為が伴わなければ……認知されることはありません」とあるが、それは、「夢」が眠りから覚めた後でなければ意識化できず、そのときは「過去の出来事」と同様に「直接に知覚することはでき」ないものになっているからである。ここから、**a〈「過去の出来事」と「夢」の類似性は、両者とも直接に知覚することはできないため、言葉で語ることなしには公共的に認知された事実とはならないことだ〉**と言える。[4]の冒頭に、「歴史とは、何よりも公共的に認知された過去の事実にほかなりません」とあるが、「過去の事実」が「公共的に認知され」るのは、言葉で語られるからである。

aに合致する説明になっているのは⑤であり、**⑤が正解**。

①は、「客観的な証拠を示しつつ言葉で語ることなしには、公共的に認知された事実とはならない」という説明が不適当である。[4]には、「過去の事実」を「夢」から区別しているのは、「証拠（エビデンス）としての史料」だと書かれている。「客観的な証拠を示しつつ言葉で語る」のは「過去の出来事」であり、「夢」はそうではないのである。

②は、「歴史が記述する過去の出来事は共同的であり」という説明が不適当である。このようなことは**【文章Ⅰ】**には書かれていない。

③は、「個人が見る夢は知覚できる」という説明が不適当である。すでに確認したように、「夢」は眠りから覚めた後でなければ意識化できず、そのときには直接に知覚できるものではなくなっているのである。そして、直接に知覚できないからこそ、「言葉で語ることなしには公共的に認知された事実とはならない」のである。

④は、「歴史が記述する過去の出来事」が「実体験」だという説明が不適当である。[4]にあるように、「実際に自分が体験した想起的過去」が含まれることもあるが、一般に「体験しようにもできない歴史的過去」が「歴史が記述する」対象であるのは自明のことである。

問３　傍線部の内容を問う問題

この問いでは、「歴史記述を背後で支えているそうした制約」がどういうことかが問われている。

傍線部Bの前には、「通常の歴史記述においては、そうしたフィルターの存在は覆い隠されており、パースペクティブ性もとりたてて自覚されることはありません」とある。ここから、「そうした制約」が「そうしたフィルター」と「パースペクティブ性」を指していることがわかる。

まず、「そうしたフィルター」がどういうことを指しているのかを確認していこう。**【文章Ⅰ】**の[7]に、「したがって、歴史記述は幾重にもフィルターを掛けて撮影された写真のようなものだと言えます」とあり、「したがって」が受けているのは、[6]の次の部分である。「まず第一に、歴史家は過去の一部をなす膨大な歴史的証拠の中から、自分が有意味と認め、価値があるものと判断した史料を選択し、そうでないものを排除せねばなりません。その選択と排除は、すでに一つの解釈です。次いで歴史家は、それらの有意味な史料を整合的に理解し、因果的に関係づける独自のプロットを構想することでしょう。そこには、個々の歴史家固有の視点や史観が否応なく浸透しているはずです」。ここから、「そうしたフィルター」とは、**〈膨大な史料の中から有意味だと認めた史料を選択することに関与している歴史家の解釈〉と〈有意味な史料を関係づける一つのプロット（＝筋書）を構想することに浸透している歴史家固有の視点や史観〉**を指していることがわかる。

次に、「パースペクティブ性」とはどういうことかを確認してみよう。[7]では、「歴史記述は幾重にもフィルターを掛けて撮影された写真のようなものだと言えます。それは少なくとも、素朴実在論が想定するような、過去の事実を神の眼のような客観的視点からありのままに映し出したような写真ではありえません」という表現を受けて、「このような歴史記述のパースペクティブ性（視点拘束性）」と言っているので、「パースペクティブ性」とは、**〈歴史家が歴史を記述するときの視点には幾重にもフィルターが掛かっていること（＝視点拘束性）〉**を意味しているとわかる。

以上より、「歴史記述を背後で支えているそうした制約」とは、**a〈歴史は、膨大な史料の中から選択された有意味な史料を関係づける一つの筋書（物語り）として記述されるが、その歴史記述には、歴史家固有の視点、史観、解釈などが関与しているということ〉**だとわかる。「歴史家固有の視点、史観、解釈など」が「フィルター」に対応し、「歴史記述には、歴史家固有の視点、史観、解釈などが関与している」ことが、「パースペクティブ性」に対応している。

aに合致する説明になっているのは③であり、**③が正解**。

①は、**a**に適った説明になっていないので不適当である。「フィルター」に対応する説明も、「パースペクティブ性」に対応する説明もない。

②は、「歴史記述は過去の事実を客観的に写し取ることを目指さなければならない」という説明が不適当である。「過去の事実を客観的に写し取ること」は、[7]で筆者が否定している「素朴実在論が想定する」内容である。

④は、「歴史記述には書き手である歴史家の先入見やイデオロギーが無意識のうちに影響を及ぼしている」という説明は**a**に合致しているが、「歴史家がそのことを意識してしまうと歴史記述は立ち行かなくなってしまう」という説明が不適当である。傍線部**B**の「制約」はここまでの内容を意味していない。

⑤は、「物語りとしての歴史記述に」は「書き手の先入見や歴

史観が影響を及ぼしている」という説明はａに合致しているが、「歴史記述が成立するためには史料批判や物語り批判が欠かせない」という説明が不適当である。傍線部Ｂの「制約」はこのような内容を意味していない。また、5の最後で「歴史家は……史料批判の手続きを怠らない」とは書かれているが、「物語り批判」については【文章Ⅰ】に言及は見られない。

問４　傍線部の内容を問う問題

　この問いでは、「事実の意味付けが歴史である」とはどういうことかが問われている。

　傍線部Ｃの箇所は「事実の意味付けが歴史であるから、歴史が書き替えられるのである」となっており、「事実の意味付けが歴史である」ということが、「歴史が書き替えられる」ことの理由として書かれているので、同じように「歴史が書き替えられる」理由について説明した箇所を見てみよう。【文章Ⅱ】の4には、「歴史が見直され、書き替えられる理由は、歴史が常に現在の眼からする過去の把握であることにある」とあり、「歴史を把えるもの自身が歴史の変動の中に置かれているのであって、歴史認識はそのようなものとしてしか可能ではなく、歴史が書き替えられることは歴史認識にとって本来的なものである。歴史家はその現在の関心から、過去に問いかけ、過去を手繰り寄せ、歴史を構成するのである」とある。また、5の最後には、「歴史が書き替えられることの根拠は現在そのものの変動であった」とある。これらの箇所に「歴史が書き替えられる」ことの理由として書かれていることをまとめると、以下のようになる。**ａ〈歴史は変動する現在の中に置かれている歴史家が現在の関心から過去の事実の意味を把握することで構成されるものである〉**。変動する現在の中に置かれている歴史家の関心は変わるのであり、歴史家の関心が変われば、同じ過去の事実であっても、把握する意味は変わるため、「歴史は書き替えられる」のである。

　そして、「歴史が書き替えられる」ことの理由であるａは、同じく「歴史が書き替えられる」ことの理由として書かれている「事実の意味付けが歴史である」ことの説明になっているはずである。「事実の意味付け」とは〈変動する現在の中に置かれている歴史家が現在の関心から過去の事実の意味を把握すること〉であり、そのことで〈歴史が構成される〉から、「事実の意味付けが歴史である」と言っているのである。「事実の意味付け」と〈事実の意味の把握〉は同じことの別の表現である。

　ａに合致する説明になっているのは②である。②では「過去の事実を解釈すること」となっているが、「解釈」とは〈物事の意味を受け取る側から理解すること〉を意味するので、ａの「過去の事実の意味を把握（＝理解）すること」とほぼ同義の表現である。したがって、**②が正解**。

　①は、「歴史の変動の中にある歴史家が、その変動を超越した視点から過去を把握し」という説明が不適当である。「歴史家が、その変動（＝歴史の変動）を超越した視点」に立つといったことは、【文章Ⅱ】には一切書かれていない。

　③は、「歴史家が現在に役立てるために把握した過去」という説明が不適当である。【文章Ⅱ】の6の最後には、「歴史の研究の

視座が現在的であることと、研究成果が現在的有効性を持つか否かとは明らかに区別されなければならない」と書かれている。筆者は「歴史の研究の視座が現在的であること」は肯定しているが、「研究成果が現在的有効性を持つ」こと、つまり「現在に役立てるために」過去を把握することは否定しているのである。

④は、「歴史家は現在の関心から未来を展望する」という説明が不適当である。**【文章Ⅱ】**には「歴史が常に現在の眼からする過去の把握である」([4])とは書かれているが、「歴史家は現在の関心から未来を展望する」とは書かれていない。

⑤は、**【文章Ⅱ】**の[4]の最後の一文に書かれていることであるが、このことが理由で「歴史が書き替えられる」のではないので、傍線部Cの説明として不適当である。

問5　【文章Ⅰ】・【文章Ⅱ】の内容や表現を問う問題

選択肢の適否を順に検討して行く。

①について。**【文章Ⅰ】**の[7]にある「素朴実在論」については、「それ(=歴史記述)は少なくとも、素朴実在論が想定するような、過去の事実を神の眼のような客観的視点からありのままに映し出したような写真ではありえません」と書かれている。「歴史記述」を「過去の事実を神の眼のような客観的視点からありのままに映し出した」ものと想定するのが「素朴実在論」である。これと、**【文章Ⅱ】**の[2]にある「歴史は絶対的な過去自体が歴史家の虚心坦懐な実証研究を媒介として自ら再現するもの」というランケの考えとは、ほぼ同じである。したがって、①は適当であり、**①が正解**。

②について。たしかに、**【文章Ⅱ】**の[1]では「史料によって得られる事実」は「歴史の断片」でしかないと述べているが、同じ[1]で「歴史家は史料を離れることはできず、フィクションを案出することはできない」と述べている。**【文章Ⅱ】**も、「史料」が「過去の事実」の「拠って立つ足場」だと述べている**【文章Ⅰ】**と同様に、「史料」を重視しているのである。したがって、**【文章Ⅱ】**よりも**【文章Ⅰ】**のほうが「史料」を重視しているとしている②は不適当である。

③について。「歴史家は本来、過去の事実をあるがままに写し取るべきだという**【文章Ⅰ】**の筆者の考え」という説明が不適当である。①のところでも引用したように、**【文章Ⅰ】**の筆者は、「それ(=歴史記述)は少なくとも、素朴実在論が想定するような、過去の事実を神の眼のような客観的視点からありのままに映し出したような写真ではありえません」と書いている。つまり、「歴史家は本来、過去の事実をあるがままに写し取るべきだ」という考えを否定しているのである。

④について。たしかに、「**【文章Ⅱ】**の[4]では『歴史叙述』のあり方が『方法としての歴史の探究』のあり方に『逆行』していると述べている」が、「筆者はそう述べることで『歴史叙述』の欺瞞(=人をあざむき、だますこと)性を批判している」というようなことは、**【文章Ⅱ】**のどこにも書かれていない。したがって、④は不適当である。

⑤について。**【文章Ⅰ】**の[7]には、「歴史記述のパースペクティブ性(視点拘束性)」とあり、**【文章Ⅱ】**の[4]には、「自然が実測

の量的関係としてではなく遠近法（パースペクティブ）をもって人間の眼に映り、或る方向から見れば一面が影となって見えるように、歴史は或る立場から或る視野において、いわば展望的に眺められる」とある。「歴史は或る立場から或る視野において、いわば展望的に眺められる」とは、歴史を眺めるときの視点は眺める者の立場に拘束されているということを言っているのである。つまり、【文章Ⅱ】の[4]にある「パースペクティブ」という言葉も、【文章Ⅰ】の[7]と同じ「視点拘束性」の意味で使われているのである。したがって、「この言葉は【文章Ⅰ】と【文章Ⅱ】では同じ意味で使われていないと言える」としている⑤は不適当である。

問6 (i)【ノート1】の考察にある空欄を補う問題

この問いでは「歴史が書き替えられる」理由に該当する内容を【文章Ⅰ】に見出すことが求められている。

【文章Ⅰ】の[6]には、「まず第一に、歴史家は過去の一部をなす膨大な歴史的証拠の中から、自分が有意味と認め、価値があるものと判断した史料を選択し、そうでないものを排除せねばなりません。その選択と排除は、すでに一つの解釈です。次いで歴史家は、それらの有意味な史料を整合的に理解し、因果的に関係づける独自のプロットを構想することでしょう。そこには、個々の歴史家固有の視点や史観が否応なく浸透しているはずです」とある。ここで言われているのは、**〈歴史家が有意味なものとして選択した史料を関係づけて歴史を構成するところには、個々の歴史家固有の視点や史観や解釈が関与している〉**ということである。

このように、史料の選択と史料の関係づけに個々の歴史家固有の視点や史観や解釈が関与しているということは、**a〈歴史家が異なれば史料を選択する仕方、史料を関係づける仕方は異なる〉**ということであり、そうであれば必然的に「歴史は書き替えられる」ことになるだろう。

aに合致する説明になっているのは②であり、**②が正解。**

①は、「それら（＝歴史記述に入り込んでいる歴史家の先入見、イデオロギーなど）を取り除く作業を断続的に続けていかなければならない」という説明が不適当。【文章Ⅰ】の[8]の最後で、筆者は「歴史記述の有限性と視点拘束性とは……その成立条件にほかならない」と述べている。歴史記述に入り込んでいる「歴史家の先入見、イデオロギーなど」が歴史記述の視点を拘束しているものであり、このようなものによって視点が拘束されていることが歴史記述の「成立条件」なのであるから、それらを「取り除」いてはならないのである。

③は、「史料の歴史家ごとに異なる解読と分析が歴史記述のすべてを決定する」という説明が不適当。**a**にあるように、歴史記述は史料だけでは成立しない。史料の選択と関係づけが必要なのである。

④は、「歴史家がその制約（＝歴史記述が受ける制約）をどれだけ自覚できるかで歴史記述の内容は異なってくる」という説明が不適当。このようなことは【文章Ⅰ】には書かれていない。

問6 (ii)【ノート2】の考察にある空欄を補う問題

この問いでは、【文章Ⅰ】と【文章Ⅱ】を踏まえて、「歴史を特定の意図で都合のよいように『書き替える』」「歴史修正主義」に陥らない歴史記述のあり方を考えることが求められている。

まず、**【文章Ⅰ】**の中にその参考になる叙述を探してみよう。[4]に、「それ（＝過去の出来事に伴う実在意識）を支えているのは、実在との絆を形作っている広義の史料の存在にほかなりません。もし証拠（エビデンス）としての史料が消滅してしまえば……過去の事実は拠って立つ足場を失い」とある。ここから、「歴史修正主義」に陥らないためには、**a〈確かな証拠となるような史料に基づいて歴史を記述するように心がける必要がある〉**という内容を導き出すことができる。また、[8]には、「物語り論（＝歴史の物語り論）は、歴史記述を背後で支えているそうした制約（＝視点拘束性）を明るみに出し、それを自覚化するための分析装置だと言えます」とある。歴史を記述する際に、その視点が無意識のうちに自らの史観やイデオロギーの拘束を受けていたら、「歴史修正主義」に陥る危険がある。それを避けるためには、**b〈視点拘束性を自覚化する必要がある〉**だろう。

次に、**【文章Ⅱ】**の中に参考になる叙述を探してみよう。[4]に、「歴史が常に現在の眼からする過去の把握である」とあり、[6]に、「歴史の現在的把握は、しばしば多くの歴史家によって歴史を現在に奉仕させることとして理解されている」、「歴史の研究の視座が現在的であることと、研究成果が現在的有効性を持つか否かとは明らかに区別されなければならない」とある。ここから、「歴史修正主義」に陥らないためには、**c〈歴史が現在の眼からする過去の把握だからと言って、歴史を現在の目的にとって有効であるように書き替えたりしないように注意しなければならない〉**という内容を導き出すことができる。

以上の**a**～**c**に合致する説明になっているのは④であり、**④が正解**。「そこ（＝過去の解釈）には歴史家の立場が影響を与えていることを自覚し」という部分が**b**に合致し、「史料に基づいた実証的な記述を心がけ」という部分が**a**に合致し、「歴史は現在の視点からの過去の解釈であるが……過去を自分の立場に合わせて恣意的に書き替えたりすることのないように注意すべきである」という部分が**c**に合致している。

①は、「歴史は……過去の事実のありのままの再現を目指すもの」という説明が不適当である。**【文章Ⅰ】**では、「それ（＝歴史記述）は少なくとも……過去の事実を神の眼のような客観的視点からありのままに映し出したような写真ではありえません」[7]と、歴史が「過去の事実のありのままの再現を目指すもの」であることを否定している。また、**【文章Ⅱ】**でも、「マンハイムのいうように、歴史は現在生活の行為的関心を中心として把握され、そしてその関心もまた彼の立場によって拘束されているのである」（[4]）と、歴史が「過去の事実のありのままの再現を目指すもの」であることを否定している。

②は、「歴史家は、現在の関心にとって有効性を持つか否かという観点から歴史を記述するように心がけ」という説明が不適当である。**【文章Ⅱ】**の[6]の最後では、「研究成果が現在的有効性を持つか否か」ということを「学問的真理性の測定の基準」とすることは否定されている。

③は、「過去が歴史家の主観によって歪められないように注意すべきである」という説明が不適当である。**【文章Ⅰ】**の6では、「歴史家それ自身がやはり一枚のゆがんだ鏡であるほかはない」とある。**【文章Ⅰ】**の筆者は「過去が歴史家の主観によって歪められないように」することはできないと考えているのである。むしろ、歴史記述に「歴史家の主観」が介在することを、歴史記述の「成立条件」(8)だと捉えている。もちろん、**c**に示したように現在的有効性という観点から過去が書き替えられることは否定されているが、**b**に示したような「視点拘束性」をなくすことは不可能なのである。

第6問

解答

設問		正解	配点
問1	(ア)	⑤	2
	(イ)	②	2
	(ウ)	④	2
	(エ)	②	2
	(オ)	③	2
問2		③	8
問3		②	8
問4		④	8
問5		⑤	8
問6		③	8

出典

三浦佳世「視線の構造」（北山修　編『共視論　母子像の心理学』二〇〇五年　講談社）の一節。一部ふりがなを付した箇所がある。

三浦佳世（みうら・かよ）は、一九五二年、京都生まれの心理学者。感性認知学、知覚心理学などを専門とする。『知覚心理学が明かす名画の秘密』『知覚と感性の心理学』などの著書がある。

本文解説

絵画を鑑賞するということは、そこに描かれているものをただ客観的に捉えるということではない。鑑賞者は、絵画を見ながら想像を膨らませ、そこに描かれていないものを見出し、さまざまな解釈を行うことで、絵画を享受している。本文は、江戸時代の絵画を素材にして、それを見る者の想像力のあり方やそこから生じる多様な解釈について、心理学の立場から考察した文章である。本文は、十三の段落からなるが、ここでは前半と後半に分けて解説していく。

Ⅰ　指さしによってあらわれる主観的輪郭（第１段落〜第４段落）

江戸時代の僧侶・仙厓の描いた絵に、老人と子どもが天を仰いで笑っている作品（**図１**）がある。老人は斜め上方を指さしており、二人はその先にある何かを「共に見て喜んでいるようである」。絵には「お月様いくつ、十三七つ」という「賛（＝画中に書きこむ詩や文）」がついているので、二人は月を見ているらしい。そう思って絵を見直すと、老人が指さしている左上の余白に、満月に近い月が見えてくるような気もする。こうした現象は心理学で言う「主観的輪郭」と類似している。「主観的輪郭」を図示したものとしては、心理学者のガエタノ・カニツァの作画した「カニツァの三角形」（**図２**）がある。この図では輪郭線が書かれていないにもかかわらず、「白く明るい三角形が手前にありありと浮き出て見える」。しかも、この絵に三角形の輪郭線を書きこんでしまうと、かえって「迫力がなくなってしまう」。つまり、輪郭線が書かれていない方が、より「力強い輪郭を認めることができるのである」。「主観的輪郭」を明瞭に示すために書かれた**図2**と違い、**図1**の仙厓の絵では、「主観的輪郭」の効果は明瞭ではないが、「輪郭線を用いず、主観的にそれを認めさせる」ことは、この絵の主題に合っている。（第1段落・第2段落）

仙厓のこの絵は「指月布袋」と呼ばれている。画中の老人は布袋＝弥勒菩薩で、指さしている先にある月は「仏の教え」を、月をさしている指は仏教の「経典」を象徴しているとされている。そして、指先＝経典にばかり気をとられず、その先にある月＝仏の教えに気づくことの大切さを教える絵だと言われている。仏の教えは目に見える形で描くことはできない、心で気づくしかない、ということであれば、主観的輪郭によって見る者が描かれていない月を見出すということは、この絵の主題に合っているのである。主観的輪郭が明瞭に浮かびあがる**図2**と違って、それが明瞭ではないことも、仏の教えに気づくことの難しさを表していると考えれば、「一層、絵の意図に合っているともいえる」。（第3段落）

指さしている先にある対象に気づくことは、人間以外の動物には難しいことである。犬に指さして何かを示しても、犬は指先を見るばかりで指しているものに注意を向けることはない。「指しているもの」と「指されているもの」の関係性を理解できないのである。発達心理学では、「相手の注意している対象に気づき、それに目をやって共に見ること」を「共同注視」と言うが、それができるためには、相手が「心」をもった存在であることに気づくことが必要だとされている。相手に「心」があることに気づき、その意図や感情を読みとることができるから、視線や指さしで「指示されているもの」に注意を向けられるのである。したがって、共に同じものを見て、それに注意を向けることは、「相手と心を通わせること」になる。（第4段落）

図1と図2の主観的輪郭
- **図2**（カニッツァの三角形）……明瞭な主観的輪郭が浮かび上がる

⇔

- **図1**（指月布袋）……主観的輪郭の効果は明瞭でなく、形がはっきりと浮かび上がってこない

→目に見えないもの（月＝仏の教え）に気づくことの難しさが、かえって絵画の主題に合っている

指さし→指さしている先にあるものに注意を向ける
- 人間以外の動物には困難なこと
- 相手の意図や感情を読みとることが必要

II　情報の欠落や曖昧さ（第5段落〜第13段落）

「ないものを共に眺める」絵画の例として、ここでは喜多川歌麿の浮世絵「風流七小町　雨乞」（**図3**）を採りあげている。母とその腕に抱かれた男児が、共に傘にあいた「穴」を見ているという構図である。**図1**とは違い「穴」は描かれているが、それが「穴」という空白を見ているのであれば、「ないもの」を見ているというこ

とにもなる。（第5段落）

絵画を見ているとき、意識の対象となるものを「図」、背景など意識の対象にならないものを「地」とするなら、「穴」は本来「地」としての存在である。しかし、その存在に気づき、意識を向けたとたん「穴」は「図」に変わる。画中の母子は、傘の穴に気づき、傘の役目をなさない傘を見て楽しんでいるのだろうか。しかし、次の瞬間、二人は穴を通して見える向こう側の世界に気づくのではないか。するとまた「穴」は「地」に戻ってしまう。このように絵を見ている者の意識の移動にともない、画中の母子が見ているものは次々と意味を変える。絵を見る者は、そこに時間軸に沿って紡がれる「物語」を見出すことになり、そこからさまざまな解釈が生まれる。（第6段落）

二人が見ているのは、穴の向こうにある「もうひとつの現実」かもしれない。たとえば、二人は絵には不在である父親の象徴する現実世界を共に眺め、楽しんでいるのかもしれない。（第7段落）

精神分析学者の北山修は、浮世絵の母子が「はかなく消えゆく」ものや「立ち去りゆく」ものを、共に見ていることが多いことに注目している。そう考えれば、穴の向こうの世界に気づいた幼児は、いつしか母のもとを離れて、あちら側の世界に行ってしまうことを暗示しているのかもしれない。母子の共視の構図を、子どもの巣立ちとそれに対する母の幻滅の象徴としてみれば、「穴」の「図」と「地」の反転の中に、「二人をひとときつなぐ物語」を読みとることもできる。母は、「子どもにいずれは訪れる旅立ちを予感し、幼児をつなぎ止めようと腕に少し力を入れ」ているのかもしれない。

描かれていないこと、すなわち「情報の欠落が、見る者の想像力を借りて、より豊かな世界を創出する」。歌麿の浮世絵で欠落しているのは、傘の穴だけではない。ほかにも多くの情報が欠落している。幼児は後ろ姿なのでその視線や表情は描かれていないし、「引目鉤鼻（ひきめかぎばな）」で描かれた母親の視線は曖昧で、本当に傘の穴を見ているかどうかはわからない。母と子が、共に傘の穴を見、さらに穴の向こうの情景を見ていると思うのは、絵を見ている者の期待を込めたひとつの「解釈」でしかない。さらに、描かれた女性と幼児が、母子であると決めつけることもできない。美しい母親に抱かれて、現実世界を遠くから眺めていたいという鑑賞者の欲望を反映しているのかもしれない。現実社会としての背景が何も描かれていないことも、鑑賞者の現実がそれぞれ異なるからだと考えることができる。（第8段落～第10段落）

このように、「さまざまな情報の欠落や曖昧さが、この絵を見る者に多様な解釈を許し、自らの物語を紡ぎだすことを可能にする」。すなわち、欠落や曖昧さを鑑賞者がそれぞれの想像力で補い、自分なりの「物語」を絵画のなかに読みとっていくのである。歌麿はこの絵にそうした「仕掛け」をいくつも施しており、傘の「穴」が「図」と「地」の間で転換するのも、そうした「仕掛け」の一つであると考えられる。芸術では、鑑賞者が自分の「イメージを作品に投影できる余地を残しておくことが重要」であり、そうした「たしかな曖昧さ」が「物語」を生むのである。（第13段落）

図3（風流七小町　雨乞）
・傘の穴が「地」から「図」へ、「図」から「地」へと転換する
→絵画の中に多様な物語が紡ぎだされる
←
・情報の欠落や曖昧さ
→絵を見る者に多様な解釈を許し、自らの物語を紡ぎだすことを可能にする
→絵の作者が用意した仕掛けである

設問解説

問1　漢字の知識を問う問題

(ア)は、〈この上もなく難しいこと〉という意味の「至難」。①は〈資金を融通すること〉という意味の「融資」。②は〈身分の高い者が金品をくださること〉という意味の「下賜」。③は〈堅く守って変えないこころざし〉という意味の「志操」。「志操堅固」という四字熟語でも用いられる。④は「一糸乱れず」という慣用句で、〈少しも乱れず整然としているさま〉を表す。⑤は「夏至」で、**⑤が正解**。

(イ)は、〈二者の間に入って仲立ちをすること〉という意味の「仲介」。①は「解雇」。②は「介抱」で、**②が正解**。③は〈思いを述べること〉という意味の「述懐」。④は〈こころよく承諾すること〉という意味の「快諾」。⑤は「皆勤」。

(ウ)は、〈幻想からさめて現実にがっかりすること〉という意味の「幻滅」。①は「根源」。②は「極限」。③は〈ほどよく調節すること、控えめにすること〉という意味の「加減」。④は「幻想」で、**④が正解**。⑤は〈籾殻（もみがら）を除いただけで、精米していない米〉という意味の「玄米」。

(エ)は、〈ものごとのよりどころ／よりどころとなる理由〉という意味の「根拠」。①は〈どのように身を処するかという態度〉という意味の「去就」。②は「拠点」で、**②が正解**。③は〈順に並べあげること〉という意味の「列挙」。④は「虚心坦懐」という四字熟語で〈わだかまりがなく、心がさっぱりしているさま〉という意味。⑤は「特許」。

(オ)は、〈影響が及んであらわれること〉という意味の「反映」。①は〈たびたび起こるさま〉という意味の「頻繁」。②は〈判断や行動をする際に従うべき基準や規則〉という意味の「規範（軌範）」。③は〈組織や体制に逆らうこと〉という意味の「造反」で、**③が正解**。④は〈荷物などを運び送ること〉という意味の「搬送」。⑤は〈半分ずつに分ける〉という意味の「折半」。

問2　傍線部の内容を問う問題

指でさしてその先にあるものに相手の意識を向けさせ、共に見るという、「指さしの行為」についての筆者の捉え方が問われている。「指さし」という行為については、第4段落に説明されていることに着目したい。その部分の内容を整理していこう。

指でさして、その先にあるものに注意を向けさせることは、「進化論的には容易なことではない」。例えば、犬に対して何かを

指さして示そうとしても、犬は指先を見るだけである。「指しているもの」と「指されているもの」の関係性を理解することを、発達心理学では「共同注視」と言うが、それが可能になるには、相手が「心」をもった存在であることに気づき、「その相手の意図や感情を読み」とることが必要だとされている。

以上のことから解答のポイントは

a　子どもは指さしている老人の感情や意図を読みとっている

b　（aによって）子どもは老人の指さしている先にあるものを共に見ることができる

この内容が簡潔にまとめられている**③が正解**。

①は、「月が象徴している仏の教えは、幼い子どもであっても理解できる明らかなものである」が間違い。傍線部の少し後に「どうやらふたりは月を見ているらしい」とあるので、「老人の指さす先にある」のが「月」であり、それを子どもが「共に見」ているとは言えるが、「月が象徴している仏の教え」が「幼い子どもであっても理解できる明らかなものである」とは本文にまったく述べられていない。

②は、「言葉や絵画で具体的に示すことのできないようなものでも、指さすという行為によって伝えることが可能になる」が間違い。第3段落には「指さしている先にある月は仏の教え、月を指している指は仏の教えを説いた経典を象徴するものだとされている」とあり、「仏の教えあるいは悟りは目に見える形で描くことはできず、心で気づくしかない」とある。ここから、「指さすという行為によって伝えることが可能になる」のは「目に見える」「月」であり、「月」が「象徴」している「仏の教え」のような「言葉や絵画で具体的に示すことのできないようなもの」ではない、ということがわかる。

④は、「老人が指さしている教えは、幼い子どものように素直な者にしか感受できないものである」が間違い。②で確認したように、「老人が指さしている」のは「教え（＝仏の教え）」ではなく「月」である。また、「仏の教え」が「幼い子どものように素直な者にしか感受できないものである」とは本文のどこにも書かれていない。

⑤は、「互いに相手を慈しみ合うような濃密な人間関係が条件となっている」が間違い。**a**・**b**に示したように、「指さされた対象を共有」するには、相手の意図や感情が読みとれればいいのであって、「濃密な人間関係が条件」とはならない。

問3　本文を踏まえた図1・2の説明を問う問題

図1「指月布袋」や**図2**「カニッァの三角形」について説明されている、本文の第1段落から第3段落の内容をまとめてみよう。

図1では、「老人のさしている指先の何か」を老人と子どもが共に見ている。絵の「賛」に「お月様いくつ、十三七つ」とあるので、二人は月を仰ぎ見ているのだろう。そう思って絵を見ていると、老人の指さす先に月があるように感じられる。これは心理学における「主観的輪郭」に類するものだと考えられる。**図2**は、この「主観的輪郭」を示す図であり、輪郭線が書かれていないのに、「白く明るい三角形が手前にありありと浮き出て見える」。

この絵では、輪郭線で描かれるより描かれていない方が、三角形が明瞭に見えるのである。**図1**では、こうした「主観的輪郭」の効果はあまり明瞭ではなく、月は必ずしもはっきりとは浮かび上がってはこないが、そのことがかえって絵の主題に合っている。この絵は仏教の教えを描いたものであり、「指さしている先にある月は仏の教え、月を指している指は仏の教えを説いた教典を象徴」している。そして「大事なのは指先（＝経典）に気をとられることではなく月（＝仏の教え、真実）に気づくことだ」ということを教えているのであり、それがこの絵の主題なのである。そうなると、「主観的輪郭」の効果が明瞭ではなく、月がはっきりと浮かび上がってこないことは、仏の教えは「心で気づくしかない」という「絵の意図に合っている」と言える。

以上の内容を整理しよう。

a　図1と図2には、ともに主観的輪郭の効果が認められる

b　図1は、図2ほど主観的輪郭の効果が明瞭ではない

c　図1では月の形がはっきりと浮かび上がってこないことが、かえって絵の主題に合っている

こうした内容が説明されている**②が正解**。

①は、まず「**図1**の主観的輪郭は偶然の産物である」が間違い。画中の賛から老人が月を指さしていることは明らかであるにもかかわらず、それが描かれていないことから、仙厓があえて月を描かなかったと理解することができる。また、「仏の教えの深淵さを表すものとして、見る者の信仰心を高める」も間違い。**図1**にこのような効果があるとは本文のどこにも書かれていない。

③は、「**図1**ではそれ（＝主観的輪郭）を曖昧な形でしか示していない」のは、「仏の教えという不確かなものを表そうとしたからである」という説明が間違い。第3段落には「仏の教えあるいは悟りは目に見える形で描くことはできず、心で気づくしかない。となると、月を輪郭線で描くより、主観的輪郭線によって見る者が月をそこに見つけることの方が絵の意図に合う。……形が明瞭に浮かび上がってこない分、それに気づくことが難しく、一層、絵の意図に合っているともいえる」と書かれている。ここから、**図1**の絵を描いた仙厓が「月を輪郭線で描」かず、「月」＝「仏の教え」は「心で気づくしかない」ものであることを示そうとした、とは言えるかもしれない。しかし、仙厓が意図して「主観的輪郭」を「曖昧な形でしか示」さなかった、とは言えない。「月を輪郭線で描」かなかった結果として、「主観的輪郭」が「明瞭に浮かび上がってこな」かっただけである。また、仙厓が**図1**の絵で示そうとしたのは「仏の教え」が「心で気づくしかない」ことであり、「仏の教え」の「不確かさ」ではない。

④は、「絵画の持つ宗教的含意を理解した者だけがそこに月を思い描くことができる」が間違い。第1段落では、**図1**について「画中の賛を読むと『お月様いくつ、十三七つ』とあって、どうやらふたりは月を見ているらしい」と述べられている。「絵画の持つ宗教的含意を理解し」ていなくても、「画中の賛を読」めば、だれでも「そこに月を思い描くことができる」のである。

⑤は、「絵（**図1**）を見つめているうちにはっきりと月の姿が浮かび上がってくる」が間違い。第3段落に「形が明瞭に浮かび

上がってこない」と書かれている。

問４　本文を踏まえた図３の説明を問う問題

図３「風流七小町　雨乞」について説明されている本文の第５段落以降の内容を確認しよう。

　描かれている母子が、傘にあいた穴を見ていると思うと、鑑賞者の意識の対象にのぼらない「地」であった傘の穴が、とたんに意識の対象となる「図」に変わる。そして鑑賞者は「画中の母子は穴に気づいて」、「役目をなさない傘を見て楽しんでいるのだろう」というように思うかもしれない。「しかし、つぎの瞬間、二人は穴を通して見える向こう側の世界」に気づいているのだと考えると、傘の穴はふたたび「地」に戻ることになる。鑑賞者の「意識の移動に伴い、二人（＝画中の母子）の見ているものはつぎつぎと意味を変え」ていく。すなわち、鑑賞者の意識の変化にしたがって、そこに「物語」が紡ぎだされるのである。（第６段落）

　では、この画中の母子について、どんな「物語」が紡がれるのだろう。穴の向こうに「もうひとつの現実」を見出すと、母と子は自分たちの「閉じられた関係の外側で展開される第三者の世界」を「共に眺め、楽しんでいる」と解釈することもできる。（第７段落）

　あるいは、穴の向こうの光景に「目を奪われた幼児は、いつしか母のもとを離れ、あちら側の世界へと踏み出すことになる」という「物語」を読みとることもできる。すると母は、「いずれは訪れる旅立ちを予感し、幼児をつなぎ止めようと腕に少し力を入れ」ているのかもしれない、と思えてくる。（第９段落・第10段落）

　このように絵を見る者が、さまざまな解釈をして、豊かな「物語」を紡ぐことができるのは、「情報の欠落」が「見る者の想像力」を刺激するからである。そう考えてあらためて絵画を見ると、実は母子の視線は明瞭に描かれていない。母子が傘の穴を見ていると思うのは、「この絵を見る側の期待」によるものなのである。（第11段落）

　すなわち、「絵を見る者に多様な解釈を許し、自らの物語を紡ぎだすことを可能にする」ために、絵の作者である歌麿は、情報の欠落や曖昧さという「仕掛けを幾重にも用意した」と考えられる。（第13段落）

　以上のことを踏まえて、この絵の特徴を整理すると次のようにまとめることができる。

a　鑑賞者が、画中の母子の視線が傘の穴に向けられていると思うと、穴は「地」から「図」に変わり、母子の視線が穴の向こうに広がる世界に移ったと思うと、穴は「図」から「地」に戻る

b　そうした転換は、情報の欠落や視線の曖昧さによって起きるものであるが、それは多様な解釈を鑑賞者に許すために作者が用意した仕掛けである

　このような絵画の「仕掛け」が的確に説明されている**④が正解。**

　①は、「傘にあいた穴に気づくと二人の視線はそこに向けられ

ていると感じてしまうのは、絵画を見る者の視線と母子の視線とが一体化してしまうからである」が間違い。母子の視線が穴に向けられていると感じるために、「絵画を見る者の視線と母子の視線が一体化」する必要はない。「絵画を見る者」が「母子の視線」を客観視しても（＝距離を置いて見ても）、母子の視線が穴に向けられていると感じられるはずである。

②は、「母子の視線を通して穴の向こうにもうひとつの世界を明確に浮かび上がらせる効果を持っている」が間違い。第11段落には、傘に穴があいていて、母子の視線が曖昧であるために、「母と子が共に傘にあいた穴を見、あるいは穴の向こうで展開される景色を楽しんでいる」という解釈が可能になっている、と書かれている。しかし、母子の視線が穴の向こうに捉えている「もう一つの世界」が「明確」なものだとはどこにも書かれていない。

③は、「二人だけの世界に安住することのできる幸福な関係が描かれている」と断定している点が間違い。第7段落には、そのような「幸福な関係」が説明されているが、これは見る者が思い描く解釈の一つに過ぎない。第10段落には、「共視の構図は子どもの巣立ちとそれに対する母の幻滅を象徴している」という、これとは対照的な解釈が示されている。

⑤は、子どもの「表情や視線を意図的に隠す」という情報の欠落や曖昧さを、「母の腕に抱かれるぬくもりを実感したいという欲望を満たす働き」に限定している点が間違い。情報の欠落や曖昧さは「多様な解釈」を許すための仕掛けである。

問5　傍線部の内容を問う問題

第5段落～第10段落までは、図3の傘にあいた穴という欠落が、絵を見る者にさまざまな「物語」を紡ぎだすことが説明されていた。傍線部はそうした内容を踏まえて「情報の欠落が、見る者の想像力を借りて、より豊かな世界を創出する」と述べているのである。さらに、情報の欠落として「幼児の視線や表情」も描かれていないことや、母の視線方向も曖昧であることが指摘されている。

そして、第13段落では「さまざまな情報の欠落や曖昧さが、この絵を見る者に多様な解釈を許し、自らの物語を紡ぎだすことを可能にする」と説明されている。つまり、情報の欠落は「見る者の期待するイメージを作品に投影できる余地を残しておくこと」であり、絵を見る者はそのイメージをきっかけにして作品の中に「自らの物語を紡ぎだす」のである。このことから、第7段落から第10段落、第12段落に述べられている多様な絵の解釈も、「情報の欠落や曖昧さ」によって紡ぎだされる、絵を見る者の「物語」なのだということがわかる。

以上のことから傍線部の内容は次のようにまとめることができる。

a　情報の欠落は多様な解釈を許容し、絵を見る者の想像力を刺激する

b　（aによって）絵を見る者は絵画の中に自らの物語を紡ぎだすことができる

これらがまとめられている**⑤が正解**。

①は、「情報の欠落はかえって絵画の主題を明確なものにする」が間違い。情報の欠落は絵画に多様な解釈を許容するものであり、「主題を明確なものにする」のではない。

②は、「隠された作者の真意をより深く読みとろうとすることになる」が間違い。絵画の中に読みとる「物語」は、それぞれの鑑賞者自身のものであり、「作者の真意」ではない。

③は、「平面的な絵画に立体感をもたらしている」が間違い。そうした視覚的効果は本文では説明されていない。

④は、「絵を見る者の視線を一定の方向に誘導する」が間違い。「絵を見る者の視線」を方向づけるのは、見る者それぞれの意識や「期待」であり、「欠落した情報」が「絵を見る者の視線を一定の方向に誘導する」のではない。

問6　本文の論旨を問う問題

本文の論旨に照らして明らかな誤りを含む意見や感想を選ぶ問題である。選択肢を本文と照らし合わせながら検討していこう。

①について。人間以外の動物に、指さした先にあるものへ注意を向けさせることは極めて難しい、という第4段落の論旨に基づく感想である。

②について。**図1**、**図2**では、描かれていないものを捉える「主観的輪郭」が説明され、**図3**からは、情報の欠落や曖昧さが見る者の主観によってさまざまな解釈を生み、絵画のなかに「物語」を読みとることが説明されていた。この意見はそうした論旨に基づいたものである。

③について。第13段落の冒頭に「さまざまな情報の欠落や曖昧さが、この絵を見る者に多様な解釈を許し、自らの物語を紡ぎだすことを可能にする。歌麿はそうした仕掛けを幾重にも用意したのだろう」とある。ここから、絵画のなかに生まれる物語は、鑑賞者それぞれのものであり、作者はそのような多様な物語が生まれるように、様々な仕掛けを用意したことになる。したがって、「作者がその作品に託した物語」を、鑑賞者は「正しく理解することが大切」だとするこの意見は、本文の論旨から明らかにはずれている。したがって、**③が正解**である。

④について。第12段落に絵画の中の母に抱かれた幼児の姿に「自らの思いを投影する鑑賞者」と述べられており、これも絵画鑑賞のひとつのあり方であるとされている。この意見はこうした論旨に基づいたものである。

⑤について。**図3**の母子の関係について、第7段落では「母と子の閉じられた関係」として両者の絆が指摘されているが、第9段落・第10段落では「いつしか母のもとを離れ、あちら側の世界へと踏み出す」「いずれは訪れる旅立ち」というように、母子の絆の「はかなさ」を読みとる解釈が紹介されている。この意見はこうした論旨に基づいたものである。

第　二　部

第1問

解答

設問		正解	配点
問1	(ア)	③	4
	(イ)	④	4
	(ウ)	①	4
問2		④	8
問3		⑤	7
問4		②	7
問5		③	8
問6		⑤	8

出典

高橋昌男「夏草の匂い」（『巷塵』文芸春秋　一九七七年　所収）の一節。途中ふりがなを付した箇所がある。

高橋昌男（たかはし・まさお）は、一九三五年東京生まれ。慶應義塾大学在学中から「三田文学」の編集に従事する。卒業後、広告代理店勤務を経て創作活動に入る。主な著書に『蜜の眠り』『夏至』『音無川絵図』『饗宴』などがある。一九九七年、文芸評論集『独楽の回転』で、平林たい子文学賞受賞。二〇一九年没。

本文解説

本文は、幼い頃に戦争で父を亡くし、戦中戦後を母とともに生きてきた少年を描いた小説の一節である。

前書きに説明してあるように、康之と母は空襲で家を焼かれ、戦後は母の姉である伯母を頼り、その家で生活していた。前夜、康之の些細な行動がきっかけになり、母と伯母はいさかいを始めたが、母は異常に興奮してしまい、その姿は康之に恐れを感じさせるほどのものだった。翌朝、母の気持ちは治まっているかのように見えたが、康之は前夜の母の様子を忘れられないまま学校へ出かけた。本文はそれに続く部分である。

康之は学校でも昨夜の母のことを考えていた。そして母が空襲で燃えさかる焔（ほのお）を見ながら「何だか死んでもいいという気になった」と、いつか話していたことを思い出し、いっそ母がそのとき死んでいればよかったとも考えたりした。そうすれば伯母と争ったり、幼い自分を抱えて苦労しなくてすんだのにと。そんな彼の心の中には、母にすまないと思う気持ちと自分だって生きたくて生きているのではないという、相反する気持ちが複雑に絡み合っていた。

康之が下校しようとすると、校門の外に母が待っていた。母は余所（よそ）行きの着物姿で康之を呼び止め、不審に思って尋ねる康之に答えもしないで歩き出した。しばらく歩くと母は、話し始めた。母は今朝もまた伯母とけんかになったと言った。康之は前夜のけんかも自分のことはきっかけにすぎず、本当の原因は別にあることを知っていたが、自分のことが原因でまた争いが起きたのかとわざと聞いてみた。母は「今度はお母さんのこと」と否定したが、それ以上のことは「大人どうしの話」だといって話してくれなかった。康之が子供あつかいされたと感じ憤慨していると、母は快活な口調で、今日は父の墓参りをかねてピクニックへ行ってお弁当を食べよう、その後は新宿へでも行って遊ぼうと言う。腹が立ったから伯母の家を飛び出してきてしまったと言うのである。

康之は、墓参に行くという言葉に不審な思いを抱きながらも、母が気分転換のためにそこへ行くことを望んでいるのだと考え、母に従う。

墓のある菩提寺まで二人は言葉少なに歩いていった。寺も戦災で焼け、雑草が茂っている。線香を買い求め、二人は墓地へ通じる石段を降りていった。人影のない墓地で、二人は簡単に墓参を済ませると、お弁当を食べ始めた。お弁当は薩摩芋入りの握り飯だった。戦後でまだ食糧事情の悪い時代なので、ご馳走といってもそれだけだと康之が思っていると、母は笑いながら「取って置きのものを持ってきた」と言って、缶詰のコンビーフを出した。康之は喜んで歓声をあげた。それは戦死した軍人の遺族に特別配給されたものの残りで、母が大事にしまっていたものだった。なぜそれを今日惜しげもなく食べようとするのか、と考えると康之は突然不安になった。今日の母は余所行きの身なりをし、薄く化粧までしている。康之は子供なりに、今日の母はやはり普通ではないと感じ、もしかしたらまた「何だか死んでもいい」という気持ちになっているのではないかと疑う。

食事が終わり、不安を抱きながら康之が母の顔を窺(うかが)っていると、母は突然立ち上がり「きょうは思いっきり愉(たの)しくあそびましょうよ」と明るく誘ってきた。康之は普段とちがう母の言動にますます不安を募らせるが、そんな不安を隠し精いっぱい無邪気を装って、ジャンケンをして階段を上る遊びを提案した。

遊びが始まると偶然にも康之が続けて四回勝ち、彼だけが石段を上り母との距離がずいぶん離れてしまった。母はまだ石段の一番下、墓地の中の父の墓前に一人残され、自分だけが墓地から離れていく。偶然とはいえそんな状況になったことに康之の気持ちは動揺する。康之は母にも勝ってもらおうと必死になってジャンケンをするが、その動作さえも母との別れの手を振る動作のように感じられ、不吉な思いが増していく。康之はいっそう大げさな身振りで、声を張りあげるが、その声もむなしく空に消えていくように感じられた。

今回の問題では、まず戦後という時代状況を踏まえて読解するということに注意してほしい。また物語が少年を主人公としており、そこには少年が少しずつ大人の世界の事情を理解していく、微妙な心理が描かれていることも読み取ってほしい。

設問解説

問1　語句の意味を問う問題

(ア)の「かまびすしい」は、〈騒がしい／やかましい〉という意味。したがって、**正解は③**。⑤の「甲高い」は〈声の調子が高く鋭い〉の意味。

(イ)の「裏腹な」は、〈あべこべの／反対の〉という意味。したがって、**正解は④**。

(ウ)の「佇んでいる」は、「佇む」が〈しばらくの間立ち止まっている〉という意味なので、ここでは〈じっと立っている〉という①が正解。

問2　傍線部の「母」の心情を問う問題

母は、傍線部の直後で母の様子を不審に思った康之の問いに何も答えず歩き始める。しばらくして話し始めた、母の言葉に着目したい。

母はまず、今朝も伯母とけんかしたことを話し、その事情については康之に詳しいことは説明せず、その後「ことさら快活な口調」で、墓参りをかねたピクニックに誘う。そして「お母さんね、じつは腹が立ったので、あの家を飛び出してきたの。きょうは遅くまで帰らないつもり」と自分の気持ちを康之に話している。この言葉は子供である康之に対するものであるから、必ずしもすべての思いを語っているというわけではないだろうが、だからといって「嘘」を語っているわけでもないだろう。したがってここから、〈姉である伯母と争うばかりの生活に嫌気がさし、一時でもそこから解放されたい〉〈今日一日はそんな日常を忘れ息子と愉しい日を過ごしたい〉〈そのため精いっぱいのおしゃれをしてきた〉という思いがうかがえる。このような内容を端的に説明している④が正解となる。

①は、「夫が生きていた頃の幸福な家庭生活を偲びたい」が本文からはうかがえないので不適当。「ううん、お墓参りなんかどうでもいいの」という、「墓参」自体をあまり重視していない母の言葉から、このような思いをうかがうことは不自然である。

②は、「母親らしいきちんとした身なり」にも、「醜い大人の争いをしたことを取り繕おう」にも具体的な根拠がなく、またいやな日常を忘れて息子と愉しい時間を過ごそうという思いについて触れていない点でも不適当。

③は、「これからは自分の幸福だけを大切にしていこう」という内容にまったく根拠がない。これでは康之のことも、どうでもよいと考えていることになる。

⑤は、「今日からは人目をはばかることなく生きていこう」が間違い。母の言葉に表れているのは「今日だけは」という思いであって、これから先どうしようと思っているかはうかがえない。

問3　傍線部の「康之の言葉」の意図を問う問題

傍線部前後の内容を整理していこう。

傍線部の直後に「それは誘導訊問にすぎなかった」とある。「誘導訊問」とは、犯罪者を取り調べるときに自分の欲する供述を暗示し、それを誘い出すような質問をすることだが、ここではどのようなことを言っているのだろうか。昨夜の母と伯母のけんかの原因が本当は自分のことではないことを、彼は「今朝、便所で立ち聞きしたことから」「確信していた」とあることに着目したい。康之はそれを知っていながら今朝のけんかの原因について「ぼくのことで？」と「訊き返した」のである。すなわち〈自分のことが原因でないと知っていながらあえてそう訊ねたのは、そう訊ねることで喧嘩の本当の原因が知りたかった〉と考えるのが「誘導訊問」の意味として妥当だろう。そのことは母が喧嘩の原因を「大人どうしの話」として話さないことに康之が「憤慨」していることからも確認することができる。したがって**正解は⑤**となる。

①は、「諍い（いさかい）の原因が自分にあることに傷つき」が明らかに不適当。

②は、「それ（＝諍いの原因が自分のことであること）を母の口からはっきり否定してほしい」が間違い。康之は自分が原因でないことをすでに確信しており、むしろ母が「大人どうしの話」と言う本当の理由を知りたがっている。

③は、「母を困らせてやろう」が不適当。けんかの本当の理由を知りたいという気持ちはあっても、それで「母を困らせてやろう」という意地悪な思いは本文に述べられていない。

④は、「諍いの原因が自分にあるのかどうかをはっきり確認する」が不適当。昨夜の諍いを含め本当の原因が自分ではないことは「確信」している。

問４　傍線部の理由を問う問題

傍線部前後の内容を整理していこう。

まず傍線部の直前に「彼は胸をしめつける不安に抗い（あらがい）ながら」とあることに着目する。そしてこの「不安」は傍線部の前の段落末尾の「お母さんはいままた、『何だか死んでもいい』という気になっているのだろうか」と感じたことによるものであるとわかる。さらにこの「何だか死んでもいい」というのは、母が空襲のときに感じたこととして聞いた言葉であることが、第1段落にあった。それを康之は自分も感じたことのある生きることへの「無力感」のようなものだと考えていた。

文脈を踏まえてまとめてみよう。伯母とまたけんかをし、腹を立てて伯母の家を飛び出して来たと言う母。「余所行きの身なり」をし、化粧をして、今まで大切にしていた「コンビーフを惜しげもなく振舞う」母を、康之はふだんの母と違うと感じ、以前に聞いた母の言葉がよみがえり、今の母がまたそのときと同じように「死んでもいい」と考えているのではないかと感じる。そうした不安を感じて母の顔を窺っていると、「母は彼の心の裡（うち）を読み取ったかのように」立ち上がり、「思いっきり愉（たの）しくあそびましょうよ」と誘う。〈康之は母に対する不安を口に出せず、かえって無邪気に振舞うことでそうした不安を母に気づかせまいとした〉のである。したがって**②が正解**となる。

①は、「母の負担になるのならいっそ死んでしまいたい」が不適当。第1段落に「ぼくだって生きたくて生きているのではない」とはあるが、今の康之が死にたいと思っていると考える根拠にはならないし、直前の「不安」の説明にもならない。

③は、「自分もすでに大人の事情がわかるほどに成長したことを、母には隠しておきたい」が間違い。康之は母が「大人どうしの話」として自分を子供扱いすることにむしろ「憤慨」していた。

④は、「これからの生活に不安を感じながら」が直前の「不安」の内容とまったく違うので不適当。

⑤は、「夫を亡くした悲しみを隠して明るくふるまう母」が不適当。夫を亡くしたのは戦争中のことであり、ここでの母の心情に「夫を亡くした悲しみ」を読み取ることはできない。

問５　傍線部の理由を問う問題

傍線部までの展開を整理しよう。

康之と母は、ジャンケンをして勝った方が決められた数だけ階段を上るという遊びを始めた。その階段は墓地と寺の間を結ぶ石段である。ところが、どうしたことか康之ばかりが四回続けて勝ってしまい、自分だけが石段を上ることになってしまった。母は石段を上れず、父の墓前に一人取り残され、康之との距離がずいぶん開いてしまった。単に遊びにおける偶然の出来事であるが、**問４**でみたように、康之は母が「死んでもいい」という気持ちになっているのではないかという不安を抱いていた。康之にとってはその状況が、〈母が自分から離れ、父のいる死の世界へ旅立とうとしている〉、不吉な前兆のように感じられたのである。だからこそ「康之は母に勝って貰おうと必死になった」と考えられる。すなわち母が勝ち石段を上ることで、〈自分のもとへ引き戻したい〉と思ったのである。したがって**正解は③**となる。

①は、「父の墓前から離れようとしない母」が間違い。母が自分の意思でジャンケンに負け、父の墓前に残っているわけではない。

②は、「母に、もっと楽しい思いをさせてやりたい」が不適当。康之も母も遊び自体の勝敗にこだわっているわけではない。

④は、「母の自分に対する思いが象徴されている」が間違い。やや紛らわしいが、康之が不安に感じているのは、母自身の普段とは違う精神状態であり、自分に対する思いや愛情が離れていくことに不安を感じているわけではない。

⑤は、「母が、遊びでさえも負けてばかりなのが哀れに感じられた」が間違い。康之も母も勝敗にこだわっているわけではない。また、この場面における康之の不安がまったく説明されていない。

問６　傍線部の理由を問う問題

選択肢を順に検討していこう。

①は、「戦争の傷跡さえもいつの間にか消し去っていく自然の力強さ」が間違い。「ぽっかりあいた穴」自体が「戦争の傷跡」であり、そのほかにも戦争で荒廃した学校や寺の様子が描かれており、「戦争の傷跡」は、むしろ生々しく残っていることが描かれている。

②は、「自分が母親のお荷物である」という康之の不安が「杞憂でしかなかったことがわかり安堵する」が間違い。たとえ母親と伯母の諍いの原因が自分のことではなかったとわかったところで、康之の不安が解消するわけではない。

③は、「息子の心をくみ取ってやれなかったことへの母親の反省の思い」が間違い。母親がどのような思いで「愉（たの）しくあそびましょうよ」と言ったのかははっきりしないが、そうした母親の言動はかえって康之を不安にしているので、そこに「母親の反省の思い」を読み取ることはできない。

④は、「自らも母と決別しなければならないと覚悟する」が間違い。康之は母親との別れのような「不吉な思いを払いのけるように」「声を張りあげた」のである。

⑤について。主人公の康之が、母親の言動に反発や戸惑いを感じながらも、ただ一人の肉親である母親を強く慕っていること

は、本文全体を通じてはっきりと読み取れる。さらに本文解説でも説明したとおり、そうした母親への思いを通して少年の成長も描かれている。53～54行目の「お母さんはいままた、『何だか死んでもいい』という気になっているのだろうか」と感じる場面は、母親の内面を窺おうとする、少し大人びた康之の姿を感じさせる。68～69行目の「大げさな身ぶりで、いっそう声を張りあげた」という表現には、子どもらしい様子が描かれているが、傍線部Dの後にあるように、これは、「母との別れ」という「不吉な思いを払いのけるように」なされた動作であり、母親を慕う少年の率直な思いが描かれている。したがって**⑤が正解**。

第2問

解答

設問		正解	配点
問1	(ア)	⑤	4
	(イ)	①	4
	(ウ)	③	4
問2		①	7
問3		⑤	7
問4		③	8
問5		④	8
問6		②	8

出典

岡本かの子「蔦の門」（一九八三年発表　新潮文庫『老妓抄』所収）の一節。途中省略した箇所、ふりがなを付した箇所がある。

岡本かの子（おかもと・かのこ）は、明治二十二（一八八九）年生まれ、昭和十四（一九三九）年没。与謝野晶子に師事し、歌人として出発。明治四十二年画家（のちに漫画家として名声を発す）岡本一平と結婚、翌年太郎（前衛画家、一九七〇年大阪万博会場のシンボルタワーの作者として著名）を生む。小説家としての名声を得たのは晩年、昭和十年代に入ってからで、『鶴は病みき』『混沌未分』（十一年）『母子叙情』『花は勁し』（十二年）『狐』『巴里祭』『東海道五十三次』『老妓抄』（十三年）『鮨』『家霊』（十四年）と矢継ぎ早に名作を発表し世人の注目を浴びた。没後、夫一平の手で『河明り』『生々流転』『女体開顕』等が発表された。その作品は仏教研究家として一家を成したほどの深い仏教的教養に支えられ、独自の絢爛豪華な感覚的文章に飾られて比類のない文学世界を展開している。『岡本かの子全集』（ちくま文庫）がある。

本文解説

「少し年の距った母子のよう」な老女（まき）とひろ子という孤独な二人の女性が、一見反発し合っているかに見えながら、じつはしだいにひかれ合ってゆき睦び合うようになる過程が、老女を家事手伝いとしている女主人の眼から共感を込めて描かれている。本文は「蔦の門」の後半であり、小説の前半半分と末尾数行を割愛したが、全体として短いものである。その前半の内容は、ひろ子が女主人の家の門の蔦の芽を友人とむしりに来てまきにつかまるエピソードであるが、このことは本文の前半からも十分に読み取ることができるだろう。短篇だけに文章もエピソードも簡潔でわかりやすいので、読み誤ることのないようにしたい。

前半で注意したいのは、まきのひろ子への感情の変化である。冒頭に近い所で「蔦の芽が摘まれた事件のあった日から老婢まきは、急に表門の方へ神経質になって表門の方に少しでも子供の声がすると『また、ひろ子のやつが――』と言って飛出して行った」とあって敵対する感情を抱いていたのが、いつしか「私は老婢がさんざん小言を云ったようなきっかけで却って老婢の心にあの少女が絡み、せめて少女の名でも口に出さねば寂しいのではあるまいかとも推察」しうるようになっていったこと。

次にひろ子の境遇が紹介され、そして不幸な生い立ちにあるひろ子に心を寄せるまきについて「やっぱり孤独は孤独を牽くのか」とまきの境遇についても暗示される。

そしてこの小説中のエピソードの中心となる、ひろ子の店でのまきとひろ子の応対。ひろ子は家人の手前まきへ素気なく振舞うしかなかったが、そのことをそっと告げる。この心のふれ合いがこの小説のハイライトである。「『おばさん御免なさいね。きょう家の人たち奥で見ているもんだから、お店の規則破れないのよ。破るととてもうるさいのよ。判って』ひろ子はまきの浴衣の脊筋を直す振りして小声で言ったのだそうである」。

最後はこの二人の後日譚（＝ある事件の落着した後、それからどうなったという話）。孤独な二人が互いに慕い合い頼り合って生きてゆくようになったことがさり気なく記される。

人物とその心の変化がエピソードを中心に鮮明に描かれている。

設問解説

問1　語句の意味を問う問題

(ア)「気丈な」は、〈気丈夫＝心の持ち方がしっかりしていること〉の意で、**⑤が正解**。

(イ)「因業な」は、〈頑固で無情なこと／仕打ちのむごいこと〉の意で、**①が正解**。③「杓子定規」は〈何でも一つの規則で律しようとすること／融通のきかないこと〉、④「突慳貪」は〈言葉や態度のとげとげしくて不親切なこと〉の意味。

(ウ)「健気な」は、「けなげな」と読み、〈心がけのしっかりしていること〉の意で、**③が正解**。なお、「殊勝」は〈心がけ・行いなどの神妙な様子〉をいう。

問2　傍線部Aの心情を問う問題

傍線部Aの少し後の記述に注目しよう。「さんざん小言を云ったようなきっかけで却って老婢の心にあの少女が絡み、せめて少女の名でも口に出さねば寂しいのではあるまいか」と「私」は推測し、「だから、この老婢がわざわざ幾つも道を越える不便を忍んで少女の店へ茶を求めに行く気持ちも汲めなくはなく、老婢の拙い言訳も強いて追及」しない、とある。ここから、「私」が老婢のまきに対して好意的な感情を持っていることが読み取れる。

そうすると、まず、③の「うとましさ」、④の「あきれて」、⑤の「仕方のない」は、「好意的」とは異なるから、不適当である。また、②は、「感心している」と「好意的」ではあるものの、「上手な弁解」というのが、本文の「老婢の拙い（＝下手だ、巧みでない）言訳」という部分と矛盾するため、これも不適当である。

①は、「ほほえましく思っている」というように「好意的」な感情が示されているうえに、その対象が「（拙いながらもせいぜい頭を使って言った）精一杯の言訳」というすでに確記した内容になっているので、**①が正解**となる。

問3　傍線部の意味を問う問題

傍線部Bの「それに」に着目しよう。まず、傍線部の「茶店の収入も二人の生活に取っては重要なものになっていた」は直前の「ひろ子を養女にするか、自分たちが養父母に直る（＝改まる）かしたい気組みである」を受けて、「それに」と言っているのである。では、なぜ「伯母夫婦」はひろ子と養子縁組みをしたいのだろうか。傍線部の前に「二人とも中年近いので、もう二三年もして子供が出来ないなら」とある。ここから、「実子」がないので、「実子」のないことがわかる。そうすると、「実子」「伯母夫婦」には「生活力の弱そうな」伯父と、「病身」の伯母の世話をしてくれそうな養女としてひろ子が考えられていることがわかる。決してひろ子が可愛いとかいとしいとかいう情愛からの縁組みではないのである。そして、それに加えて茶店の収入も重要だというのである。つまり、傍線部は、伯母夫婦にとって、ひろ子との養子縁組みの一件が、彼らのひろ子への愛情から出たものではなく、自分たち本位の打算的なものであるということを強調している箇所だと、判断できる。したがって、ひろ子との縁組みが「打算」によるものだということを的確に示している⑤**が正解**となる。

なお、①〜④は、「それに」が受けている内容、すなわち、「ひろ子との養子縁組み」についてまったく触れられていないため、いずれも不適当である。

問4　傍線部の心情を問う問題

老婢のまきが、「思い入っていた」直接のきっかけは、傍線部Cの前後から、ひろ子がまきの「浴衣（ゆかた）の脊筋（せすじ）」を直す振りを装って、お店の規則だからお茶を出せないで御免なさいね、とそっと謝ったことにある。店の規則を破ると伯母夫婦がとてもうるさいのだと言う。そして、そのことに対して、まきは「今日のように伯母夫婦に気兼ねするんじゃ、まったく、あれじゃ、外へ出て悪戯（いたずら）でもしなきゃ、ひろ子も身がたまりませんです」という感想をもらす。ここから、まきに対して思いやりがあり、機転のきく振る舞いをするひろ子が、伯母夫婦に気兼ねをしながら健気（けなげ）に生きていることがわかる。そして一方、そんなひろ子の境遇に対して、まきが「あれじゃ、…ひろ子も身がたまりませんです」と、ひろ子をかわいそうに思い、同情していることも理解できる。したがって、「利発（＝かしこいこと）で優しい心づかいを示すひろ子が、伯母夫婦に遠慮して生きる境遇にある」ことへの「ふびんさ（＝かわいそうに思うこと、同情すること）」とある③**が正解**となる。

①は、「養父母の冷たい仕打ち」という内容が本文にはない。愛情を注いでもらっていないようなことは読み取れるが、だからといって「冷た」く扱われているとは書かれていないし、そもそも養子縁組みがまだ結ばれている状態ではないので、「養父母」というのもおかしい。

②もやはり「相手によって態度を変える大人のずるさをすでに身につけてしまっている」という内容が、本文からは読み取れないから、不適当。

④の「機転のよさ」にまきが「思い入っていた」のなら、そのことへの感心の言葉が出るはずだが、「あれじゃ、…ひろ子も身が

たまりませんです」と、まきは感心どころか同情の言葉を吐いている。したがって、④は不適当。

⑤は、「悪戯でもしなければ、窮屈で生きてゆけない家庭に生まれついた」とあるが、「生まれついた」わけではなく、伯母夫婦がひろ子の家に入ってきたのちに、そうなったのであるから、不適当。

問5　傍線部の内容を問う問題

傍線部Dの表現の面白さは「孤独は孤独と」、「孤独と孤独は」、「孤独と孤独と」といった具合に、短い一文の中に「孤独」という語を二つずつ三度くり返して用いたところにある。この一文を説明的に言い換えると、孤独な心を抱いて生きていたまきとひろ子とは、互いのその孤独さゆえにひき合い心の交流を重ねるにつれて以前のような孤独な二人ではなくなってきた、となろうが、最後の孤独な二人でなくなってきたことについては傍線部の直後に説明がある。「まきには落着いた母性的の分別が備わって、姿形さえ優しく整うし、ひろ子にはまた、しおらしく健気な娘の性根が現われて来た」。それまで孤独であるがゆえに、世間に対して狷介(けんかい)（=自分の意志を曲げず、人と和合しないこと）に、時には反抗的にさえ振舞っていた二人が徐々に心慰(なぐさ)められ、優しい態度をもって人に接しうるようになった、というのである。このように、「孤独の人」と「孤独の人」同士が心の交流を重ねるにつれて孤独な二人ではなくなっていくという過程を表現するに際して、「孤独な人」と言わずに、それを「孤独」と抽象的に表現し、さらに、くり返し使うことによって、その感情の過程をより印象づけている。したがって、そうした内容が表現されている**④が正解**である。

①は、「孤独の深さを強調し、」以下が不適当。あくまで孤独な二人の孤独な心が、ひき合い融和してゆくことを述べていると読むべきである。

②は、「二つずつ連ねられているところに二人の孤独が本質的に同じものであったことが読み取れ」がおかしい。二人の境遇や年齢が違うことからしても、「二人の孤独が本質的に同じもの」と判断するのは無理である。

③は、「孤独」の「意味を少しずつ違えて用いている」とたとえ言えたとしても、「孤独な人」が「孤独な人」でなくなってゆくという内容がないため、不適当である。

⑤は、「二人がいつしか頼り合うようになった」ことは読み取れるが、「短い一文に『孤独』という語を幾度も用いて孤独が孤独でなくなっていくさまを視覚的に訴えようとしている」がおかしい。この表現によって印象づけられているのは、孤独な者同士の結びつきの深まりである。単に「孤独が孤独でなくなっていく」というだけでは、二人の「結びつき」が説明されていない。

問6　本文の内容や表現について問う問題

本文の内容や表現と異なる内容が記されている選択肢を消去していこう。

①は、「激しく妥協を知らない気性の二人」とあるが、少なくともひろ子は、伯母夫婦の言いつけにしたがっている様子がうかがえる。たとえば、ひろ子は「きょう家の人たち奥で見ているも

んだから、お店の規則破れないのよ」などと言っている。つまり、ひろ子は「激しく妥協を知らない性質」ではないので不適当。

③の「『私』の、二人を近づけるために行った計略が、思い通りに運ぶさまが客観的に描かれている」は、本文にそうした「計略」のことが何も書かれていないから不適当。

④は、「二人が」「素直に心開けずに懊悩（＝悩みもだえる）するさま」とあるが、本文の最終場面で、二人は心を通わせることになるし、心を通わせる過程においても悩み苦しんでいる様子はみられないので、不適当。

⑤は、ひろ子の「傷ついた心をいやそうとする老女（まき）の行動が、…描かれている」とあるが、**問5**の**設問解説**を参照してもらうとわかるように、心をいやされるのはひろ子だけではなく、老女まき自身でもあるのだから、これも不適当。

②は、まず「よるべない（＝頼るところのない）身の上の二人」という部分が、まきもひろ子も「孤独」な人たちという本文中の指摘に該当するし、「言葉とは裏腹（＝言うことと心の内が逆であること）にしだいに頼り合う」というのも、本文の前半部のまきが「ひろ子のやつめ――ひろ子のやつめ――」とさも憎々しげに言いつつも、「わざわざ幾つも道を越える不便を忍んで少女（ひろ子）の店へ茶を求めに行く」という内容と、さらに後半の茶店での場面でも、お互い口ではきつい言い方をしているものの、内心はお互いのことを思いやっているという内容と、対応している。また、本文の最後に「私は、何遍か、少し年の距った母子のように老女と娘とが睦び合いつつ蔦の門から送り出し、迎えられする姿を見て、かすかな涙を催したことさえある」と記されていることからわかるように、本文が「『私』の思いやりに満ちたまなざしのもとに暖かく描かれている」ことも読み取れる。したがって**②が正解**。

第3問

解答

設問		正解	配点
問1	(ア)	④	3
	(イ)	⑤	3
	(ウ)	②	3
問2		③	7
問3		①	7
問4		⑤	7
問5		③・⑤	10(各5)
問6	(i)	④	5
	(ii)	①	5

出典

遠藤周作「異郷の友」(『最後の殉教者』講談社文庫 所収)の一節。途中省略した箇所、ふりがなを付した箇所がある。

遠藤周作(えんどう・しゅうさく)は、一九二三年(大正十二年)東京生まれ。灘中学校卒業後、浪人生活三年を経て、一九四三年、慶應義塾大学文学部予科に入学。四九年、仏文科卒業。五五年、『白い人』で芥川賞を受賞。戦後の「第三の新人」の一人として、『海と毒薬』『おバカさん』『沈黙』など、次々と話題作を発表してきたが、一九九六年没。

【資料】は、上総英郎による、遠藤周作「最後の殉教者」の解説。

上総英郎(かずさ・ひでお)は、文芸評論家(一九三一年〜二〇〇一年)。早稲田大学文学部フランス文学科卒。著書には、『遠藤周作論』、『歌舞伎の魅力』、『三島由紀夫論』などがある。

本文解説

著者は一九五〇年(昭和二十五年)六月、戦後最初の日本人留学生として渡仏、リヨン大学に入学してフランス現代カトリック文学を研究しながら、二年半をフランスで送った。「異郷の友」はこの留学体験をもとに創作された小説と考えて間違いない。

本文読解の一番の要点は、単に「四国邦夫」という留学生仲間がいかに偽善者であり、いかに利己主義者(エゴイスト)であったかを捉えることではない。そうではなく、「四国邦夫」の偽善者ぶりに「私」は非西欧圏の留学生に共通する心理を見ていること、したがって「私」は「四国邦夫」という一人の偽善者を告発するというのではなく、彼のうちに留学生としての「私」自身の問題を見ていること——これを的確におさえることが要点である。本文の流れに沿い、「私」にとって「四国邦夫」という男がどのような人物としてあったかをみていこう。

リヨンに到着してしばらくの間、「私」と「四国」は毎日顔を合わせ、「私」は「四国」に対し「友情めいた気持」すら持ちはじめる——たとえば、地方から東京に出て行って、たまたま同じアパートに同県の出身者がいた場合などを考えれば、よくわかる心理だろう。まして今は異国の地である――が、すぐにそれが「錯覚」であったことに気づかされる。というのも、「文学部の学生補導課長ブレモン教授」を二人でたずねたとき、「私」は「四国」と「気質」も「物の考え方」も少しも「似通っていない」ことを知るからである。「四国」は教授の好意を自分に引き寄せるためなら、平気で熱心な基督教徒であるかのように装い、また平然と友人を利用する男であった。彼の行動原理は、何をするにしろ、そうした方が「トク」かどうかであった。

しかし、これが単に「四国邦夫」という一個人の問題でないことを「私」に知らしめる一つの出来事が生ずる。留学生歓迎のパーティでの出来事である。ポーランという名の黒人青年は、フランスの学生に気に入られようと奇妙で滑稽な舞踊を演じてみせる。その媚びるような「卑屈な態度」は「私」にとって「なぜかくるしかった」。しかしそれ以上に「くるしかった」のは、フランスの学生たちの顔色をうかがいながら、ポーランのしぐさを「軽蔑した眼差しでながめ」、「嘲笑をあびせていた」「同じアフリカ出身の幾人かの学生たちの表情」であった。「仏人（＝フランス人）の間でいい子にな」ろうと、知らずしらずのうちに白人学生に追従（＝媚びへつらうこと）し、時には同国の留学生仲間を犠牲にまでして、西欧人に取り入ろうとするのは、非西欧圏の留学生に一般的な危険な「罠」であったのだ（そのもとにあるのは西欧文化・文明に対するコンプレックスであろう）。「四国」もまた確かにその「罠」に陥っていた一人であった。彼は「むかし洗礼をうけたという過去を利用して」、「一人でも多く（仏人の）友だちを作」ろうと、熱心な基督教徒がつくっているJ・E・Cにも参加していた。だが、そのような偽善的態度は、留学生すべてが陥りがちな「罠」だとすれば、「私」自身もその「罠」から免れることは極めて難しいことに違いない。事実、「私」は「彼（四国）に反撥するだけのために、わざと仏人の学生ではなく、好きでもない褐色の留学生たちと大声でさわぎながら四国の前を通りすぎたことが幾度かあった」。これは何を意味するか。「私」は見せかけであれ、多くの仏人の友人を持つ「四国」に嫉妬しているのであり、それは裏を返せば、自分もまた仏人の意向に添ってでも仏人の友達を持ちたいという衝動を持っていたことに他ならない。

「四国邦夫」という男は迎合的で計算高く、確かに「私」にとって嫌悪すべき対象であったが、「私は四国のなかに外国にいた時の自分のみにくい姿を発見し」ているのであり、まさにその点で自己嫌悪をひき起こす対象でもあったのである。

設問解説

問1　語句の意味を問う問題

(ア)は、〈何事もないかのように平然としている様子、気にせず無造作なさま〉という意味。したがって、**④が正解**。

(イ)の意味は、直前の「追従」〈媚びへつらうこと〉と並列されていることからも推測できただろう。阿の訓は「おもねる」、諛の訓は「へつらう」。つまり、〈おべっかを使う〉という意味であり、**正解は⑤**である。

(ウ)の矮は、音が「ワイ」、訓が「ひくい」で、「矮小」とは文字通りでは短小の意だが、ここでは、〈ちっぽけでつまらない〉という意が込められている。したがって、**正解は②**。

問2　傍線部の内容を問う問題

傍線部Aの「錯覚」とはいうまでもなく「思い違い、考え違い」ということである。つまり、ある現実をそれとは違ったように捉えていたのである。現実とは何か。それは、傍線部の直後の「私と四国とはあたらしい不安な生活に一人、一人で当るよりは二人でぶつかる方がはるかに便利だったにすぎない」ということである。それなのに、「私」は「彼にたいして友情めいた気持さえ持ちだしてい」た。つまり、「気質や物の考え方」の点でも「似通っている」友人であるかのように思っていたのだ。したがって、「異国生活の心細さから頼り合っていたにすぎない」のに、「友情によるものであるかのように思っていた」とある**③が正解**になる。

①は、「どんなに気質や物の考え方が違っていても」という点が、不適当。「相手の気質や物の考え方が似通っているか似通っていないかを検討する前に、私たちは手を握りあってしまったのである」から、「気質や物の考え方」の違いを仮定すること自体がおかしい。

②は、「私」と「四国」がそのとき〝互いの友情で結ばれている〟と錯覚したのであって、これから「友情が培われていくに違いない」と錯覚したのではないので、不適当。

④も、これから「友情が深められるだろう」と錯覚したのではないので、不適当。「気心の知れた」という点も不適当。

⑤は、「四国は私を利用するためだけに私と仲良くしていた」ということが本文からはうかがうことができないので、不適当。本文には、外国での「あたらしい不安な生活に」は一人よりも二人で対処する方が「はるかに便利だったにすぎない」とあるだけである。この、お互いがお互いを必要とすることと、一人（四国）がもう一人（私）を一方的に利用しようとすることとは、明らかに異なるはずである。

問3　傍線部の理由を問う問題

傍線部(ア)の少し前で、「四国」はブレモン教授の「好奇心と好意とにみちた眼差し」を自分の方に向けるために平気でクリスチャンであるように装っただけではなく、「私」を「無神論者」と決めつけることで、より一層教授の関心を自分に向けようと計ったと書かれている。それが「私」には「不愉快」だったのである。したがって、「『私』を無神論者だと決めつけることで、教授の好意を自分の方にのみ引き寄せようと計った」とある**①が正解**。

②は、前半の「『私』こそ本当の基督教徒だと内心思っていた」という点が不適当。このようなことは本文のどこにも書かれていない。

③は、「『私』のために答えてやったような顔をしていた」という点が不適当。本文からこのような内容は導き出せない。

④は、「『私』が無神論者であることは教授に知られたくなかった」という点が不適当。本文から、「私」が「無神論者」であるか「基督教徒」であるかは判断できないし、「無神論者」であることを教授に知られたくない様子も一切うかがうことはできない。

⑤は、「自分の信仰のなさを教授に隠そうとしたから」という点が不適当。あくまでも四国が教授にわざわざ「私」のことを

「無神論者」だと言ったことが「不愉快」なのであって、四国が「自分の信仰のなさを教授に隠そうとした」から「不愉快」なのではない。

問４　傍線部の内容を問う問題

傍線部Cの直前の「あれ」という指示語は一行前の「ポーランを見おろしていた他のアフリカの学生たちの表情」を受けていると考えられる。したがって、「留学生たちが陥る罠」とは、同国の留学生仲間に嘲笑をあびせまでして、「仏人の学生たち」と親しくしようとすることだと一応は考えられる。つまり、ポーランという黒人学生が、奇妙な滑稽なしぐさで白人の学生に気に入られようとすることは「罠」の内容には入れなくてもいいように思われる。しかし、傍線部の後を見ると、「私も四国もあのアフリカの『可愛いポーラン』のような子供っぽい演技をしてまで仏人の学生と友だちになろうとはしなかった。だが別の形で私たちはそれぞれに彼等と妥協し、一人でも多く友だちを作ることを競争しはじめていた」とあり、「留学生たちが陥る罠」とは、どういう手を使うのであれ、他の留学生仲間以上に仏人と仲良くなろうとすることとしておさえるのが、最も望ましいということになる。したがって、「滑稽なまねをしてでも仏人に取り入ろうと」することと、「そのような仲間を嘲笑しさえして」、「多くの仏人と友達になろうとすること」の二点を指摘している**⑤が正解**となる。

①は、「留学生同士の連帯感を持とうとすること」という点が明らかに不適当。「留学生たちが陥る罠」とは、他の留学生仲間以上に仏人と仲良くしようとすることである。

②は、「自分の国の民族舞踊まで持ち出して仏人の御機嫌をとり」と、ポーランが陥っている罠の方の指摘はあるが、⑤の、「そのような仲間を嘲笑しさえして、……多くの仏人と友達になろうとする」という留学生一般が陥る罠の方の指摘がないので不適当。

③は、「仏人をひそかに嘲笑することで、仏人に対する優位を保とうとする」とある点が明らかに不適当。留学生たちが「嘲笑する」のは、滑稽なまねまでして仏人に取り入ろうとする「留学生仲間」であるし、彼らは仏人と親しくしたいのであって、「優位」に立ちたいのではない。

④は、②と同じく、「卑屈な行為までして、仏人の意を迎え親しくしようとする」と、ポーランが陥っている罠の指摘はあっても、留学生一般が陥る罠の方の指摘はないので、不適当。

問５　文章の表現や構成について問う問題

こうした設問では、一つ一つの選択肢を本文と照合して丁寧に吟味していこう。

①は、「94行目に空行があることで、帰国後の『私』にとって、留学中の出来事は遠い過去になりつつあることが示されている」が不適当。95行目以降に描かれているように、「私」は留学中の四国と自分の態度に嫌悪を感じて、現在四国と交際しないようにしているのだから、留学中の出来事は決して「遠い過去」にはなっていない。

②は、「小説全体を通して、当時の時代背景や日本社会のありようが読者に詳細に伝わるように配慮されている」が不適当。

「当時の時代背景や日本社会のありよう」について「詳細」に分かるような記述は本文にない。

③について。32～34行目で、「私」が「十字架」を眺めながら思い出したのは「この保守的な街では言動に注意した方がトクだ」という四国の言葉である。この言葉通り、四国はその後、自分が昔洗礼を受けたことを利用して仏人に取り入ろうとしたのだから、「これから後の『四国』のありようを暗示するものになっていると捉えることもできる」だろう。したがって、**③が一つ目の正解**である。

④はまず、「今まで自分の内面に隠してきた思い」が不適当。これらはその場面で「私」が考えたことであり、前々から考えていて内緒にしていた思いではない。また、カッコがついている理由が「特に、誰にも知られてはならない思い」だからという点も、本文に根拠のないものである。

⑤について。77行目に「子供っぽい演技」とあるように、ポーランの振る舞いは、一見子供のような可愛いものとして受け取られる。しかし、「私」は、ポーランが仏人の学生たちに追従していることや、他のアフリカの学生たちが仏人の学生たちに合わせてポーランを嘲笑していることを感じ取り、「(あれは留学生たちが陥る罠だ)」と、複雑な思いを抱いている。カギカッコ付きの「可愛い」という表記には、そうした思いが込められていると考えられる。したがって、**⑤が二つ目の正解**である。

⑥は、まず、「『私』との友情を裏切った利己的な『四国』」という説明が不適当。7行目に「彼にたいして友情めいた気持さえ持ちだしている自分に気がついた」とあるが、このことから「私」と「四国」との間に「友情」が成立していたとまでは言うことができない。また、雨が降っているからといって「利己的な『四国』の将来に暗い影がさすであろうことを、読者に予感させるために設定された」場面だとは断定できないので、この点でも不適当である。

問6　本文と【資料】を読んで話し合っている会話文の空欄を補う問題

(i)　空欄 [I] を補う問題

[I] には、「日本人留学生の四国とアフリカ出身の留学生たち」の「共通点」が入る。彼らについて、本文ではどのように述べられているかを確認しよう。まず、「アフリカ出身の留学生たち」の一人である「ポーラン」については、「彼はこの奇妙な踊りが白人の学生たちに与える滑稽感に気がつかぬ筈はなかった。気づいた上で彼はこうした舞踊をやり、肌色のちがった連中に追従(＝媚びへつらうこと)していることを敏感に私は感じとった」(63～65行目)と書かれている。次に、「他のアフリカの学生たち」については、「興味をもったのはこの彼(＝ポーラン)を白人の連中にまじってやはり笑いを噛みころし、軽蔑した眼差しでながめている同じアフリカ出身の幾人かの学生たちの表情だった。……彼等は仏人の学生たちの顔をチラッと眺め、声をたてて笑うべき所には声をたてて嘲笑をあびせていた」(66～69行目)と書かれている。すでにポーランについて「私は彼の少し卑屈な態度がなぜかくるしかった」(60～61行目)と書かれていた

が、「他のアフリカの学生たち」については、「くるしかったのはポーラン自身より、ポーランを見おろしていた他のアフリカの学生たちの表情だった」（70～71行目）と書かれている。ここから、「私」が、「ポーランを見おろしていた他のアフリカの学生たち」に、ポーラン以上に仏人の学生たちに媚びへつらう「卑屈」さを感じていたことがわかる。

　では、「日本人留学生の四国」についてはどうだろうか。「仏人の間でいい子になるためにポーランが奇妙な踊りをおどったように、四国はむかし洗礼をうけたという過去を利用しているのだと考えた」（88～89行目）と書かれている。**「四国」も「アフリカ出身の留学生たち」と同様に、仏人の学生たちに気に入られようとして、彼らに媚びへつらう卑屈な態度をとっているのである。**

　したがって、**正解は④**。④には「先進国であるフランスにやってきた留学生」とあり、「アフリカ出身の留学生たち」だけでなく、「日本人留学生」も、「先進国であるフランスにやって来た留学生」として捉えている。Fさんの発言にあるように、一九五〇年頃は「終戦（敗戦）からまだそれほどたっていないし、日本がまだ戦後復興を遂げていない時期」なので、そうした日本にとって、戦勝国であるフランスは「先進国」だと言えるのである。

　①は、「留学先のフランスで成功し、少しでも有利な地位につこうとして……ずるがしこく振る舞っている点」という説明が不適当。「ポーランが奇妙な踊りをおどった」のは、「仏人の間でいい子になるため」であり、このような卑屈な態度をとることと、「留学先のフランスで成功し、少しでも有利な地位につこうと」することは必ずしも結びつかない。

　②は、「自分の本心を曲げてまで」という説明が不適当。アフリカ出身の留学生たちや四国が「本心を曲げて」仕方なしに「フランス人の学生たちに迎合している」かどうかはわからない。

　③は、「互いに貶めあっている」という説明が不適当。「他のアフリカの学生たち」はポーランを貶めるような態度をとっていると言えるが、ポーランが「他のアフリカの学生たち」を貶（おとし）めるような態度はとっていないので、「互いに貶めあっている」とは言えない。

(ii) 空欄 II を補う問題

　II の直前と選択肢を見ると、II には、「『私』の四国に対して抱く感情」に「混ざっている」か「含まれている」ものが入る、ということがわかる。また、II の直後を見ると、それが「『反省的な自己凝視』」と関係していることがわかる。「『私』の四国に対して抱く感情」について、本文ではどのようなことが書かれているかを確認してみると、「私は四国を憎んでいるのではなく、あのころの自分をもあわせて憎んでいるのにちがいない」（99行目）とある。ここから、「『私』の四国に対して抱く感情」に「混ざっている（含まれている）」のは**自己憎悪や自己嫌悪**だということがわかる。そして、「私は四国のなかに外国にいた時の自分のみにくい姿を発見し」（96～97行目）とあるので、**「『私』の四国に対して抱く感情」に自己憎悪や自己嫌悪が「混ざっている（含まれている）」のは、「私」が「四国の**

なかに」「自分のみにくい姿を発見」するからだとわかる。四国にあるみにくい面が自分にもあるという認識が「『反省的な自己凝視』」と関係していることは明らかである。したがって、**正解は①**。

②は、「四国への嫉妬心も混ざっている」という説明が不適当。「四国への嫉妬心」では自己憎悪や自己嫌悪にならない。

③は、「自分と同じ悪の種を共有する者への愛憎相半ばする感情が含まれている」という説明が不適当。「自分と同じ悪の種を共有する者」とは四国のことであり、四国への「愛憎相半ばする感情」では自己憎悪や自己嫌悪にならない。また、「私」が四国に対して憎悪だけでなく、愛情も抱いていたという根拠はない。

④は、「四国への羞恥心が含まれている」という説明が不適当。これだとやはり自己憎悪や自己嫌悪にならない。

第4問

解答

設問		正解	配点
問1	(ア)	④	3
	(イ)	③	3
	(ウ)	⑤	3
問2		④	7
問3		②	7
問4		④	7
問5		⑤	7
問6	(i)	①	6
	(ii)	③	7

出典

幸田文『おとうと』（新潮文庫　一九六八年）の一節。『おとうと』は、一九五六年から雑誌『婦人公論』に連載され、翌年中央公論社から刊行された。

幸田文（こうだ・あや）は、一九〇四年東京生まれ。父親は小説家の幸田露伴。父の死後、生前の父の思い出などをつづった回想文を書き始め、のちには小説・随筆などで高い評価を得た。代表作には、『流れる』『みそっかす』『崩れ』などがある。一九九〇年没。

正岡子規『病牀六尺』（岩波文庫　一九二七年）の一節。『病牀六尺』は、明治三五年に新聞『日本』に連載された随筆で、子規の死の直前まで執筆された。なお、本文は現代仮名遣いに改めてある。

正岡子規（まさおか・しき）は、一八六七年愛媛県松山市に生まれた。明治期の短歌・俳句の革新運動の中心となった歌人・俳人。夏目漱石とは同い年で、学生時代から親交があった。若くして脊椎カリエスを患い、一九〇二年、三四歳で没した。晩年は病床から起き上がることもかなわなくなり、『病牀六尺』も題名の通り病床でつづられたものである。

本文解説

ここでは、小説『おとうと』について解説をし、随筆『病牀六尺』については、**設問解説**の**問6**で解説を行うことにする。

リード文（冒頭の設問文）にある通り、主人公のげんは、肺結核で入院している弟の碧郎の看護をしていた。物語の舞台は大正時代だと考えられるが、当時肺結核には有効な治療法がなく、死に至る伝染病として恐れられていた。また、当時の病院では、患者の日常的な介護・看護は家族に任されており、身内が付き添って世話をする必要があった。碧郎は継母との折り合いが悪かったため、彼の介護などは姉のげんが一人で担っていたのである。それでは、本文を二つの部分に分けて解説をしていこう。

Ⅰ　碧郎が望んだ鍋焼うどんを準備する（冒頭〜30行目）

肺結核が進行した碧郎は、咽喉もただれて声もかすれていた。そうした苦痛から看護にあたるげんにもきつい言葉を投げかけるようになっていたが、げんはそうした言葉に逆らうことなく、「うちへ帰ってくれ」と言われれば黙って病室を出たし、「何のためにおれに飯食わせるんだ」と言われれば「笑って、手をつけないお膳」を下げた。痩せて体の自由もきかなくなっていく碧郎を見ていると、彼の「意地悪や皮肉」も「無理もないことだ」とげんには思われた。げんが無抵抗になるほど碧郎は「つむじを曲げる（＝ひねくれる）」ようであったが、そんなげんには看護婦が以前に言った「碧郎さんの持って生れている、あらゆるいやなものを吐き尽させて、聴いてあげて、きれいに浄めてお見送りしてあげてください」という言葉が身に染みて思い出された。そうしたこともあってげんは、碧郎がどんなにわがままなことを言っても、それを受け入れて彼の気が済むようにしてやろうと考えていたのである。

食べることもつらくなっていた碧郎が、ある日「鍋焼うどん」が食べたいと言った。そんなふうに食欲を見せてくれることにげんは喜んだが、咽喉がただれている碧郎に鍋焼うどんをおいしく食べさせることは難題でもあった。うどんは長いものをするからこそおいしいのに、今の碧郎はぶつ切りにして匙ですくってやらなければ食べられない。それではどう考えてもまずそうで、きっと碧郎は癇癪を起こすだろう。碧郎は食事の前に咽喉に麻酔薬を塗ってもらい、それがきいている間に手早く食事を終わらせる必要があり、鍋焼うどんもそのように食べさせなければならないのである。それでも碧郎の「食欲とそのイメージ」に応じたいとげんは思いを巡らし、彼の望んだ具も用意し、蕎麦屋から鍋焼の鍋も譲ってもらって準備をした。

おいしそうな鍋焼うどんを見て、碧郎は「にやあっと笑った」。それを見て「げんはごくっと嬉しさを嚥みこんだ」。短く切ったうどんを匙に取り、碧郎に食べさせる。咽喉のことを考えると熱いものを食べさせたくはなかったが、熱そうに見せなければおいしく感じられない。

Ⅱ　うどんを一緒に食べようと言う碧郎（31行目〜末尾）

げんの工夫が功を奏し、二口三口、満足そうにうどんを食べた碧郎は、「ふっと疑わしげな眼つきになると」、「ねえさんおあがりよ」と言った。

げんはその言葉に戸惑う。家でも家族が一つの器から食べ物をつつきあうという習慣はなかった。ましてや病院では、食事の取り方は厳しく制限されている。感染の恐れがあるため、病人と付き添いが一緒に食べることは禁じられていた。げんは碧郎が一人で食事をとることを、いつの間にか当然のことのように思っていた。しかし、碧郎にとってもそれは当然だったのか。家では家族がそろって食事をとることが習慣だった。「一人の食事は本来から外れたもの」だと感じていたのではないか。そのようにげんは考え、「一人でたべる味気なさ」に思いがいたらなかった自分の浅はかさを痛感した。しかもそれは、結核という病がさせる「一人の食事」なのである。鍋焼うどんをおいしく食べさせようと心を砕いていながら、そんな碧郎の「複雑なわびしさ」に気づくこともできなかったことをげんは悔やんだ。

　げんがそんな思いにとらわれていると、碧郎の眼つきは「哀しく優しい」ものに変わっていた。げんが自分の不明を謝り「いっしょにたべよう」と言うと、碧郎は「気の鎮まった声」で「いいんだよねえさん」と言った。そんな優しい言葉にかえってたまらなくなったげんはさらに謝るが、それに対して碧郎は「いいんだってば。もう試験は済んだようなもんなんだ。――ねえさんて人がいいんだね。それに較べるとおれは悪党だ。肺病が悪党なんだ」と答えた。

　ここから、「いっしょにたべよう」という言葉に込められた碧郎の思いがわかる。もちろんげんが考えたように「一人でたべる味気なさ」も感じてはいただろうが、それと同時に献身的に看護してくれるげんの真情を、さらに試そうともしたのである。碧郎自身、同じ鍋で食事をするのは感染の危険があることを知っていただろう。にもかかわらずげんにそれを勧めたのは、結核に感染することもいとわず、自分に尽くしてくれる覚悟があるかを試そうとしたのである。自分でも「悪党」と言っているように、そこには病に苦しむ者の、その苦しみゆえの悪意が込められていると考えていいだろう。

　素直に謝る碧郎に、げんは非常に快い気持ちになるとともに、「弟の真底（＝心の奥底、本心）」や「結核の看病というしごとの真底」がわかったような気がした。当時は恐ろしい伝染病であった結核は、看病する家族にもさまざまな負担を強いる。それは経済的なものであったり、感染の恐れでもあったりするのだが、そうしたことで周囲の者はテストされるのである。孤独や絶望を感じている患者は、それを通して周囲の者の愛情を確認するのだろう。

　そうしたことを理解したげんは、「私は結核なんか伝染るもんか、うつってやるもんか。絶対に拒絶する。でも、――碧郎さん、信じなさい。私はあんたを看病しているんだ。いやがっちゃいないんだ。ねえさんはきつい（＝気が強い、勝気）っていつも云うじゃないか」と、宣言する。たとえ感染の恐れがあっても、碧郎のすべてを受け入れてやろうという思いをはっきりと言葉にしているのである。ただ、今となってはもはや手遅れであることもげんは感じ、「愛情が遅かった」と後悔もしている。

　この出来事の後、「碧郎はげんに対してはもうまるきり素直になった」。そうなると、今まで二人の間にどれほど「素直でないもの」があったかも改めてわかる。「これまでは優しくしあうのはてれくさかった」りして、互いに素直になれなかったのだ。それがいまの碧郎は、何のてらい（＝気取り）もなく素直に姉への感謝を言葉にする。そうなるとげんも「競争の思い」で碧郎に素直になろうとするが、それは「骨が折れる」ことでもあった。同時に、こんな素直になった碧郎を、父母にも見せてやらなくてはいけないと思う。しかし、碧郎を折り合いの悪い母に会わせるのは難しいことも思えて、げんの心の重荷となった。

設問解説

問1　語句の意味を問う問題

　(ア)の「つむじ」は、〈頭髪の毛が渦巻きのように生えているところ〉を意味するが、「つむじを曲げる」は、〈ひねくれて素直にふるまわないこと〉を表す慣用表現。したがって、**正解は④**。

(イ)の「眼色ばかり読む」は、「眼色（目色）」が〈目のあたりのようす／目つき〉という意味。また、ここでの「読む」は〈察する／さとる〉という意味で使われている。したがって、「眼色ばかり読む」という言葉は、〈相手の目つきから、その気持ちばかりを察しようとしている〉というような意味となる。したがって、**正解は③**。

(ウ)の「楯に取って」は、「楯に取る」が〈口実や言いがかりの材料にする〉という意味の慣用表現。したがって、**正解は⑤**。

問2　登場人物の心情を問う問題

傍線部における「『げん』の心情」が問われている。まず傍線部前後の内容を整理しておこう。

病状が次第に悪化してきた碧郎は、げんに対して意地の悪い「突き刺す」ような言葉を投げかけるようになっていたが、げんはそうした言葉をあえて受け止めていた。「うちへ帰ってくれ。肉親にいられると邪魔になるんだ」と言われれば、「逆わず病室を出」たし、「何のためにおれに飯食わせるんだ」という碧郎の理不尽な言葉に対しても、何も口答えすることなく、「げんは笑って、手をつけないお膳をさげる」のであった。

げんが碧郎の意地悪や皮肉に「無抵抗」だったのは、痩せて体の自由もきかなくなっていく碧郎の様子を目の当たりにしていると、彼のきつい言葉も「こんなにせつなくからだが衰えてきては、無理もないことだと思われた」（8行目）からである。

また、げんには看護婦が以前言った「碧郎さんの持って生れている、あらゆるいやなものを吐き尽させて、聴いてあげて、きれいに浄めてお見送りしてあげてください」（9〜10行目）という言葉も身にしみていた。もはや回復が見込めない碧郎が、病気の苦しさや死の不安から発する「いやなもの」をすべて自分が受け止めてやれば、はかない彼の人生が少しでも救われ、穏やかなものになるように感じられた。もしそうなら、彼の気が済むようにわがままな言葉も聞き入れてやろうとげんは思っていたのだろう。以上のことから、ここでのげんの心情をまとめると次のようになる。

a　碧郎が自分にきつい言葉を言うのは、悪化する病気のせいだと理解している。

b　もはや回復の見込めない碧郎の救いになるのなら、彼の理不尽な言葉も受け入れて、彼の気が済むようにしてやろうと考えている。

以上の内容がまとめられている**④が正解**。

①は、「げんは、自分がそれ（＝碧郎の言葉）を受け入れていれば碧郎の機嫌も少しはよくなることを知っており」が不適当。傍線部の少し後に「げんが無抵抗になればなるほど、碧郎はつむじを曲げるかのようだった」（8〜9行目）と書かれており、〈碧郎の言葉を受け入れれば碧郎の機嫌がよくなる〉などと、げんが思っていたとは言えないだろう。げんは、看護婦の言葉を受けて、碧郎の「あらゆるいやなものを吐き尽させ」れば、少しは彼の気が済むだろうと思っているだけである。

②は、「自分が看病に当たることを碧郎が嫌がっているのを十

分承知している」が不適当。たしかに、碧郎は「肉親にいられると邪魔になるんだ」（4行目）と、げんの看病を嫌がっているようなことも言っているが、げんはその言葉も病気の苦しみによるものだと考えている。

③は、「碧郎のことを一番理解しているのは自分だと思っている」というげんの説明が不適当。げんは愛情を持って献身的に碧郎の看病をしているが、だからと言って自分が碧郎のことを「一番理解している」とまで思っているかどうかは本文からわからない。

⑤は、「碧郎のきつい言葉に内心では腹立たしさを感じてはいるが、……彼が少しでも穏やかな気持ちでいられるように平静を装っている」が不適当。げんは碧郎の言葉を受け入れてやることが彼の救いになるのだと思っており、腹立ちを隠して「平静を装っている」わけではない。

問３　登場人物の言葉に込められた思いを問う問題

この設問を考えるうえで、結核が伝染する病気であるため、付き添いの者は同じ部屋で一緒に食事をとることさえ厳しく制限されていたことを確認しておきたい。そのことは、本文の後半にある「私は結核なんか伝染るもんか、うつってやるもんか。絶対に拒絶する。でも、――碧郎さん、信じなさい。私はあんたを看病しているんだ。いやがっちゃいないんだ」（67～68行目）というげんの言葉からも読み取れる。だから、げんに世話をしてもらいながらも、碧郎は一人で食事を取るのが普通になっていた。

げんも、一人の食事を当然のことのように思っていたが、家では家族がそろって食事をする習慣があった。傍線部の後にある「ねえさんに一緒にたべてもらいたいと思った」という碧郎の言葉を聞いて、彼にとって「一人の食事は本来から外れたもの」（46行目）だったのではないかとげんは感じた。そして、**「一人でたべる味気なさ」**（48行目）にまったく配慮できなかった自分の不明を恥じた。傍線部の言葉には、こうした味気なさや寂しさが込められていると考えられる。

ただし、先を読んでいくと、碧郎のこの言葉には別の思いも込められていたことがわかる。げんが自分のいたらなさを詫びてうどんを食べようとすると、碧郎はそれを止め、「いいんだってば。もう試験は済んだようなもんなんだ。――ねえさんて人がいいんだね。それに較べるとおれは悪党だ。肺病が悪党なんだ」（57～58行目）と言っている。つまり、「ねえさんに一緒にたべてもらいたい」という碧郎の言葉は、結核に感染する危険にも躊躇せず、**げんが自分に尽くしてくれるかを試そうという悪意のあるもの**だったのである。それは、結核患者が**「愛を確認して安心したい一心」**（65～66行目）から周囲の人に課す意地の悪いテストだったのである。

以上のことから解答は、a**〈一人で食事をする碧郎の寂しさから発せられた言葉〉**ではあるが、b**〈自分へのげんの愛情を試すような悪意が込められたもの〉**でもあった、ということになる。したがって、**正解は②**。

①は、a・bの内容にまったく触れられていないばかりでなく、「病気のことなど忘れて」としているのは、bと明らかに矛

盾する。

③は、「それ（＝一人のわびしい食事）を気にかけてくれないげんに対する皮肉」が不適当。この言葉に込められているのは、げんに対する「皮肉」ではなく、彼女を試そうとする悪意である。

④は、〈素直な感謝の言葉だ〉とする、選択肢全体の方向性が間違っている。この言葉は、**a**の寂しさや**b**の悪意が込められたものである。

⑤は、「(自分の病状について)本当のことを問い質したい」が不適当。一緒に食事を食べようという言葉が、病状を問い質すものになることにはつながらない。そもそも、咽喉がただれて足も自分では動かせないという症状が出ているのだから、碧郎自身も病状の深刻さは十分わかっていたと考えるべきだろう。

問４　傍線部の内容を問う問題

鍋焼うどんを一緒に食べようという言葉に、げんを試そうという思いがあったことを碧郎が詫びたことで、げんはとても快くなるとともに、「弟の真底（＝心の奥底、本心）が摑めたようだったし、結核の看病というしごとの真底がわかった気もした」とある。それにつづけて「兄弟も親子も夫婦も親友も医師も、すべて何等かのテストを通過してからでなくては病人に許されないのだと思う」とも書かれている。こうした傍線部前後の内容から、「結核の看病というしごと」は、それを行う周囲の者たちを試すものであることがわかる。そのテストは、病気の症状でさまざまであり、経済的な問題や生死の問題であったりするが、碧郎の場合は「感染」の恐ろしさでげんを試したといえる。そうしたテストを通過した者だけが病人に許されるのだとわかったげんは、結核という病気を憎み、感染のリスクを承知しながらも碧郎を看病し、碧郎とともに結核と闘うことを決意している。こうした強い覚悟を持たなければ結核の看病などできないことを、「結核の看病というしごとの真底」だと言っているのである。したがって、解答のポイントは次のようになる。

a　結核という感染病は、看病を担う周囲の者などをさまざまな形で試し、追い詰める病気である。

b　周囲の者は、覚悟を決めてそうしたテストを通過し、病人とともに病気と向き合わなければならない。

以上の内容がまとめられている**④が正解。**

①は、「強い感染力」のみに限定しているので不適当。病気はその症状などによって、さまざまなかたちで周囲の者たちを試すのである。また、「看病する者は言うまでもなく、接触する可能性のある者は誰もが細心の注意を払う必要がある」という内容も、「結核の看病というしごとの真底」の説明になっておらず、不適当。

②は、「看病をする者は患者の気持ちを絶えず思いやって病気と闘うよう励ますことが大事だ」と、看病する者の精神面にしか触れていないので不適当。患者の周囲の者は「金」などの物質面でも試されることがあるので、精神面だけに限定できない。また、「患者」を「励ます」ことにしか触れておらず、看病する者の「覚悟」に言及がない点でも不十分である。

③は、a・bを踏まえていないうえ、「患者は世間から白い目で見られて苦しむ」という内容が、本文ではまったく述べられていないので不適当。

⑤は、「感染の危険」だけに限定して説明している点で間違い。たしかにげんの場合は、感染の恐ろしさで試されたが、それだけを「結核の看病というしごとの真底」だと言っているのではない。また、「看病をする者は感染を恐れず」という部分も不正確。げんは「私は結核なんか伝染るもんか、……絶対に拒絶する」(67行目)とは言っているが、「感染」を恐れていないとまでは言えないだろう。

問5　登場人物の心情を問う問題

傍線部のある最終段落の内容から、げんがどのような「競争の思い」を抱いているかをしっかり整理しておきたい。

鍋焼うどんの出来事以来、「碧郎はげんに対してはもうまるきり素直になった」(74行目)。そうなるとげんは、今まで自分たち姉弟の間に「どんなにたくさん素直でないものがあったかがわかる」ようになった。あまり優しくしあうのはてれくさく感じるし、相手の気づかいがあまり行届きすぎると、かえって「弱点を見られたように」感じて「腹を立てた」。ところが今の碧郎は、そうした屈託などまるでないかのように、げんに優しい言葉をかけてくる。そうなるとげんも、碧郎の「素直さ優しさ」に負けないように素直で優しくしなければと「競争の思い」になっているのだが、それは彼女にとって「骨が折れる」(79行目)ことでもあった。げんには、まだ「素直でないもの」があったのかもしれないし、急に素直になった碧郎への戸惑いがあったのかもしれない。いずれにせよ、げんは碧郎ほど自然に素直にふるまえなかったので、「競争の思い」で一生懸命、素直になろうとしていたのである。

したがって、解答のポイントは次の通り。

a　以前のげんと碧郎は、気恥ずかしさなどから素直に相手を思いやることができなかった。

b　今の碧郎はすっかり素直になって、げんに優しい言葉をかけてくれるようになった。

c　げんはさまざまな思いを抱えながらも、そうした碧郎の優しさに負けないように、自分も素直になろうと懸命になっている。

以上の内容がまとめられている**⑤が正解**。

①は、まず碧郎が「前向きに病気に立ち向かおうとしている」が本文からは読み取れない。また選択肢後半の「もはや死は避けようのないものにも感じられて、運命の残酷さを痛感している」も不適当。たしかに鍋焼うどんの出来事を通じて、げんは「碧郎はもう助からない」(72行目)と痛感しているが、それをげんが「運命の残酷さ」と捉えているかどうかはわからないし、運命を痛感したという内容では「競争の思い」の説明にはならない。ここで問われている「競争の思い」とは、素直になった碧郎に負けないように、げんも素直になろうとしたことを言うのである。

②は、「鍋焼うどんを一緒に食べたことで気持ちが通じ合うようになり」が明らかに間違い。鍋焼うどんを食べようとしたげんを碧郎は「いいんだよ」(54行目)と止めており、げんが実際に

うどんを食べたとする根拠は本文にはない。ましてやそれを通して二人の「気持ちが通じ合うよう」になったとは、どこからも読み取れない。

③は、「献身的に看病をしてくれるげんに頼らざるを得なくなったことで、素直に感謝の言葉を口にするようになった」という説明が不適当。碧郎が素直になったのは、自分が課した「試験」(57行目)にげんが通過したからである。

④は、碧郎が素直になったことを「病気が進行して彼が気弱になっている」からだとげんが感じているとしている点が不適当。そのようなことは本文に書かれていない。また、「げんに与えられた時間の短さに焦りを覚えている」という内容も、「競争の思い」についての説明にならない。

問6　小説と随筆との関連を問う問題

本文とは別の文章を取り上げ、両者を関連づけて考察する問題は、大学入学共通テストの特徴の一つである。

まず、引用されている正岡子規の『病牀六尺』について確認しておこう。

設問文にもあるように、子規は結核性の脊椎カリエスを患い、『病牀六尺』を書いていた頃には、一人で起き上がることも難しくなっていた。それでも、母や妹などの献身的な看護を受けながら、旺盛な創作意欲を持ち、多くの短歌や俳句も残している。(子規については出典を参照)

文章は、そんな子規が「病気の介抱」についての考えを述べたものである。そこでは、「病気の介抱」を「精神的」なものと「形式的」なものとの二つに分類している。それを整理すると次のようになる。

> ・精神的の介抱＝同情をもって病人を介抱すること。
>
> ⇔
>
> ・形式的の介抱＝病人をうまく取り扱うこと。
> (例) 薬を飲ませる、包帯を取り替える、背をさすったり足を按摩する(＝揉みほぐす)、着物や布団の具合を快適に保つ、浣腸沐浴、など
> ↓病人の身体が快適になるように絶えず注意する。
> ↓食事の献立を工夫し、病人を喜ばせることは特に大切なことである。
>
> ↓
>
> ・両者の比較
> ↓どちらか一つを選ぶなら、精神的同情のある方(精神的の介抱)を必要とする。
> ……いくらうまいものを食べても、介抱人に同情がなければ不愉快になる。
> ↓同情的看護人は容易に得られるものではないので、形式的看護人でも慰めになる。

以上のようにまとめられるが、ここには「形式的」な介抱については具体的な説明があるが、「精神的」な介抱についてはほとんど説明がない。ただし「形式的」な介抱が、病人の身体が快適になるように気遣って、さまざまな看護行為(食事の世話も含

む）をすることだと考えると、「精神的」な介抱とは、そうした具体的な行為ではなく、病人の不安や苦しみをわがことのように理解し、寄り添う（＝同情する）という、まさに「精神的」なありようを言っていると考えられる。

(i) 随筆に基づいて小説の内容を問う問題

　この設問では、『病牀六尺』における「精神的」と「形式的」という分類に基づいて、『おとうと』の「げん」の看護について考えることが求められている。『病牀六尺』で正岡子規がこの二つをどのように分けているかを、右のように理解したうえで、『おとうと』の本文を参照しながら、選択肢を検討していきたい。

　①について。「碧郎に鍋焼うどんをおいしく食べさせようとするげんの工夫」については、『病牀六尺』の「食事の献立塩梅などをうまくして病人を喜ばせる」ことにあたるので、これを「形式的の介抱」とするのは正しい。では「げんに対してさらに深い『精神的の介抱』を求める碧郎に、げんは精一杯応えようとしている」についてはどうだろうか。**問3**でみたとおり、碧郎の「ねえさんおあがりよ」という言葉には、げんを試すという思いが込められていた。それは、げんの「愛を確認して安心したい一心」（65～66行目）からの言葉だった。こうした碧郎の思いを、「『精神的の介抱』を求める」ものだとするのは妥当だろう。もちろん、げんは「いっしょにたべよう」と答え、そうした碧郎の「真底」にある思いを理解して「精一杯応えようとしている」。したがって、**①が正解**となる。

　②について。「鍋焼うどんをおいしそうに見せるげんの心遣い」を「精神的の介抱」としている点が不適当。これは『病牀六尺』の「食事の献立塩梅などをうまくして病人を喜ばせる」ことにあたり、「形式的の介抱」に分類される。

　③について。「心を砕いて用意した食事も結局うまくいかなかったことには『形式的の介抱』の困難さが表れている」が不適当。げんが心を砕いて準備した鍋焼うどんを、碧郎は最初は満足して味わっているのだから、「形式的の介抱」としてうまくいかなかったわけではない。鍋焼うどんの食事が、「散々」（60行目）なものになったのは、碧郎がげんの愛情を確認するために彼女を試すという「精神的の介抱」を求めたからである。

　④について。「げんを責める碧郎の鋭い言葉には、『形式的の介抱』の不備を訴える彼の不満を読み取ることができる」が不適当。「碧郎の鋭い言葉」は、げんの「形式的の介抱」の「不備を訴える」ものではない。「こんなにせつなくからだが衰えてきては、無理もないことだ」（8行目）とげんが感じているように、こうした言葉が病気の不安や死への恐れによるものと考えれば、よりいっそうの「精神的の介抱」を求めるものだと考えるのが妥当である。

(ii) 小説と随筆の内容を踏まえ両者の共通点を問う問題

　『おとうと』と『病牀六尺』に描かれた「病に苦しむ者とその看護」についての説明として適当なものを選ぶ問題。選択肢を順に検討していこう。

　①について。「この二つの作品からは、重病に苦しむ者にとって家族の支えが不可欠であることを読み取ることができる」が不

適当。正岡子規は、母と妹の献身的な看護を受けてはいたが、『病牀六尺』では看護のあり方を述べているだけで、それを担うのが「家族」であるか否かについては触れていない。

②について。「この二つの作品からは、病気の苦しさは健康な者には理解できないという厳しい現実を読み取ることができる」が不適当。『おとうと』では、碧郎の課した「試験」を経てげんは「弟の真底（＝心の奥底、本心）が摑めたようだ」（60行目）とあるので、彼の「病気の苦しさ」を理解したと考えられる。『病牀六尺』では、「同情的看護人は容易に得られぬ」とはしているが、それがまったく得られないとはしていない。いずれも「病気の苦しさは健康な者」が理解することは困難なこととはしているが、「理解できない」と否定しているわけではない。

③について。『おとうと』では、看護するげんの視点から結核を患った碧郎のありようが描かれており、『病牀六尺』では、脊椎カリエスに苦しむ正岡子規が、「介抱」に求めることを率直に述べている。げんの愛情を確かめるために彼女を試す碧郎や、「形式的の介抱」に加え「精神的の介抱」を求める子規からは、「重い病を患った者が看病する者に求める切実な思いを読み取ることができる」と言える。したがって、**③が正解**。

④について。「この二つの作品からは、日本の医療の問題を改善しようという意図を読み取ることができる」が不適当。『おとうと』には、姉として弟を看護するげんの苦労は描かれているが、そこに「日本の医療の問題を改善しようという意図」を読み取ることはできない。また、『病牀六尺』において看護に求めることが書かれているからといって、それを単に「不満」とまとめるのは適切ではないし、やはり「日本の医療」といった問題を扱っているわけでもない。

第5問

解答

設問		正解	配点
問1	(ア)	③	3
	(イ)	①	3
	(ウ)	②	3
問2		①	8
問3		⑤	7
問4		②	8
問5		⑤	8
問6		③・⑥	10（各5）

出典

【文章Ⅰ】は、江國香織「泳ぐのに、安全でも適切でもありません」（『泳ぐのに、安全でも適切でもありません』集英社文庫　二〇〇五年　所収）の一節である。本文には省略した箇所、ふりがなを付した箇所がある。

【文章Ⅱ】は、同書の、作者本人によるあとがきである。本文には省略した箇所がある。

江國香織（えくに・かおり）は一九六四年東京生まれの小説家。童話、詩、エッセイ、翻訳なども手がける。二〇〇四年『号泣する準備はできていた』で第百三十回直木賞を受賞。小説作品として、『こうばしい日々』『きらきらひかる』『ぼくの小鳥ちゃん』『がらくた』『真昼なのに昏い部屋』『ヤモリ、カエル、シジミチョウ』『なかなか暮れない夏の夕暮れ』などがある。

本文解説

【文章Ⅰ】

【文章Ⅰ】は、危篤に陥った祖母のために病院に集まった、「私」と母と妹の様子が描かれたものである。母娘（おやこ）三人の関係や、祖母の病状を心配する母娘の心情を的確に読み取ろう。なお、**【文章Ⅰ】**は「私」という一人称の視点から描かれており、母や妹の内面に触れた箇所もあるが、それらは第三者の視点から客観的に描かれているのではなく、基本的に「私」の目を通して描かれている。

i 「私」は病院で祖母を見舞う（冒頭〜45行目）

「私」は男と一緒に住んでいるが、早朝、妹から祖母が緊急入院し生命の危険があるという電話がかかってきたため、病院に向かう。しかし、「私」は取り乱すこともなく、「感傷的になることに意味はない」と思う。祖母は「もう十分に生きた」といえる年齢であり、何年も寝たきりに近い状態だったため、「私」にはすでに「覚悟」ができていたからだ。だから、道が混んでいて病院に到着するのが遅くなっても、「私」は取り立てて慌てる様子もなく、駐車場で煙草（たばこ）を吸いながら「いまこの瞬間に、祖母が死んだかもしれない」と考える。

病室に入るとき「私」は、死の近い祖母が「何か別の物体」とでもいうような普段とは別の様相を呈しているに違いないと思い、祖母に付き添っている妹と母に近づくなり「生きてるの？」と無遠慮な質問をする。母はそのぶしつけな質問に不快な表情で応じ「もっと別な言い方はできないの？」と小言を言うが、「私」は母の言葉を気にする様子もなく、母と同様の表情を作って対抗し、祖母のベットをのぞき込む。すると、そこに寝ているのはまぎれもなく自分の知っている祖母、すなわち「私たちのばばちゃん」であった。祖母は酸素マスクやチューブをつけられ、「二回りほど小さくひからびてしまったように見える」ものの、すぐに亡くなってしまうという様子ではない。そのことに安心した「私」は、「元気そうじゃないの」と、重病人の祖母に対してふさわしくない言葉をかける。「私」の言葉を受けて、妹は「からすとんびみたいでしょ」と少々おどけたことを言い、母は「これできっともち直すわね。昔から心臓の丈夫なひとだもの」と安堵の言葉をもらすのだが、医者は母と妹に祖母の死が遠くないことを告げたという。

「私」は、医者の告げたことに対して「なによそれ。さっぱりわからない」と言い、三人は「かなしいというより、落ち葉みたいに乾いてあかるい」微笑を交わす。このような表現から、三人が祖母の死という重い現実を、できるだけ重苦しくならないように受けとめようとしている様子がうかがえる。また、このときの三人の気持ちについては、**【文章Ⅰ】**のⅲの部分で再び述べられているので、そこでも確認してほしい。

ii 「私」は病院から同居している男に電話をする（47行目～73行目）

「私」は同居している男に電話をすると言い置いて来たことを思い出し、病院から電話をするが、男は出なかった。祖母の死を覚悟していた「私」にとって、祖母が今すぐに死ぬという様子でなかったことは喜びであり、その喜びを誰かに告げることでより確実なものにしたいと思っていたのに、男が電話に出なかったことで、「ひどく失望を感じ」る。「私」は、「男は祖母に会ったことはないが、死ななかったと言えばよろこんでくれただろう」と思っていたのである。ここで、二人の関係に注意しておこう。「私」は男に「病院から電話をする」と言って家を出た。しかし、祖母の危篤という重大事を聞いていたはずの男は電話に出なかった。しかもそれは「私」にとって「半ば予期していたこと」である。ここから、「私」には、過去にも男にある程度期待しつつその期待を裏切られるという経験があったことが、読み取れるだろう。

その後「私」は、財布から札がすべて抜かれていることに気づく。「まただ」「今度こそ別れてやる、追いだしてやる」とあることからわかるように、男が「私」の財布から勝手に金を持ち出すということが過去にも繰り返されていたのである。しかし、それは「私」にとって「むしろ安堵に近い感情だ」という。また同様のことが起きるのではないかと恐れて不安な気持ちでいるより、「起きてしまう方が、すくなくとも安全な状態」だというのだ。「私」にそう思わせてしまうほど、この件に関して男は信用できないのだろう。その後「私」は猛然と腹を立てるが、それは必ずしも男に対する怒りだけではない。「ばかみたいだ。何度おんなじことをされたらあきらめがつくのだろう」と、そんな男と別れられない「自分を呪っ」てもいるのである。そして少し気を鎮めると、今夜自分に罵倒されることがわかっていながら金を抜き取り使ってしまう男の「ブラックホールみたいな淋しさ」を思い、「圧倒的なかなしみ」に襲われる。先に述べたように、本文は「私」の視点から書かれているので、男が実際に「ブラックホールみたいな淋しさ」を抱えているのかどうかはわからない。しかし、少なくとも「私」はそう思ってかなしくなってしまうのである。「私」は、男への怒りや自分の愚かさを痛感しつつも、男の淋しい気持ちを思ってかなしくなってしまうといったように、別れる決心がつけられずにいるのである。

「私」が病室に戻ると、祖母の酸素マスクがはずされており、祖母が生命の危機を脱し安心したこともあって、「私」と母と妹は、お昼ごはんを食べにでることにした。

iii 「私」と母と妹はレストランで食事をする（75行目〜最後）

新しくて小ぎれいで海が見渡せる高台のレストランという、おしゃれな雰囲気を漂わせる場所で、サングラスをかけ白ワインを飲み、頻繁に笑い声をたてる三人は、午後のしゃれたひと時を楽しむ仲のよい親子といった風情だったろう。祖母はもともと「健啖家（＝食欲が旺盛な人）」で「粋」で「毎日かかさずビールをの」み、「戦争も地震もくぐり抜け」「医者にかかったことがないのが自慢だった」。そんな「ばばちゃんが大人しく死ぬはずがない」と「私たちは三人ともそう思っていた」。そして、こうした「確信と少しも矛盾しない不思議な冷静さで、彼女が死ぬことを知っていた」のである。**【文章Ⅰ】** iの部分の解説でも触れたように、三人は、祖母の死が近いという医者の言葉を事実として冷静に受け止めつつも、自分たちの大事な家族であり長い年月をともに暮らしてきた「ばばちゃん」が死ぬということを感情的には受け入れがたく思っているのである。このように、祖母の死が近いことを現実として理解しつつもそれを実感できないことが、かえって三人を「奇妙に高揚させて」いるのだろう。

妹は、つきあっている男性がいるが、まだ「友達」で家を「出たり入ったり」していると言う。そしてそんな妹を笑う「私」に、「笑い事じゃない」と言う母もやはり笑っている。「私」は、同居している男性を「ろくでもない男」と言いつつ「きょうも来たいって言った」と明るく嘘をつき、母は「いい男を引きあてたのはママだけだった」と自慢する。母はその「いい男」、すなわち「私」と妹の父が早くに死んでしまったために苦労をしたはずであるし、妹はいまつきあっている男性と不安定な関係である。「私」は今日も男に金を持ち出され、かなしい思いをしたばかりだ。

「私」はふいに、かつてアメリカ旅行の折に見た「泳ぐのに、安全でも適切でもありません」という看板を思い出し、「私たちみんなの人生に、立てておいてほしい看板」だと思う。「It's not safe or suitable to swim.」と表記されたこの看板は、日本語で言えば「遊泳禁止」の意味だろうが、「私」は単に「禁止」とするのではないこの表現に「人生」を見た思いがするのである。人生の道のりは決して「安全」でも「適切」でもないのだが、そんな人生をみんな自分なりに生きていくしかない。「私」がそんなことに思いをはせていたとき、母は、祖母が二度と退院できないだろうことを知りつつ

「退院したら、ばばちゃんも連れてきてあげましょうね」としずかに言う。三人は、今後もこうして「安全」でも「適切」でもない人生を自分なりに生きていくであろうことを感じさせる。

【文章Ⅱ】

【文章Ⅱ】は、**【文章Ⅰ】**の作者が、この小説がおさめられた短編集のあとがきとして書いたものである。

【文章Ⅰ】の作者がこの短編集を書いたきっかけは、「いろんな生活、いろんな人生、いろんな人々」を題材とした短編小説を書きたいと思い立ったことである。そうして、「愛にだけは躊躇(ためら)わない——あるいは躊躇わなかった——女たちの物語」ができあがった。「安全でも適切でもない」人生を生きた彼女たちは、「他の誰の人生にも起こらなかったこと」を経験し、「蜜のような一瞬をたしかに生きた」人々である。この本におさめられた小説を読んだ人が、彼女たちの人生の「強烈さ」や「それからも続いていく生活の果てしなさ」とともに、その唯一無二のありようをも感じ取ってくれたら嬉しい、と作者は言う。

また、「瞬間の集積が時間であり、時間の集積が人生である」ことを思うとき、安全でも適切でもない人生を生きるのに、「長期展望」を立ててそれに従っていこうとするよりも、「瞬間」を信じたいと作者は思う。自分自身もこの短編集に登場する彼女たちと同様の存在だと、作者は感じている。

設問解説

問1　語句の意味を問う問題

(ア)の「毒づいた」は、「毒づく」が〈はげしく悪口を言う〉という意味であり、**③が正解**。ここは、「私」が同居している男性に対して「今度こそ別れてやる、追いだしてやる」と心の中でののしっている場面であり、文脈にも適合する。①「繰り返し怒鳴った」、②「感情が爆発した」、⑤「怒りをぶちまけた」は文脈に当てはまりそうだが、③以外の選択肢は「毒づく」の意味から外れているため、不適当である。

(イ)の「健啖家」は、「健啖」が〈盛んに食べること〉という意味であり、**①が正解**。文脈からはどの選択肢も入りそうだが、①以外の選択肢は「健啖」の意味から外れている。

(ウ)の「悪びれずに」は、「悪びれる」が〈気おくれがして恥ずかしがる／おどおどと卑屈にふるまう〉という意味なので、それを否定している、**②が正解**。ここは、つきあっている男性がいるのかどうかを聞かれた妹が、恥ずかしがったり卑屈な様子を見せたりすることなく、「うん」と即答している場面であり、文脈にも適合する。他の選択肢は「悪びれずに」の意味から外れている。

問2　傍線部の言葉の内容について問う問題

傍線部は、「私」が病院のベットに寝ている祖母を見て発した言葉である。この直後に述べられているように、祖母は「どこから見ても重病人なのだから」、「元気そうじゃないの」という言葉はとても「おかしな選択」である。そこで、こんな言葉を発した

「私」の心情を考えながら**【文章Ⅰ】**を確認しよう。

「私」は、妹から祖母が緊急入院し生命の危険があるという連絡を受け、病院に向かう。このとき「私」はすでに祖母の死を覚悟していた。祖母は高齢であり、「もう何年も、一日の大半を床についてすご」していたため、死が遠くないことが予測されていたからだ。だから、道が混んでいて病院に到着するのが遅くなっても、「私」は取り立てて慌てる様子もなく、駐車場で煙草を吸ったりする。病室に入ったときも「そこに寝ているのは何か別の物体、祖母の人格や人生とは別の、老いて休息を求めている物体なのだと思おうと」する。「生きてるの?」と小声で聞く「私」は、この時点でもまだ祖母の死を覚悟していたものと思われる。ところがベットに寝ている祖母を見ると、確かに「小さくひからびてしまったよう」には見えるものの、「いますぐ永遠の休息を求めているという様子」ではなく、酸素マスクやチューブをつけられながらも「ぱっちり目をあけ」、「ゆっくりとうなずきさえした」。そんな祖母の様子に驚くとともにほっとした「私」は、「元気そうじゃないの」と重病人の祖母にはふさわしくない言葉を口にする。以上の点を踏まえて「私」の心情をまとめると、次のようになる。

a　祖母の死を覚悟していたが

b　病床の祖母を見るかぎり、いますぐに死が訪れる様子ではないことにとりあえず安心し

c　その場にふさわしくない言葉を口にしてしまっている

したがって、**a**～**c**のポイントに即した説明になっている①**が正解**である。

②は、「祖母が危篤であると思い込」んだ「自分の早とちりを恥ずかしく思って、照れ隠しにおかしな言葉を発している」が不適当。祖母が危篤だったのは事実であり、「私」が「早とちり(＝早合点して、まちがえること)」をしたわけではないし、ましてやそれを「恥ずかしく」思ったり、「照れ隠し」をしたりしているのでもない。

③は、「瀕死であるはずの祖母が普段とさほど変わらぬ様子である」が不適当。傍線部の前後に述べられているように、祖母は「酸素マスクとかチューブとかを身体中にくっつけられ」ている「重病人」であり、いますぐに亡くなるという様子でないからといって、「普段とさほど変わらぬ様子」であるとは言えないはずである。

④は、「つい先ほど煙草を吸ったことや、不謹慎な言葉を口にしたことを、どうにか取り繕おうとしている」が不適当。祖母も母も妹も、「私」が駐車場で「煙草を吸ったこと」などは知らないはずである。また、「不謹慎な言葉」が直前の「生きてるの?」を指しているとすれば、その言葉と傍線部の「元気そうじゃないの」という言葉はともに状況にそぐわない「おかしな」言葉なのだから、後者で前者の「不謹慎」さを「取り繕」うことは不可能だろう。

⑤は、「病床にいる祖母の姿があまりに痛々しく感じられてしまい、なんとかして祖母を励まそうと思うあまり」が、**b**ポイントから外れている。祖母の死を覚悟していた「私」は、祖母が瀕

死の状態ではなかったことに安心したのであり、祖母の姿が痛々しすぎるので励まそうとしたという内容は、【文章Ⅰ】から読み取れない。

問３　傍線部のときの「私」の心情を問う問題

まず傍線部の意味を確認しよう。傍線部の前で、医者が母と妹に「祖母はもう退院できないと言った」と記され、「今回の危機をやりすごせただけでも驚き」であり、「それはいまではなかった」が「いずれにしてもそれはすぐそこまで来ていて、もはや進路を変えることはない」と述べられていることから、ここでいう「それ」が祖母の死を意味することは明らかだ。これに対して「私」は「それって?」と聞き返し、「なによそれ。さっぱりわからない」と言うのだから、傍線部の言葉は〈祖母の死が近いなんて、さっぱり理解できない〉という意味になる。**問２**の解説でも述べたように、「私」は祖母の死を覚悟していたはずであった。それなのに〈祖母の死が近いなんて、さっぱり理解できない〉と言う「私」の心情が、この設問では問われているのである。

傍線部前後の文脈を丁寧に見ていこう。「私」が「それって?」と尋ねたとき、母と妹はしばし「沈黙」し「首をかしげた」。その二人の様子が「さっぱりわからない、とでもいうよう」な様子に感じられた「私」は、「なによそれ。さっぱりわからない」と口に出す。つまり、傍線部の言葉は、「私」が、母や妹もきっと自分と同じような気持ちでいるだろうと思って言った言葉だと考えられる。このときの三人の気持ちについては、三人がレストランで食事をする場面に再び説明されている。82〜84行目に「医者にはわからなくても仕方がないが、あのばばちゃんが大人しく死ぬはずがない。私たちは三人ともそう思っていた。それはほとんど確信だった。そして、その確信と少しも矛盾しない不思議な冷静さで、彼女が死ぬことを知っていた」と記されている。つまり、「私」たち三人は、祖母の死が近いという医者の言葉を事実として受け止めつつも、自分たちの祖母の死を感情的には受け入れがたく思っているのである。以上の点を踏まえて「私」の心情をまとめると、次のようになる。

a　医者の言葉を冷静に受け入れ、祖母の死が近いことを事実として認識してはいるものの

b　祖母が死ぬということにいまだ実感がもてないでいる

c　a・bのような気持ちは、母や妹も同様に抱いていると感じている

したがって、a〜cのポイントに即した説明になっている⑤**が正解**である。

①は、母や妹が「かなしみを通り越して投げやりな気持ちになっているのではないか」が不適当。そのようなことは【文章Ⅰ】にまったく述べられていない。

②は、「医者の悲観的な予測が間違っていると考えざるをえない」が、aポイントと矛盾するので、不適当。

③は、全体として、a・b・cのポイントから外れているので、不適当。また、「母や妹」、さらには「私」が「祖母の病状を十分に理解して」いるかどうかといったことは、【文章Ⅰ】で一切述べられていない。

④は、まずaポイントから外れている。だが、それ以上に、祖母に対する「私」の思いにまったく触れていない点が決定的にまずい。この設問は、祖母の死にまつわる「私」の気持ちを問うものである。

問４　傍線部のときの「私」の心情を問う問題

傍線部は「圧倒的なかなしみがおしよせた」と表現されている。ここで注意したいのは、このとき「私」が感じているのは単に「かなしみ」だけではないということだ。傍線部の直前にあるように、「私」は「気を鎮めよう」と思って煙草の吸える屋上にあがる。そこに「かなしみがおしよせた」のだから、まずは「気を鎮めよう」と思うような心理状態を確認したうえで、そこにおしよせた「かなしみ」がどのようなものなのかを読み取っていきたい。

傍線部は、「私」が、同居している男に財布の中の札を抜き取られたことに気づいた後の場面である。こうしたことは過去に何度か繰り返されており、「私」は「今度こそ別れてやる、追いだしてやる」と胸の内で毒づく。そして、この心情は「安堵に近い感情だった」とも述べられる。すなわち、同じようなことが起きるのではないかと恐れて不安な気持ちでいるより、「起きてしまう方が、すくなくとも安全な状態」だというのである。その後「私」は猛然と腹を立てるが、それはその男に対する怒りであると同時に、そんな信用できない男と別れられない自分に対する怒りでもある。「ばかみたいだ。何度おんなじことをされたらあきらめがつくのだろう」と、いつまでも男と別れられない「自分を呪」う。こうした気持ちが「気を鎮めよう」という思いにつながっていく。

では、傍線部の「圧倒的なかなしみ」とはどういうものか。これについては傍線部の後で説明されている。「今夜私に罵倒されることを、男は知りながらいまどこかでその金を使っているのだ。男の、ブラックホールみたいな淋(さび)しさを思った」という部分である。周知のように、「ブラックホール」とは〈恒星が、進化の最終段階において自分の重力で限りなくつぶれていき、物質も光も外部に放出できないほど高密度になったもの〉のことであり、〈途方もなく広く深い暗闇のたとえ〉でもある。ただ、そうした知識がなくても、**【文章Ⅰ】**から、「私」に罵倒されることがわかっていながら自分でもどうしようもなく勝手に金を使ってしまう男の底知れぬ淋しさをたとえたものだということは理解できただろう。男が実際にこのような「淋しさ」を感じているかどうかは確認できない。ただ、設問で求めているのは『私』の気持ち」の説明であり、男の実際の心情を確認できなくても、「私」がそう思っていることが読み取れればよい。以上の点を踏まえて「私」の心情をまとめると、次のようになる。

a　「私」の財布から断りもなく金を抜くという、勝手な行動を繰り返す男に腹を立てる

b　そんな男と別れられない自分自身の愚かさを呪っている

c　男が底知れぬ淋しさを募らせているだろうと思ってしまい、非常にかなしくなっている

したがって、a〜cのポイントに即した説明になっている②

が正解である。

①は、「母や妹に心配をかけないためにも男とうまくやっていこうと考えていた」が、本文に述べられていない内容である。また「男と別れる決心を固めつつある」も、本文から外れている。「私」は男の淋しさを思ってかなしくなっているのであり、「別れる決心」をしていると考える根拠は本文にない。

③は、「このような事態を招いた責任は自分にもあるのだから、男を一方的に追いだすわけにもいかない」が、本文にまったく述べられていない内容である。

④は、「何もかもが嫌になり、絶望的な気持ちに陥っている」が言い過ぎである。「男」のことで苦しんでいるからといって、「何もかもが嫌」だと「絶望的な気持ち」になっているとする根拠は本文にない。

⑤は、「男が自分に愛情を抱いていないことを思い知らされた気がして」が、本文にまったく述べられていない内容である。

問5【文章Ⅰ】の言葉の内容について、【文章Ⅱ】との関連において問う問題

まず【文章Ⅰ】において、この言葉がどういう意味で用いられているのかを確認しよう。傍線部は、「It's not safe or suitable to swim.」という英文の注意書きを日本語に訳したものである。ただし、この翻訳は「遊泳禁止」といった端的でわかりやすい日本語ではなく、もとの英文に忠実な、直訳といっていいようなものである。なぜこのように訳したのだろうか。

傍線部直後の「私たちみんなの人生に、立てておいてほしい看板ではないか」という部分に注目しよう。傍線部は、「人生」を象徴するような言葉として受けとめられているのである。生きていくことは決して「安全」ではなく、いつも「適切」に生きていけるとも限らないが、それでも私たちは生きていくしかない。遊泳が直接「禁止」されているわけではないのである。つまり、本来なら「禁止」されてもいいような「安全でも適切でも」ないところを進んでいかなくてはならないのが「人生」なのだ、といえるだろう。

では、それについて【文章Ⅱ】ではどのように述べられているかを見てみよう。この英文は、【文章Ⅰ】を含む短編集の作者が、アメリカを旅行していたときに実際に見かけた立て札の言葉だという。「文法的にはorではなくnorを使うべきなのではないかしら、とも思ったのですが、なにしろその立て札はorになっていましたので、そのままにしました」とあるように、作者は実際に見た英文をそのまま小説に取り入れ、そのニュアンスを大事にして直訳調に訳すことにしたようだ。そして、「人生は勿論(もちろん)泳ぐのに安全でも適切でもないわけですが、彼女たちが蜜のような一瞬をたしかに生きたということを、それは他の誰の人生にも起こらなかったことだということを、そのことの強烈さと、それからも続いていく生活の果てしなさと共に、小説のうしろにひそませることができていたら嬉(うれ)しいです。」と述べる。つまり、人は「安全でも適切でもない」人生を生きるしかなく、そういう点で、【文章Ⅰ】の登場人物たちがそうであったように、人生は悲哀に満ちているともいえるだろう。しかし、この短編集に登場する人物たちは、「他の誰の人生にも起こらなかったこと」を経験し、「蜜のような一瞬をたしかに生きた」人々でもあるのである。「そのことの強烈さ」や「それからも続いていく生活の果てしなさ」とともに、その唯一無二のありようをも読者が感じ取ってくれたら嬉しい、と作者は言う。どこか悲哀のともなう人生の一瞬一瞬を、皆自分なりにひたむきに生き続けていくのである。

　作者はまた、「瞬間の集積が時間であり、時間の集積が人生である」ことを思うとき、安全でも適切でもない人生において、「長期展望」を立てることにどんな意味があるのかと問う。長期的な展望を立ててそれに従って生きていこうとするよりも、人生の「瞬間」を、先の言葉を使えば「蜜のような一瞬」を信じて生きていきたいと述べるのである。作者は、自分自身もこの短編集に登場する彼女たちと同様の存在だと感じているのである。以上の点を踏まえて傍線部を説明すると、次のようになる。

a　英文の注意書きを直訳調に訳したものである

b　人生は誰にとっても決して平穏無事なものとはいえないことが暗示されたものである

c　bのような人生を、その瞬間を大切にしながら、皆自分なりのやり方で生きていかなくてはならないという思いが込められたものである

　したがって、a〜cのポイントに即した説明になっている⑤**が正解**である。人生がb・cポイントに記したようなものであるなら、⑤のように、「多くの人の生につきまとうそうした悲哀とひたむきさのようなもの」とまとめることに問題はないだろう。

　①は、まず「そうしたこと（＝人はけっして安全に人生を生きられるわけではないし、適切に生活を送っていけるわけでもないということ）に無自覚なまま、『私』はのどかに日々を暮らしていた」が不適当。「私」が「のどかに日々を暮らしていた」様子は**【文章Ⅰ】**には描かれていない。また、「人間のそんな愚かともいえるようなありようが……言い表されている」も不適当。傍線部に込められているのは、b・cのように、悲哀を抱えつつひたむきに生きている人間のありようである。

　②は、「そんな（＝いつもあえて危険に身を投じるような）『私』の向こう見ずとも勇敢ともいえる生き方が……言い表されている」が不適当。「私」がいつもあえて危険に身を投じる「向こう見ず」な人間だとまでは断定できないし、そもそも傍線部を「私」一人の生き方のことに限定して説明するのは不適当である。

　③は、a〜cのポイントから外れている。**【文章Ⅱ】**には、確かに「愛にだけは躊躇わない――あるいは躊躇わなかった――女たちの物語」ということが述べられているが、それはこの短編集全体のことを指して述べられたものである。傍線部が意味しているのは、あくまで人生が平穏無事なものではないということ（bポイント）であり、「愛」に限定したのでは傍線部を説明したことにならない。

　④は、『私』たちはみんな、そうしたこと（＝人生にはつねに危険や不安が隠れていること）に気づかず、奔放に生を楽しもうとしてしまう。そんな『私』たちの人生は破綻に向かうしかない」が、本文にまったく述べられていない内容なので、不適当。

問6　この文章における表現の特徴を問う問題

①について。病院の駐車場に「太陽がふんだんに照りつけて」いるという描写は、その日の気象条件を説明したものである。また、「私」がそれを「のどかな風情だった」と感じたとしても、祖母の生死とは何ら関係のないことであり、「緊急入院した祖母が一命を取りとめ、回復していくことを予感させる」などと断定することはできない。したがって不適当である。

②について。「生きてるの？」「生きてる」という会話が「リズミカルで軽妙な言葉」だといえたとしても、だからといって「小説全体に非現実的な雰囲気を与えている」とすることには無理がある。現実を「リズミカルで軽妙な言葉」で表現することもできるはずだからである。したがって不適当である。

③について。「私たちのばばちゃん」という言葉は、確かに一つ目の「——」の前にある「祖母」を言い直した表現である。また、「ばばちゃん」についての描写（80〜82行目）からも、「私」や母や妹が「ばばちゃん」に「親愛の情」を抱いていることは明らかである。したがって、**③が一つ目の正解**である。

④について。「友達だけどね」と「一緒に住んでるの」は、確かに「 」で括られていないが、この場面では、「薫（くん）ちゃん、いま誰かとつきあっているの？」と聞かれた妹が、「うん」と言ってうなずき、「友達だけどね」と返事をしている。仮に「友達だけどね」を心の中で発せられた言葉だと解釈したとしても、その直後で「一緒に住んでるの」と聞かれたことに対して、妹は「首をかしげ」て「出たり入ったりしてるからなあ」と応答しているのだから、両者を「心の中で発せられた言葉」だということには無理がある。したがって不適当である。

⑤について。「文法的には or ではなく nor を使うべきなのではないかしら」という言葉の直後に、「とも思ったのですが、なにしろその立て札は or になっていましたので、そのままにしました」と書かれている。立て札のままにしたのだから、文法的な正しさに従ったわけではない。また、立て札に書かれていることを「現実」と捉えて、作者は「現実を正確に書き表したい」と考えていたと解釈すると、文法的に正しい表記を使うべきなのではないか、とも思ったことと矛盾してしまう。いずれにせよ、「現実を正確に書き表したいという小説家の真摯な思いをうかがい知ることができる」が間違いである。したがって不適当である。

⑥について。ここでいう「彼女たち」とは、作者が自らの小説の中に登場させた人物たちである。したがって、「私もまた、考えるまでもなく彼女たちの一人なのでした」という言葉は、小説家が、自身を自らの小説世界の中の人物たちと同様の存在だと考えていることを表しており、「小説家が自らの描いた小説世界を、自身にとって身近なものとして捉えていることを示している」というのは正しい説明である。したがって、**⑥が二つ目の正解**である。

第6問

解答

設問	正解	配点
問1 (ア)	②	3
問1 (イ)	⑤	3
問1 (ウ)	③	3
問2	②	7
問3	①	7
問4	④	8
問5	②	9
問6	③・⑤	10（各5）

出典

大岡昇平「歩哨（ほしょう）の眼について」（『靴の話　大岡昇平戦争小説集』集英社文庫　所収）。初出は一九五〇年（昭和二五年）の『文藝』一一月号。本文には省略した箇所、ふりがなを付した箇所がある。なお、現在では一部不適切とされる言葉が使われているが、原文を尊重してそのままにしている。

大岡昇平（おおおか・しょうへい）は東京生まれの小説家（一九〇九年～一九八八年）。京都大学仏文科卒。一九四四年応召して軍務に就く。四五年、フィリピン・ミンドロ島で米軍の捕虜となる。復員後、戦争体験を記した『俘虜記』で作家生活に入る。代表作には『野火』、『武蔵野夫人』、『レイテ戦記』などがある。

本文解説

本文は、『ファウスト』の望楼守の歌を引用し、ゴッホの画に言及しながら、「遠くを見つめる」ことの「幸福」やそのことの意味について述べた導入部（Ⅰ）、まだ敵が出現する以前の戦場での「憂鬱」で「怠惰」な歩哨について述べた部分（Ⅱ）、「情勢が悪化して」「少し敏感になった」歩哨が起こすようになった「錯覚」について述べた部分（Ⅲ）、再びゴッホの画に言及し、『ファウスト』の望楼守（ぼうろうもり）の歌を引用しながら、今度は「遠目がき」くことの「不幸」について述べた終結部（Ⅳ）の四つに分けることができる。

Ⅰ　「遠くを見つめる」ことの幸福（1行目～21行目）

ここでは、まず、『ファウスト』の「望楼守リュンコイス」と「歩哨」が対比される。「望楼守リュンコイス」は「塔の番を引（ひき）受けていると／世の中がおもしろい」と歌う。「遠くを見つめると／近くに見える」からである。それに対して、「いつも敵の出現を見張っていなければならない歩哨にとって、世の中は別におもしろくはない」という。しかし、「敵は実はなかなか出て来ないから」、「歩哨」にも「望楼守」と同様に「幸福な両の眼よ／と歎（たん）じるぐらいの余裕はある」のだという。

次に、一歩哨であった語り手の「私」が「帰還後」に見た「ゴッホの風景画」について語られる。その画は「遠景がよく描いてある」のに対して「近景が却ってぼかしてある」。「普通の視覚と逆になっている」のである。「普通の視覚」では近くがはっきり見えるのに対して遠くはぼやけて見えるだろう。それなのに、「遠くのものをはっきり見なければならないとなると、なかなか眼の努力を要する」のである。

まとめると、ここで語られているのは、「遠くを見つめる」ことが務めである「望楼守」や「歩哨」は、ゴッホがその風景画を描くときに「遠くのものをはっきり見」たときのように相当の「眼の努力」を必要とするが、「遠くを見つめると近くに見える」ことに「幸福」を感じている、ということである。ただし、「歩哨」がそのことに「幸福」を感じることができるのは、「敵」が「なかなか出て来ない」、「余裕」のあるときに限られる。

II　憂鬱で怠惰な歩哨（22行目〜48行目）

ここでは、まず、「歩哨が見張っている」場所の光景について語られる。そこは「私の駐屯したミンドロ島サンホセの兵舎」の「前面」と「左側」と「右方」の「ほぼ幅百五十米縦一粁の矩形の地面」である。

次に、敵前にありながら自分が何故「感傷的」なのかということについて、「憂鬱なる歩哨」である「私」の考えが語られる。「十六歳頃」の「私」は、「親によって扶養され」、「自分の思想によって生きていなかった」ために、「思想は自由に動き、屢々著しく感傷的になった」。今、「衣服・食糧・住居を与えられ」国家によって養われている「兵士」である「私」には、「その代償として」国家のために「戦って死ぬという義務」がある。しかし、「その義務がこう閑散では」、つまり、敵が出現する気配がないために義務を果たそうにも果たし得ないような状況にあっては、「私の心は完全に少年に帰らざるを得」ず、「感傷的」になるほかないのである。死と隣り合わせにあるはずの戦場にありながら、敵が一向に現れる様子がなく、緊張感を欠いた状況の中で、「私」の心は乱れ、「憂鬱」になったり、「感傷的」になったりしているのだ、と理解することができる。

さらに、「私」が「憂鬱なる歩哨」であるだけではなく、「怠惰な歩哨」であることについても語られる。夜間の歩哨の任務には「衛門立哨」と「動哨」の二つがある。「立哨」は「衛兵所がすぐ傍にあるから」怠けられないが、「動哨」は「門から離れてしまえば、何をしてもわからない」から怠けられる。「私」は「動哨」の時間に「銃を枕に寝」たり、橋の「低い欄を枕に寝」たりするのであるが、その時「私」が警戒するのは、「前方の暗闇から匍い寄るべき敵」であるよりも、「衛門の方から来るべき巡視の下士官」や「交替兵」に自分の怠惰な姿を見とがめられることなのである。

III　情勢が悪化して敏感になった歩哨が起こすようになった錯覚
（49行目〜70行目）

ここでは最初に「やがて情勢は悪化して、歩哨は少し敏感になった」と書かれているが、「情勢は悪化し」たとは、「私」が駐屯しているミンドロ島に敵である米軍が上陸したということではない。まだ米軍は上陸していない。おそらく、近くの島に米軍が上陸して戦闘が始まったという情報がもたらされ、ミンドロ島への米軍の上陸が近づきつつあることを言っているのだろう。このような情勢の中で「少し敏感になった」歩哨は『曳光弾があがりました』と興奮して衛兵所に馳け込むことが多くなった」。しかし、これは歩哨の錯覚である。「歩哨の指さす空を眺めるが、何も見えない」からである。「『どうもこの頃は兵隊が臆病になっていけねえ』と嘆く下士官によれば、『雲が動くんで、星があがったりさがったりするように見える』」のである。

「私もほぼ下士官の意見に賛成で」、「地平に近く雲が下に動いて輝く星を現わせば、星があがるように見え、もし上に動けば、さがるように見えるだろう」と理解していた。臆病になっていた歩哨は、雲が下に動いて星があがったように見えたのを敵の曳光弾があがったと錯覚したのである。しかし、このように冷静に理解していた「私」が、ある夜一つの光るものがあがり、停止し、やがて少し下へ動いて消えるのを目撃した。「光が現われてから、降り始めるまでの時間は、丁度曳光弾がのぼり切ってから、下降へ移るタイミングに合致していた」と感じたとき、「自分の錯覚を確信し」つつも、「悪寒に似た不快な感じが、背中を走った」のである。すぐに「私」はそれが錯覚であることを冷静に確かめるのであるが、ここで重要なのは、これほど冷静沈着な「私」でも星を曳光弾と錯覚して「恐怖」に襲われたということである。このことは、歩哨の誰しもが情勢の悪化がもたらす不安に囚われていたということを意味していよう。

この部分は、「その後米軍上陸の前夜、海岸方面に本物の曳光弾が上った時、多くの者は歩哨を信じなかった。」という一文で結ばれている。この一文は、歩哨がこれまで錯覚を繰り返したために、「本物の曳光弾が上った」のにその報告を多くの者が信じなかったという皮肉な事態を示すと同時に、いよいよ歩哨の目前に敵が出現する緊迫した事態の到来を告げている。

Ⅳ　遠目がきくことの不幸（72行目～90行目）

遠くを見つめることの「幸福」について語られていたⅠの部分とは反対に、ここでは、まず「視覚はそれほど幸福な感覚ではないと思われる」と語られる。ゴッホの「細い遠景」にも「一刷毛に描かれたような遠方の人物の形」にも「私は一つの不幸を感じる」のだと言う。それは、「眼が物象を正確に映すのに、距離の理由で、我々がそれを行為の対象とすることができない」からである。つまり、はっきり見えているのに、離れているために何もできないからである。

そして、『ファウスト』の物見リュンコイスが経験することになるのも、同じ種類の「不幸」である。リュンコイスは「小屋の中が燃えあがる。／早く助けてやらねばならぬが、／救いの手は見あたらない。」と歌い、「お前たち、目よ、これを見きわめねばならぬのか！／おれはこんなに遠目がきかなくてはならぬのか。」と歌う。

遠目がきく望楼守には遠くで起こっている出来事も克明に見えてしまう。しかし、それが人の助けを必要とする出来事であっても、遠すぎてどうすることもできない。ただ見えすぎる自分の眼を呪うしかない。このことは遠くを見ることが務めである「歩哨」でも同じではないだろうか。Ⅲの部分の最後では、米軍の上陸が告げられていた。いよいよ敵との交戦が開始されるのである。そのとき「歩哨」は味方がどんなに劣勢に陥っても、粉砕されても見ていることしかできない。ただ見ているだけの自分の眼を呪うことになるだろう。

敵が出現する気配がないときには、「幸福な両の眼よ」と歎じることができた歩哨が、いよいよ敵が出現して交戦が開始されると、ただ見ているだけの自分の眼に「不幸」しか感じられなくなるのである。冒頭と末尾で引用されている『ファウスト』の望楼守リュンコイスの歌が、この歩哨の変化を暗示していることに注意しよう。敵が出現した後に「歩哨」が置かれることになる状況について本文はいっさい語っていないが、末尾で引用されているリュンコイスの歌がそれを暗示しているのである。

設問解説

問1　語句の意味を問う問題

(ア)の「歎じる」には〈なげく〉と〈感心する〉という意味がある。ここでは、〈感心する〉の意味で使われており、**②が正解**。⑤の「皮肉る」は〈遠まわしに非難する〉という意味。

(イ)の「汲々としていた」は、〈一つのことに心を奪われ、他を顧みるゆとりがなかった〉、〈あくせく働きつとめていた〉という意味。したがって、**⑤が正解**。④の「苦心していた」は〈物事を成し遂げるために、あれこれと手間をかけ、心を使っていた〉という意味。

(ウ)の「沈着」は、〈落ち着いて物事に動じないこと〉という意味。したがって、**③が正解**。

問2　傍線部の内容を問う問題

「歩哨」である「自分」の「感傷のニュアンス」が、「十六歳頃」の「感傷のニュアンス」と「正確に」「同じである」とはどういうことかが問われている。まず、「十六歳頃」の「感傷のニュアンス」の内容を確認し、次に「歩哨」である「自分」の「感傷のニュアンス」を確認しよう。

「十六歳頃」の「私」については、傍線部Aの直後に「少年の私は親によって扶養され、どんな意味でも、自分の思想によって生きていなかった。だから思想は自由に動き、屢々著しく感傷的になった」と書かれている。これは、**親に扶養されて生活していた十六歳の頃の「私」は、自分の考えに従った自立した生き方ができていなかったために、考えは様々に揺れ動き、きわめて感じやすくなっていた**、ということであろう。

「歩哨」である「自分」については、その後に「今兵士として衣服・食糧・住居を与えられている私も正確に同じ状態にある。その代償として私は戦って死ぬという義務を負わされているが、その義務がこう閑散（＝することがなくて暇なこと）では、私の心は完全に少年に帰らざるを得ない」と書かれている。これは、**兵士である自分は、自分の思想によって生きることを許されず、衣食住を国家に依存している代償として国家のために戦って死ぬという義務を負っているが、敵が出現する気配のない状況の下では、義務を果たすこともできず、少年の頃のように考えが様々に揺れ動き、きわめて感じやすくなっている**、ということであろう。

以上の内容を忠実に反映している**②が正解**である。②の「親から物質的にも精神的にも自立していなかった少年の頃」とは、「少年の私は親によって扶養され……自分の思想によって生きていなかった」という傍線部直後の内容と対応している。「親によって扶養され」ていることが「親から物質的に……自立していなかった」と表現され、「自分の思想によって生きていなかった」ことが「親から……精神的にも自立していなかった」と表現されているのである。

①は、「親に扶養され自分が死ぬことなど考えなくてもすんでいた少年の頃の心の状態」という説明が不適当である。「私」の「少年の頃の心の状態」については、「自分の思想によって生きていなかった。だから思想は自由に動き、屡々著しく感傷的になった」と書かれているだけであり、「自分が死ぬことなど考えなくてもすんでいた」とは書かれていない。

③は、「兵士は思想の自由が許されていなかったために、思想を自由に動かすことができた少年の頃に憧れ、そのときの心の状態に知らずに回帰していた」という説明が不適当である。兵士である「私」が少年の頃の「心の状態に知らずに回帰していた」のは、敵が出現する気配のない状況の下で、兵士としての義務を果たすことができず、心が不安定な状態にあったからである。「思想を自由に動かすことができた少年の頃に憧れ」たとは本文のどこにも書かれていない。

④は、まず、「自らが負っている義務を果たすことができていないことで憂鬱になっている」という説明が不適当である。本文には、「私」が「戦って死ぬという義務を果た」していないとも、兵士である「私」が「憂鬱になっている」とも書かれているが、「私」が「憂鬱になっている」理由が「自らが負っている義務を果たすことができていない」からだとは書かれていない。また、「親に依存してしか生きていけないことに情けなさを覚えていた少年の頃の心の状態」という説明も不適当である。「少年の頃」の「私」が「親に依存して」生きていたとは書かれているが、そのことに「情けなさを覚えていた」とは書かれていない。

⑤は、「怠惰に日々を送っていた少年の頃」という説明が不適当である。「少年の私は親によって扶養され、どんな意味でも、自分の思想によって生きていなかった」とは書かれているが、「怠惰に日々を送っていた」とは書かれていない。

問3　傍線部の理由を問う問題

「動哨」となった「私」が「前方の暗闇から匍い寄るべき敵よりは、衛門の方から来るべき巡視の下士官、あるいは交替兵の気配を窺っている」理由が問われている。

まず、「私」がなぜ「下士官（＝准士官の下、兵の上に位する武官）、あるいは交替兵の気配を窺っている」のかを確認しよう。傍線部の直前には、「少なくとも私にとって、これ（＝動哨）は怠ける時間であった」と述べられ、「椰子の並木道へ行けば、その暗い木下闇に銃を枕に寝て……橋へ行けば、低い欄を枕に寝る」と述べられている。**「動哨」となった「私」は敵の出現を見張るという「動哨」としての任務を果たさずに、「怠け」て「寝て」いるのである。この姿を上官である「下士官」や同僚である**

「交替兵」に見つかってはまずいだろう。 だから、「衛門の方から来るべき巡視の下士官、あるいは交替兵の気配を窺っている」のである。

次に、「動哨」となった「私」がなぜその「気配を窺っている」のが「敵」ではないのかを確認しよう。傍線部の少し後に「我々の行かない限り、（敵は）決してやって来ないと私は信じている」と書かれ、実際に「その義務が（＝敵と戦って死ぬという兵士としての義務）がこう閑散では」（36行目）と書かれていた。「私の駐屯したミンドロ島サンホセ」では、**敵の出現する気配は一向に感じられていなかったのである。** だから、「動哨」は敵の出現を警戒する必要がなく、敵よりも出現する確率の高い「下士官」や「交替兵」の「気配を窺って」おけば、「怠け」て「寝て」いられたのである。

以上の内容を踏まえた説明になっているのは、「敵が現われ攻撃される確率よりも、下士官や交替兵が現われて自分が怠けている姿を目撃される確率のほうが圧倒的に高いと思われたから」とある①である。したがって、**①が正解。**

②について。「いつも敵の出現を見張っていなければならない」（10〜11行目）のが「歩哨」の任務である以上、「敵が現われて攻撃されることよりも、下士官や同僚に自分が怠けて寝ている姿を見咎（みとが）められることのほうがずっと恐ろしかった」という説明は成立しない。したがって、②は不適当である。

③について。本文では、「敵によって拉致されること」と「自分が怠けて寝ている姿を交替兵に目撃されて上官に報告されること」を比べて、後者のほうが「ずっと恐ろしかった」とは書かれていない。したがって、③は不適当である。

④について。本文では、「油断していて敵に拉致されてしまうこと」と「自分が怠けて寝ている姿を同僚に見られること」を比べて、後者のほうが「ずっと恥ずかしかった」とは書かれていない。したがって、④は不適当である。

⑤について。「敵が目の前に現れて攻撃される可能性はまったくない」という説明は明らかに言い過ぎである。今はまだ「敵が目の前に現れて攻撃される」気配が感じられないだけであり、やがて敵（＝米軍）はミンドロ島に上陸し、攻撃を仕掛けてくることになると予期されるために、歩哨は「敵の出現を見張ってい」るのである。したがって、⑤は不適当である。

問4　傍線部の理由を問う問題

「米軍上陸の前夜、海岸方面に本物の曳光弾が上った時」、「多くの者」が「歩哨を信じなかった」理由が問われている。

52〜53行目に「歩哨が『曳光弾（えいこうだん）があがりました』と興奮して衛兵所に駆（か）け込むことが多くなった。衛兵司令ともども外へ出て、歩哨の指さす空を眺めるが、何も見えない。やがて雲が切れ、星が現われる」とあることから、歩哨に曳光弾があがったように見えたのは錯覚だとわかる。56〜57行目に「地平に近く雲が下に動いて輝く星を現わせば、星はあがるように見え、もし上に動けば、さがるように見えるだろう」とあるように、**「地平に近く雲が下に動いて輝く星を現わ」したのを、歩哨は曳光弾があがったと勘違いした。しかも、歩哨がこのような勘違いをしてその報告**

をしたのは一回ではなく、何回も続いたのである。だから、「本物の曳光弾が上った時」、歩哨がその報告をしても、多くの者が信じなかったのである。

このことから、『イソップ物語』の「狼少年」の話を思い出した者もいただろう。少年が何度も「狼が来た」とうそをついたので、本当に狼が来たときに信用されなかったという話である。歩哨はうそをついたのではなく錯覚をしたのだが、それが何度も続けば信用されなくなるのである。

したがって、この内容を忠実に表現している**④が正解**。

①は、「多くの者は敵がほんとうに出現するとは考えていなかった」という説明が不適当である。49行目に「情勢は悪化して、歩哨は少し敏感になった」とあるように、敵の出現は間近に迫っているのではないかと歩哨は恐れていたのである。だから、星を曳光弾だと錯覚したのである。

②は、「その歩哨は怠惰であり真面目に監視などしていないと思っていた」という説明が不適当である。まだ敵が現われる気配が感じられないときには、歩哨は「怠惰」でいられたが、「情勢」が「悪化し」た状況にあっては、「怠惰」でいられなかったはずであり、周りの者も歩哨が「真面目に監視などしていない」とは思っていなかったはずである。

③は、「その歩哨は臆病であり、雲が動くと星が上下するように見えるのを曳光弾だと早とちりすることを多くの者は知っていた」という説明が不適当である。「雲が動くと星が上下するように見えるのを曳光弾だと早とちりすること」を知っていたのは、本文によれば一人の「下士官」と「私」であり、「多くの者」ではないからである。

⑤は、「多くの者は歩哨の時に曳光弾が見えたという錯覚を経験していた」という説明が不適当である。「本物の曳光弾が上った時」、「歩哨を信じなかった」「多くの者」が、「曳光弾が見えたという錯覚を経験していた」というようなことは、本文には書かれていない。

問5　冒頭と末尾に引用されている詩の一節と小説との関係を問う問題

すでに**本文解説**の最後で確認したように、敵が出現する気配がないときには、「幸福な両の眼よ」と歎じることができた歩哨が、いよいよ敵が出現して交戦が開始されると、ただ見ているだけの自分の眼に「不幸」しか感じられなくなる。その「不幸」は「眼が物象を正確に映すのに、距離の理由で、我々がそれを行為の対象とすることができない」（74〜75行目）というものである。そして、**冒頭で引用されている『ファウスト』の望楼守リュンコイスの歌（Y）は、「敵が出現する気配がないとき」の歩哨の「幸福」（X）と対応しており、末尾で引用されている『ファウスト』の望楼守リュンコイスの歌（Z）は、「米軍上陸」後の歩哨の「不幸」（X）を暗示しているのである。**

したがって、このような説明になっている**②が正解**。

①は、まず、「敵が近くにやって来ない間は、敵の到来を監視するために遠くをはっきり見る歩哨の役割は重要であり」という説明が不適当である。「敵が近くにやって来ない間」の「歩哨」

については、「義務がこう閑散（＝することがなくて、ひま）では」（36行目）とか、「夜暗闇を窺(うかが)うのに私は全く退屈した」（38行目）とか、「歩哨の役割は重要」だということとは反対のことが書かれている。また、「Zでは、Yとは反対に遠目がきくことの不幸が詠まれているが、これは今後において歩哨の役割が重要性を失うことを暗示している」という説明も不適当である。「敵が島に上陸し、敵と交戦しなければならない」状況においては「歩哨の役割が重要性を失う」とは言えない。むしろ、「歩哨の役割」は「重要性」を増すはずである。

③は、まず、「Xでは、歩哨でも自らの任務を忠実に果たすことでYの望楼守の幸福が共有できたにもかかわらず、怠惰に時を過ごしたためにその機会を失った」という説明が不適当である。「歩哨」には「幸福な両の眼よ／と、歎じるぐらいの余裕はある」（14～15行目）と書かれており、「敵」が「なかなか出て来ない」（11行目）間は、「歩哨」は「望楼守の幸福」を「共有」できていたのである。また、「敵軍の島への上陸という重大事を見逃したりした失態が描かれている」という説明も不適当である。傍線部Cには「その後米軍上陸の前夜、海岸方面に本物の曳光弾が上った時、多くの者は歩哨を信じなかった。」と書かれていた。「歩哨」は「米軍上陸」の前兆である「曳光弾」を見て、それを報告したのである。だから、「敵軍の島への上陸という重大事を見逃した」わけではない。

④は、まず、「遠くをはっきり見るには努力が必要で幸福にはつながらない」という説明が不適当である。「遠くを見つめると／近くに見える」と歌う望楼守はそのことに「幸福」を覚えていたのだし、③のところで確認したように、この「幸福」を「歩哨」も共有していたのである。また、「Zでは、Yとは反対に遠くをはっきり見ることの不幸が詠まれているが、これはXで示された不幸な事態を象徴的に表現している」という説明も不適当である。Xでは「米軍上陸」ということが示されているだけであり、「不幸な事態」は示されていない。ZがXでこれから「歩哨」に生じるであろう「不幸な事態」を暗示しているだけである。

⑤は、「Zでは、Yとは反対に遠くを見ることの不幸が詠まれているが、これは遠くを見ることが情勢次第で幸福にも不幸にもなることを示唆している」という説明が不適当である。Zが「示唆している」のは、「歩哨」がこれから経験することになるであろう「遠くを見つめる」ことの「不幸」である。

問6　小説の表現について問う問題

①から順に選択肢の適否を検討していこう。

①について。「『私』が歩哨として体験したことが……時系列に沿って描写されている」という説明が不適当である。16行目に「帰還後ゴッホの風景画を見て、何よりも感心したのは、遠景がよく描いてあることであった」と、「私」がミンドロ島サンホセで「歩哨」として経験することよりも先に、「帰還後」のことが「描写されている」からである。

②について。「作者の厭戦(えんせん)思想や反戦思想が反映されている」という説明が不適当である。「私」が「憂鬱なる」歩哨であると同時に「怠惰な歩哨」として描かれているのは、敵が出現する気

配が一向になく、歩哨としての義務が閑散になっている状況の中で、「私」が「憂鬱」で「怠惰」になっているだけであり、そこに「作者の厭戦思想や反戦思想が反映されている」という根拠はない。

③について。16行目に「帰還後ゴッホの風景画を見て、何よりも感心したのは、遠景がよく描いてあることであった」と書かれている。ゴッホが遠景をよく描くためには、遠くのものを近くにあるように見つめなければならない。そして、冒頭で引用されている『ファウスト』の望楼守リュンコイスの歌に「遠くを見つめると／近くに見える」とあるが、「歩哨」についても『遠くを見つめると近くに見え』」(12行目)と書かれている。つまり、風景画で遠景をよく描いたゴッホの視覚と『ファウスト』の望楼守リュンコイスの視覚と歩哨の視覚には共通性があるのである。したがって、「歩哨であった『私』がゴッホの風景画に言及しているのは、ゴッホが風景画を描くときの視覚と歩哨の視覚には共通性が認められるからだ」と言える。したがって、**③が一つ目の正解**である。

④について。たしかにこの小説では「戦場にあって『感傷的』になっている自分を分析している『私』の様子」が描かれている。しかし、それが「敵が現われない戦場がいかに退屈であるかを強調するため」だ、という根拠はどこにもない。歩哨である「私」は「義務がこう閑散では」(36行目)とあるように、戦場にあって「退屈」しているが、「退屈」しているために「私の心は完全に少年に帰らざるを得ない」(36行目)と述べているのであり、「退屈である」ことを「強調するため」に、「少年に帰」って『感傷的』になっている自分を分析している『私』の様子」を描いているわけではない。したがって、④は不適当である。

⑤について。68〜69行目に「私は自分の沈着を誇るのではない。最初星が下降するように見えた時、沈着なる私を襲った恐怖が語りたいのである」と書かれている。ここから、「星の動きが曳光弾に見えたときの『私』の恐怖を描写しているのは、それは錯覚だと考える冷静な人間でも恐怖に襲われることがあると示したいからである」と言える。したがって、**⑤が二つ目の正解**である。

⑥について。「このほぼ幅百五十米縦一粁の矩形(くけい)の地面を、歩哨が見張っているわけである」という表現は、「歩哨が見張っている」範囲を客観的に描写しているだけである。それが「歩哨の任務がいかに卑小なものであるかを示している」という根拠はどこにもない。したがって、⑥は不適当である。

第　三　部

第1問

解答

設問	正解	配点
問1 (ア)	①	2
問1 (イ)	④	2
問1 (ウ)	③	2
問1 (エ)	①	2
問1 (オ)	⑤	2
問2	⑤	8
問3	③	8
問4	④	8
問5	①	8
問6	①	8

出典

【文章Ⅰ】

上岡義雄『神になる科学者たち』（一九九九年、日本経済新聞社）の一節。本文には省略した箇所、ふりがなを付した箇所がある。

上岡義雄（かみおか・よしお）は、一九四七年生まれ、七〇年早稲田大学理工学部卒業。日本経済新聞社に入社し、原子力問題、環境問題など科学技術報道に携わる。著書に『テラスで読む地球環境読本』（共著）などがある。

【文章Ⅱ】

『朝日新聞』（二〇一九年七月一三日）に掲載された「現代医療としての漢方」の全文。なお**【資料】**は、**【文章Ⅱ】**に付されたものである。

本文解説

【文章Ⅰ】

この文章は、中国医学の自然観と西欧科学の自然観との比較を通して、西欧科学のパラダイムを問い直し、西欧科学以外の伝統的自然学の優れた点を包含する新しいパラダイムを築くことの必要性を論じたものである。

では、本文を前半と後半の二つの部分に分けて、その内容を確認していこう。

i　西欧の科学と根本的に異なる中国医学の自然観（第1段落〜第6段落）

ここでは、中国医学の自然観はその理論的根拠が明確ではないにもかかわらず、どこか自然界に関する本物の知恵と思わせるものをもっていることが、西欧の科学との比較で説明されている。

西欧の科学教育を受けた者にとって、中国医学の自然観はうさんくさいものである。たとえば、中国医学では、解剖学的には存在しない「三焦」や「ツボ（経穴）とツボを結ぶ経絡」が存在するものとして診断が行われ、治療法が決められる。しかも、人体に十二の「経脈（経穴・経絡）」があるとされるのは、中国に長江、黄河など十二の大河があるという地理的なアナロジー（類比）からである。また、「経脈」には「気」が流れているとされているが、その実体は何も見出されていない。つまり、中国医学の知は、科学的に洗練された知のイメージからほど遠いのである。（第1段落～第3段落）

しかし、それにもかかわらず、中国医学の自然観には「自然界に関する本物の知恵がある」と感じさせるものがあるという。それは、どうしてか。西欧の科学は、分析的、要素主義的、実体主義的であり、人体に対しても、徹底的に解剖を行い、臓器や器官、細胞、神経系などの実体を把握したうえで医学的知識を築いてきた。それに対して、中国医学の自然観は全体論的で機能（作用）主義的であり、中国医学は実体には頓着せず、機能（作用）の把握に依拠した理論を築いてきた。だから、「三焦」、「経穴」、「経絡」に当たる器官が解剖で見出されなくとも不都合はなかった。たとえ、「経穴」に実体がなくても、そこに針を刺すと体の不調や障害が消えるのだから、「経穴」は存在する。つまり、中国医学では、治療効果を優先し、実体の有無にはこだわらなかったのである。このように機能（作用）を重視する中国医学では、解剖学は重視されなかった。それは、「医学とは生きている人を診るのであって、死体を解剖して調べても生きている状態はつかめない」という考え方があったからだという。やや極端な言い方をすれば、西欧医学は人体を部品に分解して考えたのに対して、中国医学は、人体を丸ごと生きたままの状態で見ることを重視したのである。（第4段落～第6段落）

西欧の科学

・分析的、要素主義的、実体主義的
・人体を徹底的に解剖し、実体を把握して医学知識を築く

⇔

中国医学の自然観

・全体論的、機能（作用）主義的
・実体には頓着せず、機能（作用）の把握に依拠した理論を築く

ii　中国医学を包含し、西欧科学を超えた新しいパラダイムの必要性（第7段落～最終段落）

ここでは、中国医学の自然観と西欧科学の自然観が比較され、中国医学の自然観が論理的厳密性を欠いていること、にもかかわらず真実を見る目を早くから養っていた中国医学の自然観を取り入れることで、西欧科学を超えた新しいパラダイムが築かれる可能性のあることが説明されている。

中国の自然観はまた、あらゆる自然システムは宇宙と一体であるという認識を基礎にしている。すなわち、中国の自然観では、マクロコスモス（宇宙＝自然）の胎内にミクロコスモス（人体）は抱かれ、人間は自然（宇宙）の一部であり、かつ自然と一体のものであると考えられてきた。その点で、人間と自然を截然と（＝はっきりと）切り離し、自然を客体視してきた西欧の自然観とは対照的である。たしかに、二十世紀半ば頃まで西欧社会では人間（主体）と自

然（客体）の分離が当然のこととされ、西欧の科学や思想はそれを前提に築かれてきた。しかし、人間（主体）と自然（客体）を分離する西欧社会の認識の原理は、近年、欧米でも見直されており、特に科学の世界では、量子力学の不確定性原理が台頭して以来、主客の分離をもとにした認識論は崩れている。だとすると、人間と自然を不可分のものとする中国の自然観と人間と自然を分離する西欧の自然観のどちらが真実を見る見方であるかは明らかであろう。（第7段落・第8段落）

ただ、このように真実を見る目を早くからもっていた中国の自然観は、論理の厳密性に欠けるという欠点ももっている。たとえば、中国医学では因果関係がはっきりせず、ツボ（経穴）に針を刺すとなぜ治療効果があるのかを論理的に説明できない。実体分析と明証的な論理学的方法に裏打ちされている西欧科学に対して、中国医学は経験的知識の積み上げにすぎず、思い込みや誤解を排除するメカニズムがなく、それが本当に正しい理論なのかを検証しようがない。そのために、中国医学の自然観は、西欧科学のパラダイムに入らない。（第9段落）

しかし、その一方で、中国医学は西欧医学では治せない病を治癒できるという現実がある。この現実は、中国医学の機能主義的・全体論的な把握の有効性を示している。そうした有効性を持つ中国医学が科学のパラダイムに入らないのは、西欧科学のパラダイムが狭小であるためだと考えることもできる。西欧科学のパラダイムそのものを問い直し、中国医学の自然観などをも包含するような新しいパラダイムを築いていく必要があるのではないか。「科学の進化」とは、そうした新しいパラダイムを築くことであろう。それによって、西欧科学では見えなかったものが見えるようになる可能性があるというのである。（第10段落・最終段落）

西欧の科学

・人間と自然を切り離し、自然を客体視する
・実体分析と明証的な論理学的方法に裏打ちされている
・有効性をもつ中国医学を包含できない点で、パラダイムが狭小である

⇔

中国医学の自然観

・人間は自然の一部であり、かつ自然と一体のものであると考える
・経験的知識の積み上げで、論理の厳密性に欠ける
・真実を見る目を早くから養う

【文章Ⅱ】

この文章は、「漢方」と西欧医学との違いや「漢方」の歴史に言及しつつ、「漢方」が現在の日本人にどう受け止められているのか、またそうした「漢方」、特に「漢方薬」がこれからの医療において果たしていくであろう役割について説明したものである。

では、本文を前半と後半の二つの部分に分けて、その内容を確認していこう。

i　日本の伝統医療としての「漢方」（第1段落～第4段落）

現在の日本には、「漢方」を高く評価する人も、逆にその効果を疑問視する人もいる。それは、「漢方」が、「病気の原因を特定し、取り除く」という西洋医学とは、全く異なる考え方に拠（よ）っているからである。しかし、そのように両者を対立するものとして見るのではなく、むしろ両者が互いに補完する関係にあるとする考え方も存在している。（第1段落）

「漢方」のルーツは中国にあり、六、七世紀に朝鮮半島を経由して日本に伝わり、その後独自の発展を遂げるようになった。江戸時代にオランダから西洋医学がもたらされ、混同を避けるために「漢方」と呼ばれるようになった。（第2段落）

現在、「漢方」は日本の伝統医療として、中国の「中医学」、韓国の「韓方」とは区別して位置づけられており、大学の医学部では、西洋医学の各診療科を学ぶだけでなく、日本の伝統医療として「漢方」が必修授業となっている。西洋医学は耳鼻科、泌尿器科などのように、部位や病気ごとにピンポイントに治療する。一方、「漢方」では、病気が全身のバランスを崩していると解釈する。（第3段落・第4段落）

ii　医療現場に浸透する「漢方」（第5段落～最終段落）

病気を全身のバランスが崩れた状態と解釈する「漢方」は、症状などを聞き取る問診に加え、舌の状態やおなかの弾力を確かめ、それらを総合的に判断してバランスを正常にするため漢方薬を処方する。漢方薬の原料となる生薬は、国内では二百数十種類が使われている。（第5段落・第6段落）

漢方薬の種類は、生薬の種類と量の組み合わせによって無数にある。そのうち調合済みの製品化された約一五〇種類は保険適用され、一般的な医療機関で処方されている。漢方薬は医療現場に浸透しており、医師の九割が漢方薬を処方した経験があるという。特に原因が見当たらないのに体調が悪い「不定愁訴」という状態に対しては、西洋医学では対処が難しく、漢方薬が用いられる。（第7段落～第9段落）

その一方、明確な治療効果を狙って使われる漢方薬もある。胃腸などを治療する開腹手術後に起きる、腸が閉塞し腹痛などを伴う「術後イレウス」という合併症には、「大建中湯（だいけんちゅうとう）」という漢方薬がその予防や治療に有効であるという報告があり、消化器外科で広く使われている。（第10段落）

また、インフルエンザ治療薬「タミフル」の原料成分のシキミ酸は、「八角」という生薬に含まれている。このように生薬の有用成分を分析して治療薬の開発につなげる研究は広く行われている。西洋医学と「漢方」は互いに補い合いながら発展を続けているというのである。（最終段落）

設問解説

問1　漢字の知識を問う問題

(ア)は、〈よく見通すこと／見抜くこと〉という意味で「洞察」。①は「洞窟」で、**①が正解**。②は「大同」。③は「挙動」。④は「引導」。⑤は「胴体」。

(イ)は、〈よりどころとすること、また、そのよりどころ〉という意味で「依拠」。①は「経緯」。②は〈役に立つこと／才能のあること〉という意味で「有為」。③は「委任」。④は「依然」で、**④が正解**。⑤は「包囲」。

(ウ)は、〈都合がわるいこと／道理に合わないこと〉という意味で「不都合」。①は「号泣」。②は「剛」。「柔よく剛を制す」は〈しなやかなものがかたいものの矛先をそらし、結局は勝つことになる〉という意味。③は「併合」で、**③が正解**。④は「業」。「業を煮やす」は〈腹立たしさに、心がいらいらする〉という意味。⑤は「文豪」。

(エ)は、〈さまたげ、身体器官に何らかのさわりがあって機能を果たさないこと〉という意味で「障害」。①は「支障」で、**①が正解**。②は〈二つの物の間の衝突や衝撃をゆるめやわらげること〉という意味で「緩衝」。③は「掌握」。④は「感傷」。⑤は「訴訟」。

(オ)は、〈根拠のないこと、想像で作ること、また作られたもの〉という意味で「架空」。①は「仮設」。②は「隔靴」。「隔靴掻痒」は〈靴の外部から足のかゆい所をかくように、はがゆく、もどかしいこと〉という意味。③は「金科」。「金科玉条」は〈最も大切にして守らなければならない重要な法律または規則〉。④は〈責任などを他になすりつけること〉という意味で「転嫁」。⑤は「高架」で、**⑤が正解**。

問２　傍線部の理由を問う問題

「中国医学」を「まやかし」と感じてしまうのは、それが結局どういうものだからかが問われている。**【文章Ｉ】**で「中国医学」について否定的な記述がされているのは、まず第１段落～第３段落である。ただ、設問に「結局」とあることを考慮すると、この部分だけを解答の根拠だとしにくいし、また実際、この部分を根拠に選択肢を検討しても解答を絞り込むことはできない。第４段落以降では、「中国医学」についての肯定的な説明がつづいており、再び否定的な記述がなされているのは、第９段落である。そこでは、まず**「中国の自然観は論理の厳密性に欠ける」**（ａ）とされ、また**「中国医学」は「経験的知識の積み上げ**であり、**直感的」であり**（ｂ）、その**「機能主義的な医学体系が本当に正しい理論なのかを確認（検証）しようがない」**（ｃ）とされている。そのため、「中国医学は神秘主義的だとして排除されてきた」のである。つまり、「中国医学」を「まやかし」と感じてしまうのは、それがａ～ｃのようなものだからである。したがって、これらを踏まえた説明になっている**⑤が正解**となる。

①は、「自然界の本物の知恵は自然の客体視によってこそ得られる」という説明が、不適当。第４段落にあるように、**【文章Ｉ】**で「自然界の本物の知恵」があるとされているのは「中国医学の自然観」である。一方、第７段落にあるように、「自然の客体視」を行ってきたのは「西欧」である。つまり、この選択肢は「中国医学の自然観」と「西欧」のものの見方を混同している。

②は、「あたかも治療効果があったかのように装おうとする」という説明が、不適当。第５段落にあるように、「中国医学」は、「実体には頓着せず、機能（作用）の把握に依拠した理論を築いてきたのであり、実際、たとえば「実体のない経穴に針を刺すと

体の不調や障害が消える」のである。つまり、「中国医学」は「機能（作用）」を重視し、実際に治療効果をあげているのであって、「治療効果があったかのように装おうとする」ものではない。

③は、「自然を見る目に真実を欠く」という説明が、不適当。第9段落にあるように、「中国医学（中国の自然観）」は「真実を見る目を早くから養っ」ていたのである。

④は、「治療効果をあげることよりも、全体論的で機能主義的な理論を守ることだけにこだわる」という説明が、不適当。そうしたことは本文に全く書かれていない。むしろ、第5段落にあるように、「機能主義的」だとされる「中国医学」は、「実体」に頓着せずに、「機能（作用）」を重視したのであるから、「治療効果をあげること」を重視したのであり、それを軽視したように受け取れるこの選択肢は、【文章Ⅰ】に反している。

問3　傍線部の内容を問う問題

「科学的に洗練された知」の説明が問われている。傍線部Bの前後の内容から、ここでいう「科学的に洗練された知」は、「中国医学」などとは対極にある「西欧の科学」の知であることは明らかである。「西欧の科学」については、第5段落で、まず「分析的、要素主義的、実体主義的」だと説明され、また第7段落では、「西欧のものの見方」が「自然を客体視」するものだと説明されている。さらに、第9段落では、「メカニズム（因果関係）がはっきりしない」「中国医学」に対して、「西欧の科学」は「実体分析と、ギリシャ自然学の明証的な論理学的方法に裏打ちされている」などと説明されている。つまり、「西欧の科学」は、**主客を分離し、実体分析や明証的な論理学的方法に裏打ちされ、因果関係をはっきりさせようとするものだ**というのである。したがって、ここで問われている「科学的に洗練された知」も、上述の内容を踏まえた説明になっている③**が正解**となる。

①は、「動的な生体を丸ごと見ようとする」という説明が、不適当。第6段落にあるように、それは「中国医学」の特徴である。

②は、「実体にかかわらず、治療効果を優先して考えていこうとする」という説明が、不適当。第5段落に説明されているように、それは「中国医学」の特徴である。

④は、「マクロコスモスとミクロコスモスは不可分のものだとする」という説明が、不適当。第7段落にあるように、それは「中国の自然観」の特徴である。

⑤は、「さまざまな自然観を取り入れ、新しいパラダイムを築こうとする」という説明が、不適当。最終段落の内容を踏まえるならば、「新しいパラダイム」を築くのに取り入れられる「さまざまな自然観」には、「中国医学の自然観」も含まれることになる。ところが、すでに確認したように、ここで問われている「科学的に洗練された知」は、「中国医学」などとは対極にあるものである。

問4　傍線部の内容を問う問題

まず、傍線部の「論を俟たない」とは、〈議論するまでもなく、明白である〉という意味。したがって、傍線部は〈どちらが真実を見る見方であるかは明白である〉という意味になる。では、

「どちら」とは何と何か。もちろん、「どちら」は傍線部の前の内容を受けている。しかし、それを考えるうえで、傍線部の直後に中国の自然観が「真実を見る目は早くから養った」とあることが大きな手がかりとなる。中国の自然観に関しては、傍線部の前の段落で、「人間は自然の一部であり、かつ自然と一体である」とするものだと説明されていた。そして、傍線部を含む段落では、中国の自然観と対照的なものとして、西欧のそれが説明されている。すなわち、西欧社会では、二十世紀半ば頃まで「人間と自然、主体と客体の分離独立は当たり前のこと」であった。ところが、「主体（自然を観察する人間）と客体（観察される自然）を分離してきた西欧社会の認識の原理は、近年欧米でも見直されている」というのである。したがって、傍線部の「どちら」は、人間と自然を一体と見る中国の自然観と、人間と自然の分離を当たり前のことと考える西欧の自然観を受けており、その西欧の自然観は欧米でも見直されているのだから、〈どちらが真実を見る見方であるかは明白である〉というのである。つまり、傍線部は、**人間と自然の分離を当たり前のことと考える西欧の自然観よりも、人間と自然を一体と見る中国の自然観の方が真実を見る見方として正しい**というのである。したがって、こうした内容に即した説明になっている**④が正解**となる。

①は、まず「中国の自然観」と「量子力学の不確定性原理」を比較した説明になっている点が、不適当。すでに説明したように、傍線部の「どちら」は、中国の自然観と西欧の自然観である。さらに、「量子力学の不確定性原理」を「主客分離を前提にした」ものと説明している点も、不適当。「量子力学の不確定性原理」は、傍線部の前にあるように、むしろ「主客の分離をもとにした認識論」を崩すものである。

②は、正解と全く逆の説明であり、不適当。傍線部の直後にある、中国の自然観が「真実を見る目は早くから養った」という記述にうまくつながっていかないことからも、この選択肢は誤りと判断できたはずである。

③は、「中国の自然観」と比較されているのが「不確定性原理に見られるような西欧の自然観」となっている点が、不適当。**【文章Ⅰ】**で「中国の自然観」と比較されているのは、人間と自然の分離を当たり前のこととする「西欧の自然観」である。「不確定性原理」は、むしろそうした「西欧の自然観」を否定するものである。

⑤は、「西欧の自然観」と「西欧以外の伝統的自然学を包含した新しいパラダイム」を比較した説明になっている点が、不適当。すでに説明したように、傍線部の「どちら」は、中国の自然観と西欧の自然観であるし、また、傍線部の段階では「西欧以外の伝統的自然学を包含した新しいパラダイム」は問題になっていない。

問５　【資料】にある空欄を補充する問題

本問のリードに記されているように、**【資料】**は**【文章Ⅱ】**に付されたものであるので、**【文章Ⅱ】**を根拠にして考えていけばよい。**【資料】**では、まず「西洋医学」と「漢方」との違いが図示されており、［X］には「西洋医学」の治療の特徴を示した言葉が入ることがわかる。それに対して、［Y］には、「舌や腹を診る」ことで行われる「漢方」の治療のあり方を示した言葉が入ると考えられる。

【文章Ⅱ】で、「西洋医学」の治療について説明しているのは第4段落であり、そこには「西洋医学は耳鼻科、泌尿器科などのように、ターゲットを明確にして、薬や手術などピンポイントに作用する治療が特徴」とある。それに対して、「漢方」については、第4段落・第5段落で、「体内の神経系やホルモンなどの内分泌系のネットワークを介して、病気が全身のバランスを崩している」と解釈し、「診察方法は症状などを聞き取る問診に加え、舌の状態やおなかの弾力を確かめ」、「これらを総合的に判断して、バランスを正常にするため、生薬を調合した漢方薬を処方」するなどとある。つまり、**「西洋医学」の治療が「ターゲットを明確にして、薬や手術などピンポイントに作用する」**ものなのに対して、**「漢方」は問診で症状などを聞き取り、「舌や腹を診る」ことで、「全身のバランス」を正常にすることを目指している**というのである。以上の点を踏まえた選択肢である**①が正解**。

②は、「漢方（Y）」を「病気の原因を特定して取り除く」としている点が、不適当。第1段落に述べられているように、「病気の原因を特定し、取り除く」のは、むしろ「西欧医学」の特徴である。

③は、「漢方（Y）」が「バランスの崩れにおける個人差を修正」としている点が、不適当。「漢方」は、第5段落にあるように、「バランスの崩れは一人ひとり異なるため、訴える症状が同じであっても、異なる漢方薬が処方される」こともあるというように、「バランスの崩れにおける個人差」を認めたうえで治療を行うのである。

④は、「西洋医学（X）」が「漢方薬だけで治療」が明らかに不適当。「西洋医学」が「漢方薬だけで治療」するなどということはあり得ない。

⑤は、「漢方（Y）」が「問診・触診でバランスの崩れを正常化」としている点が、不適当。「漢方」では、第5段落に「症状などを聞き取る問診に加え、舌の状態やおなかの弾力を確かめます（＝触診）。これらを総合的に判断して、バランスを正常にするため、生薬を調合した漢方薬を処方します」とあるように、「問診・触診」を前提に、「バランスを正常にするため、生薬を調合した漢方薬」が処方されるのである。「問診・触診」で「バランスの崩れ」が「正常化」されるのではない。

問6 【文章Ⅰ】、【文章Ⅱ】について説明したものとして適当なものを選ぶ問題

それぞれの文章について詳しくは、**本文解説**を参照してほしい。まず二つの文章の検討に入る前に、選択肢を少し見ておこう。すると、選択肢がどれも**【文章Ⅰ】**と**【文章Ⅱ】**との共通点を説明し、その後で両者の相違点を説明していることに気づくことができただろう。

たとえば**【文章Ⅰ】**の第5段落に「西欧の科学と中国医学の自然観では、世界認識に関して決定的とも言える違いがある」とあり、**【文章Ⅱ】**の第1段落には「漢方」は「西洋医学とは考え方が異なる」などとあり、**【文章Ⅰ】**と**【文章Ⅱ】**はともに、**西欧医学と中国医学（漢方）が対照的なものの見方に支えられているとする点では共通している（a）**のである。

その上で、**【文章Ⅰ】**は、最後の二段落にあるように、**中国医学が西欧科学のパラダイムに入らないからといって、中国医学の自然観を誤ったものとするのではなく、それを取り入れることで西欧科学を超えた新しいパラダイムが構築される可能性を指摘している（b）**。

それに対して、**【文章Ⅱ】**は、第2段落・第3段落でまず「漢方」が中国を起源としながらも、日本の伝統医療として独自の発展を遂げたこと、さらに第4段落以降では、**そうした「漢方」が西欧医学と互いに補い合いながら現代医療に貢献をしている現状を報告している（c）**。したがって、以上の**a**～**c**を踏まえた説明になっている**①が正解**となる。

②について。**【文章Ⅱ】**が「中国医学の自然観を取り入れることで、西欧科学を相対化し、新しいパラダイムを築くことが課題だと論じている」という説明が、不適当。そうしたことは**【文章Ⅱ】**には全く書かれていない。そもそも「新しいパラダイム」を問題にしているのは**【文章Ⅰ】**であって、**【文章Ⅱ】**ではない。

③について。**【文章Ⅰ】**が「中国医学を、西欧科学の要素主義、実体主義の枠内に取り入れていく必要があると主張する」という説明が、不適当。**【文章Ⅰ】**にはそうしたことは書かれていない。

④について。**【文章Ⅰ】**が「中国医学に有効性が見られる以上……西欧科学の力でそのメカニズムを解明することが『科学の進化』だと主張する」という説明が、不適当。西欧科学の力で中国医学のメカニズムを解明すべきなどといったことは、**【文章Ⅰ】**には書かれていない。また、この選択肢で「科学の進化」とされていることと、**【文章Ⅰ】**の最終段落で「科学の進化」とされていることは完全にズレている。

⑤について。「中国医学（漢方）の自然観と西欧科学の自然観」が「真実を見る目を早くから養っていたと考える」点では、**【文章Ⅰ】**、**【文章Ⅱ】**は共通しているという説明が、不適当。**【文章Ⅰ】**には、傍線部Cの前後で「中国医学の自然観」が「真実を見る目」を早くから養ったとはっきりと記されている。しかし、**【文章Ⅱ】**には、「真実を見る目」についての言及が全くない。にもかかわらず、**【文章Ⅱ】**も「真実を見る目」について述べているかのような説明になっているので、この選択肢は、不適当。

第2問

解答

設問		正解	配点
問1	(ア)	①	2
	(イ)	④	2
	(ウ)	③	2
	(エ)	①	2
	(オ)	②	2
問2		⑤	7
問3		③	8
問4		①	7
問5		④	8
問6	(i)	③	5
	(ii)	②	5

出典

土井隆義『「宿命」を生きる若者たち』（岩波ブックレット　二〇一九年）の一節。なお、本文には省略した箇所がある。

土井隆義（どい・たかよし）は、一九六〇年山口県生まれ。社会学者。大阪大学大学院人間科学研究科博士課程中退。著書には『友だち地獄——「空気を読む」世代のサバイバル』、『キャラ化する／される子どもたち——排除型社会における新たな人間像』、『若者の気分——少年犯罪〈減少〉のパラドックス』、『つながりを煽（あお）られる子どもたち——ネット依存といじめ問題を考える』などがある。

本文解説

本文は、近年の日本において、貧困率の上昇が激しい若年層ほど生活満足度が大幅に上昇しているのはなぜかと問い、その理由を現在の若年層はかつてより期待水準が下がっているということに見出（みいだ）している文章である。

本文は1〜13の形式段落から成るが、それを六つの部分に分けて解説していく。

I　男女年齢別に見た貧困率の変化（1・2）

ここでは、男女年齢別の貧困率を一九八五年と二〇一二年の時点で比較した**図1**から分かることとして、「男女ともに若年層の貧困率が上昇していること」と、「高齢女性の貧困率は相変わらず高く、さらにその高齢化もやや進んでいるものの、高齢男性のそれはむしろ低下している」ということが指摘されている。

II　貧困率の変化と生活意識の変化との相関（3・4）

ここでは、男女年齢別に「努力しても報われないと思う割合」の変化を示した**図2**から分かることとして、「近年の貧困率の上昇とともに、努力しても報われないと考える人が全体的に増えていること」と、「この傾向は、貧困率の上昇が激しい若年層でとくに強くなっていること」が指摘されている。このように、貧困率の変化は人びとの生活意識、人生観にも相違をもたらしているのである。

Ⅲ　貧困率の上昇が激しい若年層で逆に生活満足度は上昇している（5・6）

ここでは、一九七七年から二〇一二年までの「生活満足度の推移」を年齢別に示した**図3**から分かることとして、「貧困率が上昇した結果、努力しても報われないと考える人は増えているのに」、「満足度（＝生活満足度）」は「上昇している」ということが指摘されている。貧困率が上昇すれば、努力しても報われないと考える人が増えるのは当然だと思えるが、生活満足度が上昇するというのは不思議である。しかも、**図3**は「貧困率の上昇が激しい若年層ほど、その（＝生活満足度の）上昇傾向も著しくなってい」ることを示している。

そこで、筆者は「若年層のほうが格差は拡大しているのに、その状況に対して彼らのほうが不満を覚えなくなっているのはなぜでしょうか」と問う。本文のこれ以降の部分はこの問いに対する考察に費やされることになるだろう。

Ⅳ　不満とは期待と現実のギャップに対して抱く感情である（7・8）

ここでは、まず、「目標が不達成に終わるという事態」には「二つのパターン」が想定されるとして、「定められた目標に比べて努力が足りなかった場合」と、「あまりに目標を高く設定しすぎてしまう」場合とがあげられる。そして、「目標を達成できるか否かは、目標と努力の二つの変数に左右される関数」だと述べられる。

次に、「目標の不達成による緊張の高まり」が「不満」だとしたうえで、「不満とは期待と現実のギャップに対して抱く感情」だと定義される。ここでは、「目標と努力」が「期待と現実」と言い換えられているが、実は同じことを言葉を換えて言っているだけだということに注意しよう。「期待水準」が高い人は「目標を高く設定」するので、努力しても目標が達成できずに「不満」を抱くことになるし、「努力」の足りない人は「現実（現状）」が変えられないために、やはり目標を達成できずに「不満」を抱くことになるのである。

筆者によれば、「一般に、私たちが抱く不満は、自分が置かれている現実の客観的な劣悪さそれ自体によるのではなく、主観的な期待水準とその現実との格差によって決ま」るのである。「したがって、たとえ同じ状態にあっても、期待水準の高い人のほうが不満感は強くな」るのである。

ここで、Ⅲの部分で筆者が提起した、なぜ貧困率の上昇が激しい若年層で逆に生活満足度が上昇しているのかという問題との関連を考えてみよう。「不満」が「期待水準」と「現実」との「格差」によって生じるのだとすれば、若年層で生活満足度が上昇している、つまり「不満」を感じている人が少なくなっているのは、彼らの「期待水準」と「現実」との「格差」が縮小している、ということになる。また、若年層では貧困率が上昇しているのだから、「現実」が改善されて「期待水準」との「格差」が縮小しているのではない。むしろ彼らの置かれている「現実」は「劣悪」化しているのである。とすれば、彼らの「期待水準」と「現実」との「格差」が縮小し、彼らが「劣悪」な「現実」の下に置かれていても不満を覚えなくなっているのは、彼らの「期待水準」がかなり低くなっているからだ、と推測できる。

V　加齢効果と時代の影響（9・10）

ここで、まず筆者が述べるのは、**IV**の最後で推測したのとは反対の内容である。「不満」が「期待水準」と「現実」との「格差」によって生じるという「理屈」を適用すると、「これまでは高齢層の生活満足度より若年層のそれのほうが総じて低かった理由もよく説明でき」る。若年層のほうが「これからの人生が長い」ために、「今後の人生に期待をかけられる分だけ、現在の満足度は下がる」。反対に、歳をとると人生に期待をかけなくなるので生活満足度は上がるのである。筆者は「歳をとるにつれて生活満足度が上がっていく」ことを「加齢効果」と呼んでいる。

しかし、すでに確認したように**図3**（「生活満足度の推移」）が示しているのは逆の結果である。「現在に近づくにつれて……高齢層の生活満足度はほとんど上昇していないのに、若年層のそれは大幅に上昇している」。筆者は、この現象は「加齢効果」では説明できないので、「時代の影響」を考えなければならないと言う。そして、この現象の「背景」にある「時代精神の違い」は、「期待水準」の「世代による差異」を示している**図4**から読み取ることができると言う。では、**図4**からは「時代精神の違い」としてどのようなことが読み取れるのだろうか。

VI　現在の高齢層の期待水準はかつてより上がっているのに、若年層は下がっている（11〜13）

図4では、「仕事や遊びなどで自分の可能性を試すために、できるだけ多くの経験をしたい」（Aとする）と答えた人と、「わずらわしいことはなるべく避けて、平穏無事に暮らしたい」（Bとする）と答えた人との、一九八三年と二〇一三年における年齢別の割合が示されている。

筆者はこの図（グラフ）から「二つの事実が分か」ると言う。一つは「どの時代でも一般的に人は歳をとるにつれて保守化していく傾向にある」という事実である。たしかに、一九八三年でも二〇一三年でも、歳をとるにつれてAの割合は下がり、Bの割合は上がっている。これは「加齢による変化（＝加齢効果）」であり、「時代を問わずにいつも同じ傾向を示」す。

もう一つは「一九八三年と二〇一三年を比較すると、四〇代以下の年齢層では保守的な人びとが増え、五〇代以上の年齢層では逆に減っている」という事実である。この事実はAとBから明らかに読み取ることができる。筆者は、この事実から、まず「二〇〇〇年代の高齢層は、一九八〇年代の高齢層よりも積極的な人生観を抱くようになっている」のに対して、「二〇〇〇年代の若年層は、一九八〇年代の若年層よりも消極的な人生観を抱くようになっている」と言う。そして、これを「達成目標の期待水準の落差に当てはめ」て、「現在の高齢者はかつてより高い期待水準を抱くようになっている一方で、若年層はかつてより期待水準が下がっている」と言う。注意しなければならないのは、**III**の部分で筆者が提起した、なぜ貧困率の上昇が激しい若年層で逆に生活満足度が上昇しているのかという問題に、ここで回答が示されたということである。**IV**の部分の最後で推測した通り、現在の若年層はかつてより期待水準が下がっているので、貧困率が上がっていても生活満足度は上昇しているのである。反対に、現在の高齢層はかつてより期待水準が上がっているため、「生活満足度はほとんど上昇していない」⑨のである。

筆者は、最後に、このように若年層で期待水準が下がり、高齢層で期待水準が上がっているという事実が「加齢効果」ではなく「世代効果」に由来すると述べているが、「世代効果」は「時代の影響」⑨や「時代精神の違い」⑩を言い換えた表現だと理解することができるだろう。

I・II

男女ともに若年層の貧困率が上昇している（貧困率の変化）

努力しても報われないと考える人が全体的に増えているが、この傾向は若年層でとくに強くなっている（生活意識の相違）

↓

III

[若年層は貧困率の上昇が激しい]

[若年層ほど生活満足度の上昇傾向が著しい]（それはなぜか？）

↓

IV

不満は自分が置かれている現実の客観的な劣悪さそれ自体によるのではなく、主観的な期待水準とその現実との格差によって決まる

↓

貧困率が高いからといって不満が大きくなるわけではなく、貧困率が高くても期待水準が低ければ不満は少なくなり、生活満足度は高くなる

V・VI

加齢効果……歳をとるにつれて生活満足度は上がっていく

↕

時代の影響……現在の高齢層はかつてより期待水準が上がっているのに、

[現在の若年層の期待水準は下がっている]

（それはなぜか？と提起した問題への回答）

設問解説

問1　漢字の知識を問う問題

(ア)は、〈重要な点や問題となる点を取り上げて示すこと〉という意味の「指摘」。①は〈悪事などをあばき出すこと〉という意味の「摘出」で、**①が正解**。②は「点滴」。③は〈俗事のわずらわしさから離れて、自分の思いのままに静かに暮らすこと〉という意味の「悠悠自適」。④は「敵視」。⑤は「的中」。

(イ)は、〈ある目的のために、新たに物事をもうけ定めること〉という意味の「設定」。①は〈ゆきすぎのない、ちょうどよい程度〉という意味の「節度」。②は〈身近に深くかかわっていて重

大であるさま〉という意味の「切実」。③は「面接」。④は〈ある目的の達成に必要なものを備えつけること。また、ある目的の達成に必要だとして備えつけられたもの〉という意味の「設備」で、**④が正解**。⑤は〈一般に正しいと認められている説〉という意味の「定説」。

(ウ)は、〈年数を経ること〉という意味の「経年」。①は〈同じ方面や種類のものとしてまとめられるつながり〉という意味の「系統」。②は「計画」。③は「経験」で、**③が正解**。④は〈耳を傾けて、熱心に聞くこと〉という意味の「傾聴」。⑤は「掲載」。

(エ)は、〈必要な程度や数量を超えて多いこと〉という意味で「過剰」。①は〈不注意などによって生じたしくじり、過ち〉という意味の「過失」で、**①が正解**。②は〈ごたごたした事件／もめ事の中〉という意味の「渦中」。③は「仮設」。④は「課題」。⑤は〈多いことと少ないこと〉という意味の「多寡」。

(オ)は、〈ある物事がそこから起こっていること〉という意味の「由来」。①は「湯船」。②は〈途中である地点を通過していくこと〉という意味の「経由」で、**②が正解**。③は「愉快」。④は「比喩」。⑤は〈野や山へ行って遊ぶこと〉という意味の「遊山」。なお、「物見遊山」は〈見物して遊びまわること〉という意味。

問2　図表から内容を読み取って本文中の空欄を補う問題

[4]では、男女年齢別に「努力しても報われないと思う割合」の変化を示した**図2**からどのようなことが読み取れるかということが書かれており、空欄 **X** の直前には、「また高齢層を見てみると」とあるので、ここには高齢層について**図2**から読み取れる内容が入ることがわかる。

では、**図2**から「高齢層」についてどのようなことがわかるか検討しよう。まず、六〇代、七〇代の男性について、一九八八年と二〇一三年では「努力しても報われないと思う割合」にどのような変化が見られるだろうか。一九八八年の六〇代は20％、七〇代以上は17％であるのに対して、二〇一三年の六〇代は25％、七〇代以上は23％である。**「高齢層」の男性については、「努力しても報われないと思う割合」は少し（5～6％）増えているものの大きな変化は見られない（a）**。次に、「高齢層」の女性はどうだろうか。一九八八年の六〇代は16％、七〇代以上は9％であるのに対して、二〇一三年の六〇代は19％、七〇代以上は25％である。六〇代では3％しか増えていないが、七〇代では16％も増えている。**「高齢層」の女性については、七〇代以上で「努力しても報われないと思う割合」がかなり増えていることがわかる（b）**。

「高齢層」について図2から読み取れたaとbは、[2]に書かれていた「高齢女性の貧困率は相変わらず高く、さらにその高齢化もやや進んでいるものの、高齢男性のそれはむしろ低下している」という「貧困率」の変化と対応している（c）、ということに注意しよう。筆者が言っているように、「貧困率の変化」は人びとの「生活意識」や「人生観」にも「少なからぬ影響を与えている」のである（[3]・[4]）。

以上の**a**～**c**を踏まえると、**⑤が正解**であることがわかる。

①は、「男女ともに若年層ほどではないにしても貧困率が上昇している」という説明が不適当。cにあるように「高齢男性のそれ（＝貧困率）はむしろ低下している」のである。

②は、「男女ともに……努力しても報われないと感じている人はそれほど増えていない」という説明が不適当。bにあるように、七〇代以上の高齢の女性では「努力しても報われないと感じている人」はかなり増えているのである。

③は、まず「貧困率の下がっている男性では報われないと感じている人が減っている」という説明が不適当。aにあるように、「貧困率の下がっている男性」でも「報われないと感じている人」は少し増えているのである。また、「依然として貧困率の高い女性ではあまり大きな変化が見られない」という説明も不適当。bにあるように、七〇代以上の高齢の女性では「努力しても報われないと感じている人」はかなり増えているのである。

④は、「貧困率の下がっている男性でも報われないと感じている人がかなり増えている」という説明が不適当。aにあるように、「かなり増えている」のではなく、少し（5～6％）増えているだけである。

問3　本文中の傍線部の理由を問う問題

傍線部**A**は「若年層のほうが格差は拡大しているのに、その状況に対して彼らのほうが不満を覚えなくなっているのはなぜでしょうか。」となっている。まず、「若年層のほうが格差は拡大している」とは、直前の[5]に「貧困率の上昇が激しい若年層」とあり、[2]に「高齢女性の貧困率は相変わらず高く、さらにその高齢化もやや進んでいるものの、高齢男性のそれはむしろ低下している」とあることから、〈若年層のほうが高齢層よりも貧困率が激しく上昇している〉ということである。また「彼らのほうが不満を覚えなくなっている」とは、やはり直前の[5]に「若年層ほど、その（＝満足度の）上昇傾向も著しくなってい」るとあることから、〈若年層のほうが高齢層よりも満足度（＝生活満足度）が大幅に上昇している〉ということである。したがって、傍線部**A**は〈若年層のほうが高齢層よりも貧困率が激しく上昇しているのに、生活満足度については若年層のほうが大幅に上昇しているのはなぜか〉と問うていることになる。

では、この問いに対して筆者はどのような理由を示しているのだろうか。すでに**本文解説**で確認したように、その理由を筆者が示しているのは最終段落（[13]）である。ここで、筆者は、**図4**から読み取ることができる事実として「若年層はかつてより期待水準が下がっている」ことを指摘している。このことを、[8]で筆者が提示している、「私たちが抱く不満は、自分が置かれている現実の客観的な劣悪さそれ自体によるのではなく、主観的な期待水準とその現実との格差によって決まり」、「期待水準の高い人のほうが不満感は強くな」るという「心理傾向」に当てはめてみる。すると、〈**若年層は期待水準が下がっているために、貧困率が激しく上昇していて劣悪な現実に置かれていても、期待水準と現実との格差は縮小しており、不満感が弱まっている**〉、ということになる。

これに合った説明になっているのは、③の「現在の若年層は自分の今後の人生に大きな期待をかけることができなくなっているから」である。したがって、**③が正解**。

①について。「現在の若年層は目標を達成するために努力をしても報われることはないと思っているから」は、**図2**から読み取ることができる傾向として[4]に書かれている。しかし、この傾向は、「近年の貧困率の上昇」によってもたらされた「生活意識」の変化を示すものとして、「若年層ほど」「満足度が上昇している」という傾向と対比されており（[5]）、「若年層ほど」「満足度が上昇している」ことの理由として提示されているわけではない。したがって、①は不適当。

②について。「現在の若年層は目先の生活に追われて今後の人生について考える余裕を失っている」といったことは本文には書かれていない。したがって、②は不適当。

④について。現在「価値観」が「多様化」していることは[10]に書かれているが、その中で「若年層」は「目標を定めることが難しくなっている」というようなことはどこにも書かれていない。したがって、④は不適当。

⑤について。「現在の若年層」の貧困率は激しく上昇しているのであるから、彼らが「劣悪な生活環境の中」にあると言える。しかし、彼らが「目標を達成することをあきらめてしまっている」から、彼らが「不満を覚えなくなっている」のではない。すでに確認してきたように、若年層が不満を覚えなくなっているのは、「期待水準が下がっている」からである。「期待水準が下がっている」ということは、「目標」が低く設定されるようになっているということであり、「目標を達成することをあきらめてしまっている」ということではない。したがって、⑤は不適当。

問4　図表から内容を読み取って本文中の空欄を補う問題

まず、空欄［Y］には、**図4**から読み取れる事実が入ることが文脈からわかる。**図4**では、「仕事や遊びなどで自分の可能性を試すために、できるだけ多くの経験をしたい」と答えた人と、「わずらわしいことはなるべく避けて、平穏無事に暮らしたい」と答えた人との、一九八三年と二〇一三年における年齢別の割合が示されている。

次に、空欄［Y］がどのような文脈の下にあるかを見てみよう。「一九八三年と二〇一三年を比較すると、［Y］。ここには時代の変化にともなう世代の相違をはっきりと見てとることができます」とある。ここから、空欄［Y］には、「自分の可能性を試してみたいか」についての「時代の変化にともなう世代の相違」の内容が入ると判断できる。そして、この「時代の変化にともなう世代の相違」については、[13]の冒頭に、「二〇〇〇年代の高齢層は、一九八〇年代の高齢層よりも積極的な人生観を抱くようになっているといえます。一方、二〇〇〇年代の若年層は、一九八〇年代の若年層よりも消極的な人生観を抱くようになっているといえます」と書かれている。「積極的な人生観を抱く」とは「自分の可能性を試すために、できるだけ多くの経験をしたい」と思うことと対応しており、「消極的な人生観を抱く」とは「わずらわしいことはなるべく避けて、平穏無事に暮らしたい」と思うことと対応している。実際に**図4**を見ればこのことは確認できる。

また、**図４からは、「自分の可能性を試すために、できるだけ多くの経験をしたい」と思う人（＝積極的な人生観を抱く人）の割合が、四〇代以下で減っており、五〇代以上で増えていることと、「わずらわしいことはなるべく避けて、平穏無事に暮らしたい」と思う人（＝消極的な人生観を抱く人）の割合が、四〇代以下で増え、五〇代以上で減っていることがわかる。**

図４から読み取れるこの事実を踏まえて選択肢を検討すると、「四〇代以下の年齢層では保守的な人びとが増え、五〇代以上の年齢層では逆に減っている」とある**①が正解**だと判断することができる。「わずらわしいことはなるべく避けて、平穏無事に暮らしたい」と思う「消極的な人生観を抱く」人びとは「保守的な人びと」と言える。

②は、「五〇代以上の年齢層では変化が見られない」という説明が不適当。「五〇代以上の年齢層では」「保守的な人びと」は減っている。

③は、「四〇代以下の年齢層では保守的な人びとの割合は変わらず」という説明が不適当。「四〇代以下の年齢層では保守的な人びとの割合」は増えている。

④は、「（保守的な人が）年齢が上がるにつれて逆に減っている」という説明が不適当。**図４**を見ると、二〇一三年も一九八三年と同様に、「年齢が上がるにつれて保守的な人」が増えていることが確認できる。このことは、**図４**の「グラフ」から分かる「一つ目の事実」として、⑪に書かれている「どの時代でも一般的に人は歳をとるにつれて保守化していく傾向にあるということ」と対応している。

⑤は、「年齢が上がるにつれて保守的な人が減っていた」という説明が不適当。④のところで確認したように、「どの時代でも一般的に人は歳をとるにつれて保守化していく傾向にある」のである。

問５　傍線部の理由を図表を手掛かりとして推測する問題

「現在の高齢男性」が「かつてより高い期待水準を抱くようになっている」理由を、「努力しても報われないと思う割合」の変化（一九八八年と二〇一三年を比較している）を年代別男女別に示した**図２**と、一九五五年から二〇一七年までの日本のＧＤＰの推移を示した**図５**を踏まえて考える問題である。

まず、**図２**から「現在の高齢男性」についてわかることは、六〇代以上では二〇代、三〇代の若い世代と比べて「努力しても報われないと思う割合」はかなり低い、ということである。そして、「努力しても報われないと思う割合」が低いということは、〈努力すれば報われると思っている〉人が多いということである。つまり、**図２**からは、**ａ〈「現在の高齢男性」には、若い世代と比べて、努力すれば報われると思っている人が多い〉**、ということが読み取れるのである。ここで、注意しておかなければならないのは、〈努力すれば報われると思っている〉人は「期待水準」が高くなり、「努力しても報われないと思」っている人は「期待水準」が低くなるということである。

次に、**図５**からわかることは、**ｂ〈日本の経済が一九九〇年頃**

を境目にして急成長の時代から低成長の時代に転じた〉、ということである。「現在の高齢男性」との関連において考えてみると、二〇一三年に六〇歳の人は一九九〇年に三七歳であり、七〇歳の人は四七歳である。高度経済成長が一九六〇年以降に始まったとすれば、二〇一三年に六〇歳の人は七歳から三七歳までそれを経験し、七〇歳の人は一七歳から四七歳までそれを経験したことになる。つまり、**c〈「現在の高齢男性」は日本の経済が急成長を続けていた時期に青年期を送った〉**と言える。

ここで、経済状態と「期待水準」との関係について考えてみよう。**d〈経済が急成長しているときには、人は努力すれば報われると思うようになり、低成長のときには、人は努力しても報われないと思うようになるのではないだろうか〉**。急成長の時代には頑張って働けば給料が上がるのに、低成長の時代には頑張って働いてもなかなか給料が上がらないからである。すでに確認したように、〈努力すれば報われると思う〉人は「期待水準」が高くなるのである。

以上の**a〜d**を踏まえて、「現在の高齢男性」が「かつてより高い期待水準を抱くようになっている」理由を考えてみると、次のようなことが考えられる。**「現在の高齢男性」は日本の経済が急成長を続けていた時期に青年期を送り（c）、その時期に努力すれば報われると思うようになった（d）。そして、日本の経済が低成長に転じた後でも、この思いを保持し続けている。**だから、「現在の高齢男性」は「かつてより高い期待水準を抱くようになっている」のである。自己を形成する時期である青年期に身についた思いは、状況が変わったとしても、なかなか変わらないのではないだろうか。

ここで、注意しておく必要があるのは、傍線部**B**の中で「現在」と比べられている「かつて」である。傍線部**B**は**図4**から読み取ることができる「事実」としてあげているものであり、「かつて」は一九八三年と二〇一三年を比較しているので、「かつて」は一九八三年を示している。一九八三年に六〇歳の人は一九六〇年には三七歳であり、七〇歳の人は四七歳である。高度経済成長が始まる前に自己を形成してしまった世代の人たちである。この世代の人たちと比べて、「現在（二〇一三年）の高齢男性」が「高い期待水準を抱くようになっている」のは当然のことであろう。

これまで傍線部**B**の理由として確認してきた内容と合致する説明になっているのは④であり、**④が正解**。

①は、「現在の高齢男性は、日本が成長期から低成長期に移行した時期に青年期を送った世代であり」という説明が**c**に反する。「現在の高齢男性」は日本の経済が急成長を続けていた時期に青年期を送ったのである。

②は、まず、「現在の高齢男性は、日本が低成長期に転換した時期に青年期を送った」という説明が**c**に反する。また、「これからは『努力しても報われない』ということがよくわかっている」という説明も不適当である。このようなことがよくわかっているのに、「高い期待水準を抱く」とは考えられない。

③は、「現在の高齢男性は、日本が成長期から低成長期に移行したことに気づいていない人たちが多く」という説明が不適当。

「日本が成長期から低成長期に移行したこと」（b）は図5からわかるが、そのことに「気づいていない人たちが多」いということは図2からも図5からも本文からも読み取れない。

⑤は、「『努力しても報われない』という思いを強く抱くようになったから」という説明が不適当である。②のところでも述べたように、こういう思いを強く抱いている人が「高い期待水準を抱く」とは考えられない。

問6　(i)文章の表現について問う問題

①から順に選択肢の適否を判断していこう。

①について。[8]には「一般に、私たちが抱く不満は、自分が置かれている現実の客観的な劣悪さそれ自体によるのではなく」という表現に続いて、「主観的な期待水準とその現実との格差によって決まります。したがって、たとえ同じ状態にあっても、期待水準の高い人のほうが不満感は強くなります」と書かれている。筆者は、ここで指摘している「期待水準の高い人のほうが不満感は強くな」るという「心理傾向」を踏まえて、若年層のほうが「貧困率の上昇が激しい」のに「満足度」の「上昇傾向も著しくなってい」る（⑤）のは、「若年層はかつてより期待水準が下がっている」（⑬）からだ、という結論を導き出しているのである。とすると、「一般に、私たちが抱く不満は、自分が置かれている現実の客観的な劣悪さそれ自体によるのではなく」という[8]の表現は、[5]で述べられていた、若年層の貧困率が激しく上昇していても、それで若年層の不満感が高くなっているわけではなく、反対に若年層の満足度は上昇している、という内容を踏まえていると判断することができる。そこで、この[8]の表現は、「[5]段落で述べられていた、若年層における貧困率の上昇が不満度の上昇と対応していないということを示唆している」と言えるのである。したがって、①は適当である。

②について。「社会学ではよく知られた現象」であれば専門家（＝社会学者）は誰でも知っているはずなので、その専門家に向けて「このような心理傾向は、社会学ではよく知られた現象で、相対的剥奪と呼ばれています」といった言い方はしないはずである。この文章は一般の読者向けに書かれているのでこのような言い方をしているのだと判断できる。したがって、②は適当である。

③について。③に引用されている文章の続きは、「しかし、たとえ目標の中身が千差万別であったとしても、その期待水準がどの程度のレベルに設定されるかについては、完全に不規則というわけではなく、そこには世代による差異も見られます」となっている。この文章は、「期待水準」つまり「目標」が「どの程度のレベルに設定されるかについては」、「世代」ごとの共通性が見られる、ということを語っている。「世代による差異」が「見られる」とは、世代が違えば異なるが、世代が同じであれば共通だ、ということを意味している。筆者がその後で明らかにするのは、「現在の高齢層はかつてより高い期待水準を抱くようになっている一方で、若年層はかつてより期待水準が下がっている」（⑬）という「期待水準」の「世代による差異」であるが、現在の「高齢」世代には「かつてより高い期待水準（＝目標）を抱くようになっている」という共通性を見出すことができ、現在の

「若年」世代には「かつてより期待水準（＝目標）が下がっている」という共通性を見出すことができるのである。したがって、「世代が同じでも『目標』についてはいかなる共通性も見出すことができない」とある③は不適当であり、**③が正解**。

④について。「どの時代でも一般的に人は歳をとるにつれて保守化していく傾向にある」ということについて、[11]の最後では「これ（＝人は歳をとるにつれて保守化していくこと）は加齢による変化ですから、時代を問わずにいつも同じ傾向を示します」と述べられている。「加齢による変化」だとは「加齢効果」だということであり、「時代を問わずにいつも同じ傾向を示」すとは「普遍的な現象である」ということである。したがって、④は適当である。

問6 (ii) 文章の構成について問う問題

①から順に選択肢の適否を判断していこう。

①について。「まず、データから貧困率の変化が必ずしも生活意識に影響を与えるわけではないことを示し」という説明が不適当である。[3]には「ここでまず指摘したいのは、年齢層による貧困率の変化の相違は、それぞれの年齢層の生活意識にも相違をもたらしているという事実です」と、その説明とは反対のことが書かれている。

②について。「まず、データから高齢層よりも貧困率が上昇している若年層のほうが生活満足度が上昇していることを示し」とあるが、このことは[5]で指摘されている。「次に、この現象は加齢効果では説明できないことを明らかにしたうえで」とあるが、このことは[9]で明らかにされている。「最後に、それは世代効果によるものだと説明している」とあるが、このことは最後の[13]で説明されている。したがって、**②が正解**である。

③について。「次に、高齢層については加齢効果で説明できることを示したうえで」という説明が不適当である。これは、高齢層では若年層よりも生活満足度が低いということは「加齢効果で説明できる」ということである。しかし、[9]には「歳をとるにつれて生活満足度が上がっていくのは加齢効果といえます」と書かれている。したがって、高齢層では若年層よりも生活満足度が低いということは「加齢効果」では説明できない。生活満足度が高齢層では低く、若年層では高いということは、ともに「時代の影響や世代効果を考えないと説明できない」のである。

④について。「まず、データから貧困率の上昇にともない努力しても報われないと考える人がどの世代でも増えているのに生活満足度のほうは上昇しているという現象が生じていることを示し」という説明が不適当である。[4]に「**図2**を見ていただくと、近年の貧困率の上昇とともに、努力しても報われないと考える人が全体的に増えていることが分かります」と書かれているので、「貧困率の上昇にともない努力しても報われないと考える人がどの世代でも増えている」とは言えるだろう。しかし、[9]には「高齢層の生活満足度はほとんど上昇していないのに、若年層のそれは大幅に上昇している」と書かれており、このことは**図3**からも読み取れる。したがって、「どの世代でも……生活満足度のほうは上昇している」という説明は不適当である。

第3問

解答

設問		正解	配点
問1	(ア)	②	2
	(イ)	⑤	2
	(ウ)	③	2
	(エ)	②	2
	(オ)	①	2
問2		④	7
問3		③	7
問4		①	7
問5		①・④・⑤	9（各3）
問6	(i)	②	5
	(ii)	③	5

出典

広田照幸『教育言説の歴史社会学』（名古屋大学出版会　二〇〇一年）の「第11章〈青少年の凶悪化〉言説の再検討」の一部。

広田照幸（ひろた・てるゆき）は、一九五九年広島県生まれ。東京大学大学院教育学研究科博士課程修了。専門は教育社会学。著書には、『日本人のしつけは衰退したか』、『格差・秩序不安と教育』、『教育は何をなすべきか――能力・職業・市民』などがある。

本文解説

本文は、新聞などによる統計データの誤用によって〈青少年の凶悪化〉というイメージが捏造（ねつぞう）されていることを指摘した文章である。本文は二十の形式段落から成るが、「恣意的に比率を利用することで、〈凶悪化〉が演出される」ことについて述べた**前半部**（[1]〜[11]）と、「多くの統計事項の中で特定のカテゴリーの数字が強調され」ることで、「ある種の誤認が生まれる」ということについて述べた**後半部**（[12]〜[20]）に分けることができる。

前半部　比率の恣意的な利用（[1]〜[11]）

筆者は「恣意的に比率を利用することで、〈凶悪化〉が演出される」と述べ、「典型的な議論の例」として一つの文章を引用している。そして、そこには、「重要な犯罪の分野においても、近年は、成人による犯罪と比較して、少年による犯罪の突出した増加が著しい」と書かれ、「平成九年は、全凶悪犯の検挙人員に占める少年比が三四・一%と、二九年ぶりに三分の一を越えたが、粗暴犯については四四・五%と、史上最高の数字を示し」ていると、少年比を示す具体的な数字があげられている。なお、「粗暴犯」とは、〈暴力によって他人に損害を与えた犯罪者〉を言い、警察白書によれば〈暴行・傷害・脅迫・恐喝・凶器準備集合の罪を犯した者〉を言うとされている。（[1]）

ここにあげられている数字は「警察庁が発表した」ものであるが、筆者は「もとの犯罪統計に戻って変化を調べてみると、ずいぶん印象が変わってくる」と言い、『犯罪統計書』各年版より、平成九（一九九七）年から、五年刻みで一九六二年までさかのぼった粗暴犯のデータをまとめた**表1**（この表にはあわせて九八・九九年版のデータも付け加えられている）を掲載している。②

筆者は、この表からわかることとして、二つのことを指摘している。一つは、「全体として、少年に関しても成人に関しても、粗暴犯で検挙された者の実数は、ずいぶん減ってきているということ」であり、もう一つは少年に比べて「成人のほうの減少ぶりが著しいこと」である。③〜⑤

筆者は、正確さを期すためには人口の変動も考慮に入れる必要があるとして、当該年齢層人口一〇万人当たりの粗暴犯の人数を算出している。**表1**のその箇所を見ると、成人の場合、十九九八年には一九六二年の約十五％まで減少している（一五〇・八→二一・五）ことがわかる。また、少年の場合も一九六二年の約半分に減少している（三五八・〇→一八六・二）ことがわかる。⑥

「粗暴犯」に関するデータをまとめた表からわかることとして筆者が強調しているのは、青少年が粗暴犯になる確率は減少しているのに、「青少年の減少ぶり以上に成人の粗暴犯が著しく減っているために、見かけ上、全体の中での少年の比率が増加している」ということである。ここから、①で筆者が引用した文章の問題点が明らかになるだろう。それは、一九六〇年代と比べて粗暴犯になる少年の確率は半減しているにもかかわらず、このことには触れず、粗暴犯の全検挙者中に占める少年の割合だけを取り上げて、「粗暴犯については四四・五％と、史上最高の数字を示し」ていると述べ、近年の少年が粗暴化しているというイメージを捏造していることである。⑦

次に、筆者は「凶悪犯に関しても同様である」と述べる。「凶悪犯」とは〈残忍な犯罪を実行した者〉を言い、警察白書によれば〈殺人・強盗・放火・強姦の罪を犯した者〉を言うとされている。①で筆者が引用した文章では「全凶悪犯の検挙人員に占める少年比が三四・一％と、二九年ぶりに三分の一を越えた」と述べられている。しかし、筆者によれば、「成人の凶悪犯が激減したことが、『少年比』を押し上げている」のであり、少年の凶悪犯も成人ほどではないにしても減少しているのである。⑧

以上を踏まえて、筆者は、「少年比（＝占有率）を用いる際には、実数の変化をふまえた、慎重な考察が必要である」にもかかわらず、「単純に少年比が上がっていることだけで『少年の粗暴化』と呼んだり」、少年の『凶悪化』②と呼んだりするのは、「統計データの誤用（悪用）である」と言う。少年犯罪を扱った一部の論文や新聞記事などでは、実際にこのような「統計データの誤用（悪用）」が見られるのである。⑨

さらに、筆者は、「六〇年代末ごろからくり返し語られてきている、『凶悪非行の低年齢化』というイメージ」を問題にする。「凶悪犯として検挙された少年全体の中で年少少年の占める割合が増えている、というのがその論拠の一つになっている」のだが、筆者が掲載している**図1**（殺人で検挙された少年の一〇万人当たりの人数の一九六〇年代から一九九〇年代までの変化を14・15歳、16・17歳、

18・19歳に分けて示している）からわかるのは、「一〇代後半（18・19歳）の少年たちが凶悪な事件を起こさなくなってきたため、少年全体の中で、一〇代半ばまで（14〜17歳）の少年の占める割合が、結果的に高くなっているにすぎない」（空欄 **Y** ）ということである。殺人で検挙された一〇代前半の人数は一九六〇年代以降ずっと低いままであるし、一〇代半ばの人数も一九七〇年代以降減少している。一九六〇年代に多かった一〇代後半の人数が一九七〇年代後半以降に激減したため、一〇代半ばまでの比率が相対的に高くなっているだけなのである。したがって、「凶悪非行の低年齢化」は事実ではない。⑩

筆者は、「万引きなど、軽微な逸脱事犯で捕まる少年が低年齢の少年に多いため」、「それが、中学生によるごくまれな重大事件とオーバーラップされて、『凶悪非行の低年齢化』というイメージが維持されてきている」のではないかと推測している。⑪

後半部　特定のカテゴリーが強調されることによる誤認の発生（⑫〜⑳）

筆者は「新聞の報道などで、多くの統計事項の中で特定のカテゴリーの数字が強調されたり、特定の罪種にあらわれた増加傾向のみが強調されたりすることで、ある種の誤認が生まれる」と述べ、一九九九年末のある新聞記事を取りあげている。それは、警察庁が同年の少年の非行について発表した「少年非行等の概要」を紹介した記事である。⑫・⑬

その記事の大見出しは「中学で校内暴力急増」であり、「一一〇月五三五件、昨年比一五％増」「警察庁まとめ　凶悪化・単独・対教師目立つ」という小見出しがついている。そして、「一九九四年からの五年間の同期と比べて件数は一番多く、大半が中学生。教師に対する暴力が目立ち、一時期落ち着きつつあった学校が再び荒れる様相をみせているという」と書かれている。筆者は「少し考えてみると、この記事にはいろんな問題があることがわかる」と言う。では、どのような問題があるのだろうか。⑭・⑮

まず、筆者が指摘するのは、「警察が把握している校内暴力は、全体のごく一部分にすぎ」ず、「警察庁の発表した『一五％増』という数字は、校内暴力の実態の変化を単純に反映しているわけではない」し、「対教師目立つ」という「警視庁まとめ」もあやしい、ということである。なぜなら、「警察に通報するかしないかは学校側の意向に左右される」ので、「警察が把握している校内暴力は、全体のごく一部分にすぎない」からである。「文部省のより詳細な調査では、対教師暴力よりも、器物損壊のほうが急激に増加している」。それなのに「対教師目立つ」となるのは、学校は「器物損壊」よりも「教師に対する暴力」のほうをより多く警察に通報しているからだと考えられるのである。問題なのは、新聞が、警察は校内暴力の一部しか把握していないということを考慮せず、警察庁の発表した数字に依拠して「対教師目立つ」と報道していることである。これが、⑫の冒頭で筆者の述べている、「新聞の報道など」が「特定の罪種にあらわれた増加傾向のみ」を「強調」することで「ある種の誤認が生まれる」ケースに該当する。⑯・⑰

次に、筆者が指摘するのは、『一九九四年からの五年間の同期と比べて件数は一番多く』という部分も問題がある」ということである。「一九九四年以前にまでさかのぼって校内暴力事件の検挙状況の推移をみると」、「八〇年代前半に非常に多かった校内暴力検挙件数（ピークは八三年の二一二五件）は、八〇年代後半以降大きく減少し、九三～九六年には五〇〇件を下回る『底』を作っていた」ということがわかる。したがって、新聞は、「近い過去のうち最も件数の少ない時期」と比較しただけで、「中学で校内暴力急増」と大見出しをうち、読者の不安を煽っている、ということになる。九九年の校内暴力検挙件数は「五六〇件」⑭であり、「少し長い目で見れば」、「とりたてて高いとはいえないのである」。ここで、筆者が問題にしているのは、ある「罪種」について、長期的に見ればほとんど増加していないことがわかるのに、短期間の比較だけで確認された「増加傾向」を「強調」し、それが激増しているというような「誤認」を生んでしまう新聞報道のあり方である。⑱・⑲

最後に、筆者が指摘するのは、『中学で校内暴力急増』という大見出しにも問題がある」ということである。新聞のこの「大見出し」の何が問題かというと、「高校に関しては、事件数、検挙者数、被害者数のいずれも前年を大きく下回っている（検挙者数は昨年より四割も減少している）」のに、そのことは報道せず、「全体の中の増えたカテゴリーの部分（中学の校内暴力の件数）だけを拾い出して」報道していることである。このような報道は、「校内暴力」が「全体的に悪化の一途をたどっている」といった誤った認識を生み出すことになるだろう。これが、⑫の冒頭で筆者の述べている、「多くの統計事項の中で特定のカテゴリーの数字が強調され」ることで、「ある種の誤認が生まれる」ケースに該当することは言うまでもない。⑳

前半部――恣意的に比率を利用することで、少年犯罪の〈粗暴化〉や〈凶悪化〉が演出される

（冒頭に引用されている文章）
粗暴犯や凶悪犯に占める少年の割合だけを取り上げて、近年の少年が粗暴化、凶悪化したというイメージを捏造している

（実態）
少年が粗暴犯や凶悪犯になる確率は減少しているのに、少年の減少ぶり以上に成人の粗暴犯、凶悪犯が著しく減少しているために、全体の中での少年の比率が増加しているだけである

後半部――多くの統計事項の中で特定のカテゴリーの数字が強調されたり、特定の罪種にあらわれた増加傾向が強調されたりすることで、ある種の誤認が生まれる

（警察庁の発表に基づいて書かれた、中学で校内暴力が急増していること、教師に対する暴力が目立つことを報じた新聞記事）

→

（問題点）
Ⅰ　新聞は、警察が校内暴力の一部しか把握していないとい

うことを考慮せず、警察庁の発表した数字に依拠して「対教師目立つ」と報道している

Ⅱ　中学の校内暴力は長期的に見ればほとんど増加していないのに、短期間の比較だけで確認された増加傾向を強調している

Ⅲ　高校では校内暴力の件数などが前年を大きく下回っているのに、そのことは報道せず、全体の中で増えた中学の校内暴力の件数だけを拾い出して報道している

設問解説

問1　漢字の知識を問う問題

(ア)は、〈ある状態が変化せずに続くさま〉という意味の「依然」。

①は〈外に示す威厳と、外から受ける信望〉という意味の「威信」。②は〈よりどころとすること〉という意味の「依拠」で、**②が正解**。③は〈ことばによらなくても互いに気持ちが通じ合うこと〉という意味の「以心伝心」。④は「衣装（衣裳）」。⑤は「異論」。

(イ)は、〈計算して数値を出すこと〉という意味の「算出」。文脈上、〈物を生産すること〉という意味の「産出」にはならない。

①は〈中心的な人物・勢力のもとに部下・同志として寄り集まること〉という意味の「傘下」。②は「解散」。③は「参照」。④は「産業」。⑤は〈計算上、収支のひきあうこと〉という意味の「採算」で、**⑤が正解**。

(ウ)は、〈注意深くて、軽々しく行動しないさま〉という意味の「慎重」。①は〈事態が非常に切迫して、容易ならないさま〉という意味の「深刻」。②は「屈伸」。③は〈一定の期間、登校や出勤を禁じて反省をうながす処罰〉という意味の「謹慎」で、**③が正解**。④は〈思想・風潮などが人びとの間に広く行きわたること〉という意味の「浸透」。⑤は〈物事の中心となる大切な部分〉という意味の「核心」。

(エ)は、〈物事にどう対処するかについての考えや意思〉という意味の「意向」。①は「光景」。②は「向上」で、**②が正解**。③は「実行」。④は〈すぐれて巧みな技術〉という意味の「技巧」。⑤は〈かたよらず、えこひいきのないこと〉という意味の「公平」。

(オ)は、〈ただ一つの方向〉という意味の「一途」。①は「途中」で、**①が正解**。②は「意図」。③は「徒歩」。④は「譲渡」。⑤は〈心の中で思っていることを隠さずに述べること〉という意味の「吐露」。

問2　本文中の傍線部の内容を問う問題

まず、筆者が、傍線部**A**「恣意的に比率を利用することで、〈凶悪化〉が演出される」「典型的な議論の例」として引用している文章を見てみよう。そこでは、「凶悪犯や粗暴犯などの重要な犯罪の分野においても、近年は、成人による犯罪と比較して、少年による犯罪の突出した増加が著しく、検挙人員に占める少年比が顕著な増加傾向を示している」と述べられ、「平成九年は、全凶悪犯の検挙人員に占める少年比が三四・一％と、二九年ぶりに

三分の一を越えたが、粗暴犯については四四・五%と、史上最高の数字を示し」と、「少年比」の数字が示されている。では、この文章のどこが問題なのだろうか。

筆者は、「もとの犯罪統計に戻って変化を調べてみると、ずいぶん印象が変わってくる」と言い、「平成九（一九九七）年から、五年刻みでさかのぼって粗暴犯のデータをまとめた」「表」を掲載し、この表からわかることとして二つのことを指摘している。一つは「全体として、少年に関しても成人に関しても、粗暴犯で検挙された者の実数は、ずいぶん減ってきているということである」。もう一つは「成人のほうの減少ぶりが著しいこと」であり、一九六二年と一九九七年を比べてみると、少年が約四割であるのに対して、成人はおよそ五分の一（二割）にまで減っているのである。そして、「最近の状況は、青少年が粗暴犯になりやすくなっているのではなく、なる確率はむしろ減少している。ところが、青少年の減少ぶり以上に成人の粗暴犯が著しく減っているために、見かけ上、全体の中での少年の比率が増加しているのである」と述べ、「凶悪犯に関しても同様である」と付け加えている。（[2]〜[8]）

以上の筆者の指摘から、「恣意的に比率を利用することで、〈凶悪化〉が演出される。」（傍線部A）とはどういうことかが判断できる。一つは**a〈一九六二年から一九九七年までの変化を見ると、粗暴犯・凶悪犯で検挙された少年の数は半分以下の約四割にまで減少しているにもかかわらず、そのことには触れず、粗暴犯・凶悪犯に占める少年の割合が顕著な増加傾向を示していることだけを強調し、少年が凶悪化したという印象を与えていること〉**である。もう一つは**b〈粗暴犯・凶悪犯に占める成人の割合が少年の割合よりも著しく減少していることが少年比を押し上げているだけなのに、そのことには触れず、少年比が増大したことだけを強調し、少年が凶悪化したという印象を与えていること〉**である。

右のaに合致した説明になっている**④が正解**。

①は、「近年の犯罪統計だけを見て」という説明が不適当。[2]に「警察庁が発表した同じ数字をもとに、朝日新聞は、『凶悪、粗暴な非行増／青少年白書』という見出しで報じている」と書かれている。ここから、筆者が[1]で引用している文章は「犯罪統計」を見たのではなく、「警察庁が発表した数字をもとに」書かれたものであることがわかる。

②は、「犯罪の全検挙者中に占める少年の割合が一九六〇年代と比べて一九九七年の今日では増大していることを強調することで」という説明が不適当。文章は平成九（一九九七）年と平成一〇（一九九八）年の「少年比」を示しているだけであり、一九六〇年代と一九九七年の「犯罪の全検挙者中に占める少年の割合」を比較していない。

③は、「近年だけを比較してその数（＝犯罪で検挙された少年の数）が一九九七年の今日では増大していることだけを強調し」という説明が不適当。文章が強調しているのは「犯罪で検挙された少年の数」の「増大」ではなく、「検挙人員に占める少年比が顕著な増加傾向を示している」ことである。

⑤は、「今日では全検挙者中に占める少年の割合が成人の割合を上回ったことを強調し」という説明が不適当。文章が示している平成九年の少年比は凶悪犯が三四・一%、粗暴犯が四四・五%であり、五〇%を越えていないので「成人の割合を上回っ」てはいない。

問3　本文中の空欄に入る内容を表から判断する問題

まず、空欄 X がどのような文脈の下に置かれているかを確認しよう。

「当該年齢層人口一〇万人当たりの粗暴犯の人数（輩出率と呼んでおく）を算出すると、九八年の少年では一八六・二、成人では二二・五となる。 X 。粗暴犯として検挙される少年を輩出する比率は半減しているのである」。

まず、**表1**の「当該年齢層一〇万人当たり人口比（=粗暴犯検挙者の人口比）」の一九九八年のところを見ると、たしかに「少年では一八六・二、成人では二二・五」となっている。次に、空欄 X の直後を見ると、「粗暴犯として検挙される少年を輩出する比率は半減している」とある。では一九九八年の少年の輩出率は何年と比べたときに「半減」したことになるのだろうか。一九六二年の少年の輩出率が三五八・〇なので、それと比べると一九九八年の一八六・二はほぼ「半減している」と言える。そこで、空欄 X には、**一九九八年の少年と成人の輩出率が一九六二年と比べてどの程度減少しているかを示す内容が入る**と判断することができる。**a〈少年の場合はほぼ「半減している」〉**ことがわかっている。**b〈成人の場合は一九六二年が一五〇・八であり一九九八年が二二・五なので約一五%まで減少している〉**ことがわかる。

したがって、「成人の場合、一九六二年と比べると一九九八年には約一五%まで減少している。だが、少年のほうも、一九六二年と比べて一九九八年には約半分に減少している」と説明している**③が正解**である。

①は、「少年のほうは、一九六二年と比べて一九九八年には約一・五倍に増大している」という説明がaに反している。

②は、「成人の場合、一九六二年と比べると一九九八年には約二〇%まで減少している」という説明がbに反し、「少年のほうも、一九六二年と比べて一九九八年には約三〇%に減少している」という説明もaに反している。

④は、「成人の場合、一九六二年と比べると一九九八年には約一・五倍に増大している」という説明がbに反している。

⑤は、「成人の場合、一九六二年と比べると一九九八年には約一・五倍に増大している」という説明がbに反し、「少年のほうも、一九六二年と比べて一九九八年には約二倍に増大している」という説明がaに反している。

問4　本文中の空欄に入る内容を表から判断する問題

まず、空欄 Y がどのような文脈の下に置かれているかを確認しよう。

「六〇年代末ごろからくり返し語られてきている、『凶悪非行の低年齢化』というイメージに関しても同様である（=「統計データの誤用（悪用）」が見られる）。凶悪犯として検挙された少年全体の中で年少少年の占める割合が増えている、というのがその論拠の一つになっている。だが、**図1**のように、［Y］。ここ数年、一四、一五歳層をはじめとして若干の増加傾向がみられるが、まだ将来を予言できるほどの顕著な動きとはいえまい。巨視的にみれば、一〇代半ばまでの少年が簡単に人を殺すようになったのではなく、一〇代後半の少年たちが昔ほどむやみに人を殺さなくなっているのである」。

　この文脈からは二つのことがわかる。第一に、「凶悪犯として検挙された少年全体の中で年少少年の占める割合が増えている」ことを「論拠の一つ」として、『凶悪非行の低年齢化』というイメージ」が語られているが、これも『統計データの誤用（悪用）』」であり、**空欄［Y］には、図1から読み取れる、「『凶悪非行の低年齢化』というイメージ」が「『統計データの誤用（悪用）』」によって形成されたことを示す内容が入る（a）**、ということである。第二に、**空欄［Y］には「巨視的にみれば、一〇代半ばまでの少年が簡単に人を殺すようになったのではなく、一〇代後半の少年たちが昔ほどむやみに人を殺さなくなっている」ということを示す内容が入る（b）**、ということである。

　a、**b**に適った説明になっているのは、①「一〇代後半の少年たちが凶悪な事件を起こさなくなってきたため、少年全体の中で、一〇代半ばまでの少年の占める割合が、結果的に高くなっているにすぎない」であり、**①が正解**。**図1**からわかるように、14・15歳（一〇代半ばまでの少年）の凶悪犯の数は一九六〇年代と比べて少しも増えていない。18・19歳（一〇代後半の少年）の凶悪犯の数が減っているために、「少年全体の中で、一〇代半ばまでの少年の占める割合が、結果的に高くなっているにすぎない」のである。したがって、このことを「論拠の一つ」として『凶悪非行の低年齢化』を語るのは、明らかに『統計データの誤用（悪用）』である。

②は、「後者（＝一〇代半ばまでの少年）の数字だけが強調されている」という説明が不適当。『凶悪非行の低年齢化』を語る者が強調しているのは「凶悪犯として検挙された少年全体の中で年少少年（＝一〇代半ばまでの少年）の占める割合が増えている」ことであって、一〇代半ばまでの少年で「凶悪犯として検挙された数（＝人数）」ではない。

③は、「凶悪犯として検挙された少年全体の中で一〇代半ばまでの少年が占める割合は増えていない」という説明が不適当。一〇代前半までの少年の凶悪犯の数は増えていないのに、一〇代後半の少年の凶悪犯の数が減っているために、「凶悪犯として検挙された少年全体の中で一〇代半ばまでの少年が占める割合は増えて」いるのである。

④は、**a**、**b**に適った説明になっていないので不適当。**a**は「『凶悪非行の低年齢化』というイメージ」が形成された理由に『統計データの誤用（悪用）』」があることを示している。④は、筆者が[11]で述べていることであるが、「『凶悪非行の低年齢化』というイメージが維持されてきている」、「『統計データの誤用（悪用）』」とは別の内容である。

⑤は、**図1**から読み取れる内容であるが、**a**、**b**に適った説

明になっていないので不適当。「凶悪犯として検挙された少年全体の中で一〇代後半の少年が占める割合のほうが、一〇代半ばまでの少年が占める割合よりも一貫して高い」ということからは『凶悪非行の低年齢化』というイメージ」は形成されない。少年全体の中で一〇代半ばまでの少年の凶悪犯に占める割合が高くなっているということから、「『統計データの誤用（悪用）』」によって、「『凶悪非行の低年齢化』というイメージ」は形成されるのである。

問5　本文中の傍線部の内容を問う問題

筆者が「この記事（＝昨年末のある新聞記事）にはいろんな問題がある」（傍線部B）と言ったときの「問題」については、**本文解説**の後半部でまとめてあるので、それをここでもう一度確認しておこう。

Ⅰ　新聞が、警察は校内暴力の一部しか把握していない（学校が校内暴力のすべてを警察に通報するわけではない）ということを考慮せず、警察庁の発表した数字に依拠して「対教師目立つ」と報道していることが問題である。

Ⅱ　ある「罪種」について（ここでは中学の校内暴力）、長期的に見ればほとんど増加していないことがわかるのに、短期間の比較だけで確認された「増加傾向」を「強調」し、それが激増しているというような「誤認」を生んでしまう新聞報道のあり方は問題である。

Ⅲ　「高校に関しては、（校内暴力の）事件数、検挙者数、被害者数のいずれも前年を大きく下回っている（検挙者数は昨年より四割も減少している）」のに、そのことは報道せず、「全体の中の増えたカテゴリーの部分（中学の校内暴力の件数）だけを拾い出して」報道しているのは問題である。

①がⅠに、④がⅡに、⑤がⅢにそれぞれ対応した説明になっている。したがって、**①・④・⑤が正解**である。

②は、「警察庁の調査を文部省の調査よりも重視している」という説明が不適当。この新聞記事は「警察庁が同年（一九九九年）一月～一一月末の非行の状況について『少年非行等の概要』をまとめたのを受けて、それを紹介した記事」⑬である。筆者は、この記事が校内暴力については「文部省のより詳細な調査」⑰があるにもかかわらず、それよりも「警察庁の調査」を「重視している」ことを問題にしているのではない。そもそもこの新聞記事を書いた記者は文部省が校内暴力について「より詳細な調査」をしていることなど知らなかったかもしれない。筆者が問題にしているのは、Ⅰにあるように、警察は校内暴力の一部しか把握していないことを考慮せず、警察庁の発表した数字だけを根拠にして校内暴力について報告していることなのである。

③は、「対教師暴力より器物損壊のほうが急激に増加しているのに、その事実は隠蔽して」という説明が不適当。この事実は「文部省のより詳細な調査」を見て知ることができるものである。新聞記事は警察庁のまとめを受けて書かれており、「器物損壊のほうが急激に増加している」という事実は知らなかったはずである。知っていて隠したわけではないので、「その事実」を「隠蔽し」たことにはならない。

⑥は、「一九六〇年代と安易に比較している」という説明が不適当。筆者は、「一九九四年からの五年間の同期と比べ」とあるように、この新聞記事が短期間の比較しかしておらず、それ以前にまでさかのぼって長期的に見ていないことを問題にしているのである。この記事が「一九六〇年代と安易に比較している」というのは、明らかに事実に反している。

問6 (i)文章の表現について問う問題

①から順に選択肢の適否を検討していこう。

①について。第5段落では一九六二年の粗暴犯の数を一〇〇として、九七・九八年の成人と少年の粗暴犯の数から割合を算出して、比較しているだけである。それに対して、第6段落では、「どの程度の割合で粗暴犯が生まれているかをみるためには、母集団の大きさの変化を考慮に入れる必要がある」とし、「当該年齢層人口一〇万人当たりの粗暴犯の人数（輩出率と呼んでおく）」を「算出」し、一九六二年と九七・九八年の成人と少年の粗暴犯の輩出率を比較している。第6段落で示された「母集団の大きさの変化を考慮に入れ」た「輩出率」と比較すると、「第5段落で示された割合が必ずしも厳密なものではない」と言えるので、①は適当である。

②について。第9段落には「少年比（＝粗暴犯の検挙人員に占める少年比）の上昇は、子供の側の変化（悪化）を示しているというのではなく、大人の世界の平穏化を示していると解釈できる」と書かれている。これは、粗暴犯になる少年の確率は減少しているのに、それ以上に成人の粗暴犯の確率が著しく減少しているために、結果として少年比が上昇している、ということである（第7段落）。したがって、『大人たちが昔に比べて平穏な日常を享受するようになった』という表現には、反対に少年たちが粗暴になったことを示唆する意図がある」という説明は不適当であり、**②が正解**。

③について。第10段落では、「凶悪非行の低年齢化」というイメージがくり返し語られてきたものの、**図1**のように、一九六〇年代から一九九〇年代までを比較してみると、「一〇代後半の少年たちが凶悪な事件を起こさなくなってきたため、少年全体の中で、一〇代半ばまでの少年の占める割合が、結果的に高くなっているにすぎない」（空欄 **Y** ）ことがわかる、と述べられている。その直後で「巨視的にみれば」と言い、同じ内容のことが言葉を換えてくり返されているので、「『巨視的にみれば』と言っているのは、少年犯罪の動向を正確に把握するためには長期間にわたる比較が必要だと考えているからである」と言うことができる。したがって、③は適当である。

④について。第11段落では、「万引きなど、軽微な逸脱事犯で捕まる少年が低年齢の少年に多いため、統計上は、『非行の低年齢化』と表現することが可能である。それが、中学生によるごくまれな重大事件とオーバーラップされて、『凶悪非行の低年齢化』というイメージが維持されてきているきらいもある」と述べられている。ここで筆者が言っているのは、「非行の低年齢化」は事実であり、「凶悪非行の低年齢化」は事実でないが、前者が後者のイメージが維持されてきているきっかけになっているのではな

いか、ということである。『非行』と『凶悪非行』を区別しているのは、『低年齢化』したのは『非行』であって『凶悪非行』ではないと言いたいためである」と言えるので、④は適当である。

問6 (ii)**文章の構成について問う問題**

すでに**本文解説**の冒頭で述べたように、本文は、「恣意的に比率を利用することで、〈凶悪化〉が演出される」ことについて述べた**前半部**（1～11）と、「多くの統計事項の中で特定のカテゴリーの数字が強調され」ることで、「ある種の誤認が生まれる」ということについて述べた**後半部**（12～20）に分けることができる。

「恣意的に比率を利用することで、〈凶悪化〉が演出される」とは、次のようなことを意味している。凶悪犯や粗暴犯で検挙される少年の確率は減少しているにもかかわらず、成人の確率が著しく減っているために、少年比は結果的に上がっている。**この少年比の上昇という統計データを誤用（悪用）することで、新聞などが少年が粗暴化した、凶悪化したと言い立て、誤った認識を生み出すことである。前半部にはこのようなことが書かれている（a）**。

「多くの統計事項の中で特定のカテゴリーの数字が強調され」ることで、「ある種の誤認が生まれる」とは、**新聞などが、高校に関しては、校内暴力の事件数、検挙者数、被害者数のいずれも前年を大きく下回っているのに、そのことは報道せず、「全体の中の増えたカテゴリーの部分」である中学の校内暴力の件数だけを拾い出して報道することで、「校内暴力」が「全体的に悪化の一途をたどっている」といった誤った認識を生み出すことを意味している。後半部にはこのようなことが書かれている（b）**。

以上のaとbに適った説明になっているのは③であり、**③が正解**。

①は、「全体として少年犯罪では凶暴化と低年齢化の傾向が見られると述べられている」という説明が不適当。本文では、「少年犯罪」の「凶暴化と低年齢化の傾向」は新聞などが統計データを誤用することで生み出した誤った認識だ（a）、と述べられている。

②は、「前半では、粗暴犯より凶悪犯が減っているのに、報道では少年の凶悪化が強調されている」という部分がaに適った説明になっていないので不適当。本文の前半でこのようなことは述べられていない。

④は、「全体として統計のとり方……について述べている」という説明が不適当。本文は新聞などが統計データを誤用することで誤った認識を生み出していること（a・b）を批判した文章であり、「統計のとり方」については問題にしていない。

第4問

解答

設問		正解	配点
問1	(ア)	①	2
	(イ)	⑤	2
	(ウ)	④	2
	(エ)	①	2
	(オ)	②	2
問2		③	8
問3		①	8
問4		⑤	8
問5		③	8
問6		②	8

出典

松井正「新聞」（藤竹暁、竹下俊郎編著『図説　日本のメディア——伝統メディアはネットでどう変わるか——』ＮＨＫ出版　二〇一八年　所収）の一節。なお、途中に一部省略した箇所、ふりがなを付した箇所がある。

松井正（まつい・ただし）は、一九六二年生れ。早稲田大学第一文学部卒業。読売新聞東京本社入社後、盛岡支局、電波報道部、科学部、メディア戦略局企画開発部長などを経て、読売新聞専門委員。

本文解説

本文は、その書名のサブタイトルが示すように、「伝統メディア」が「ネットでどう変わるか」を論じたものである。インターネットの普及が、私たちの暮らしを変え、新聞や雑誌、テレビやラジオといった従来のメディアのあり方を変えてきたことは誰しもが認めることであろう。では、どう変わったのか。ここでは、ネットの普及によって新聞のあり方がどう変えられてきたかが論じられている。

では、本文を便宜上、三つの部分に分けて、その内容を確認していこう。

Ⅰ　**新聞社のネット戦略**（第1段落～第7段落）

「インターネット元年」と呼ばれた一九九五年、日本でも、新聞社は相次いでウェブサイトを開設し、ニュースの無料速報をはじめた。それは、ネット発祥の地・米国の新聞業界の後を追うものだった。ここでは、本格的なインターネット時代を迎えて、日本の新聞社と欧米の新聞社がネット化にどのように対応しようとしてきたのかが説明されている。

欧米の新聞業界の後を追いネット化を進めた日本の新聞業界では、欧米にならって「無料広告モデル」を採用しようとした。これに対しては、「紙で有料のニュースを、ネットに無料で出して良いのか？」という根源的な議論があったものの、急成長するネットへ

の期待から「無料広告モデル」はネットニュースのビジネス標準となった。（第1段落）

（ただ付言するならば、第6段落に指摘されているように、日経新聞だけは、ネットに無料のニュースを多く出さず、ポータルサイトにも配信しなかった。）

だが、二〇〇八年に起こった世界同時不況によって、広告収入は急減し、新聞各社は「無料広告モデル」の脆弱性（＝もろくて弱い性質）に直面せざるを得なかった。欧米の新聞社は、ネットのニュースの有料化を開始した。日本は、もともと販売収入の比率が高く、「無料広告モデル」には懐疑的だったこともあって、有料化への取り組みが本格化し、二〇一〇年に日経新聞が「日経電子版」、翌年朝日新聞が「朝日新聞デジタル」、さらに一年後には読売新聞も「読売プレミアム」で続いた。（第2段落・第3段落）

このように電子版の有料化が進んだのだが、その電子版の値付けから日本の新聞社に共通する意図を読み取ることができる。たとえば日経と朝日は、電子版単独では高価だが、本紙購読者には安く提供する〝併読推奨〟の価格体系を採用し、読売は電子版単独では販売せず、併読時の価格を162円と安く抑え、毎日は「宅配購読者無料プラン」で本紙購読者には無料で電子版を提供している。こうした点からは、紙とデジタルの「共食い」をなんとしても避けたいとする新聞各社の意図が明白である。日本の新聞社は一社当たりの発行部数が世界でも際だって多く、本紙の販売・広告収入が収益の基盤を担っている。したがって、本紙の購読者を維持することが至上命題である。その中で唯一、無料でネット化することに消極的だった日経は、二〇一八年の時点で電子版有料会員数が60万人を超え、数少ない成功事例と見られている。（第4段落〜第6段落）

これに対し、欧米では、二〇一一年に有料化したニューヨーク・タイムズが一八年には278万人の有料会員を抱えるようになり、米ウォール・ストリート・ジャーナルが138万人、英フィナンシャル・タイムズも70万人と、いずれも紙を大きく上回っている。欧米の新聞社は紙の部数がもともと少ないことも幸いし、危機感をバネに電子版へ果敢にチャレンジした結果といえる（**【図表a】**）。社会のデジタル化が不可逆的に進む以上、有料電子版を普及させることは日本の新聞社にとっても必須のことであろうが、紙の巨大部数と販売店網の存在が、デジタル化の足かせとなっているのが現状である。（第7段落）

以上の点を踏まえて、欧米の新聞社と日本の新聞社の現状と課題についてまとめておこう。

○欧米の新聞社
・紙を媒体とした新聞は衰退傾向にある
・電子版を成功させるしか新聞社が生き残る道はない

⇔

○日本の新聞社
・他国と比較して紙を媒体とした新聞の発行部数が多い
・収益の源泉は紙の新聞の販売、広告収入である
・社会のデジタル化は不可避だが、紙の新聞の収益は守り

たい

・これまでの収益を守りながら、デジタル化も進めたい

Ⅱ　ライバルとしてのネットメディア（第８段落～第12段落）

本格的なインターネット時代を迎えて、新聞各社は、今後急速に発展するであろうデジタル分野でのビジネスモデルを提起することが求められたが、それをうまくまとめることは難しかった。その一方で、ニュースを「集め」「選別し」「届ける」ことに最適化することで、大きな収益を上げる新規参入者も誕生した。読者との接点を、ＩＴ（情報技術）の力で獲得したネットニュース企業であり、「ポータル」と呼ばれる情報の玄関を彼らは自認し、ニュースを作らず新聞社などから買うことに徹していた。Yahoo! JAPANが、その代表例である。その後スマホ時代になると、ニュースをより効率的に選別し、提供するアプリなどが台頭して、コスト効率の高いビジネスモデルを成立させた。それは、新聞社にとってニュースに対価が支払われる配信事業だが、その料金は取材コストに見合うものではなく、本紙の補完的サービスとして行われている。（第８段落～第10段落）

こうしたニュースサービスでは、新聞ブランドが読者に意識されにくいという問題もある。読者が、ネット上のニュースを読んだときその出所を気にする人は少数派で、６割近い人が気にしないと答えており、新聞ブランドのネットでの認知は大きな課題となっている。一方で、米ハフィントンポスト（現ハフポスト）のように、日本に進出して、ニュースを作るネットメディアも少しずつ生まれている。（第11段落・第12段落）

Ⅲ　新聞読者とネット閲覧者（第13段落～最終段落）

最後に筆者は、日本新聞協会の「全国メディア接触・評価調査」などのいくつかの統計資料に依拠しながら、読者と新聞との関係のあり方や今後ますます使用機会が増えるであろうネットと使用者との関係などについて論じている。以下では、それを項目ごとに分けて整理しておくことにする。

⑴　**減少が続く「新聞を毎日読む人」**

上述した日本新聞協会の「全国メディア接触・評価調査」によれば、「新聞を毎日読む人」の割合は二〇〇三年以降減り続け、二〇一五年には半数を割り込んだ。年齢が下がるほど読者の数は減る傾向にあり、70歳代では半数以上が新聞を毎日読んでいるが、40歳代になると半分以下に低下し、それより下のいわゆる「ミレニアル世代」（一九八〇年代から二〇〇〇年代初頭に生まれた人）では、２割を切っている。年齢が下がるにつれて新聞を毎日読む人の割合が下がる中で、特に40歳代以下の紙の新聞離れが大きく進んでいる（**【図表ｂ】**）。（第13段落～第15段落）

⑵　**新聞の閲読率を上回ったネットニュースの閲覧率**

「第10回メディアに関する全国世論調査（二〇一七年）」（**【図表ｃ】**）によると、二〇一七年に初めて、全体としてネットニュースの閲覧率が、新聞の閲読率を上回った。新聞朝刊の閲読率が二〇一〇年度の82.9％から、二〇一七年は68.5％へと低下した一方、ネットニュースは57.1％から71.4％へと上昇した。（第16段落）

(3) いざというとき頼りにする新聞情報

ふだん新聞を読まない人は、新聞をどう評価しているのか。日本新聞協会の「二〇一七年新聞オーディエンス調査」では、ふだんは新聞を読まないが、不定期に読んだり、SNSで拡散された新聞記事を読んだりする人を新たに「拡張オーディエンス」と定義した。彼らの平均年齢は38.4歳で、新聞を毎日読む人の平均年齢より20歳近く若いが、情報の発信元をきちんと確認し、ネットで欲しい情報を見つけられる人であり、「災害があった時」、「大きな事件・事故があった時」など、いざという時に新聞の情報を頼りにしているのである。（第17段落・第18段落）

(4) 新聞に対する揺れる評価

「第10回メディアに関する全国世論調査」（**【図表d】**）では、メディアへの信頼度を100点満点で表示すると、二〇一七年における新聞は68.7点でＮＨＫの70点に次いで高い。この一年間で新聞への信頼感が高くなったと答えた人は、「情報が正確だから」「根拠に基づく情報を報道しているから」などを理由としてあげ、逆にこの一年間で新聞への信頼感が低くなったと答えた人は、「特定の勢力に偏った報道をしているから」「政府や財界の主張通りに報道するだけだから」などという理由をあげている。また、将来の新聞の果たす役割については、「インターネットなどの普及により新聞の役割が少なくなってくる」と考える役割減少派が、「今までどおり、新聞が報道に果たす役割は大きい」と考える役割持続派を上回る傾向が近年は続いている。（第19段落～第22段落）

(5) フェイクニュースとの戦い

二〇一六年の米大統領選では、偽の情報がソーシャルメディアで大量に拡散され、トランプ大統領誕生の要因の一つになったとさえ言われた。国内でも、ＩＴ大手DeNAの健康情報サイトなどで、大量の無断転載や裏付けのない記事が掲載されていたことが発覚するなどした。ネット上には、広告収益獲得や政治的意図の実現のために、偽の情報やひまつぶしの読み物が大量に並ぶという課題が浮き彫りになっている。フェイクニュースを拡散した反省もあり、FacebookやGoogleは新聞業界に対し、フェイクニュース撲滅に向けて技術供与やニュース課金への支援を打ち出すなどしている。また、記事を検証する「ファクトチェック・イニシアティブ（FIJ）」や、ネットメディアを中心にネット記事の改善を目指す「インターネットメディア協会（JIMA）」の設立など、組織的にネットの情報の改善を目指す動きも出ており、正確で信頼できるネットニュースの市場を作る気運は高まりつつあるというのである。（第23段落～最終段落）

設問解説

問１　漢字の知識を問う問題

(ア)は、〈物事が起こり現れること〉という意味の「発祥」。①は〈なげかわしい出来事〉という意味の「不祥事」で、**①が正解**。②は「起承転結」。③は〈招いて来てもらう〉という意味の「招致」。④は〈ほめたたえること〉という意味の「称揚」。「賞揚」とも書く。⑤は〈手に入れること、わがものとすること〉という意味の「掌握」。

(イ)は、〈決断力があり、大胆にものごとを行うさま〉という意味で、「果敢」。①は〈あやまり〉という意味で、「過誤」。②は〈口数がすくないこと〉という意味の「寡黙」。③は「花鳥」。「花鳥風月」で〈天地自然の美しい景色〉という意味。④は〈わずかのひま〉という意味の「寸暇」。⑤は〈幸運〉という意味の「果報」で、**⑤が正解**。

(ウ)は、〈コンピューターや通信などで、回線などを介して利用者が直接操作する機器〉という意味の「端末」。①は〈あっさりしていること〉という意味の「淡泊(白)」。②は「単刀」。「単刀直入」で〈直接問題の核心をつくこと〉という意味。③は「担任」。④は〈要点だけをはっきり示すさま〉という意味の「端的」で、**④が正解**。⑤は〈きびしい練習を重ねて心身や技芸をきたえること〉という意味の「鍛錬(練)」。

(エ)は〈きわだって目につくこと〉という意味の「顕著」。①は「顕微鏡」で、**①が正解**。②は「文献」。③は〈疑い〉という意味の「嫌疑」。④は〈むだを省いて質素にすること〉という意味の「節倹」。⑤は〈手堅く、確実なさま〉という意味の「堅実」。

(オ)は〈必要としているものを差し出して与えること〉という意味の「供与」。①は〈実行日を延ばすこと〉という意味の「猶予」。②は「関与」で、**②が正解**。③は「余暇」。④は〈世間から高く尊敬、賞賛されること〉という意味の「名誉」。⑤は「預金」。

問2　傍線部で言われていることの結果がどうなったかを問う問題

傍線部の前後にあるように、「無料広告モデル」を採用した「欧米の新聞社」は、世界同時不況を機に、「無料広告モデルの脆弱性」に気づき、「課金へとカジを切」った。この設問ではその結果、どうなったかが、問われている。「欧米の新聞社」が有料化した結果については、第7段落で説明されている。「欧米の新聞社」は「紙の部数が元々少ないことも幸い」し、「危機感をバネに電子版へ果敢にチャレンジした」結果、**【図表a】**からも明らかなように、紙を大きく上回る有料会員を抱えるようになったのである。

以上の点をもう一度整理すると次のようになる。

a　紙の部数が元々少なかった
b　世界同時不況という危機をバネにして
c　電子版の有料化に努めた
d　その結果、紙を大きく上回る有料会員を抱えるようになった

以上のa～dを踏まえた説明になっている**③が正解**。

①は、「電子版の有料会員数の拡大に努めていくか、従来の紙を媒体とした新聞の部数の維持に努めるかというジレンマに苦しむ」という説明が、不適当。第7段落の最後にあるように、そうしたジレンマに苦しんでいるのは「日本の新聞社」である。紙の部数が元々少なかった「欧米の新聞社」にはそうしたジレンマはなかったはずである。

②は、「紙を媒体とした新聞とデジタル化した新聞が共食い状態に陥るのを避けながら」という説明が、不適当。第5段落の最初にあるように、「紙とデジタルのカニバリゼーション(共食い)

を避ける」必要があったのは「日本の新聞社」である。紙の部数が元々少なかった「欧米の新聞社」にはそうした必要はなかったのである。また、「ネットも有料化するしかなかった」で終わっている点も不適当。問われているのは「課金へとカジを切」った（=有料化した）結果、どうなったかであるが、その説明となっていない。

④は、「ネットニュースを毎日閲覧する習慣を人々に定着させるための方途を考えた」という説明が、不適当。そうした説明は本文には、全く書かれていない。また「ネットも有料化する方がいいと判断した」で終わっている点も、②で述べたのと同様の理由で不適当。

⑤は、「電子版の有料会員数は紙媒体による購読者数に匹敵するようになった」という説明が、不適当。第7段落にあるように、「電子版の有料会員数」は「紙を大きく上回っている」のである。

問3　傍線部の内容を問う問題

傍線部の前後の内容から、ここで問題になっているのは「日本の新聞社」のことであるのは明らかである。では、「電子版の値付け」から「日本の新聞社」のどのような意図が読み取れるのか。たとえば日経と朝日は「電子版単独では高価だが、本紙購読者には安く提供する〝併読推奨〟の価格体系」を採用した。それは「紙とデジタルのカニバリゼーション（共食い）を避けるため」である。「日本の新聞社」は「一社当たりの発行部数」が他国に比べ多く、「収益の源泉は本紙の販売・広告収入」である。「本紙は欧米ほど衰退しておらず、その維持がまずは至上命題」だというのである（第4段落・第5段落）。もちろん、「社会のデジタル化が不可逆的に進む以上、電子版の成功は日本の新聞社にとっても重要」であり、デジタル化を進めつつ、「紙の巨大部数と販売店網の存在」が「足かせとなりかねないジレンマ」に苦しんでいる（第7段落）。つまり、「日本の新聞社」は、デジタル化を進めたいと思いながらも、「収益の源泉」である「本紙の販売・広告収入」を守りたいという意図を持っていたのである。以上の点をもう一度整理し直すと次のようになる。

○「電子版の値付け」から読み取れる「日本の新聞社」の意図

a　他国と比較して紙を媒体とした新聞の発行部数が多い
b　収益の源泉は（紙の新聞の）販売、広告収入
c　社会のデジタル化は不可避だが、紙の新聞の収益は守りたい
d　これまでの収益を守りながら、デジタル化も進めたい

したがって、以上のa～dを踏まえた説明になっている**①が正解**。

②は、「これまでの収益の源泉が多少失われたとしてもそれは甘受せざるを得ないというもの」という説明が、c・dに反しており、不適当。第5段落にある「その（=収益の源泉である本紙の）維持がまずは至上命題となっている」という説明と矛盾する。

③は、「電子版を成功させることなど念頭になく」という説明が、やはりc・dに反しており、不適当。第7段落にある「電子

販の成功は日本の新聞社にとっても重要だ」という説明に反する。

④は、「日本の新聞社は……そうした不況（＝世界同時不況）とは無縁だったため、その取り組みは熱意を欠いたものだったという もの」という説明が、不適当。「世界同時不況」である以上、日本がそれと無縁であるはずはなく、「本紙の販売・広告収入」を収益の源泉とする「日本の新聞社」（第５段落）もそれと無縁であるはずはない。

⑤は、「日本の新聞社は……ニューヨーク・タイムズのような欧米の成功例に少しでも近づくことを目指している」という説明が、不適当。すでに確認したように、「日本の新聞社」は「一社当たりの発行部数」が他国に比べ多く、「収益の源泉は本紙の販売・広告収入」であり、「本紙は欧米ほど衰退しておらず、その維持がまずは至上命題」なのである。

問４　空欄補充問題

空欄前後の文脈を正確に捉えた上で、選択肢を慎重に検討していこう。まず空欄の前から見てみよう。空欄の前では、人々が新聞をどう評価しているかが問題になっており、たとえば「二〇一七年新聞オーディエンス調査」において、「拡張オーディエンス」と定義された平均年齢38.4歳の人たちは、ふだんは新聞を読まないものの、いざという時（「災害があった時」「大きな事件・事故があった時」）新聞の情報を頼りにしているという。また二〇一七年の「第10回メディアに関する全国世論調査【図表ｄ】」では、メディアへの信頼度を100点満点で表示すると、新聞は68.7点でＮＨＫの70点に次いで高い。ただし、この一年間で新聞への信頼感が高くなったと答えた人も、逆にこの一年間で新聞への信頼感が低くなったと答えた人もいるという。また、将来の新聞について「インターネットなどの普及により新聞の役割が少なくなってくる」と考える役割減少派は49.6％で、「今までどおり、新聞が報道に果たす役割は大きい」と考える役割持続派の34.4％を上回った。この質問を始めた二〇〇九年度調査以来、二〇一四年度に初めて役割減少派が上回り、今回両者の差は15.2ポイントに開いたとあり、これに続いて空欄があいている。つまり、インターネットの普及により、新聞の役割が減少すると考える人が増えていることに対する筆者の見解が空欄には入ると考えられるのである。

では、筆者は、インターネットの普及と新聞の関係をどう捉えていたのか。本格的なインターネット時代を迎えて、新聞各社は、今後急速に発展するであろうデジタル分野でのビジネスモデルを提起することが求められたが、それは容易ではなかった。その一方で、ニュースを「集め」「選別し」「届ける」ことに最適化することで、大きな収益を上げる新規参入者も誕生した。読者との接点を、ＩＴ（情報技術）の力で獲得したネットニュース企業であり、「ポータル」と呼ばれる情報の玄関を彼らは自認し、ニュースを作らず新聞社などから買うことに徹していた。Yahoo! JAPANが、その代表例である。インターネットが普及しても、ニュースの提供者としての新聞の役割は変わらなかったのである。ただし、こうしたニュースサービスでは、新聞ブランドが読者に意識されにくいという問題がある。だから、インターネットの普及により、新聞の役割が減少すると考える人が増えているのである。つまり、**インターネットの時代でも、新聞社はニュースの提供者としてそれ以前と同じような役割を果たしているのだが、それが人々から見えにくくなってしまったので、新聞を軽視する見方が広まっている**と筆者は捉えているのである。（第８段落～第11段落）

したがって、以上の点を踏まえた**⑤が正解**となる。

①は、空欄の直前に書かれている、「新聞の役割が少なくなってくる」と考える「役割減少派」が増えているという内容を踏まえた説明になっていないので、不適当。また空欄の直後で、「フェイク（偽）ニュース」について言及されているが、それがインターネット上に氾濫していることの「責任の一端」が「新聞」にあるというようなことはどこにも書かれていない。

②も、空欄の直前に書かれている、「新聞の役割が少なくなってくる」と考える「役割減少派」が増えているという内容を踏まえた説明になっていないので、不適当。また第24段落（空欄のある段落の二つ後の段落）に、「事件に関する真偽不明の情報を流すトレンドブログなど雑多な情報も多い」ということ、それらが「広告収益獲得や政治的意図の実現のために、大量にネットに並んでいるということが書かれているが、これは空欄の箇所の文脈とは無関係な内容である。

③は、「インターネットの普及により新聞の果たす役割が小さくなっている」ことを「事実」としている点が、不適当。すでに見たように、インターネットの時代でも、新聞社はニュースの提供者としてそれ以前と同じような役割を果たしているのである。

④は、「ネットから得た情報をその発信元を確認せず、信じて疑わないという人が大多数である」という説明が不適当。第19段落では、インターネットへの信頼度が51.4点であり、新聞への信頼度の68.7点をかなり下回っていることが指摘されている。ここから、「ネットから得た情報」を「信じて疑わない人が大多数である」とは言えない、ということがわかる。

問５　図表から読み取れる内容を問う問題

【図表ｂ】～【図表ｄ】などから読み取れる「新聞」と「日本人」のあり方についての説明として、**適当でないもの**を選ぶ問題。順に選択肢を検討していこう。

①は、「新聞を毎日読む人」の割合は「二〇〇三年以降、各年齢層でおおむね減少傾向にある」という前半の説明も、「特に40歳代以下の年齢層の新聞離れは深刻なものである」という後半の説明も、**【図表ｂ】**から読み取れるものであり、しかも本文の第14段落・第15段落にも記されているものなので、適当である。

②は、「二〇一七年の調査で、新聞朝刊の閲読率が低下する一方で、ネットニュースの閲覧率が上昇した」という説明も、その結果、「ネットニュースの閲覧率が新聞の閲読率をはじめて上回った」という後半の説明も、**【図表ｃ】**から読み取れるものであり、しかも本文の第16段落に記されているものなので、適当である。

③は、「新聞というメディアに対する人々の信頼度は年々高まっており」という説明が、不適当。**【図表ｄ】**から明らかなよ

うに、新聞への信頼度は70%前後で上下しており、二〇〇八年の72%と比べて二〇一七年は68.7%と低下しているのだから、「年々高まって」いるというこの選択肢の説明は、明らかに不適当。したがって、**③が正解**。

④は、第18段落に書かれている、「彼ら（＝ふだんは新聞を読まないものの、不定期に新聞を読んだり、SNSで拡散された新聞記事を読んだりする人）が新聞に接触するのは『災害があった時』（48.2%）、『大きな事件・事故があった時』（46.2%）などで、いざという時に新聞の情報を頼りにしている」ということと合致した説明になっている。

⑤の「新聞に対する信頼は高い」という説明は、**【図表d】**に基づくものなので、適当である。後半の「新聞の将来についてはインターネットの普及などによって新聞の役割は小さくなると考える人が少なからず存在する」という説明も、第22段落にあるように「新聞の将来について」は役割が持続すると考える人も、役割が減少すると考える人も両方いるというのだから、本文と合致するものだと言える。

問6　本文の内容合致問題

順に選択肢を検討していこう。

①は、「日経が無料版で自らのブランドを巧みに社会に浸透させた」という説明が、不適当。第6段落にあるように、「日経」は、「新聞社で唯一、ネットに無料ニュースを多く出さず、ポータルサイトにも配信しなかった」のである。

②は、第11段落に書かれている内容と合致している。そこには、「ネットニュースの出所」を「気にしない」と答えた人が57.1%もいるのに、「ネットニュース」は、「紙の新聞が届かない若い世代へのリーチ手法（＝商品などを消費者に認知・浸透させるための手法）としては貴重なため、新聞社側は配信を行わざるを得ない」と書かれている。したがって、**②が正解**。

③は、まず「欧米の社会で若者が紙の新聞を読む習慣を失ってしまった」というのが、本文に書かれていない内容。また、その理由として「紙の新聞の発行部数が減少した結果、それを支えた販売店網が衰退したためである」といったことも本文に書かれていない。

④は、「そうした（＝偽の）情報を政治権力者が悪用するなどといったことは起こりえない」という説明が、不適当。第24段落に「偽の情報」が「政治的意図の実現のために、大量にネットに並ぶという課題が浮き彫りになっている」とあり、米大統領選では「偽の情報」が利用されたのではないかという疑惑が問題となっているのである。

⑤は、「新聞社とは無関係に」という説明が、不適当。新しく誕生したネットニュース企業は、第9段落にあるように、「ニュースを作らず新聞社などから買うことに徹し」ているのである。

文芸用語と表現技法

文芸用語

○**散文**…字数などの制限や韻律などのない、普通の文章のこと。小説、随筆、評論文など。

○**韻文**…韻を踏んだり、音数などに規則性がある文章のこと。詩、短歌、俳句など。

Ⅰ　詩

〔形式上の分類〕

(1) **定型詩**…一行一行の音数やリズムが一定の詩。七五調（七音・五音のくり返し）や五七調（五音・七音のくり返し）のものが多い。

(2) **自由詩**…伝統的な韻律・音数・詩形などにとらわれない詩。

(3) **散文詩**…散文で書かれた詩。

〔用語上の分類〕

(1) **文語詩**…文語（＝平安時代の言語を基礎にして発達・固定した独自の書き言葉）で書かれた詩。文語文法（古典文法）に則（のっと）り、歴史的仮名遣いで表記される。

(2) **口語詩**…口語体（＝話し言葉に基礎をおく書き言葉の文体）で書かれた詩。口語体は言文一致運動を経て次第に定着し、現在では書き言葉の大多数が口語体である。

〔内容上の分類〕

(1) **叙情詩（抒（じょ）情詩）**…感情や感動を主観的・情緒的に表現した詩。近代以降の詩は叙情詩が主流をなす。

(2) **叙景詩**…自然の風景などを写生的に表現した詩。

(3) **叙事詩**…歴史上の事件や英雄の事跡を叙述した詩。ホメロスの『イリアス』『オデュッセイア』がその代表的な作品。

（例1）

まだあげ初めし前髪の
林檎（りんご）のもとに見えしとき
前にさしたる花櫛（はなぐし）の
花ある君と思ひけり

（島崎藤村「初恋」より）

※これは文語定型詩（七五調）であり、叙情詩である。

（例2）

名も知らぬ　遠き島より
流れ寄る　椰子（やし）の実一つ
故郷（ふるさと）の　岸を離れて
汝（なれ）はそも　波に幾月

（島崎藤村「椰子の実」より）

※これも文語定型詩（五七調）であり、叙情詩である。

（例3）

これが私の故里だ
さやかに風も吹いている
　心置きなく泣かれよと
　年増婦の低い声もする
あゝ　おまえはなにをして来たのだと……
吹き来る風が私に云う

（中原中也「帰郷」より）

※これは口語自由詩であり、叙情詩である。

Ⅱ　短歌

① 形式（定型）

五音・七音・五音・七音・七音の三十一音からなる。順に、一句／初句・二句・三句・四句・五句／結句と呼ぶ。三十一音より音数の多いものを「字余り」という。一句から三句までを「上の句」、四句と五句を「下の句」という。

② 句切れ

短歌において第五句以外の句で文が切れることをいう。

(1) **初句切れ**…「君にちかふ／阿蘇の煙の絶ゆるとも万葉集の歌ほろぶとも」（吉井勇）

(2) **二句切れ**…「かへらざる我に悔あり／山ふかく心静まりて思い出でつる」（島木赤彦）

(3) **三句切れ**…「最上川の流のうへに浮びゆけ／行方なきわれのこころの貧困」（斎藤茂吉）

(4) **四句切れ**…「春ける彼岸秋陽に狐ばな赤々そまれり／ここはどこのみち」（木下利玄）

③ 歌調

句切れにより五七調・七五調の歌が生まれる。

(1) **五七調**…二句・四句切れの短歌。

(2) **七五調**…初句・三句切れの短歌。

Ⅲ　俳句

① 形式（定型）

五音・七音・五音の十七音からなる。順に、初句（第一句／上五）・第二句（中七）・結句（第三句／下五）と呼ぶ。五音・七音・五音の定型を外れた自由律俳句もある。「曳かれる牛が辻でずっと見廻した秋空だ」（河東碧梧桐）

② 切字

俳句の中途に用いて、句を二つのパートに分け、一句に意味やイメージの広がりを暗示し、また、句の末尾に用いて、一句に独立性、完結性を与え、感動の余韻を残すためのことば。「や」「かな」「けり」が代表的なもの。

(1) 切字を中途に用いた例

「古池やかはづとびこむ水の音」（松尾芭蕉）

(2) 切字を末尾に用いた例

(3) 切字を第二句／七音のまんなかに用いた例
「白梅に明ける夜ばかりとなりにけり」（与謝蕪村）
「鶯の鳴くやちいさき口開けて」（与謝蕪村）

③ **句切れ**

(1) **初句切れ**…「閑かさや／岩にしみ入る蟬の声」（松尾芭蕉）
(2) **二句切れ**…「島々に灯をともしけり／春の海」（正岡子規）
(3) **中間切れ**…「痩蛙まけるな／一茶これにあり」（小林一茶）
(4) **句切れなし**…「一枚の餅のごとくに雪残る」（川端茅舎）

④ **季語**

連歌や俳句で、季節を表すためによみこむように特に定められた語。**季題**。たとえば、「鶯」は春の季語、「金魚」は夏の季語。

なお、右に引用した「古池や」の句の「かはづ」が春の季語。「白梅に」の句の「白梅」が春の季語。「鶯の」の句の「鶯」が春の季語。「閑かさや」の句の「蟬」が夏の季語。「島々に」の句の「春」が春の季語。「痩蛙」の句の「蛙」が春の季語。「一枚の」の句の「雪」が冬の季語。

表現技法

Ⅰ **比喩**…ある物事を説明するのに他の類似した物事を借りて表現すること。比喩には、直喩（明喩）、隠喩（暗喩）、擬人法などがある。

(1) **直喩（明喩）**…「たとえば」「ごとし」「ようだ」などの語句を用いて他の事物にたとえる方法。

（例1）「民さんはまるで野菊のような人だ。」（伊藤左千夫『野菊の墓』より）

（例2）「やがて蜜柑の如き夕日／欄干にこぼれたり」（中原中也「冬の長門峡」より）

（例3）「列車にて遠く見ている向日葵は少年のふる帽子のごとし」（寺山修司）

(2) **隠喩（暗喩）**…たとえていることを明示する語を用いないでたとえる方法。

（例1）「若い刺青師の霊は、墨汁の中に溶けて、皮膚ににじんだ。焼酎に交ぜて刺り込む琉球朱の一滴々々は彼の命のしたたりであった。」（谷崎潤一郎「刺青」より）

（例2）「をんなが附属品をだんだん棄てると／どうしてこんなにきれいになるのか。／年で洗われたあなたのからだは／無辺際を飛ぶ天の金属。」（高村光太郎「あなたはだんだんきれいになる」より）

（例3）「向日葵は金の油を身にあびてゆらりと高し日のちいささよ」（前田夕暮）

※「金の油」が日光の**隠喩**ととらえられる。また、「身にあびて」は**擬人法**的な表現である。

(3) **擬人法**…人間でないものを人間にたとえて表現する方法。

（例1）「北風が落葉樹の林を一日中いじめ通した」（長塚節『土』より）

（例2）「空は石を食ったように頭をかかえている。／物思

いにふけっている。」（飯島耕一「他人の空」より）

（例3）「深々と人間笑ふ声すなり谷一面の百合の花」（北原白秋）

※この詩では**直喩**も用いられている。

Ⅱ　**擬音語（擬声語）**…外界の音響を言語音で模写した語。

（例1）「一升瓶に焼酎をタプタプさせて、五月闇の中を、大谷は家へ帰って来た。充分に雨気を吸った樹々の繁みの底で、ジーンと、地虫が啼きつづけていた。」（永井龍男「狐」より）

（例2）「たとへば君ガサッと落葉すくふやうに私をさらって行ってはくれぬか」（河野裕子）

（例3）「嘉助は咽喉一杯叫びました。／「一郎、一郎こっちさ来う。」／ところが何の返事も聞こえません。黒板から降る白墨の粉のやうな、暗い冷たい霧の粒が、そこら一面踊りまはり、あたりが俄かにシインとして、陰気に陰気になりました。草からは、もう雫の音がポタリポタリと聞こえて来ます。」（宮沢賢治「風の又三郎」より）

※「ポタリポタリ」が**擬音**語。また、「黒板から降る白墨の粉のやうな」は**直喩**、「踊りまはり」は**擬人法**、「シイン」は**擬態語**である。

Ⅲ　**擬態語**…事物の状態や身振りを、いかにもそれらしい言語音で象徴的に表した語。

（例1）「秋の夜は、はるかの彼方に、／小石ばかりの、河原があって、／それに陽は、さらさらと／さらさらと射してゐるのでありました。」（中原中也「一つのメルヘン」より）

（例2）「ひた走るわが道くらししんしんと堪へかねたるわが道くらし」（斎藤茂吉）

Ⅳ　**倒置法**…叙述の順序を逆にし、文意を強めたり、感情の高まりを示したりする方法。

（例1）「はじめて私は夢みることができた。この模型よりもさらに小さい、しかも完全な金閣と、本物の金閣よりも無限に大きいほとんど世界を包むような金閣を。」（三島由紀夫『金閣寺』より）

（例2）「いたく錆びしピストル出でぬ／砂山の／砂を指もて掘りてありしに」（石川啄木）

（例3）「鶯の鳴くやちいさき口開けて」（与謝蕪村）

Ⅴ　**対句**…並列された二つの句や詩行が、形式や意味の上で対応するようにつくられた表現の形。

（例1）「南風が吹けば浅間山の雪が溶け、西風が吹けば畠の青麦が熟する。」（島崎藤村「千曲川のスケッチ」より）

※「千曲川のスケッチ」は写生文。

（例2）「つばくらめ空飛びわれは水泳ぐ一つ夕焼けの色に染まりて」（馬場あき子）

（例3）「菜の花や月は東に日は西に」（与謝蕪村）

Ⅵ　**体言止め**…和歌・俳句などで一句の末尾を体言（名詞）で終

わらせること。余情・余韻を残す。また、一句の末尾を連体形で終らせる**連体止め**という用法もある。**体言止め**と同様に余情・余韻を残す効果がある。

（例1）「この味がいいねと君が言ったから七月六日はサラダ記念日」（俵万智）

（例2）「あら海や佐渡によこたふ天の川」（松尾芭蕉）

（例3）「うすものの二尺のたもとすべりおちて蛍ながるる夜風の青き」（与謝野晶子）

※（例1）・（例2）が**体言止め**で、（例3）が**連体止め**である。

Ⅶ　**反復法**…同じ語句をくり返して用い、文意・情趣を強める方法。

（例1）「淋（さび）しかった。他の蜂が皆巣（みんな）へ入って仕舞った日暮れ、冷たい瓦（かわら）の上に残った死骸を見る事は淋しかった。」（志賀直哉「城の崎にて」より）

（例2）「からまつの林を出でて、／浅間嶺（あさまね）にけぶり立つ見つ。／浅間嶺（あさまね）にけぶり立つ見つ。／からまつのまたそのうへに。」（北原白秋「落葉松（からまつ）」より）

（例3）「みちのくの母のいのちを一目見ん一目見んとぞただにいそげる」（斎藤茂吉）

Ⅷ　**誇張法**…実際より大きく、または小さく誇張して表現する方法。ユーモア（おかしみ）を生む効果がある。

（例1）「地理付図の使徒は苦難を経て、いよいよ信仰厚くなっていた。」（辻まこと「多摩川探検隊」より）。

※筆者は地理付図の魅力にとらわれ、それに精通している「私」を「地理付図の使徒」と誇張して表現している。また、「地理付図の使徒」は**隠喩**でもある。

（例2）「行水のすてどころなし虫の声」（上島鬼貫）

※鬼貫は秋の虫の音をいとおしむ気持ちから「行水のすてどころなし」と誇張して表現している。

Ⅸ　**押韻**…詩歌において同一音や類似音が一定間隔をもって配置され、韻律的な効果を上げるもの。語頭にあるものを**頭韻**、語尾にあるものを**脚韻**という。

（頭韻の例）「かやの木に／かやの実の生（な）り／かやの実は熟れて落ちたり、／かやの実をひろはな。」（北原白秋「かやの実」より）

（脚韻の例）「秋の日の／ヴィオロンの／ためいきの／身にしみて／ひたぶるに／うら悲し。」（ヴェルレーヌ「落葉」上田敏訳より）

小説に特有の表現技法

○**視点**……語り手の作中人物や作中場面に対する関わり方のことを言う。

(1)　**一人称（限定）視点**……語り手自身が作中場面に登場し、作中人物として判断を下したりする。一人の人物（私、僕）の目に限定するから、他人の心の中までは描けない。

(2)　**三人称限定視点**……語り手自身は作中場面に登場せず、ある特定の人物の立場に限定して、その人物の目で物事を判断したりする。彼（彼女）の心の中だけに立ち入るが、他の人物については外から眺めるだけである。

(3) **三人称全知視点**……語り手自身は作中場面に登場せず、すべての作中人物の心の中に自由に出入りする。何もかも知っている全知全能の語り手である。

(4) **三人称客観視点**……語り手自身は作中場面に登場せず、作中人物の言動を描くだけで、だれの心の中にも触れない。事柄が個人的な考えや感情を抜きにして述べられる。トルーマン・カポーティ『冷血』などがこれに当たる。

第二部の文学的な文章の種類とそこで使われている表現技法

第1問　高橋昌男「夏草の匂い」は**三人称限定視点**で書かれている。使われている表現技法は**直喩**（「彼には、ジャンケンポンと声に出して手を振る動作が、何か母との別れの身振りのように思われてならなかった」）である。

第2問　岡本かの子「蔦の門」は**一人称視点**で書かれている。使われている表現技法は**隠喩**（「孤独は孤独を牽く」）である。

第3問　遠藤周作「異郷の友」は**一人称視点**で書かれている。

第4問　幸田文「おとうと」は**三人称限定視点**で書かれている。使われている表現技法は**擬態語**（「ぐったりくたびれた」、「にやあっと笑った」）と**擬人法**（「肺病が悪党なんだ」）である。

第5問　江國香織「泳ぐのに、安全でも適切でもありません」は**一人称視点**で書かれている。使われている表現技法は**直喩**（「男の、ブラックホールみたいな淋しさを思った」など）、**擬態語**（「ぽっかり沈黙の間ができて」など）、**倒置法**（「母も妹も首をかしげた。さっぱりわからない、とでもいうように」など）、**反復法**（「今度こそ別れてやる、追い出してやる、別れてやる、追い出してやる」など）である。

第6問　ゲーテの「ファウスト」の訳詩は**口語自由詩・劇詩**。使われている表現技法は、**倒置法**（「遠くを見つめると／近くに見える／月も星も／森も小鹿も」）。

大岡昇平「歩哨の眼について」は**一人称視点**で書かれている。

なお、**第一部・第3問**の佐々木健一「日本的感性」に引用されている、与謝野晶子「清水へ祇園をよぎる桜月夜／こよひ逢ふ人みな美しき」は**三句切れ**の短歌。上の句には**体言止め**が、下の句には**連体止め**が使われている。

24620